BRASIL, PAÍS DO PASSADO?

Reitor Jacques Marcovitch
Vice-reitor Adolpho José Melfi

EDITORA DA UNIVERSIDADE DE SÃO PAULO

Presidente Plinio Martins Filho (Pro-tempore)

Comissão Editorial Plinio Martins Filho (Presidente pro-tempore)
José Mindlin
Laura de Mello e Souza
Murillo Marx
Oswaldo Paulo Forattini

Diretora Editorial Silvana Biral
Diretora Comercial Eliana Urabayashi
Diretor Administrativo Renato Calbucci
Editor-assistente João Bandeira

LIGIA CHIAPPINI, ANTONIO DIMAS
E BERTHOLD ZILLY
(organizadores)

BRASIL, PAÍS DO PASSADO?

Copyright © 2000, dos autores

Coordenação editorial
Ivana Jinkings

Preparação de texto
Isa Tavares

Revisão
Sandra Regina de Souza
Vera Lucia Pereira

Capa
Maringoni

Editoração eletrônica
Set-up time Artes Gráficas

Produção gráfica
Sirlei Augusta Chaves

Fotolitos
OESP

Impressão e acabamento
Palas Athena

ISBN 85-85934-45-X (Boitempo)
ISBN 85-31405-88-2 (Edusp)

Todos os direitos reservados. Nenhuma parte deste livro pode ser utilizada ou reproduzida sem a expressa autorização das editoras.

1ª edição: dezembro de 2000

Direitos reservados à:
BOITEMPO EDITORIAL
Jinkings Editores Associados Ltda.
Avenida Pompéia, 1991 – Perdizes
05023-001 – São Paulo – SP
Telefax (11) 3865-6947 e 3872-6869
E-mail boitempo@ensino.net

EDUSP
Editora da Universidade de São Paulo
Av. Prof. Luciano Gualberto, Trav. J, 374
6º andar – Ed. da Antiga Reitoria – Cid. Universitária
05508-900 – São Paulo – SP
Tel. (11) 3813-8837 Fax (11) 3031-6988
E-mail edusp@edusp.usp.br

ÍNDICE

APRESENTAÇÃO
Ligia Chiappini 9

I. STEFAN ZWEIG E O BRASIL COMO PAÍS DO FUTURO 25

   Stefan Zweig 26

   Ingrid Schwamborn
   Um europeu no Brasil 27

   Antonio Dimas
   Um otimista na contramão 50

   Sandra Jatahy Pesavento
   Uma janela para a história 59

   Edgar de Decca
   Zweig: prisioneiro da liberdade 66

   Francisco Foot Hardman
   Brasil, ruínas do presente 82

II. RETRATOS DO BRASIL: ANTONIO CALLADO, JOÃO ANTÔNIO
    E DARCY RIBEIRO 91

   Antonio Callado 92

   Albert Von Brunn
   Entre Michel de Montaigne e o *Coração das trevas* 93

   Maria Ângela D'Incao
   Serás um país cruel, disse a fada ao Brasil 104

Brasil, país do passado?

    ARTURO GOUVEIA
    O legado de Antonio Callado 113

    HELGA DRESSEL
    Espera ou ação: na engrenagem da culpa 129

    ETTORE FINAZZI-AGRÒ
    A imagem do Brasil em *Concerto carioca* 137

João Antônio 144

    FLÁVIO AGUIAR
    Evocação de João Antônio ou do purgatório ao inferno 145

    LIGIA CHIAPPINI
    O Brasil de João Antônio e a sinuca dos pingentes 156

    BERTHOLD ZILLY
    João Antônio e a desconstrução da malandragem 173

    FERNANDO BONASSI
    João Antônio está morto 195

    DAVID SCHIDLOWSKY
    João Antônio em Berlim 198

    CARLOS AZEVEDO
    Copacabana: cinco da tarde, 39 graus 201

Darcy Ribeiro 203

    ERHARD ENGLER
    Darcy Ribeiro: Uma teoria para o Brasil – um país que
    precisa dar certo 204

    SANDRA GUARDINI T. VASCONCELOS
    Sob o signo da utopia 211

    ULRICH FLEISCHMANN
    O conceito de mestiçagem de Darcy Ribeiro: o que
    permanece 219

    DIONY DURÁN
    Entre todos: Darcy Ribeiro em Cuba 224

Índice

      Maria Stella Bresciani
      Projetos e Projeções da nação brasileira 231

III. PROPOSTAS PARA O BRASIL: TERCEIRA PARTE: PAULO FRANCIS, PAULO FREIRE, HERBERT DE SOUZA ("BETINHO") 255

Paulo Francis 256

      Sedi Hirano
      Repensando 1964, destruindo 1964 257

      Isabel Lustosa
      De olhos postos na América – Paulo Francis n'*O Pasquim* 266

      Bernardo Kucinski
      O método Paulo Francis 276

Paulo Freire 286

      Antonio Faundez
      Notas sobre algumas idéias de Paulo Freire e a globalização 287

      Wivian Weller
      A experiência de Paulo Freire como secretário de Educação na Prefeitura de São Paulo 295

      Dulce C. A. Whitaker
      Brasil, um país do futuro ? Um contraponto entre as projeções de Stefan Zweig e as de Paulo Freire. O contraponto da esperança 303

      Ilse Schimpf-Herken
      Paulo Freire na Alemanha 312

Herbert de Souza ("Betinho") 321

      Maria Nakano
      Betinho: a trajetória do dogmatismo à democracia 322

      Manfred Nitsch
      De trabalho e luta a cidadania e democracia: "aggiornamento" da esquerda 332

Brasil, país do passado?

> EMIR SADER
> A vida e a morte de Betinho. Entre o Brasil solidário e o
> Brasil solitário 341

EXCURSO: Literatura e cultura brasileira na Alemanha:
passado, presente, futuro 347

> DIETRICH BRIESEMEISTER
> Os estudos brasileiros na Alemanha 349

> RAY-GÜDE MERTIN
> Vinte anos de literatura brasileira na Alemanha: o encontro de
> dois países? 358

SOBRE OS AUTORES 367

Apresentação

PROIBIDO SONHAR OU PASSADO, PRESENTE E FUTURO: PARA QUEM?

Ligia Chiappini

I
A PROPOSTA

Este livro pretende contribuir para a discussão sobre os destinos do Brasil no aniversário dos 500 anos da conquista portuguesa que estabeleceu definitivamente neste vasto território da América seus vínculos políticos, econômicos e culturais com a Europa. Reunindo especialistas de diferentes áreas das Ciências Humanas, nossa contribuição se faz com um trabalho de análise e balanço crítico que quer ir além da louvação vazia ou da polêmica inconseqüente, e cujas conclusões podem redundar em idéias instigadoras de novas propostas para o desenvolvimento do Brasil e do seu relacionamento com os outros países do mundo.

Para evitar uma discussão muito geral e abstrata, optou-se por, prestando uma justa homenagem póstuma, abordar o problema por meio do inventário das principais idéias de seis eminentes intelectuais brasileiros falecidos nos últimos anos: Antonio Callado, João Antônio, Paulo Francis, Darcy Ribeiro, Paulo Freire e Betinho (Herbert de Souza).[1]

---

[1] Antonio Callado (1917-1997), autor de uma vasta obra jornalística, teatral e romanesca; João Antônio (1937-1996), escritor de vários livros de contos e reportagens; Paulo Francis (1930-1997), jornalista, ficcionista, crítico teatral, correspondente por muitos anos de grandes jornais brasileiros nos Estados Unidos; Darcy Ribeiro (1922-1997), antropólogo com muitos livros sobre os índios e civilização no Brasil e na América Latina. Foi ministro da Educação, secretário da Cultura no Rio de Janeiro e, quando morreu, era senador da República; Betinho (Herbert de Souza, 1935-1996), sociólogo, articulador na teoria e na prática da Ação da cidadania contra a miséria e pela vida; Paulo Freire (1921-1996), educador. Foi secretário da Educação do município de São Paulo entre 1989 e 1991.

Brasil, país do passado?

    Revisitar os escritos e pensar sobre a prática desses intelectuais, que, embora distintos, têm muito em comum, é perguntar-se, num tempo frágil de utopias, em que medida esse legado ainda pode ser considerado de alguma atualidade para o Brasil do presente e do futuro. Em que medida a visão do país que aí se pode ler, dos seus impasses e das saídas possíveis, ainda pode mover os brasileiros para a concretização daquele futuro em que apostava Stefan Zweig, autor do célebre livro *Brasil, país do futuro,* ou foi definitivamente superada pela globalização, juntamente com a própria viabilidade do Brasil como nação moderna.[2]

    Assim, embora se dedique à obra de intelectuais mortos, cuja morte (ocorrida entre 1996 e 1997) simbolicamente pode ser lida como a morte mesma de um certo Brasil, ainda fortemente marcado pelo ideário da década de 60, o livro propõe um enfoque absolutamente atual.[3] Trata-se de intelectuais que têm em comum uma intensa militância teórica e prática contra o regime ditatorial que se estabeleceu no Brasil em 1964, que se tornaram mais conhecidos na década de 70 e que, depois da chamada abertura democrática, tomaram rumos bastante diversificados. Estudar e confrontar o seu pensamento significa percorrer algumas décadas da história das idéias no Brasil e no mundo, pois tanto sofreram a influência de pensadores europeus, entre os quais alguns alemães, como exerceram influência sobre muitos deles. Estudar o seu pensamento e prática em confronto uns com os outros e tendo em vista dois momentos significativos da história nacional e mundial, a década de 60 e a década de 90, possibilita fazer um balanço não apenas de idéias mas de propostas de ação, já que todos eles não se contentaram em analisar e teorizar mas insistiram em propor, formar e interferir. Como, sobretudo nos últimos anos, eles vieram tomando posições muito diversificadas, estudá-los permite-nos abrir um amplo leque de discussão sem dogmatismos.

    Atual e inédito é também tratá-los simultaneamente, estabelecendo confrontos pelo diálogo interdisciplinar. Se é verdade que alguns deles

---

[2] Vejam-se as teses de Robert Kurz que vêm tendo muita repercussão entre intelectuais conhecidos e respeitados dentro e fora do Brasil, como é o caso de Roberto Schwarz, que prefaciou a tradução brasileira do livro *Kollapz der Modernisierung (Colapso da modernização),* de 1991.

[3] De certo modo, o tema deste livro nos foi sugerido por uma observação de Flávio Aguiar, quando da morte de Darcy Ribeiro. Comentando sobre a coincidência da morte de tão ilustres representantes da cultura brasileira em tão pouco tempo, ele disse: "Com eles, um certo Brasil morreu". Posteriormente uma conversa sobre o possível título do simpósio com Rafael Sevilla, que havia coordenado um livro com Darcy, intitulado *Brasil, país do futuro?,* acabou levando ao título, pelo avesso: *Brasil, país do passado?* O diálogo com Stefan Zweig que, a princípio, pretendia ser implícito, acabou explicitando-se nos textos que analisam a obra deste, por sugestão de Antonio Dimas.

Apresentação

já foram bastante estudados, no Brasil e no exterior, sendo todos eles bem conhecidos na Alemanha, onde estiveram presentes em diferentes épocas, dando conferências, participando de debates ou fazendo leituras de fragmentos das suas obras traduzidas para o alemão, também é certo que nunca foram objeto de uma leitura que tivesse por finalidade confrontar os projetos do Brasil explícitos ou implícitos na obra de cada um, a partir de um trabalho simultâneo com a teoria e crítica literárias, a história, as ciências sociais e políticas, a antropologia e as ciências da comunicação e da educação. Não apenas a obra desses intelectuais nos obriga a trabalhar com esses diversos campos, como os autores deste livro garantem essa visão inter e multidisciplinar, pois eles provêm dessas diferentes áreas.

Interdisciplinar e interinstitucional, o livro reúne autores de diversas instituições brasileiras – Universidade de São Paulo, Centro Ángel Rama; Universidade de Campinas; Universidade Estadual Paulista; Universidade Estadual do Rio de Janeiro; Instituto Brasileiro de Análises Sociais e Econômicas (IBASE); Universidade Federal do Rio Grande do Sul; Casa Rui Barbosa – e européias – Universidade Livre de Berlim; Instituto de Cultura Brasileira na Alemanha-ICBRA; Universidade La Sapienza de Roma; Biblioteca Pública de Zurique; Instituto para o Desenvolvimento da Educação de Adultos-IDEA, de Genebra; Universidade Goethe, de Frankfurt; Instituto Ibero-americano de Berlim; Universidade de Bonn.

O livro comemora tanto os 50 anos da Universidade Livre de Berlim, quanto seis anos de intercâmbio entre essa Instituição e a Universidade de São Paulo, com a qual tem um convênio desde 1994, bem como a criação em 1995 e funcionamento desde 1997 da primeira cadeira de Literatura Brasileira numa universidade alemã.

Aliás, a institucionalização dos estudos brasileiros na Alemanha, que percorreu um longo caminho até chegar a isso, e a penetração, também lenta mas crescente, da literatura brasileira, traduzida e publicada nesse país, são objeto de duas conferências aqui reproduzidas numa seção especial.[4] Foi esse trabalho ao mesmo tempo acadêmico e editorial que criou as condições necessárias a simpósios e livros deste tipo, dirigidos a um já significativo público especializado e com pretensões de atingir eventuais interessados não especialistas, através da tradução alemã.[5] Os dois textos

---

[4] Trata-se das conferências de Dietrich Briesemeister e Ray-Güde Mertin, dois defensores dos estudos brasileiros e da literatura brasileira na Alemanha, reproduzidas com destaque no final deste livro.

[5] A edição em alemão deste livro estará saindo quase simultaneamente pelo Instituto Ibero-americano de Berlim.

Brasil, país do passado?

que tratam disso estão, portanto, coerentemente vinculados à temática central desta coletânea de ensaios, já que eles informam e, ao mesmo tempo, indagam sobre a participação intelectual do Brasil na cultura universal no passado, no presente e no futuro.

A partir de uma releitura dos textos na seqüência do livro, passamos a apresentar ainda nesta introdução os principais argumentos pró e contra a atualidade do pensamento de cada autor investigado para pensar o Brasil do presente e do futuro. Dialogando com a idéia do Brasil, país do futuro que Stefan Zweig propagou, mas que, como demonstram alguns textos, é muito mais antiga, esse inventário nos permitirá, senão responder plenamente à questão enunciada pelo título deste livro, ao menos levantar algumas hipóteses para superar o estereótipo e o porque-me-ufanismo, resgatando possibilidades de superação também da crise e da perplexidade atuais.

Não cabe aqui fazer um resumo de cada texto que se vai ler, mas um apanhado geral das idéias que foram se desenvolvendo do primeiro ao último texto pode ajudar a perceber as relações que se tornaram videntes entre os autores estudados e a unidade deste livro de ensaios, unidade essa que, entretanto, se constrói pelo contraponto e pela diversidade.

II
AS QUESTÕES BÁSICAS: STEFAN ZWEIG

Os textos sobre a vida e a obra do escritor austríaco Stefan Zweig introduzem as principais questões que voltarão a aparecer ao longo do livro e se desdobrarão nas discussões sobre os outros seis autores estudados: a questão da civilização e da barbárie; das visões do Brasil, polarizadas entre catástrofe e utopia; a idéia do país do futuro, país em formação, mas promissor, país novo, emergente, e a pergunta que tal visão imediatamente suscita: até quando?

A discussão revelou que, para Zweig, o Brasil já estaria no futuro, porque concretizaria no presente a possibilidade de uma nova civilização pacífica, multiétnica e multicultural.[6] Há quem leia um desencanto profundo nesse otimismo aparente e nessa visão pacifista, procurando sondar os seus avessos e trazendo à tona a condição judaica do escritor, a sua

---

[6] Resume-se aqui uma passagem da intervenção de Berthold Zilly nos debates.

Apresentação

vontade de evadir-se física e imaginariamente da barbárie da guerra européia.[7] Mas, embora se reconheça a chave messiânica da visão que Zweig tem do Brasil, a qual escamoteia quase grosseiramente as mazelas sociais e políticas (o próprio Estado Novo pelo qual não deixa de ser cooptado[8]) e acaba sendo encampada pelas classes dominantes para justificar a miséria do presente e a política antidemocrática, tal messianismo pode ser visto no seu papel de resistência contra a utilização, também pela classe dominante, da idéia de catástrofe, como sendo irremediável num país que não tem jeito.[9] Lendo o livro de Zweig dessa perspectiva, o que ele nos permite recuperar é a idéia de democracia como construção e processo, contra a visão de fim do futuro que a ditadura quis nos impor e o neoliberalismo está sabendo reinventar, para fazer-nos aceitar a sina dos que ficam de fora do futuro, dos que não têm acesso à riqueza por decreto divino.[10]

O país do futuro aparece, então, por um lado, como uma bandeira idealista – hoje também atualizada na linguagem mais pragmática dos neoliberais, que estão sempre a nos acenar com a melhoria geral das condições catastróficas das condições sociais mas... para o próximo semestre. Tal bandeira apela para o arquétipo de Jó, louvando a paciência e a espera eternas. Por outro lado, o seu reverso, a imagem do país "à beira do abismo",[11] acaba se encontrando com aquela pelo lado oposto e ambas, no fundo, negam o presente e o futuro à maior parte da população brasileira.

A questão que se coloca é, então, a quem interessam esses estereótipos e, em sendo o Brasil um país do futuro, o futuro é para quem? Onde fica o presente? Quem luta para livrá-lo do peso de um passado colonial e quais as alternativas para abrir possibilidades de vida futura para a maioria que aí mal sobrevive?

---

7 Nesse sentido argumentaram nos debates Edgar de Decca e Bernardo Kucinski.
8 Sobre a relação entre Stefan Zweig e o Estado Novo, veja-se o texto de Antonio Dimas. Sobre a vida e a obra de Zweig no Brasil, leia-se o texto de Ingrid Schwamborn.
9 Essa foi a linha de argumentação utilizada nos debates por Flávio Aguiar.
10 A argumentação também aqui é de Flávio Aguiar nos debates.
11 Expressão bastante utilizada e popularizada por Mendes Fradique no início do século, como lembrou Isabel Lustosa nos debates.

Brasil, país do passado?

III
RETRATOS DO BRASIL:
ANTONIO CALLADO E JOÃO ANTÔNIO

O conjunto de textos sobre a obra de Antonio Callado aprofunda o diagnóstico do bloqueio sistemático do desenvolvimento do Brasil como país autônomo, democrático e com justiça social, pela reposição permanente do passado de opressão e discriminação. Reproduzindo o imaginário das relações sociais, essa literatura acaba descrevendo e interpretando a permanência de traços medievais que se arrastam mesmo quando o país se industrializa e se globaliza.[12] Recoloca-se nesse contexto a questão do intelectual, dividido entre os de baixo e os de cima e freqüentemente enganado pelos dogmas que assume, seja do exército, seja da Igreja, seja dos partidos.

A atualidade[13] de Antonio Callado fica evidente não apenas porque ele repõe essa questão obsessivamente, como também porque apanha no ar, como dificilmente um historiador das mentalidades ou das sensibilidades poderia fazê-lo, a passagem da esperança em um futuro Brasil, onde coubessem todos (como cidadãos aos quais se assegurassem as condições necessárias a uma vida digna), ao ceticismo mais duro onde só cabe a sátira e a história repetindo-se como paródia, juntamente com a análise cruel desse movimento paralisante que confronta passado e presente no desconcerto em que se debatem brasileiros e brasileiras.[14]

Em lugar da pergunta simplista por um Brasil do passado ou do futuro, o que se evidencia nessa análise é a heterogeneidade dos tempos que se tensionam nesse país; a concomitância do Brasil do passado no presente e no futuro como contingência trágica e às vezes tragicômica.[15] O que uma obra como a de Callado evidencia, da perspectiva dos comentadores aqui reunidos, é o prejuízo que advém de esconder os confins e o atraso sob o tapete, querendo modernizar no ritmo europeu ou norte-

---

[12] Maria Ângela D'Incao desenvolve esse ponto, chegando a falar, polemicamente, de um certo feudalismo sistematicamente reposto.

[13] Sobre a atualidade de Antonio Callado falou também Ute Hermanns, nos debates, ressaltando a importância do livro *Quarup* e do filme com o mesmo nome feito por Ruy Guerra, em 1989, que estreou na Alemanha em 1996.

[14] Os textos e as intervenções orais de Albert von Brunn e de Ettore Finazzi-Agrò desenvolvem esse ponto. Francisco Foot, na mesma direção, fala, nos debates, de uma visão agônica da nacionalidade na obra de Callado.

[15] Sobre o desconcerto temporal brasileiro, leia-se o texto de Ettore Finazzi-Agrò. Na mesma linha, Arturo Gouveia fala de um atraso que subsiste num anacronismo que é moderno e num processo que remonta à fundação do Brasil.

Apresentação

americano. E tal evidência abre para a busca de uma terceira via, em que enfrentar as nossas mazelas crônicas – violência, fome, corrupção, má distribuição de riquezas – acaba sendo o veneno que pode curar.[16] É também o que permite superar a banalização da figura do homem cordial, a ideologia do país pacífico e encarar a nossa barbárie contra a hipocrisia de uma falsa civilidade.[17]

De um escritor tão englobante, como Callado, de teorias e imagens do Brasil tão abrangentes como as dele e do próprio Zweig, que se amarrarão – como veremos – com as de Darcy, numa espécie de busca obsessiva de um centro, mesmo sabendo-o descentrado, passamos para um escritor do mínimo e das margens, que não empreende a síntese de um retrato do Brasil, mas o redesenha desfocando a perspectiva, num conto-crônica que nos fala dos e faz falar os malandros, marginais, viradores, merdunchos, sem eira nem beira, que jogam sua vida e o pão de cada dia nas mesas de sinuca.[18]

Também a obra de João Antônio acompanha o acelerado processo de modernização e urbanização de duas cidades-chaves para a construção e desconstrução da nacionalidade – São Paulo e Rio de Janeiro –, passando da esperança à desesperança ou do purgatório ao inferno.[19] A crônica miúda do aparentemente desimportante acaba colocando o dedo em perdas irreparáveis que têm tudo a ver com a cicatriz de origem dessa sempre quase e quase sempre nunca mais nação que ainda se chama Brasil.[20]

Esses textos nos ajudam, como os de Callado, a encarar o país real, aprofundando a deseducação[21] do leitor, afeito ao país oficial, mas impedindo, ao mesmo tempo, a sua exploração pelo exotismo e a folclorização da pobreza.[22] Reaparece aí a exposição irreverente e crítica, sem disfarces, das mazelas nacionais, mas salvam-se a beleza no mundo da feiúra e a memória no processo de "desmanche"[23] irresponsável e propositado que as elites

---

[16] Esse método homeopático é central no romance *Sempreviva*, de 1981.
[17] Esse problema é aprofundado por Helga Dressel, ao trazer à tona o modo original como Callado trata o tema da vingança, um dos tabus da nossa abertura democrática, lenta, gradual e restrita.
[18] Sobre a metáfora do jogo na obra de João Antônio, leia-se o texto de Ligia Chiappini.
[19] A expressão é de Flávio Aguiar, que descreve esse processo em seu texto.
[20] Alusão ao refrão irônico que percorre o texto de Fernando Bonassi.
[21] Sobre a deseducação no romance *Quarup*, de Callado, lido como um romance de formação às avessas, leia-se o texto de Arturo Gouveia.
[22] Veja-se a esse respeito o texto de Berthold Zilly sobre a desconstrução do malandro na obra de João Antônio.
[23] O termo "desmanche", forte e expressivo, é utilizado em texto inédito, que introduz o projeto do CERCO (Centro da Razão Contemporânea), da Faculdade de Filosofia, Letras e Ciências Humanas da Universidade de São Paulo, para descrever a destruição

Brasil, país do passado?

deslancham desde sempre e renovam à medida que nos readaptam ao ritmo e às necessidades do capital sem pátria mas ainda com patrões. Porque o país do futuro para todos não poderá passar sem o excedente lúdico e prazeroso, defendido em meio a muito sofrimento.

Os depoimentos sobre João Antônio em Berlim,[24] se o mostram como um intelectual meio *démodé*, já que incapaz de adaptar-se a outros climas, línguas e culturas, evidenciam também o seu imenso amor pelo Brasil. Amor pelo Brasil sim, esperança nele, sim, apesar de tudo, mas com muita crítica, queixa, denúncia e com muita abertura, compreensão e empatia para com os excluídos de todas as sociedades do mundo, inclusive da berlinense, com seus bichos da noite, da droga e do desamparo, contrastando com a riqueza até certo ponto ofensiva para quem escolhe a perspectiva das margens.

IV
DE NACIONALISMOS E DE ROMANTISMOS: O LEGADO DE DARCY

O livro prossegue com Darcy Ribeiro. Ressurge a questão de quem cabe e quem não cabe na nação e a reflexão sobre os engodos com que as elites sempre renovam seu domínio, as velhas mentiras recontadas com aparência de novas verdades e a globalização pela miséria.[25]

Por outro lado, a descrição dos mecanismos utilizados pela "máquina de moer gente", nas obras do antropólogo e do ficcionista, tão realistas, aparecem junto com a afirmação romântica da paisagem e da gente aí mesclada, da luminosidade e beleza do Brasil e de suas potencialidades para influir na invenção de um mundo mais justo e humano. Mitificação da nação?[26] Sim. Fruto de uma visão ainda populista de um Brasil dourado

---

      sistemática de que o país tem sido vítima e que atinge do sistema bancário e empresarial ao sistema educacional e de saúde; um patrimônio natural e humano desbaratado pelo governo atual que, em muitos sentidos, consegue ir além da própria ditadura no modo autoritário com que anula conquistas sociais e desrespeita a própria Constituição brasileira.

[24] A referência aqui é aos textos de David Schidlowsky e de Carlos Azevedo.

[25] O ator Wagner de Carvalho, nos debates, insistiu nesse ponto.

[26] Sobre o conceito de nação e a teoria da mestiçagem em Darcy e sobre a inadequação do modo como utiliza esses conceitos para o nosso tempo, veja-se o texto de Ulrich Fleichmann. Sobre a matriz romântica em Darcy, Zweig e Oliveira Viana, leia-se o texto de Maria Stella Bresciani.

Apresentação

e, até mesmo, de uma idealizada mestiçagem? Talvez, mas, por outro lado, uma forma de defesa, de resistência ao "desmanche" e resgate do que pode haver de bom aí para contribuir à reinvenção de um mundo melhor. Para perceber essa dimensão do romantismo e do nacionalismo de Darcy Ribeiro, é necessário atentar para o "desalinho"[27] do seu pensamento e para o modo particular como ele utiliza as matrizes românticas, por exemplo, ao falar de povo brasileiro, não como um caráter estabelecido, mas como algo em processo de elaboração, em que despontam projetos em conflito.

A questão que se impõe é: por que Darcy nos deixa como legado um livro denominado *O povo brasileiro*,[28] utilizando uma categoria que, depois da ditadura, foi estigmatizada mesmo pelas esquerdas como demasiado ampla e demagógica? E por que razão teria ele dado tanta importância a esse livro, considerando-o sua obra máxima, se nele repete quase tudo o que já havia escrito em livros anteriores? Não será exatamente por isso? Para, depois de uma vida inteira pensando no problema de por que o Brasil ainda não deu certo (e buscando soluções práticas pela sua atuação política), reiterar o que lhe pareceram as reflexões mais acertadas e úteis à continuidade da busca e da luta? E fazer isso numa linguagem acessível a mais leitores, como um último legado do pensador e do militante que, apesar de todos os seus erros, desilusões, derrotas e decepções, não se deixou abater e pouco antes da morte ainda reafirma e compartе conosco a sua visão utópica, convocando-nos a continuar a luta e afirmando a possibilidade de um futuro realmente novo de um país já suficientemente velho para constituir-se numa nação independente e integrada como igual com as demais nações do mundo?

Essa linha de interpretação do pensamento de Darcy vem sendo trabalhada e reafirmada por estudos como os de Susana Scramim, que procuram esclarecer as relações temporais que esse pensamento estabelece para reconquistar a dimensão utópica, enfrentando riscos, entre eles, o de ser considerado anacrônico ou simplesmente desatualizado:

> O projeto proposto por Darcy Ribeiro de esboçar uma idéia de nós mesmos opera um deslocamento temporal: o futuro. Contudo ele finca suas bases na reinvenção do valor da memória. (...) Na tentativa de esboçar uma representação de nossa imagem enquanto povo, Darcy Ribeiro lê seletivamente nosso passado.[29]

---

[27] O termo é de Flávio Aguiar, cuja argumentação, nos debates, desenvolve esse ponto.
[28] Para uma leitura minuciosa, digna da importância do livro, veja-se o texto de Sandra Vasconcelos.
[29] "A representação da cultura em Darcy Ribeiro, projeto estético? política cultural?", in: *Travessia – revista de literatura*, nº 32, UFSC – Ilha de Santa Catarina, jan.-jul. 1996, p. 124-130.

Brasil, país do passado?

> (...) o futuro passa a ser considerado uma categoria importante para desenvolvimento de um ideal de sociedade e o progresso passa a comandar a representação do futuro. (...) Nesse sentido aquele que cria o discurso utópico deixa de ser um mero sonhador, ou fabricante de ficções, para agora assumir o papel de um manipulador tanto dos elementos do campo simbólico quanto dos conteúdos sociais e políticos.[30]

Utopia e nação, e pendência dessas utopias para a pedagogia social. Por isso, Darcy Ribeiro situa-se, como Callado com seu romance de formação às avessas, e como Paulo Freire com sua pedagogia da libertação e da invenção permanentes, nas fronteiras entre o político e o pedagógico. Para além das diferenças, eles se encontram "num projeto de transformação do homem do passado em cidadãos membros de um novo povo".[31]

O povo brasileiro pode ser lido como romance.[32] Longe de diminuir o livro como obra de pensamento, isso mostra que

> (...) a obra de Darcy Ribeiro pertence tanto à tradição ensaística humanista quanto à tradição ficcional. Nas duas tradições com as quais mantém relação está presente a inserção da obra no gênero utópico.[33] (...) Seus romances estão de uma maneira ou de outra tentando construir representações plurais, contudo, fundadas numa base unificadora que é nosso mais remoto passado índio e, posteriormente, mestiço, de nós enquanto brasileiros e, principalmente, enquanto latino-americanos para então pensar dentro da obra ficcional um esboço, um projeto de uma brasilidade lírica e negadora do nosso presente desfigurador.[34]

A obra ficcional de Darcy transita por entre o aspecto especificamente literário e o não literário. O estilo e os recursos narrativos utilizados por ela, longe de nos levar a uma dimensão estética divorciada do social e do histórico, nos reaproximam destes, procurando investigá-los sofregamente por vários prismas e superpondo espaços e tempos como que mimetizando o palimpsesto que forma, transforma, deforma e conforma continuamente a identidade nacional.

Segundo ainda Scramim, Darcy teria feito uma opção consciente "por correr os riscos dos clichês em função de tentar representar o universo

---

[30] Idem, ibidem, p.125-126.
[31] Idem, ibidem, p. 127.
[32] A afirmação é de Francisco Foot, no debate.
[33] Cf. Scramim, op. cit., p. 128.
[34] Idem, ibidem, p. 128.

mítico índio e posteriormente mestiço como também o fato de representar a alma brasileira a partir de sua experiência enquanto antropólogo".[35] Por essa via também ele se aproxima de Callado, utilizando um saber de viajante, do viajante que, contrariamente ao estrangeiro Stefan Zweig, sai em busca e tenta descobrir a própria terra como uma terra estrangeira. A assimilação do nosso passado mais remoto à felicidade, a conversão de Darcy à "indianidade perdida", à "cordialidade" e à "vontade de perfeição", mesmo que idealizadoras, viram idéias reguladoras, de onde se podem tirar forças para continuar a batalha contra a "máquina de moer gente".

A atualidade de Darcy Ribeiro, apesar do seu populismo e do seu discurso com ares de 60, fica evidente, entre outras coisas, quando se mostra o quanto a sua utilização das categorias marxistas foi além do dogma e o quanto o seu revisionismo, tido pejorativamente como tal do ponto de vista de um marxismo ortodoxo, pode ser hoje relido como crítica precursora aos dogmas da esquerda e fidelidade ao dinamismo do pensamento de Marx, clamando sempre por contínuas revisões.[36] Ou quando se narra a recepção dos seus textos em Cuba dos anos 60 e dos anos 90,[37] onde se alarga o próprio conceito de nacionalismo (e as "três bandeiras" de Darcy[38]) para uma consciência solidária que começa por propor a união dos povos submetidos à opressão colonial de todos os tempos, sem se fechar à solidariedade universal.

V
DESQUALIFICAR, EDUCAR, ALIMENTAR:
Paulo Francis, Paulo Freire, Betinho

No caso de Paulo Francis, os textos mostram uma passagem aparentemente sem explicação, da luta antiditadura para o compactuar com o poder das elites e da mídia, inventando um método e uma linguagem, que excluem a possibilidade da escuta sensível e do diálogo, em prol do monólogo arrogante, do sensacionalismo e da desqualificação pura e

---

[35] Idem, ibidem, p. 129.
[36] Sobre o revisionismo de Darcy, como atitude positiva contra o dogma, veja-se o texto de Erhard Engler.
[37] Veja-se o texto de Diony Durán.
[38] Alusão ao texto de Antonio Candido, do mesmo nome, publicado na *Folha de S. Paulo*, quando da morte do antropólogo e retomado aqui por Diony Durán e, na apresentação da mesa-redonda, por Rafael Sevilla.

Brasil, país do passado?

simples do adversário. O método e a linguagem seriam pioneiros e teriam feito escola num jornalismo em que a questão ética e política estariam fora de moda, substituídas pela intenção de divertir, polemizar e chocar para vender a notícia, o que hoje reapareceria plenamente incorporado pela mídia e pelo discurso dos governantes.[39]

A posição do segundo Paulo Francis (posterior à fase d'*O Pasquim*) é tão desconcertante que, a certa altura do debate, a sua entrada neste livro foi problematizada e sua condição de intelectual, posta em dúvida. Realmente, os textos sobre ele narram a virada surpreendente de um intelectual de esquerda que, na década de 60, escrevia contra a guerra do Vietnã e manifestava-se radicalmente contra os Estados Unidos e sua intervenção nos países da América Latina, tornando-se depois um defensor incondicional desse país, onde residiu até morrer.[40] Mas a discussão mostrou que o caso Paulo Francis não é um caso isolado. Tendo sido cooptado, não foi o único, e sua experiência pode ser exemplar dos métodos da direita camaleônica. Além disso, revelando exemplarmente a aversão dos intelectuais brasileiros pelo país real, teria ajudado a desmascarar uma democracia nacional de fachada, o que também faz parte do país real. E a contraface dessa aversão seria a atração de muitos intelectuais brasileiros, primeiro pela Europa e, depois de 30, pelos Estados Unidos. Paulo Francis seria, pois, expressão de um antiamericanismo com que, no fundo, muitos resistiam à sedução à qual mais tarde acabariam por se render. Mas o debate vai mais longe, aventando a hipótese de que ele expressasse um consenso mudo, escrevendo e falando com alarde o que as elites pensavam mas não tinham coragem de dizer.[41] Por outro lado, evidencia-se por meio dele a ambigüidade das esquerdas que aceitavam plenamente seu estilo polêmico e superficial e o método que prefere a desqualificação à investigação, enquanto estes serviam a elas, passando a condená-los depois da virada conservadora do jornalista.[42]

Ao longo deste livro, essa e outras críticas das posições da esquerda aparecem, como aqui, muito oportunas, mas a crítica não se deixa absorver

---

[39] Sobre esse método e seu aperfeiçoamento pelo jornalismo pós-moderno, veja-se o texto de Bernardo Kucinski. Com Paulo Francis, a vida brasileira se vende como espetáculo, segundo formulação de Arturo Gouveia, nos debates. E essa seria a estratégia da televisão brasileira também hoje, utilizada pelos Ratinhos e congêneres.

[40] Sobre os dois Paulo Francis e essa virada, leia-se o texto de Sedi Hirano.

[41] Para Emir Sader, trata-se de uma doença, de uma pessoa e de um país. Um Paulo Francis doentio, expressão de um país doentio.

[42] Questão levantada por Maria Ângela D'Incao e por Edgar de Decca.

Apresentação

por quem a faz de má-fé, porque não perde de vista a diversidade de posições dentro da própria esquerda e o fato de que a direita venceu pela força.[43]

Paulo Francis também, depois de certa altura, decretou o fim da história, a impossibilidade de futuro e a inutilidade da luta. Mesmo assim, no balanço geral, salvam-se como legados positivos as suas traduções, a sua crítica teatral e as suas crônicas do *Pasquim*.[44]

Dois Paulos, duas medidas. À retórica do "desmanche", Paulo Freire oporia a pedagogia da libertação. Assim como aquela continua e se aperfeiçoa, esta se reinventa em vários países, culturas e línguas. Reconhece-se aqui que a luta de Paulo Freire para humanizar para e pela educação ainda não acabou e, nesse sentido, seu pensamento e sua prática, mesmo e principalmente porque devem e podem ser recriados, continuam podendo inspirar essa mesma luta. Menos do que uma receita, uma técnica para ser aplicada universalmente, o chamado método Paulo Freire é um conjunto de princípios gerais para uma pedagogia da liberdade.[45] E isso começa com o diálogo não autoritário e a capacidade de ouvir, o respeito ao interlocutor. É algo que se constrói, portanto, com uma atitude aberta e disponível diante da vida e do conhecimento.[46] Capacidade herdada dos padres? Manifestação da vertente cristã do pensamento de Paulo Freire? Talvez. Um pouco como a de Betinho, embora diferentemente, como veremos adiante. Por que não? Se resultou em benefício dos pobres e contagiou pessoas e instituições em diferentes países onde alguém lutava contra o terror, o autoritarismo e a ignorância? Como se reconheceu nos debates, a pessoa que o ouvia sentia-se mais importante. Ora, sabemos que há intelectuais que provocam o sentimento contrário: quem os ouve sente-se pequeno, ignorante e parece que nunca conseguirá pensar como o mestre.

Assim, em que pesem as limitações apontadas no chamado método Paulo Freire (silábico, fechado aos dialetos nos países multiétnicos e multiculturais da África[47]), como não valorizar os rastros positivos do pensamento e da experiência desse educador, quando eles chegam, como um legado histórico, do nordeste brasileiro à grande São Paulo e a países

---

[43] A visão dos militantes de esquerda como vítimas da violência dos militares é expressa, principalmente nos debates, entre outros, por Bernardo Kucinski e Ligia Chiappini.
[44] Sobre estas, leia-se o texto de Isabel Lustosa.
[45] Nesses termos manifestou-se Antonio Faundez no seu texto e nos debates.
[46] Tal atitude é aqui valorizada especialmente nas intervenções de Ilse Schimpf Herken.
[47] Principal crítica, e muito bem fundamentada, de Antonio Faundez.

Brasil, país do passado?

do mundo inteiro, inclusive a Alemanha?[48] Seja como for, é uma história de esforço de construção, contra o esforço do "desmanche".[49]

Resistência e esforço construtivo é também o que apareceu freqüentemente na discussão sobre Betinho. Nele, como em Paulo Francis, ocorre a ruptura radical com um passado de militância partidária e com os dogmas da esquerda. Apenas sua opção foi outra: encarar de frente e arregaçar as mangas, para enfrentar e tentar transformar o país real.

Betinho propõe a participação da sociedade organizada na luta contra a fome e o desemprego. Erigindo a solidariedade como valor, reinventa a filantropia,[50] como ação coletiva, superando a mera caridade individual e pontual. Voltando do exílio, reaprende o país e reconhece nele o desenvolvimento de novos e importantes movimentos sociais, como é o caso do Movimento dos Trabalhadores Rurais Sem Terra, que não mais podem ser ignorados pelos partidos e pelo Estado na gestão do país. E o país que lhe interessa é em primeiro lugar o do presente. Reafirmando a ética e lutando pelos direitos básicos da cidadania, é pragmático sem perder de vista as causas dos problemas que tenta resolver concreta e localmente. Ser de esperança e de combate, como diria Darcy Ribeiro, para além da fé passiva e apaziguadora, utiliza como Paulo Freire categorias universais aplicadas a uma realidade específica e a partir da sua experiência nas organizações não governamentais.[51]

Também Betinho inventou um novo discurso, mas o fez para torná-lo capaz de apresentar as propostas democráticas em termos menos ameaçadores e mais facilmente tentar concretizá-las.[52] Por um lado, isso significa uma ruptura com um estilo de expressão e de luta dos anos 60; por outro lado, um esforço para atualizá-los e preservar o sonho do qual muitos companheiros de geração desistiram, banalizando-os como

---

[48] Alude-se aqui, principalmente, aos textos de Ilse Schimp Herken, Wivian Weller e Dulce Whitaker.

[49] O esforço de construção, no caso de Paulo Freire, é visível, por exemplo, na Secretaria de Educação da cidade de São Paulo, onde, como mostra Wivian Weller, construíram-se sob sua coordenação desde novos espaços físicos dignos de serem chamados de escola até novos recursos humanos e novos programas como o MOVA, programa de educação de adultos, totalmente desmanchado pela administração atual, como também denuncia Wivian Weller.

[50] É do escritor Mario Curvelo, nos debates, a nota sobre a reinvenção da filantropia por Betinho.

[51] Para o traçado do processo vivido por Betinho libertando-se dos dogmas, seja da esquerda seja da Igreja, bem como para a sua aposta nos movimentos sociais, veja-se o depoimento de Maria Nakano.

[52] Sobre a invenção de um discurso novo por Betinho, veja-se o texto de Manfred Nitsch.

romantismo juvenil ou mera revolução nos costumes. Betinho não desistiu de sonhar. A um mundo sem utopia contrapõe a possibilidade de um Brasil solidário. Com muitas contradições? Com certo individualismo? Com marcas muito fortes do cristianismo? Sim, mas com comida, terra, trabalho e dignidade para todos.[53]

CONCLUSÃO

Concluir é tarefa para os leitores. Apenas gostaríamos de lembrar, pois se trata de um livro composto por brasileiros e europeus, que o confronto de olhares – dos de dentro e dos de fora – leva a relativizar a imagem de Brasil dos brasileiros e, ao mesmo tempo, a imagem que os estrangeiros têm desse país, reconhecendo que a visão dos de fora também faz parte do imaginário dos de dentro. Viajantes todos, o confronto nos ajuda a superar tanto a postura catastrófica, quanto a idílica, ambas paralisantes.[54]

Quanto aos autores estudados, pode-se generalizar o que aqui foi dito sobre Betinho:[55] foram expressão de um momento generoso, protagonistas, analistas e críticos dos anos talvez mais importantes da história do Brasil. Todos também nos trazem à tona os conflitos, os embates e as lutas, desmitificando as ilusões da modernização à custa de perpetuar atrasos e dívidas materiais ou sociais. Sonhando, pensando e agindo incomodaram e ainda incomodam porque o sonho incomoda e, desde que se criminalizaram os direitos, criminaliza-se o sonho.[56] É proibido sonhar.

O que foi dito para Paulo Freire[57] também serve para todos, pois eles propõem certas coisas, são importantes, não estaríamos discutindo muitos temas que estamos discutindo, sem que eles tivessem dito tudo isso, mas nós não temos de olhar para eles fora da história. Partir deles, questioná-los, aprender com eles e avançar. O simpósio que originou este livro foi feito com esse espírito, mas num tempo em que está em moda a

---

[53] É ainda Emir Sader quem tematiza no texto e nos debates (nestes, também, Bernardo Kucinski) esses aspectos contraditórios do pensamento e da prática de Betinho.

[54] Sobre a visão de fora, relativizada, e incorporada (como os outros nos vêem também é parte de nós), veja-se o texto da historiadora Sandra Pesavento. Sobre a sedução da catástrofe como avesso do otimismo idealista, ver o texto de Francisco Foot.

[55] Refiro-me ao texto de Emir Sader.

[56] A expressão é de Emir Sader.

[57] Referência à intervenção de Antonio Faundez, aqui reproduzida quase ao pé da letra.

Brasil, país do passado?

derrubada ou desconstrução dos mitos, há que lembrar que criticar e superar implica reconhecer que os mitos não brotam do nada. Para desmitificar é preciso fazê-lo sem perder de vista o quadro atual de referências no qual essa nossa reflexão se faz, quadro esse em que freqüentemente se desmancha irresponsavelmente o trabalho alheio e em que nos espreita uma sinistra uniformidade de pensamento e discurso.[58]

A atualidade deste debate fica ainda mais evidente quando escrevemos esta introdução sob o signo de uma guerra eufemisticamente chamada de humanitária.[59] Isso parece mostrar que o peso do passado, repetindo-se no presente, e congelando a felicidade, volta a assombrar-nos[60] não apenas no Brasil, onde a guerra é outra mas também existe.

---

[58] Contra esse risco e sobre a necessidade de estarmos atentos às determinações do nosso pensamento hoje, manifestou-se nos debates, quase nesses mesmos termos, Flávio Aguiar.

[59] Referimo-nos à guerra do Kosovo.

[60] Nesse sentido, soam proféticas as palavras de Ingrid Schwamborn – anteriores à guerra da Iugoslávia – sobre o otimismo de Zweig quanto a uma Europa unida, antes da Segunda Guerra Mundial, e o que pode ter de ilusório no otimismo de hoje sobre a comunidade européia.

PARTE I

STEFAN ZWEIG E O BRASIL COMO PAÍS DO FUTURO

STEFAN ZWEIG:

Deu-se então a minha chegada ao Rio. Fiquei fascinado e, ao mesmo tempo, comovido, pois se me deparou não só uma das mais magníficas paisagens do mundo, nesta combinação sem igual de mar e montanha, cidade e natureza tropical mas também uma espécie inteiramente nova de civilização. Percebi que havia lançado um olhar sobre o futuro do mundo.

(Brasil, país do futuro)

UM EUROPEU NO BRASIL*

Ingrid Schwamborn

Recordações de um europeu

Stefan Zweig repetidas vezes se referiu a seus numerosos amigos de muitos países – e a si próprio – como "europeus". Com especial clareza isto ocorre no subtítulo de sua autobiografia: *Die Welt von Gestern. Erinnerungen eines Europäers* (*O mundo que eu vi. Recordações de um europeu*). Mas essa extensa obra não foi escrita por ele na Europa e sim começada nos EUA, reescrita e deixada em ponto de publicação em outubro de 1941 em Petrópolis, no Brasil. No início de novembro de 1941 ele enviou dois exemplares a seus editores em Nova Iorque, um a Alfredo Cahn em Buenos Aires, e outro entregou ao seu editor brasileiro no Rio de Janeiro, Abrahão Koogan, que na época tinha 28 anos de idade. Enquanto preparava esse livro de recordações, numa carta a Thomas Mann datada de 29 de julho de 1940, de seu hotel em Nova Iorque, Zweig descreve sua situação com estas palavras:

> Um dia ou a tormenta terá que chegar ao fim, ou então é a gente mesmo que se acaba. Neste meio tempo tento trabalhar descrevendo, numa espécie de auto-apresentação, os tempos que atravessei – afinal de contas nós somos testemunhas das maiores transformações mundiais, e enquanto não me seja possível testemunhar como escritor ou poeta (no sentido de criação), quero pelo menos dar testemunho a serviço da documentação.
>
> [Einmal muß der Sturm enden, oder man endet selbst. Inzwischen versuche ich zu arbeiten und in einer Art Selbstdarstellung die Zeiten zu schildern, durch die ich gegangen – wir sind schließlich Zeugen einer der größten

---

* Tradução do alemão de Carlos Almeida Pereira, Campina Grande, Bonn/Berlim/Salzburgo – jun.-out. 1998.

Ingrid Schwamborn

Weltverwandlungen, und solange ich nicht dichterisch zeugen kann (im Sinne der Schöpfung), will ich wenigstens Zeugenschaft leisten im Dienst des Documentarischen.][1]

As leitoras dos dias atuais poderão verificar que em seu "livro de recordações" Stefan Zweig sempre fala unicamente de "europeus", e de fato ele não pensava em "européias", a rigor, não pensava em mulher alguma: sua primeira mulher, Friderike, com quem esteve casado durante muitos anos, só é mencionada duas vezes de passagem numa oração subordinada, e sem menção do nome, quando em Florença ela espantou-se com a maneira tempestuosa como ele foi abraçado por um velho amigo;[2] e Lotte, sua segunda "futura companheira", que datilografou tudo isto em sua máquina de escrever portátil, não é mencionada a não ser indiretamente, quando se diz que por coincidência ele contraiu "um segundo casamento" no dia em que irrompeu a Segunda Guerra Mundial, isto é, naquele fatídico 1º de setembro de 1939.[3] Com exceção, porém, da velha batalhadora Berta von Suttner, com quem encontrou-se pessoalmente,[4] naquelas páginas – de resto muito bem escritas – nenhuma outra mulher é mencionada pelo nome. A mulher só aparece aí – quando aparece – em um plural sem rosto, como "damas", "moças", "mulheres", "criadas", "prostitutas", num mundo europeu de escritores, pensadores, músicos, de homens que transformam o mundo, e guerreiros. Devido à sinceridade deste escritor, as mulheres haverão de perdoar isto.

Stefan Zweig não viu seu livro de memórias impresso, como também não viu impressa sua "novela do xadrez" (*Schachnovelle*), composta nesta mesma época em Petrópolis. Hoje a autobiografia e a última novela de Zweig são consideradas como suas obras mais importantes, o que se reflete também nos números de vendagem da editora S. Fischer Verlag. Sob a extrema depressão e intuindo a aproximação da morte, Zweig (como seu amigo Joseph Roth) produziu suas melhores obras com as frases mais limpas e lindas.[5]

---

[1] Stefan Zweig. *Briefe an Freunde* (*Cartas a amigos*). Ed. Por Richard Friedenthal. Frankfurt am Main: Fischer Taschenbuch Verlag, 1990, p. 318 (1ª ed. 1978).

[2] Stefan Zweig. Die Welt von Gestern – Erinnerungen eines Europäers. Frankfurt am Main: Fischer Taschenbuchverlag, 1997, p. 349 (1ª ed. 1944) e Stefan Zweig. *O mundo que eu vi.* (Minhas memórias). Tradução de Odilon Gallotti. Rio de Janeiro: Editora Guanabara, 1942, e em *Obras completas de Stefan Zweig*. Rio de Janeiro: Editora Delta [Imprint da Editora Guanabara], 1960, v. IX, p. 209-602.

[3] Ibidem, p. 489.

[4] Ibidem, p. 241.

[5] Cf. Carta de Stefan Zweig a Felix Braun do 21-6-1937 (in: Stefan Zweig. *Briefe an Freunde*, op. cit., p. 281) e Stefan Zweig. "Joseph Roth", in: Stefan Zweig. *Europäisches Erbe*. Frankfurt am Main: Fischer Taschenbuch Verlag, 1994, (1ª ed. 1981) p. 267-286, aqui p. 278.

Brasil – uma atração fatal

Um ano e meio antes, em agosto de 1940, Stefan Zweig veio pela segunda vez ao Brasil a fim de preparar o seu – como ele dizia – "manual sobre o Brasil". Em março de 1941, perto de Nova Iorque, ele escreveu o manuscrito, e em abril propôs a Koogan o título Brasilien – Ein Land der Zukunft (Brasil, [um] país do futuro). Já em 1º de agosto de 1941 recebia de Koogan seu exemplar de prova (também Koogan era e continua a ser um editor rápido na produção de livros). Como podemos ver por sua carta de agradecimento a Koogan, tudo indica que seu próprio livro sobre o Brasil despertou nele tamanha saudade deste país que ele imediatamente resolveu interromper todos os projetos nos EUA, inclusive os preparativos para as edições inglesa e francesa do livro sobre o Brasil, e retornar ao Rio de Janeiro.[6]

Um mês antes ele já havia enviado a Koogan o exemplar de *Amerigo*, datilografado por sua segunda mulher, Elisabeth Charlotte (esse exemplar encontra-se hoje na Biblioteca Nacional do Rio de Janeiro), um palpitante ensaio sobre a descoberta da América. Portanto, no ano de 1941, seu sexagésimo ano de vida, Zweig concluiu três obras importantes (*Brasil, país do futuro/Brasilien – ein Land der Zukunft, Amerigo/Amerigo – Die Geschichte eines historischen Irrtums* e *O mundo que eu vi/ Die Welt von Gestern*), além de esboçar a *Schachnovelle* (*Novela de xadrez*), que ele terminou de corrigir poucas horas antes de sua morte (a 23 de fevereiro de 1942), e de que também despachou três cópias pelo correio em Petrópolis, dois para Nova Iorque, um para Alfredo Kahn e um – desaparecido – deixou com A. Koogan.

Quatro obras inteiramente diferentes, portanto, e cada uma delas, à sua maneira, extraordinária, foram criadas por Zweig como que "sob pressão" em 14 meses, cerca de 1200 páginas prontas para serem publicadas! Que trabalho realizado também por sua jovem mulher, que tinha como profissão "author's secretary", como consta na certidão de casamento de 6 de setembro de 1939. O ensaio sobre Montaigne estava apenas esboçado à mão, tendo sido mais tarde publicado por Richard Friedenthal, com numerosos acréscimos próprios. Em 1995 foi editada uma versão mais próxima do original por Knut Beck.[7] Junto a esta produção tem de

---

[6] Cf. a correspondência completa ainda não publicada de Stefan Zweig a A. Koogan, de outubro de 1940 e 1º de agosto de 1941. Essa correspondência encontra-se, desde novembro de 1992, na Biblioteca Nacional do Rio de Janeiro.
[7] Stefan Zweig. *Montaigne*. Editado por Knut Beck. Frankfurt am Main: Fischer Taschenbuch Verlag, 1995 (Editado por Richard Friedenthal, S. Fischer Verlag, 1960).

constar o "romance austríaco" *Clarissa*, que também foi restaurado por Knut Beck já em 1990 com base em anotações contidas em um caderno de Stefan Zweig.[8]

Brasil – uma fonte inesgotável e rejuvenescente

Se acrescentarmos ainda a cativante biografia *Fernão de Magalhães – o homem e seu feito* (*Magellan – Der Mann und seine Tat*), de 1938,[9] e o único romance, *Coração inquieto* (*Ungeduld des Herzens*), de 1939,[10] que aliás não está à altura das outras obras, veremos como a produtividade e a qualidade de Stefan Zweig cresceram desde aquele dia 21 de agosto de 1936, quando, vindo de Southampton com o navio *Alcântara*, ele entrou no porto do Rio de Janeiro. Zweig ficou profundamente impressionado com tamanha beleza. Foi amor à primeira vista:

> Apoderou-se de mim uma ebriedade de beleza e de gozo que excitava os sentidos, estimulava os nervos, dilatava o coração e, por mais que eu visse, ainda queria ver mais.
>
> [Ein Rausch von Schönheit und Glück überkam mich, der die Sinne erregte, die Nerven spannte, das Herz erweiterte, den Geist beschäftigte, und soviel ich sah, es war nie genug.][11]

Até aquele momento, agosto de 1936, em seus ensaios e palestras, Stefan Zweig se havia ocupado com célebres ou admiráveis personalidades européias e com a idéia de uma Europa unida. Mas depois que em 1933 seus livros foram queimados pelos nazistas em Berlim, sua casa em Salzburgo foi vasculhada em busca de armas e depois que ele se mudou em 1934 para Londres, teve início um doloroso e lento distanciamento da ilusória idéia de uma Europa unida e pacífica. Em *O mundo que eu vi* ele descreve de maneira muito clara e concreta como ele, seus amigos e toda a

---

8   Stefan Zweig. *Clarissa. Esboço de um romance*. Editado por Knut Beck. Frankfurt am Main: Fischer Taschenbuch Verlag, 1992 (1ª ed., S. Fischer Verlag, 1990).

9   Stefan Zweig. *Fernão de Magalhães – O homem e a ação*. Tradução de Elias Davidovich. In: *Obras completas de Stefan Zweig*. Rio de Janeiro: Editora Delta, 1960, v. II, p. 437-684.

10 Stefan Zweig. *Coração inquieto* [sem indicação de tradutor]. In: *Obras completas de Stefan Zweig*, op. cit., v. V, p. 1-350.

11 Stefan Zweig. *Brasil, país do futuro*. Tradução de Odilon Gallotti. Rio de Janeiro: Editora Guanabara, 1941, p. 11 e *Brasilien – Ein Land der Zukunft*. Frankfurt am Main: Insel Taschenbuch, 1997, p. 9 (1ª ed., 1943/1981). A tradução de Odilon Gallotti encontra-se também em: *Obras completas de Stefan Zweig*, v. VI, p. 1-230.

geração de antes da Primeira Guerra Mundial acreditavam viver numa Europa que se tornaria cada vez melhor e mais harmoniosa, comprometida com o progresso técnico e social e que cresceria e se tornaria cada vez mais forte; uma Europa da fraternidade espiritual.

Como pela primeira vez essa fé veio a ruir repentinamente é descrito em poucas páginas por Stefan Zweig em "Der Turm zu Babel" [A Torre de Babel], de 1916. Num ciclo de construção e destruição que constantemente retorna desde as origens da humanidade se ocultaria a luta de um Deus poderoso contra os homens que buscam ser iguais a Deus. E a arma de Deus seria a discórdia: "Vamos confundir-lhes a língua, de modo que já não se entendam uns aos outros".[12] Após um longo período de construção, de repente os homens não se entendem mais e "irritam-se" uns com os outros: "Mais uma vez lançaram fora seus instrumentos de trabalho e os utilizaram como armas uns contra os outros, os sábios a ciência, os técnicos suas descobertas, os escritores suas palavras, os sacerdotes sua fé, tudo quanto antes fora instrumento para a construção da vida converteu-se em arma de morte".[13]

Mas sempre de novo houve pessoas que continuaram a acreditar que este "monumento" da unidade européia haveria de ser concluído na Europa mesma, e não na América ou na Ásia.[14]

Ao pensar em *O mundo de ontem*, Zweig deve ter-se lembrado da parábola da construção da Torre de Babel, quando disse que a Primeira Guerra Mundial, a rigor, se teria desencadeado sem uma razão visível, o tiro de Sarajevo teria, com seu estampido, feito desmoronar "o mundo da segurança e da razão criadora" em que toda sua geração havia crescido ao longo de 40 anos de paz.[15] Ele confessa:

> Nunca amei nossa velha terra mais do que nestes últimos anos antes da Primeira Guerra Mundial, nunca tive mais esperanças numa Europa unida, nunca tive mais fé no seu futuro do que nesta época, quando julgávamos perceber uma nova alvorada. Mas na realidade eram os reflexos da conflagração mundial que se aproximava.[16]

Para nós, essas palavras podem servir de advertência contra uma euro-euforia exagerada.

---

12 Stefan Zweig. *Der Turm zu Babel*. In: *Europäisches Erbe*. Editado por Richard Friedenthal. Frankfurt am Main: Fischer Taschenbuch Verlag, 1994 (1ª ed. S. Fischer, 1960), p. 292.
13 Ibidem, p. 295.
14 Ibidem, p. 296.
15 Die Welt von Gestern, p. 245.
16 Ibidem, p. 223.

Ingrid Schwamborn

A guerra

A 1º de setembro de 1939, exatamente quando no cartório de Bath Zweig requer seu casamento com a polonesa Elisabeth Charlotte Altmann, de Kattowitz, pela segunda vez em sua vida irrompe uma grande guerra:

> Era guerra novamente, uma guerra mais terrível e mais ampla do que qualquer outra guerra que jamais tenha havido sobre a terra. Mais uma vez chegava ao fim uma época, mais uma vez uma nova era começava.[17]

Sobre essa guerra seu livro de memórias não relata mais coisa alguma, porém as anotações em seus *Tagebücher* (Diários)[18] nos fornecem uma visão direta de sua desesperada situação exterior e interior durante os próximos meses.

Só quem realmente viveu uma guerra sabe o que ela significa. Eu mesma tenho a idade desta guerra (nasci em maio de 1940, aqui mesmo em Berlim), e como todos os de minha geração crescemos na guerra – uma experiência traumática que durou anos – como sempre de novo constatamos, embora como crianças nós achássemos então a guerra inteiramente "normal"; não conhecíamos a "segurança" da juventude de Zweig, mas conhecíamos a esperança de que, "depois da guerra", cada dia seria melhor do que o anterior. Nossos pais retiraram os escombros da Torre de Babel e começaram a reconstruir a Torre, e hoje todos voltamos a acreditar que apesar de tudo esta torre do bem-estar venha a alcançar o "euro-céu" da satisfação para todos – mas a "desintoxicação moral da Europa",[19] da qual Stefan Zweig falou em 1932, não está completa até os dias de hoje (cf. A "crise no Balcão").

Brasil – um país da paz

O que tanto impressionou Zweig e que ele tanto apreciou no Brasil, ao lado da encantadora paisagem e do charme de seus habitantes, foi o que eu própria também experimentei quando estive pela primeira vez no Brasil em 1968: a guerra, seja que guerra for, está infinitamente longe. A gente se sente tão segura no Brasil... Isto, no entanto, foi antes que

---

[17] Ibidem, p. 490.
[18] Stefan Zweig. *Tagebücher*. Editado por Knut Beck. Frankfurt am Main: Fischer Taschenbuch Verlag, 1990, (1ª ed., 1984).
[3] Stefan Zweig. "Die moralische Entgiftung Europas", in: *Menschen und Schicksale*. Editado por Knut Beck. Frankfurt am Main. Fischer Taschenbuch Verlag, 1994, p. 40-56 (1ª ed., S. Fischer Verlag, 1990).

soubéssemos do que o regime militar era capaz na perseguição aos "dissidentes", e antes que no Rio de Janeiro irrompesse a guerra civil entre pobres e ricos, os negros menos privilegiados.

Europa, a região das guerras permanentes – Brasil, a terra da paz perene. Era assim que o contraste se apresentava a Stefan Zweig. Em *Brasil, país do futuro* ele descreve que o Brasil possui uma secular tradição pacifista, quando medida pela escala das guerras européias. Houve apenas uma guerra regional contra a Argentina, que em 1828 levou à criação da província do Uruguai, e de 1865 a 1870 a guerra com o Paraguai, um episódio. Todas as ampliações de fronteiras do país, já em si gigantesco, foram acertadas sem derramamento de sangue, por tratados, como, por exemplo, a aquisição da província do Acre (1904). Stefan Zweig considera que os responsáveis por isso teriam sido os jesuítas, que desde o início tiveram a idéia da "empresa brasileira". A eles se deveria agradecer a secular convivência pacífica de todas as raças, da qual teria surgido um novo tipo de homem, o "brasileiro". E a esse modelo também pertenceria hoje o futuro para um mundo melhor, "uma cultura mais humana e pacífica".[20]

Brasil – um país do futuro

O título de "país do futuro" não foi inventado pelo próprio Stefan Zweig, como Jeffrey Berlin e eu descobrimos, mas sim por seu tradutor para o inglês, que (por proposta de Zweig) usava o nome de Andrew St. James, mas que na verdade chamava-se James Stern.[21] Não temos informação de como Stern se deparou com este título, mas pode-se presumir que ele conhecia o livro de Heinrich Schüler, *Brasilien – Ein Land der Zukunft* [Brasil, um país do futuro] (1916 e 1924).[22] Além disso, nas palavras citadas como mote do Conde Prokesch-Osten em uma carta a Gobineau em 1868, encontra-se o aviso de que o Brasil seria "une terre d´avenir" [uma terra de futuro] com um passado pouco conhecido.

---

20 *Brasilien – Ein Land der Zukunft*, Introdução e p. 171.
21 Cf. correspondência inédita entre Stefan Zweig e James Stern, conforme indicações de Jeffrey Berlin.
22 Heinrich Schüler. *Brasilien – Ein Land der Zukunft*. Stuttgart und Berlin: Deutsche Verlags-Anstalt, 1916 (5ª ed., 1921, 6ª ed., 1924).

Ingrid Schwamborn

A idéia de considerar o Brasil um país do futuro não é nova, pois já a 1º de maio de 1500 Pero Vaz de Caminha escrevia isto a seu rei D. Manuel II, em Lisboa, depois de, com Pedro Álvares Cabral, haver pela primeira vez pisado oficialmente em território brasileiro. Tudo quanto se plantasse ali florescia esplendidamente, faltava apenas gente para plantar. Desde então os portugueses lutaram por esta terra durante alguns anos contra os franceses no século XVI, por muitos anos no século XVII contra os holandeses, e no século XIX a terra foi o país do futuro para numerosos imigrantes vindos de Portugal, Espanha, Alemanha, Itália, Polônia e Ucrânia, aos quais se juntaram no começo do século XX os japoneses. Sabe-se bem que hoje São Paulo é a maior cidade industrial alemã.[23]

A. Dines explica que Stefan Zweig via no Brasil sobretudo também um país do futuro para os judeus perseguidos na Europa. Sua mensagem para eles foi que como lugar de refúgio levassem em consideração também este país pacífico, cheio de insuspeitados tesouros ocultos em seu gigantesco território. Agradava-lhe também sobretudo a visível ausência de separação racial, a convivência pacífica entre muitas raças e entre aqueles povos que na Europa sempre de novo se defrontavam como inimigos mortais.

Lafcadio Hearn como modelo

Em sua apresentação do Brasil em *Brasil, país do futuro*, que é quase inteiramente desprovida de crítica, já logo depois da publicação do livro, Stefan Zweig foi acusado de ingenuidade.

Mas obviamente ocorreu com ele o que se deu com o exótico escritor Lafcardio Hearn, cuja vida e obra Zweig descreveu brevemente em 1911 num ensaio introdutório: Este, filho de um irlandês e de uma grega, nascido em 1850, não podendo estabelecer-se nos EUA, terminou por encontrar no Japão uma pátria e um tema para seus escritos. Passou a não ser nem europeu nem japonês, mas alguém diferente, e com seu *Livro do Japão* surgiu algo inteiramente novo, que nenhum japonês, mas também nenhum europeu não iniciado teria sido capaz de escrever assim, e que no futuro haveria de ser lido com nostalgia por uns e por outros:

> Como primeiro e último a um só tempo, ele fixou para nós e para o Japão de hoje, que com alarmante pressa vem se modificando e se distanciando

---

[23] Cf. Walter Haubrich. "Schwarzes Gesicht mit grünen Augen. Ein multi-ethnische Land: Brasilien vor den Wahlen" (Rosto preto com olhos verdes. Um país multi-étnico: Brasil antes das eleições); em Frankfurter Allgemeine Zeitung, 2-10-1998.

daquilo que era, um sonho do antigo Sol Nascente, que mais tarde os descendentes haverão de amar, assim como nós alemães amamos a Germania de Tácito.[24]

Quando descreve a vida aventurosa deste homem que já na juventude foi experimentado pelo sofrimento (a mãe deixou o pai, e ele perdeu um olho num jogo com colegas do internato), que se casou com uma japonesa proveniente de nobre família de samurais e que adotou um nome japonês e costumes japoneses, Zweig deixou-nos uma frase que desperta atenção:

> Assim o seu amor pelo Japão já foi preparado por uma misteriosa preexistência, como que por um anseio e saudade.[25]

Seus livros sobre o Japão teriam sido "esboçados a partir da perspectiva de uma afetuosa proximidade". De fato, o livro apaixonado sobre o Brasil do ano 1941, *Brasilien – Ein Land der Zukunft*, em francês *Brésil – Terre d'Avenir*, está sendo adquirido por leitores europeus, sobretudo alemães e franceses, por causa do estilo e seu charme nostálgico – e isto em números crescentes, como mostram as vendas das editoras alemãs e francesas.

Zweig – inadaptado ao Brasil

Ao contrário de Hearn, porém, Zweig não se sentiu em casa no seu país eleito, o Brasil, mas os dois foram enterrados na terra amada. E como Hearn pensava em relação ao Japão, Zweig desde a juventude ansiara pelo Brasil como por uma "magia distante", como ele próprio disse na Academia de Letras, e não por pura cortesia.

E nas últimas horas de sua vida mais uma vez Zweig atesta com toda clareza seu amor pelo Brasil na hoje célebre carta de "Declaração" que começa com estas palavras de despedida ao Brasil:

> Antes de por livre vontade e em plena consciência despedir-me desta vida, sinto-me impelido a cumprir um último dever: o de agradecer de todo coração a este maravilhoso país, o Brasil, que deu a mim e a meu trabalho tão boa e acolhedora tranqüilidade. A cada dia aprendi a amar mais intensamente este país, e em lugar algum eu teria preferido recomeçar minha vida desde as bases, depois que o mundo de minha própria língua soçobrou

---

[24] Stefan Zweig. "Lafcadio Hearn", in: *Europäisches Erbe*, op. cit., p. 133.
[25] Ibidem, p. 135.

para mim e minha pátria espiritual, a Europa passou a autodestruir-se. O Brasil é incrível – um país para mim.[26]

Como foi que Stefan Zweig terminou vindo para o Brasil e quando?

Apenas em rápidos traços: Em 1932 o editor A. Koogan, do Rio de Janeiro, então com 20 anos de idade, escreveu pelo correio aéreo (via Air France) um cartão-postal ao escritor de *best sellers* Stefan Zweig, então com 50 anos. Aí ele pedia permissão a Zweig para publicar seus livros na Editora Guanabara, que acabava de ser fundada por ele e por seu tio Nathan Waissman. Zweig respondeu de imediato e com muita satisfação. Daí nasceu uma amizade que haveria de tornar-se fatídica para ambos, autor e editor.

As novelas e biografias de Zweig publicadas na Editora Guanabara em traduções brasileiras (quase sempre do francês) tiveram um enorme sucesso. Por isso o célebre autor chegou mesmo a ser convidado pelo ministro brasileiro do Exterior a interromper a viagem de navio que faria a Buenos Aires em agosto de 1936 para o congresso do Pen-Club Internacional, e permanecer por dez dias no Rio de Janeiro e São Paulo como hóspede do governo brasileiro, a fim de travar conhecimento com o país, com o povo e com seus leitores, a cujo número pertenciam também as filhas do presidente Getúlio Vargas.

Estes dias encantadores foram primeiramente fixados por Stefan Zweig em seu *Diário*, mas também quase todos os dias ele escrevia à Friderike, de quem já havia se separado:

> Ocupo um apartamento de quatro quartos no maravilhoso Copacabana Hotel, à beira-mar, a gente pode ir para a água diretamente em roupa de banho. E tem-se uma vista tão bonita que se perde a vontade de ir dormir.[27]

Depois de numerosas palestras e convites, de uma excursão a Petrópolis, que o fez lembrar-se das montanhas da Áustria, de uma recepção pelo presidente da República, Getúlio Vargas, e de um banquete de gala com o ministro do Exterior, Zweig escreveu a 25 de agosto a Friderike per "Condor, Zeppelin, Lufthansa":

> É de enlouquecer de tão grandioso, mas eu fico dividido, despedaçado [...]. O Brasil é incrível, eu poderia chorar como uma criança por ter de ir embora.[28]

No dia seguinte ele dizia, resumindo:

---

[26] O original desta "Declaracão" (sem "ç") encontra-se em duas cópias no Literaturarchiv do Schiller Nationalmuseum em Marbach, Alemanha.
[27] Friderike Zweig. *Stefan Zweig. Unrast der Liebe*. Berna e München: Scherz Verlag, 1981, p. 241.
[28] Ibidem, p. 242.

Uma coisa é certa: esta não é a última vez que estou aqui. Um país ideal para mim: um café divino (cerca de 5 centavos ["Groschen"] a xícara), os melhores charutos, as mais encantadoras mulheres, a mais bela das paisagens. Se pelo menos eu pudesse tirar fotografias, mas aqui eu sou uma espécie de Charlie Chaplin.[29]

Sobre Buenos Aires ele escreve a Friderike, fazendo um trocadilho: "O ar aqui não é tão bom como no Rio".[30] E em comparação com Buenos Aires ele revela, como já poderíamos imaginar:

"Buenos Aires é enfadonhamente bela, nem em sonhos se compara com a divina beleza do Rio, pela qual me apaixonei."[31] Já na viagem de volta para a Inglaterra, no navio, amadureceu nele a intenção de escrever alguns artigos sobre o Brasil.[32] E logo que chegou a Londres escreveu a Koogan que pretendia preparar um livro inteiro sobre o Brasil. Por enquanto, porém, isto rendeu um breve relato de viagem: *Kleine Reise nach Brasilien* (*Pequena viagem ao Brasil*), que foi publicado em 1937 em Viena (em Länder, Städte, Landschaften/Países, cidades, paisagens).[33] Ali já encontramos a frase a que mais tarde ele dedica o livro inteiro e que por último repete em *O mundo que eu vi*: "Aqui poderia progredir e desenvolver-se grandiosamente, em novas e diferentes formas, o que a Europa criou em matéria de civilização. Com os olhos inundados de felicidade pela beleza mil vezes matizada desta nova natureza, eu tivera uma visão do futuro".[34]

O livro sobre o Brasil – uma "encomenda"?

Pela segunda vez Zweig voltou ao Rio de Janeiro a 21 de agosto de 1940, a fim de preparar o livro sobre o Brasil, como escreveu a Koogan. Esses preparativos só foram interrompidos no final de outubro por uma viagem de palestras à Argentina. A 5 de novembro, Zweig e sua mulher tiveram o desejado visto permanente carimbado em seu passaporte britânico obtido no início de 1940 em Londres. O visto de turista, com validade de 180 dias, também recebido em Londres (conforme meus

---

[29] Ibidem, p. 244.
[30] Ibidem, p. 246.
[31] Ibidem, p. 247.
[32] Ibidem, p. 247.
[33] Stefan Zweig. Pequena viagem ao Brasil, in: *Obras completas de Stefan Zweig*, op. cit. v. X, p. 153-184.
[34] *Die Welt von Gestern*, p. 452.

cálculos), iria expirar a 15 de novembro de 1940. Para os EUA eles tinham apenas um visto de passagem, mas no Brasil poderiam permanecer agora quanto tempo quisessem. Alberto Dines e outros irão afirmar mais tarde que, para conseguir esse visto, Zweig teria prometido ao governo brasileiro escrever um "livro sobre o Brasil".

No final de 1940, Zweig e sua mulher, por conta do governo brasileiro e acompanhados por um intérprete oficial do Ministério do Exterior, o jornalista D'Almeida Vitor, também mencionado por Alberto Dines no filme, viajaram de avião de volta para os EUA. Esse favor do governo, que nas condições da época não era pequeno, fez com que Zweig se tornasse suspeito aos adversários do regime ditatorial, o que até hoje prejudicou seu livro e sua fama no Brasil.

Para tais suspeitas pode haver também contribuído o pouco habilidoso prefácio de Afrânio Peixoto à edição brasileira de *Brasil, país do futuro*. Ele diz que Zweig escreveu o livro inteiramente de vontade própria, não levado por subvenções oficiais de qualquer espécie. Ele teria demonstrado amor ao país, sem esperar retribuição:

> É o mais "favorecido" dos retratos do Brasil. Nunca a propaganda interesseira, nacional ou estrangeira, disse tanto bem do nosso país, e o autor, por ele, não deseja nem um aperto de mão, nem um agradecimento. Amor sem retribuição.[35]

Na época não se podia compreender que Stefan Zweig tivesse escrito este livro como uma espécie de Lafcadio Hearn, por amor ao Brasil, mas também por desespero com a Europa. E que este amor fez com que ele deixasse de ver óbvias deficiências do país bem-amado.

Em sua terceira chegada ao porto do Rio de Janeiro, em 27 de agosto de 1941, após uma viagem de doze dias (como é mencionado em *Schachnovelle*), a recepção foi bastante fria, pois o livro não havia sido bem recebido pela crítica brasileira. O casal foi recebido apenas por seu fiel editor A. Koogan. Desta vez ficaram morando por própria conta no modesto Hotel Central, na Praia do Russel. Ali o célebre escritor de 60 anos recebeu a visita de dois homens de cerca de 30 anos, Victor Wittkowski e – como ele afirma – Gerhard Metsch, que haviam conseguido fugir da Itália para o Brasil. Também estes irão se manifestar a respeito do livro de Zweig sobre o Brasil, o primeiro por escrito no seu livro de memórias[36] e Gerhard Metsch oralmente em nosso filme documentário.

---

[35] *Brasil, país do futuro*, Prefácio de Afrânio Peixoto, julho de 1941.
[36] Victor Wittkowski. Erinnerungen an Stefan Zweig in Brasilien, in: *Ewige Erinnerung*. Mönchengladbach: Privatdruck, 1960.

Apesar de todas as restrições, no entanto, só no Brasil foram vendidos 100 mil exemplares de *Brasil, país do futuro*, como afirma A. Koogan. Mesmo hoje uma edição desse porte ainda seria uma raridade no Brasil. Mas no próprio Brasil apenas o título sobreviveu como expressão corrente, ao passo que na Alemanha e na França, de 1981 para cá (os cem anos do nascimento de Zweig), para espanto dos brasileiros, este livro vem passando sempre por novas edições, tendo se tornado um clássico da literatura européia sobre o Brasil.

Schachnovelle – Novela de xadrez

Atendendo aos desejos de Zweig, Abrahão Koogan encontrou uma casa para ele na região montanhosa de Petrópolis, que ele alugou por meio ano, até 30 de abril de 1942. Para lá, Lotte e Stefan Zweig mudaram-se em 17 de setembro de 1941. Mas antes Zweig foi ainda à livraria do sr. Apfel na Rua Sete de Setembro, como menciona Wittkowski em suas memórias. O que Zweig comprou aí – para o seu retiro, como dizia –, nós ficamos sabendo por suas cartas a Friderike em Nova Iorque: uma edição de segunda mão de Goethe, Homero e Shakespeare e... um livro de xadrez, cujo título ele não revela. É este livro que irá fornecer a moldura externa e interna para *Schachnovelle*, como sabemos hoje. (Trata-se de *Die hypermoderne Schachpartie*, de S. G. Tartakower, 1925).[37]

Após a morte de Zweig, *Schachnovelle* não é mencionada em lugar nenhum na relação dos objetos e manuscritos encontrados em sua casa. Em todos os necrológios Zweig é celebrado sobretudo como autor de biografias. A tradução brasileira desta novela de Zweig, hoje considerada a mais importante, apareceu já em setembro de 1942 na Editora Guanabara.[38]

A primeira edição alemã, numa tiragem de 250 ou 300 exemplares cheios de erros de imprensa e de pretensas correções, publicada em dezembro de 1942 em Buenos Aires, é hoje um objeto valioso, cobiçado por colecionadores bibliófilos. A primeira edição européia teve lugar em

---

[37] Sobre as circunstâncias mais detalhadas da gênese de *Schachnovelle*, tenho já no prelo um livro.

[38] Stefan Zweig. *A partida de xadrez* (*Schachnovelle*). Tradução de Odilon Gallotti, in: *As três paixões*. Rio de Janeiro: Editora Guanabara, setembro de 1942. [*A partida de xadrez* (*Schachnovelle*) foi publicado, nesta edição, junto com mais duas novelas inéditas de Stefan Zweig: *Dívida tardiamente paga* (*Die spät bezahlte Schuld*) e *Seria ele?* (*War er es?*). As três novelas encontram-se também em: *Obras completas de Stefan Zweig*, 1960, v. IV.].

Estocolmo, em 1943. Aliás, a misteriosa *Schachnovelle* é a única obra que do princípio ao fim Zweig escreveu no Brasil, em Petrópolis.[39]

O que causa admiração é que depois ninguém mais no Brasil tomou conhecimento desta novela, nem mesmo o editor Koogan lhe atribuía grande importância. Excetuada a edição completa organizada por A. Koogan já em 1953 e 1960, ela nunca foi (antes de 1993) editada de novo isoladamente, ao contrário de *Amok, Confusão de sentimentos* (*Verwirrung der Gefühle*) ou *24 horas da vida de uma mulher*, (*Vierundzwanzig Stunden aus dem Leben einer Frau*). *Schachnovelle*, aliás, foi traduzida pelo mesmo excelente profissional que traduziu para o português o livro sobre o Brasil, o médico Odilon Gallotti. E diretamente do alemão, enquanto a maioria das outras obras haviam sido traduzidas sempre do francês, como por exemplo *Confusão dos sentimentos* por Elias Davidovich, que também originalmente era médico, e que exatamente como Koogan e Samuel Malamud (e também Clarice Lispector) emigrou quando criança, junto com os pais, fugindo do antisemitismo, da Ucrânia para o Brasil no início do século XX.

Em 21 de fevereiro de 1942, sábado, Zweig levou, portanto, suas últimas cartas ao correio, juntamente com o manuscrito de *Schachnovelle*, corrigido até o último momento, conservando com o máximo cuidado os comprovantes do registro. À noite – se podemos dar crédito ao relato de Feder – jogou uma partida de xadrez com Ernst Feder; no domingo, 22 de fevereiro, escreveu suas últimas cartas de despedida a Friderike e – o que é particularmente estranho – sua carta de despedida ao Brasil, esta em duas cópias.

Morte dupla em Petrópolis

Na manhã seguinte, 23 de fevereiro de 1942, presume-se que Stefan Zweig tenha tomado o sonífero Veronal para, por livre vontade, despedir-se da vida. Sua mulher Elisabeth Charlotte seguiu-o presumivelmente algum tempo mais tarde, talvez não tão voluntariamente; ela deve ter ingerido outro veneno mais forte, provavelmente um inseticida que provocava muitas dores.

Às 16h30 os empregados da casa encontraram o casal Zweig morto no quarto de dormir; às 16h45 chegou a polícia. Às 17h00 A. Koogan recebeu a notícia e subiu imediatamente em seu automóvel com Samuel

---

[39] Stefan Zweig. *Schachnovelle*. Buenos Aires: Verlag Pygmalión, dez. 1942, e Stockholm: Bermann Fischer Verlag, 1943 (a primeira edição de bolso do Fischer Verlag na Alemanha veio só em 1974).

Malamud, seu amigo e advogado, para Petrópolis. Na casa reinava extrema agitação, tudo era investigado, fotografado e registrado, porém não se fez nenhuma autópsia. Durante a noite os esquifes foram levados para a escola Dom Pedro II, sede da Academia Literária de Petrópolis.

No dia seguinte, 24 de fevereiro de 1942, Elisabeth Charlotte e Stefan Zweig foram sepultados às 16 horas no cemitério católico de Petrópolis, com ritual judaico.

O governo brasileiro assumiu os custos do sepultamento. Em 1936 Stefan Zweig havia sido recebido no Brasil como hóspede oficial, e em 1942 foi sepultado como grande estadista. O Departamento de Imprensa e Propaganda registrou o enterro num documentário semanal.

O filme documentário de Sylvio Back

Zweig: A morte em cena (Stefan Zweig: Der inszenierte Tod, 1995)[40]
Como foi então que se chegou ao filme?

Em 1981, a tempo de comemorar o 100º aniversário de Zweig, além da biografia de Donald Prater, que marcou época,[41] também no Brasil veio a lume um livro que teria conseqüências: *Morte no paraíso – A tragédia de Stefan Zweig*. Seu autor era o jornalista brasileiro Alberto Dines.[42] Por meio deste livro, pela primeira vez se teve conhecimento de numerosos detalhes sobre a temporada de Stefan Zweig no Brasil, de que o autor sabia por jornais, entrevistas com testemunhas da época, ou por ele mesmo ter ouvido falar. Pois uma vez ele encontrou-se com Lotte e Stefan Zweig, quando estes fizeram uma visita à escola judaica no Rio. No seu livro pode ser encontrada a foto da classe com o casal de ilustres visitantes. E seu pai, Israel Dines, compareceu ao enterro de Zweig. Além disso, na casa de seus pais, suspenso à parede da sala, permaneceu durante décadas o retrato de Stefan Zweig, feito por Wolf Reich no Rio (onde, aliás, Zweig se parece muito com outro austríaco, Hitler).

---

40 Cf. Booklet para o filme *A morte em cena – Zweig*. Filme de Sylvio Back. [Com contribuições de Anton Regenberg e Ingrid Schwamborn, Rio de Janeiro, s.d., (1996)].
41 Donald A. Prater. *Stefan Zweig. Das Leben eines Ungeduldigen*. München: Hanser Verlag, 1981. Edição brasileira: Donald Prater. *Stefan Zweig – Biografia*. Tradução do original em francês por Regina Grisse de Agostino. São Paulo/Rio de Janeiro: Paz e Terra, 1991.
42 Alberto Dines. *Morte no paraíso – A tragédia de Stefan Zweig*. Rio de Janeiro: Nova Fronteira, 1981.

Ingrid Schwamborn

Por este livro fiquei sabendo de um detalhe que logo me fascinou: Stefan Zweig teria levado para o correio seu último manuscrito, *Schachnovelle*, e no dia seguinte suicidara-se (mais tarde soube que não foi no dia seguinte e sim dois dias depois). Resolvi investigar esse assunto, do qual aqui ninguém tinha noção alguma, e escrevi um artigo, que hoje em parte já está superado: "Schachmatt im brasilianischen Paradies. Die Entstehungsgeschichte der '*Schachnovelle*'" (Xeque-mate no paraíso do Brasil. A gênese de '*Schachnovelle*'). Esse artigo chegou a ser aceito pelas duas revistas às quais o enviei, e foi primeiro publicado em 1984, na *Germanisch-Romanische Monatsschrift*.[43]

Nesse artigo tentei mostrar que o jogo na *Schachnovelle* era apenas uma metáfora para a criação artística, que começava sendo um jogo, depois tornando-se uma obsessão e por último, passando a ser um jogo tresloucado com a morte.

Essa pequena novela completava *O mundo que eu vi*, que de certa forma é impessoal. *Schachnovelle* apresenta a visão mais íntima de Zweig como autor, que havia caído num turbilhão criativo sem saída, o que o levou ao desespero e à autodestruição. Essa pequena obra criada por Zweig nas derradeiras semanas e dias de sua vida era – ele o sabia –, apesar de algumas pequenas deficiências enxadrísticas, uma obra-prima, que haveria de encontrar pouco interesse por parte do grande público conforme as estimativas do autor. Mas em minhas pesquisas verifiquei com espanto, já no início dos anos 80, que *Schachnovelle* passara a ser o secreto e permanente *best seller* da editora Fischer.

Stefan Zweig nasceu em 1881 em Viena e morreu a 23 de fevereiro de 1942 em Petrópolis. Com a aproximação do 50º aniversário de sua morte, o prof. Klaus Zelewitz organizou um congresso sobre Stefan Zweig para fevereiro de 1992, em Salzburgo, e também em Buenos Aires o prof. Nicolás Dornheim, de Mendoza, planejou um simpósio para comemorar a presença de Zweig em Buenos Aires em 1936 e 1940. Como o prof. Dornheim encontrou, leu e gostou do meu artigo de 1984 na revista alemã, ele descobriu-me naquele ano no Rio de Janeiro e me convidou em meados de 1991 para o simpósio planejado para fevereiro de 1992, como representante do Brasil. (Por felicidade, o simpósio foi adiado para novembro de 1992).

Como no evento de Buenos Aires eu queria apresentar algo de novo, terminei escrevendo à Editora Guanabara, no Rio de Janeiro, em novembro

---

[43] Ingrid Schwamborn. "Schachmatt im brasilianischen Paradies. Die Entstehungsgeschichte der '*Schachnovelle*'", in: *Germanisch-Romanische Monatsschrift. Neue Folge*, Band 34, Heft 4, p. 404-430.

de 1991, a fim de perguntar se eles estariam interessados num pequeno livro sobre "Stefan Zweig e o Brasil".

Primeiro encontro com Abrahão Koogan

Uma semana mais tarde recebi uma chamada: O Sr. Koogan desejava conversar comigo em seu escritório. Raras vezes fiquei tão surpresa, tive quase a impressão de haver recebido uma chamada do além. Através de Brunhild Blum eu já sabia alguma coisa a respeito do editor brasileiro de Zweig, Abrahão Koogan. B. Blum havia escrito um trabalho de mestrado sobre a correspondência (disponível em cópias) entre Stefan Zweig e Koogan.[44] Na época eu não sabia que o editor brasileiro de Stefan Zweig ainda pertencia ao número dos vivos.

Quando encontrei-me com A. Koogan em seu escritório no 26º andar de um prédio no centro do Rio, com uma esplêndida vista da Baía de Guanabara, logo percebemos que haveríamos de nos entender. Depois de umas poucas frases ele espalhou diante de mim seus tesouros: todo o material documentário de e sobre Stefan Zweig que ele havia recolhido desde 1932 – que largueza de visão para um jovem de 20 anos! Disse-me que eu poderia fazer com aquilo o que considerasse correto. Não é comum a gente deparar com um tal golpe de sorte: à minha frente encontrava-se uma verdadeira "mina de ouro" literária. Outros, como Dines e Prater, já haviam vez por outra mexido nesse material, mas sem nunca empenharem o tempo e a paciência para examiná-lo – ou organizá-lo.

Depois de ter estado por duas ou três vezes no escritório de Koogan e de haver começado a organizar o material, A. Koogan me perguntou o que deveria fazer com aquilo, uma vez que já era velho (tinha então apenas 79 anos! Ele nasceu em 1912) e aqueles documentos, na verdade, já não pertenciam mais a ele mas sim à história da literatura. Depois de refletir por alguns dias, propus-lhe que entregasse tudo à Biblioteca Nacional do Rio de Janeiro, lá os documentos estariam em boas mãos, e mais tarde os futuros estudiosos, em lugar de ir para Viena, Nova Iorque ou Jerusalém, deveriam ir ao Rio de Janeiro. Após um momento de espanto A. Koogan aceitou meu conselho.

Por essa época o diretor da Biblioteca era o meu colega de nosso tempo da PUC, prof. Affonso Romano de Sant'Anna, e ele ficou muito contente com a doação (Samuel Malamud contribuiu ainda com os

---

[44] Brunhild Blum. *Stefan Zweigs Briefe an seinen brasilianischen Verleger Abrahão Koogan von 1934 bis 1942*. Innsbruck: Institut für Germanistik, 1988 [Tese de mestrado, datilografada].

passaportes do casal Zweig). A entrega foi marcada para novembro de 1992, sendo preparada uma grande exposição com os objetos mais importantes, e além disto organizada uma semana de palestras (23 até 27 de novembro de 1992) em colaboração com o Instituto Cultural Judaico Marc Chagall de Porto Alegre e a Embaixada da Áustria, convidando os professores austríacos Klaus Zelewitz e Johann Holzner, mas sobretudo com o Instituto Goethe, convidando o leitor da Editora Fischer, Knut Beck, e mais tarde da Editora Suhrkamp, Volker Michels, meus conhecidos desde 1981.[45]

Pois nesse meio tempo eu conseguira levar o então diretor do Instituto Goethe, Dr. Anton Regenberg, a entusiasmar-se pela *Schachnovelle*, por Stefan Zweig e pela possibilidade de fazer algo em favor desse escritor. No começo de dezembro de 1991, na kombi do Instituto Goethe, viajamos todos para Petrópolis, à casa de Stefan Zweig, que encontramos com a ajuda de um secretário de Cultura da cidade. A pequena casa em cima de uma colina possui uma atmosfera toda especial que respira o passado, mesmo que não seja um museu mas sim a residência de uma família, que se deixou de boa vontade instruir por nós a respeito de Zweig.

Primeiro encontro de testemunhas oculares

Ao procurar estabelecer uma data propícia para esse evento ficamos em dificuldades, pois também em 1992 o dia da morte de Stefan Zweig caía de novo no Carnaval. Por isso a primeira noite de palestras e discussões sobre o livro e o slogan "Brasil, país do futuro" e a *Schachnovelle* ocorreu em abril de 1992. Abrahão Koogan, editor de Stefan Zweig, e seu amigo Samuel Malamud, advogado de Koogan e de Zweig, estavam presentes como convidados.

Dentre o público manifestaram-se também pela primeira vez duas pessoas que haviam tido um relacionamento especial com Zweig: um velho senhor de barbas grisalhas, que disse haver encontrado Zweig pessoalmente por várias vezes, a primeira delas aos 17 anos no Teatro Estadual de Munique, durante o discurso de Zweig pela morte de Rilke, em 1927. Era Gerhard Metsch, que vivia em Petrópolis numa grande propriedade rural. Devo confessar que durante muito tempo não confiei em suas declarações, tudo quanto ele me relatou com voz excitada era simplesmente fantástico demais. A outra pessoa presente no público

---

[45] Cf. Fundação Biblioteca Nacional: *Stefan Zweig no país do futuro*. Catálogo da exposição comemorativa dos 50 anos da morte do escritor. Rio de Janeiro, 1992.

era Sylvio Back, um cineasta, que afirmou ter "no bolso" um projeto de filme sobre Stefan Zweig. Baseava-se no livro de Alberto Dines, cujos direitos de filmagem ele havia adquirido.

Como se pode ver, o livro de Dines representou o papel do destino, reunindo-nos a todos nesta noite de abril de 1992 (Dines, por essa época, se encontrava em Lisboa, trabalhando como jornalista).

Já nesta primeira noite, Anton Regenberg propôs ao cineasta, que até então nós não conhecíamos, que fixasse em filme as declarações destas interessantes testemunhas da época; ele procuraria conseguir dinheiro para um filme documentário. O que era mais fácil de dizer que de realizar. Não obstante, pelo final de 1992 Anton Regenberg conseguiu pôr uma primeira parcela do financiamento do filme à disposição de Sylvio Back, de modo que as primeiras tomadas puderam ser feitas em março de 1993.

Primeiras filmagens em março de 1993

Abrahão Koogan e Samuel Malamud, com sua mulher, Anita, prontificaram-se a ser entrevistados e filmados por nós em seus respectivos apartamentos na elegante Avenida Atlântica, em Copacabana. Era claro que os depoimentos preciosos das testemunhas oculares deveriam estar no centro do filme documentário (sem apresentar as nossas perguntas bem preparadas).

Entrementes, Sylvio Back e eu pesquisamos e refletimos muito sobre Stefan Zweig no Brasil. Em tudo isto tive de enfrentar uma dura tarefa de persuasão, pois o cineasta (como Dines) não estava em absoluto interessado no escritor Zweig nem na sua obra, a não ser como citação para possíveis imagens. Como a maioria dos brasileiros naquela época, ele considerava Stefan Zweig um escritor esquecido e inteiramente superado, que ninguém mais lia e cujos livros estavam se cobrindo de poeira nas prateleiras de seus pais ou de suas avós, mas cuja vida, e sobretudo a morte, o suicídio junto com a jovem esposa, eram particularmente fascinantes.

O que despertava o interesse do cineasta era o destino de Zweig como judeu e seu suicídio aos 60 anos. Durante anos S. Back não quis acreditar que hoje os livros de Stefan Zweig continuam a ser *best sellers* na Alemanha e na França, que *Schachnovelle* e também *Brasil, país do futuro* passam permanentemente por novas edições, que todos os anos são vendidos mais de 100 mil exemplares de *Schachnovelle*, que ultrapassou a marca de um milhão de exemplares exatamente na época do 50º aniversário da morte de Stefan Zweig, em fevereiro de 1992 – desde então já tendo sido vendidos mais de 500 mil exemplares, um fenômeno que mesmo a editora não consegue explicar.

Ingrid Schwamborn

No Rio de Janeiro, ao contrário, resultou a grotesca situação de, durante a grande exposição na Biblioteca Nacional, em novembro/ dezembro de 1992, a qual teve muita divulgação na imprensa, não estar disponível no mercado nem uma única obra de Stefan Zweig.

Primeira reimpressão individual de *Schachnovelle* no Brasil desde 1942

Por fim – com a ajuda de um telefonema de Koogan –, no início de 1993, consegui convencer Sebastião Lacerda, então diretor da Editora Nova Fronteira, de que seria muito importante reeditar *Schachnovelle*, mas numa nova tradução, ou pelo menos numa tradução revisada. O editor concordou laconicamente, com a condição de que fosse acrescentada outra novela de Zweig.

A editora decidiu-se por *Amok*, e eu propus uma tradução da parte do diário em que Zweig fixou as impressões de sua primeira passagem pelo Brasil em 1936. Em junho de 1993, efetivamente, apareceu *Xadrez, Amok e Fragmentos do Diário*, na Nova Fronteira. O livro obteve numerosas críticas muito positivas, mas a vendagem apenas se arrastava. (Eu mandara substituir o título original, "A partida de xadrez", por "Xadrez", porque a meu ver, no seu duplo e ambíguo significado de jogo e prisão, este título parece combinar de maneira ideal, ao passo que o outro representa uma interpretação unilateral, já que não se trata de uma e sim de muitas partidas de xadrez).[46]

Outras descobertas

Também a produção do filme emperrou por falta de dinheiro, mas eu continuei preparando as testemunhas da época e meu livro sobre Stefan Zweig, e descobri, de certa forma no último minuto, o tradutor de Stefan Zweig, o médico Elias Davidovich. Depois de várias entrevistas extremamente interessantes sobre tradução, sobre editores e publicação de livros, que por último constituía sua ocupação principal, ele disse-me sorrindo que eu o havia ressuscitado para a vida. Mostrou-me seu exemplar de sua tradução de *Confusão de Sentimentos* (*Verwirrung der Gefühle*), de 1935/

---

[46] Stefan Zweig. *Xadrez, Amok e Fragmentos do Diário (Agosto de 1936)*. *Xadrez*. Tradução de Odilon Gallotti, revisão de Carlos Almeida Pereira. *Amok e Viagem ao Brasil e à Argentina*.Tradução de Marcos Branda Lacerda. Apresentação, cronologia e revisão geral das traduções Ingrid Schwamborn. Rio de Janeiro: Editora Nova Fronteira, 1993.

Um europeu no Brasil

1936, em que Stefan Zweig havia escrito de próprio punho algumas palavras. No filme ele segura esse livro em suas mãos, mas o cineasta, infelizmente, nunca concordou em mostrar detalhes ilustrativos deste tipo.

Entrementes S. Back havia conseguido descobrir outra pessoa, o dentista Aníbal Monteiro, então com 87 anos, que era escultor amador e como tal recebera a tarefa de fazer a máscara mortuária de Zweig. No filme ele fala a respeito disso. Na revista semanal *Dom Casmurro* (28/2/1942) está reproduzida uma fotografia que o mostra em seu trabalho. Essa máscara mortuária de Stefan Zweig era dada como desaparecida, mas Sylvio Back descobriu uma cópia e a incluiu no filme como um destaque especial no começo e no fim. Descobriu também uma partitura de música dos anos 40 da última poesia de Zweig, Der 60-jährige dankt (O sexagenário agradece), que ele mandou cantar colocando-a no final com grande efeito, porque a achava muito bonita.

Mais uma descoberta sensacional foi feita por Sylvio Back: O *Jornal da Noite* trouxe que Orson Welles tinha dito que após o carnaval queria procurar Stefan Zweig em Petrópolis.(Back sabia disso apenas como citação, mas eu pesquisei e de fato encontrei o jornal e a página na Biblioteca Nacional). Back conclui daí que todo o projeto para o filme de Orson Welles sobre o Brasil, com o título *It's All True*, está baseado no livro de Zweig sobre o Brasil, que – como nos informa *Dom Casmurro* – já no final de 1941 deve ter tido grande sucesso nos EUA (250 mil exemplares vendidos).

Em arquivos cinematográficos S. Back encontrou cenas do carnaval do Rio de Janeiro de 1942, nas quais também Orson Welles aparece rapidamente, como se pode ver. Além disso, Back encontrou uma longa reportagem do Departamento de Imprensa e Propaganda sobre o enterro de Stefan Zweig. Mas infelizmente essas imagens chocantes deixam, a meu ver, de atingir seu efeito trágico, por um duvidoso artifício do cineasta: ele fez com que as cenas do enterro tivessem como fundo músicas de carnaval, mesmo que do carnaval da época (espectadores alemães me disseram que consideraram essa música típica para os enterros brasileiros).

Continuação e finalização das filmagens: de junho até setembro de 1995

Depois que a TV 3 Sat, o Instituto Goethe e – em escala menor – o Williams e o S. Fischer Verlag liberaram a segunda metade do financiamento do filme, em junho de 1995 foi possível iniciar a segunda série dos trabalhos de filmagem.

Ingrid Schwamborn

Assim, fizemos uma excursão de um dia para Petrópolis, onde ficamos durante três horas ao lado do túmulo do escritor e de sua mulher. Sylvio Back jogava continuamente água sobre a laje a fim de obter um efeito especial; em seguida mandou filmar a casa a partir do morro que lhe fica em frente; e à tarde fizemos uma visita prolongada e inesquecível a Gerhard Metsch em sua isolada propriedade, onde ele residia com seu hóspede permanente, um ex-marinheiro com os 20 cachorros deste.

Depois de uma persistente busca, S. Back também encontrou no arquivo cinematográfico da Áustria o que durante anos ele havia procurado: Stefan Zweig em movimento, embora apenas durante alguns segundos. Sua voz ele não encontrou (eu tenho umas poucas frases doadas por Volker Michels).[47]

Novidades

O filme, *A morte em cena*, e o livro, *A última partida*, se completam.

Entre 1992 e 1995, e ainda mais tarde, descobri e reuni muitas novidades sobre a vida e a obra de Zweig no Brasil, levei pessoas a refletirem, falarem e escreverem, e sobretudo descobri detalhes sobre a gênese da *Schachnovelle* e sobre o jogo de xadrez dessa novela.

No livro, *Die letzte Partie – Stefan Zweigs Leben und Werk in Brasilien (1932-1942)* (*A última partida – A vida e obra de Stefan Zweig no Brasil, 1932-1942*), encontrar-se-á muita coisa sobre a vida e a obra de Stefan Zweig no Brasil, que não pôde ser apresentada no filme, entre outras também as declarações de uma pessoa que, apesar de toda a minha insistência, nunca concordou em ser filmada: o sobrinho de Stefan Zweig, filho do irmão de Friderike, Siegfried, e de sua mulher, Clarissa (!), Ferdinand Burger, que nasceu no mesmo ano que Lotte, 1908, e que desde 1939 mora no Rio de Janeiro, residindo desde 1956 com sua mulher, Eva, no mesmo apartamento no décimo andar de um prédio da Rua Cândido Mendes, no bairro da Glória. Sua mulher, extremamente simpática, infelizmente faleceu em 1997, como também a Sra. Anita Malamud.

De maneira particularmente trágica faleceu Gerhard Metsch no final do ano 1997 – presume-se que ele tenha sido assassinado por seu hóspede e amigo de muitos anos. Suas declarações no filme provavelmente irão chocar os espectadores. Nós também sempre nos dividíamos entre a

---

[47] Na Feira do Livro de Frankfurt, em outubro de 1995, que teve a Áustria como país-tema, foi transmitido pela primeira vez pela emissora de TV 3 Sat esse documentário, traduzido por mim.

credibilidade e a desconfiança – tão incrível nos parecia tudo quanto ele afirmava ter vivido.

Mas há poucos anos encontrei novamente uma prova da correção de suas afirmações: ele me havia escrito que foi ele quem propôs ao pintor Hansen que usasse o nome de "Hansen-Bahia". Agora eu li que este hoje famoso pintor e xilogravurista Hansen-Bahia viveu por alguns anos no castelo Tittmoning, na Baviera, próximo a Salzburgo... Esse castelo pertencia em parte à mãe de Gerhard Metsch e muitas vezes serviu de ponto de encontro para os artistas amigos de Metsch. No livro citado, poder-se-ão encontrar mais informações a respeito disto.

Filme e livro são caminhos que se completam para descobrir o enigma do artista e de sua criação, e para depois podermos compreender melhor suas obras: a misteriosa *Schachnovelle*, com sua riqueza de múltiplas interpretações, que se desenrola no Brasil (no navio, a caminho do Rio de Janeiro) e na Áustria (prisão da Gestapo no Hotel Metrópole, em Viena), junto com livro de memórias, *O mundo que eu vi*, comprovam-se como obras-primas do respectivo gênero e da língua alemã.

UM OTIMISTA NA CONTRAMÃO

Antonio Dimas

Estamos longe, muito longe, do dia em que se possa contar, no Brasil, com um trabalho extenso que revele, de modo sistemático, o papel desempenhado pelos intelectuais europeus exilados entre nós, castigados pelo nazismo. Embora o fluxo para o Brasil pareça ter sido bem menor que aquele que se refugiou nos Estados Unidos, ainda nos devemos um rastreamento com o rigor daquele elaborado por acadêmicos alemães e norte-americanos sobre o tema.[1]

No entanto, antes mesmo de surgirem tentativas de caráter mais analítico, que desemboquem na constatação do inevitável alargamento dos contornos intelectuais do nosso país, seria o caso, acredito, de se começar a examinar as circunstâncias individuais mais precisas dessa diáspora que tanto nos beneficiou. De traçar, enfim, um percurso existencial e intelectual desses homens e mulheres que, em pânico, foram arrastados para um outro canto do mundo, de cuja existência tinham vagas notícias por intermédio de suas leituras. Um pedaço da terra que, em seu imaginário, deveria desenhar-se de forma angustiada e contraditória, porque, por um lado, se a natureza os seduzia, por outro, a sociedade os assustava.

Como, portanto, restaurar os cacos partidos dessas vidas, que, aos poucos, foram sendo refeitas, não sem inúmeras dificuldades? Como reconstruir, com afeto e com inteligência, um percurso que, de repente, se viu brutalmente interrompido, já quase sem esperança de retomada? Como recompor esses retalhos quase puídos que ainda tiveram força para tingir de um forte colorido o nosso tecido intelectual?

---

[1] Refiro-me ao enorme levantamento, dividido em vários volumes e tomos, realizado por John M. Spalek, Joseph Strelka, Konrad Feilchenfeldt e Sandra H. Hawrylchak. *Deuthscprachige Exilliteratur seit 1933*, publicado pela A. Francke A. C. Verlag de Berna e pela K. G. Saur Verlag de Berna e Munique.

Quando vamos detalhar o percurso brasileiro de um Herbert Caro, por exemplo, cujas funções dentro da Editora Globo de Porto Alegre expandiram de modo notável nosso leque de traduções? O que se sabe, em detalhe, das atividades de Paulo Rónai, responsável, entre outras obrigações, pela tradução do caudaloso Balzac? De que se ocupava Anatol Rosenfeld antes de se tornar voz autorizada sobre o teatro em São Paulo? Como trabalhou Otto Maria Carpeaux para elaborar, em tão pouco tempo, uma bibliografia crítica da literatura brasileira, até hoje consultada com muito proveito? Que outras inteligências, em outros setores, trouxeram sua ciência para fecundar nossa cultura, sempre ávida de expansão antropofágica?

Respostas, mesmo que parciais, já começam a surpreender aqui e ali, num esforço notório de reconhecimento e de autoconhecimento, balizado sempre pela pesquisa acadêmica, disposta a revolver armários empoeirados e sentimentos ainda vivos ao menor toque.

Na tentativa de responder a algumas dessas questões, ocorreu em São Paulo, em 1996 e com o apoio do Instituto Goethe, uma exposição intitulada "Brasil, um refúgio sob os trópicos", sob a curadoria de Maria Luísa Tucci Carneiro, do Departamento de História da Universidade de São Paulo. Desdobrando-se em quatro grandes segmentos de progressão cronológica, essa exposição partia dos acontecimentos que culminaram com a instauração dos regimes nazi-fascistas. "O começo do inferno" era como se denominava seu primeiro bloco. Em seguida, "Os caminhos da liberdade", no qual se narravam os procedimentos da fuga. O terceiro bloco, sob o título "Uma ancoragem nos trópicos", recordava os nomes daqueles que ajudaram os refugiados e a maneira como a polícia getulista hostilizava e maltratava alguns exilados. Por fim, no quarto bloco, designado "O refúgio da cultura", tentava-se um balanço da contribuição dos artistas e dos intelectuais ao contexto intelectual brasileiro. Como coroamento documental desse evento, foi publicado, pelo Instituto Goethe, um magnífico livro bilíngüe, com o título: *Brasil, um refúgio nos trópicos*.[2]

Ao mesmo tempo em que se dava essa exposição no Centro Cultural São Paulo, duas outras, em diferentes cantos da cidade, recuperavam a trajetória específica da cultura austríaca no Brasil e na América do Sul. Uma delas, mais abrangente, carregava no título uma interrogação tortuosa: "A que distância se encontra Viena?". Organizada pela Biblioteca

---

[2] Maria Luísa Tucci Carneiro (org.) – *Brasil, um refúgio nos trópicos*. A trajetória dos refugiados do nazi-fascismo/*Brasilien, Fluchtpunkt in den Tropen*. Lebenswege der Flüchtlinge des Nazi-fashismus. Com ensaio de Dieter Strauss. Tradução de Dieter Strauss e Angel Bojadsen. São Paulo: Instituto Goethe/Estação Liberdade, 1996.

do Exílio de Viena, seu foco era o paradeiro sul-americano de 300 refugiados austríacos. A outra, mais pontual, vinha da Secretaria de Cultura de Salzburgo e era dedicada à vida errante de Stefan Zweig, repartida em três momentos: 1881 a 1918, entre Viena e Zurique; 1919 a 1934, em Salzburgo; 1934 a 1942, entre Londres e Petrópolis. Por intermédio desta última, acompanhava-se um percurso de sucesso contínuo e crescente, iniciado em meio ao esplendor cultural de uma Viena "fin-de-siècle" e encerrado em meio ao *esplendor indizível*[3] de uma natureza em que Zweig se refugiou com tanto entusiasmo inicial e que acabou por enterrá-lo.

Seguir de perto aqueles últimos meses de vida, em que o escritor foi apanhado em cheio pelos acontecimentos que transtornariam a Europa a partir de 1939 e que atiçaram ainda mais sua errância natural; ler suas cartas com atenção, sobretudo as que datam depois de sua separação de Friderike, em 1937; atentar para os projetos que levou até o fim, nesses anos, ou para aqueles que as tribulações abortaram, tudo isso ajuda a compor um tecido angustiado de opções, cujo desfecho irônico e paradoxal foi o de encontrar a morte no paraíso, como demonstrou Alberto Dines, seu biógrafo brasileiro.[4]

As suas cartas, além de trazerem elementos significativos para seu retrato intelectual e emocional, ainda atenuam e relativizam a euforia que atravessa *Brasil, país do futuro*, livro lançado em 1941. Nelas, Zweig oscila entre o pasmo pela natureza e o medo do anonimato; entre o conforto da simplicidade e o receio do ostracismo; entre a conveniência do cafezinho barato e a nostalgia das bibliotecas bem equipadas; entre o campo e a cidade, enfim, para retomar uma antinomia clássica.

Coletando e costurando, aqui e ali, suas primeiras impressões de Petrópolis, cidade onde se recolheu, não se poderia desenhar quadro mais completo e mais vivo de idealização edênica. Profundamente machucado no seu íntimo, mas também muito carregado de esperança diante do ambiente novo, o escritor farta-se nos elogios e repassa à ex-mulher, já então refugiada nos EUA, imagens da terra prometida. Por essas imagens refaz-se, rápido, o tópico do *locus amenus*, ao mesmo tempo

---

[3] Expressão utilizada por Stefan Zweig em carta a Frederike Zweig, sua ex-esposa, já então residindo nos Estados Unidos.
As cartas trocadas entre ambos foram recolhidas por Friderike Zweig em *Unrast der Liebe* (Bern und München: Scherz Verlag, 1951). Vali-me da tradução francesa: *L' amour inquiet*. Correspondance 1912-1942. Tradução de Jacques Legrand. Paris: Des Femmes, 1987. A expressão em causa está na primeira carta de Sweig (10 set. 1941), quando de sua última chegada ao Brasil, p. 413.

[4] Alberto Dines deu esse título – *Morte no paraíso* – à biografia de Stefan Zweig, publicada no Rio de Janeiro, em 1981, pela Nova Fronteira.

em que se recupera, de modo involuntário, é claro, o espírito que norteou a criação daquela cidade serrana. Concebida como refúgio para imigrantes europeus, acolhidos pelo tempo supostamente magnânimo do Segundo Império, cuja figura de proa era a estampa pacífica, intelectualizada e avoenga de Pedro II, Petrópolis devolvia àquele escritor austríaco, ora despido de sua cidadania e de sua identidade, um pouco de sua Salzburgo distante.

Enquanto se desdobrava para reconstruir um ambiente para si e para suas filhas na outra ponta do paraíso imaginário, Friderike recebia notícias regulares, em tudo opostas às dificuldades que enfrentava em Nova Iorque. *Moralmente, vou bem melhor, porque a paisagem é de um esplendor indizível, as pessoas simpáticas*, escrevia Stefan em uma de suas primeiras cartas, em 10 de setembro de 1941 (p. 413)[5]. *Apesar da extrema pobreza /do local/, ninguém rouba /e isto/ é uma espécie de estado original, [do] tempo dos patriarcas.* (29 set. 1941; p. 417), continua dias depois. É bem verdade que, nesse momento, a julgar pelas cartas, seu ânimo conhece altos e baixos, porque, ao lado das observações favoráveis à natureza, começam a despontar outras que lamentam, em suma, a precariedade do meio intelectual brasileiro, tanto de um ponto de vista social, quanto material. Da leitura dessas cartas depreende-se que, mais uma vez, Zweig fizera escolha errada, não tendo conseguido conciliar a fartura vegetal do Brasil com a abundância das bibliotecas norte-americanas, de onde tinha acabado de chegar depois de terminar a redação de *Amerigo*, no conforto da biblioteca de Yale, em New Haven.

Assim é que, se a natureza lhe sorri, o mesmo não se pode dizer das condições de trabalho. Sem seus livros, sem suas anotações, sem o círculo de amizades que se desfazia de modo gradual e brutal, sem a agitação festiva que o envolvia por onde passasse, Stefan começa a detectar, já nos primeiros dias da vida petropolitana, a ameaça de isolamento. Pouco a pouco, o deslumbramento inicial, que o fizera enxergar um *caráter de sonho e de verossimilhança* (3 set. 1936; p. 367) em sua primeira temporada entre nós, em 1936, confundia-se junto com as brumas da Serra dos Órgãos, que o rodeava. Atônito entre a sedução da natureza e o deslocamento intelectual, Zweig começa a relativizar a euforia que tanto o estigmatizou entre os homens de letras mais à esquerda no Brasil, momento em que sobre ele pesaram fortes suspeitas de patrocínio getulista. Petrópolis poderia lhe fornecer a casa, não o entorno. Petrópolis poderia acalmá-lo, nunca excitá-lo. Petrópolis era serena demais para aquele *bon vivant* intelectualizado, acostumado com as honrarias e os rapapés de um mundo europeu à beira da extinção. *Se a gente tivesse*

---

5   As páginas são as do volume de correspondência indicado na nota 3.

aqui uma das centenas bibliotecas norte-americanas, isto seria o paraíso... (10 set. 1941; p. 414), suspira ele já na primeira carta a Friderike, na mesma em que falava do *esplendor indizível* da paisagem. Como prosseguir no trabalho quem se *ressente muito da falta de documentação?* (27 out. 1941; p. 421), pergunta-se ele. Como sobreviver à própria glória, em meio tão acanhado e indiferente, ou como enfrentar o projeto de um ensaio sobre Montaigne, em lugar onde se leva *vida simples, sem visitas, sem aquilo que os jornais contam a seu respeito?* (27 out. 1941; p. 421). Como se ajustar a um meio em que *nada tem pressa, nem o correio?* (29 set. 1941; p. 417). Ainda que as leituras fossem sua companhia diária, como, pergunta-se ele, mais uma vez, ficar sem intercâmbio *com gente de nosso nível?* (4 fev. 1942; p. 432).

Nem mesmo a folia do Carnaval carioca é capaz de distraí-lo da obsessão do passado perdido. Pouco antes do suicídio, confessando-se mais angustiado que nunca, Zweig admite, que *o passado que não voltará jamais* e que nada do que vier pela frente será capaz de lhe *dar aquilo que esse passado nos deu* (18 fev. 1942; p. 433). Por fim, derrotado, abre o jogo para Friderike na gelada carta de despedida:

> Amei demais Petrópolis, mas não tinha os livros de que precisava, e a solidão, que, no começo, tinha um efeito muito bom, começou a me pesar. (22 fev. 1942; p. 434).

Terminara de forma trágica o sonho que ficara tão explícito em *Brasil, país do futuro*, livro em que confessa que suas fantasias de leitor haviam sido atiçadas já na remota infância austríaca. *Nada fica tão gravado na nossa memória quanto os livros que lemos com entusiasmo na adolescência*, argumenta o escritor numa passagem sobre a visita a uma fazenda de café em São Paulo. *Como vira eu com a imaginação juvenil*, continua, *nos romances de Gerstäcker, de Sealsfield, essas fazendas do Brasil e da Argentina, e essas casas de fazendeiros em plena floresta tropical ou nos imensos pampas, esses lugares remotos sempre cercados de perigos e de inauditas aventuras! Como era ardente o desejo de um dia experimentar essas aventuras!*[6]

Ainda saboreando as primeiras repercussões favoráveis sobre *Brasil, país do futuro*, publicado em 1941, já em sua temporada petropolitana, o escritor encantava-se com a paisagem em torno da nova casa alugada e com os preços que se praticavam, então, muito adequados para quem tinha tido seus bens congelados na Inglaterra. *É uma casa minúscula*, contava ele a uma Friderike distante apenas na geografia, *mas provida de uma grande varanda coberta, com uma vista admirável. (...) enfim, é um*

---

[6] Stefan Sweig. *Brasil, país do futuro*. Tradução de Odilon Galloti. Prefácio de Afrânio Peixoto. Rio de Janeiro: Guanabara, 1942, p. 242.

ponto de parada para alguns meses e as malas já estão guardadas. Haverá algumas pequenas dificuldades, admite Zweig, *porque não será fácil se fazer compreender pelos empregados portugueses de pele morena, que são, no entanto, de uma solicitude encantadora; por duas empregadas e por um jardineiro que cuida das coisas, eu pago 5 dólares por mês!* (17 set. 1941; p. 415). Claro que essa mudança impunha seu preço para o qual Zweig estava atento, porque é nessa mesma carta que ele pondera:

> Se eu conseguir esquecer a Europa, e considerar como perdido tudo o que eu possuía, minha casa, meus livros, a ser indiferente à "glória" e ao sucesso, contentando-me com a gratidão de poder viver em uma paisagem sublime, enquanto a fome e a miséria devastam a Europa, eu estaria satisfeito – tu não podes imaginar o reconforto que emana da natureza onde tudo não é senão cores, e as pessoas são carinhosas como as crianças (17 set. 1941; p. 415).

Numa outra passagem de *Brasil, país do futuro*, emocionado perante tamanha exuberância dessa natureza, Zweig prega seu controle:

> ficamos surpreendidos de encontrar aqui uma vegetação que, ao contrário, temos que conter para que não se desenvolva demasiado impetuosa, demasiado violentamente. Aqui não temos que favorecer o crescimento e sim lutar contra ele...[7]

Incomodava-o o excesso. A seus olhos de europeu habituado à natureza domada e à sociabilidade bem regrada, as cores brasileiras tinham um aspecto despudorado e inalcançável. Em seu espanto de viajante mais acostumado com os salões que com a vida ao ar livre, tudo lhe parecia imenso.

> O sol, a luz, as cores. O azul do céu é aqui mais vivo, o verde é mais carregado, a terra é compacta e vermelha; nenhum pintor poderá encontrar em sua paleta tons de cor mais deslumbrantes, mais irisados do que os que aqui têm as aves em sua plumagem, as borboletas em suas asas. A natureza alcança sempre o seu superlativo: nas trovoadas, que com estrondosos relâmpagos rasgam o firmamento; nas chuvas, que se precipitam como catadupas, e na vegetação, que em alguns meses pulula, formando matagal verde.[8]

Tamanha excitação é compreensível se tomarmos em conta o contexto imediato da Segunda Guerra, que não só o despojara de sua identidade nacional, profissional e social, como também impusera regras muito precisas e drásticas quanto à convivência étnica, para sermos eufêmicos.

---

[7] Ibidem, p. 91.
[8] Ibidem, p. 91.

Antonio Dimas

Atingido em cheio, em pleno momento de glória e de prestígio, Zweig transfere para a natureza brasileira a harmonia e a riqueza que julgava perdidas na sociedade européia. E não contente ainda com o enquadramento romântico desse cenário, aposta errado na convivência pacífica das epidermes brasileiras, passando por cima de conflitos que não quer ver e endossando o mito de nossa cordialidade suspeita. Como era cada vez mais veemente o seu desejo de se *retirar do mundo que se destrói,*[9] o escritor centra-se na questão do pacifismo, tema que já lhe rendera muito prestígio quando da Primeira Grande Guerra, e por meio dele oblitera as tensões sociais brasileiras que não lhe interessam, no momento. Ignorando, portanto, os desdobramentos sociais da renovação modernista que nos invadira a partir dos anos 20, Zweig atém-se ao Brasil oficial, aquele representado por Afrânio Peixoto, prefaciador da versão brasileira de *Brasil, país do futuro*. No momento em que estava em curso uma avaliação mais criteriosa do Brasil, posta em curso, por exemplo, pelo romance de 30 ou pela coleção "Documentos Brasileiros" da José Olympio ou pela "Brasiliana" da Companhia Editora Nacional, Stefan Zweig reiterava suas avaliações deslumbradas e se enganava com a cor da chita. Como desde a mais remota infância, prelibava um Brasil verdejante e prenhe de surpresas, sua expectativa se cumpre quando é recebido pelo mundo oficial, logo na primeira visita ao país, em 1936, ocasião em que seus livros desfrutavam de grande popularidade. Na esteira desse acolhimento carinhoso e animado por uma recepção discretamente endossada pelo Catete, Zweig desembarca disposto a se esquecer de uma Europa tensa e a gratificar um ego sempre carente. Serge Niémetz, seu último biógrafo, conta como foi seu primeiro desembarque no Rio de Janeiro, em 1936: *Três ou quatro alto funcionários foram esperá-lo na escada do vapor, acompanhados pelo embaixador da Áustria em Buenos Aires, por um encarregado de negócios do Brasil, seguidos todos por uma horda de fotógrafos e de jornalistas.*[10] No depoimento do próprio escritor, por outro lado, espalha-se a marca de seu triunfalismo incontido, em carta endereçada diretamente a Friderike:

> Estou muito feliz de ter vindo – do modo como fui recebido, ouso dizer, durante seis dias, senti-me como a Marlene Dietrich. (23 ago. 1936; p. 365).

Em retribuição a tanto salamaleque e autorizado por um currículo farfalhante, no qual um dos itens de relevo fora a defesa do pacifismo quando da Primeira Grande Guerra, Stefan Zweig elege o Brasil como o

---

9 Ibidem, p. 12.
10 Serge Niémetz. *Stefan Zweig. Le voyageur et ses mondes*. Paris: Belfond, 1996. p. 453.

Um otimista na contramão

recanto ideal para a restauração da idade de ouro, para o aniquilamento dos conflitos, para a superação da diferença, para a convivência com o Outro. Sua pergunta básica, extensamente respondida ao longo das páginas do encômio ao Brasil, é apenas uma: "Como poderão conseguir no mundo viver entes humanos pacificamente uns ao lado dos outros, não obstante todas as diferenças de raças, classes, pigmentos, crenças e opiniões?"[11] E a resposta não tarda: "Da maneira mais simples o Brasil tornou absurdo (...) o problema racial que perturba o mundo europeu".[12]

Não era bem assim, todos sabemos.

As ideologias reacionárias já tinham deitado suas raízes no Brasil, onde um Oliveira Viana afirmara, pouco antes, que a questão da miscigenação era um problema de zootecnia[13] e onde, pouco depois, um Jorge de Lima não titubearia em reivindicar o embranquecimento da espécie em um panfleto sorrateiramente publicado em Leipzig, em alemão gótico, sob o título de *Rassenbildung und Rassenpolitik in Brasilien*.[14]

Anthony Heilbut, ex-professor da New York University e do Hunter College, dedicou um extenso ensaio aos *artistas e intelectuais alemães refugiados na América, desde 1930*, cujo título é *Exiled in Paradise*.[15] Em determinado momento desse livro tão pródigo em informações sobre o acréscimo cultural dos refugiados alemães ao contexto norte-americano, Heilbut detém-se sobre a figura absorvente e monumental de Hannah Arendt, a quem o ensaísta caracteriza como *unsentimental* e como inimiga de *conversa mole* (*sweet talk*).[16] Dentro desse enquadramento marcado pela dureza e pelo rigor que ignoram a circunstância humana e a compaixão, Hannah Arendt qualificara o suicídio de Zweig como *a culminação previsível de uma vida inteira negando a realidade*.[17] Já que Zweig não demonstrava nenhum senso de política – do que se orgulhava, aliás –, era natural, continua Arendt,[18] que suas memórias tivessem distorcido

---

[11] *Brasil, país do futuro*. p. 14.
[12] Ibidem, p. 15.
[13] Em livro da década de 20, Oliveira Viana afirmava: "O cruzamento das raças humanas é um problema de zootecnia, como o cruzamento das raças animais, a bovina, a ovina, ou qualquer outra; as leis que regem este aplicam-se inteiramente ao cruzamento humano". (*Evolução do povo brasileiro*. São Paulo: Monteiro Lobato & Cia., 1924. p. 159.)
[14] Jorge de Lima. *Rassenbidung und Rassenpolitik in Brasilien*. Leipzig: Verlag Udolf Klein, 1934. Agradeço ao colega Silviano Santiago que me localizou exemplar desse panfleto na Universidade de Colônia, na Alemanha.
[15] Anthony Heilbut. *Exiled in Paradise*. German refugee artists and intellectuals in America from the 1930s to the present. With a new postscript. Berkeley: University of California Press, 1997.
[16] Ibidem, p. 400.
[17] Ibidem, p. 402.
[18] Ibidem, p. 402.

a época anterior à Primeira Grande Guerra, representando-a como a "Idade de Ouro da segurança".

Pode ser que esse mesmo comportamento fantasioso e idealizante, essa irrefreável tendência de Zweig à romantização e à *misrepresentation*, tenha sido o motivo pelo qual um outro refugiado tivesse sido tão duro e impiedoso com o autor de *Brasil, país do futuro*. Vivendo no Rio de Janeiro, abatido pelos acontecimentos e sentindo-se também excluído, esse cidadão também austríaco dirige-se em carta a Álvaro Lins, naquele momento uma das figuras proeminentes da crítica brasileira. Agradecendo ao intelectual pernambucano a qualidade crítica dos seus artigos literários, lastima-se o refugiado ainda anônimo: "O senhor não me conhece, e talvez jamais compreenda o absurdo destes dias intermináveis, toda tristeza desta solidão espiritual que me compele a agradecê-lo". Tamanha solidão, prossegue, advinha do forte sentimento de exclusão profissional, na medida em que não conseguira ainda estabelecer vínculos com a comunidade intelectual da cidade para onde fora atirado. *Aqui,* continua em seu lamento em que se imiscui protesto justo de autoqualificação e de autodistanciamento, "aqui, a infelicidade de ser discriminado no meio comercial e rejeitado por uma intelectualidade que não se interessa por mim é redobrada pela tristeza de ser confundido com outros emigrantes, que mais parecem caixeiros-viajantes, cujo representante 'intelectual', um Zweig, é digno de todas as honrarias dessa mesma intelectualidade".[19]

Entre esta carta cabisbaixa de Otto Maria Carpeaux e o prefácio assanhado de Afrânio Peixoto, abre-se um intervalo da carta tenso que exige investigação. Porque, nas linhas acima, mais um ponto de conflito, nem um pouco pequeno, emerge nas relações de Stefan Zweig com a intelectualidade brasileira de então, com a qual se identificaria, aos poucos, a figura de Carpeaux. Intelectualidade que, em sua grande maioria, resistia ao ferrolho getulista e que, por conseguinte, recusava o triunfalismo pregado pelo Estado Novo, subscrito por Zweig com sofreguidão inadequada.

---

[19] Esta carta, com data de 26 set. 1940, foi transcrita pela *Folha de S.Paulo* de 4/6/1995. Agradeço ao colega Augusto Massi, que localizou para mim o jornal.

UMA JANELA PARA A HISTÓRIA

Sandra Jatahy Pesavento

Uma janela para a história. A expressão resume a atitude pela qual o historiador se volta para a narrativa, marcada pelo deslumbramento, que Stefan Zweig deixou de sua passagem pelo Brasil.

Na sua renovada busca de aproximação com as vozes de um outro tempo, o historiador formula as suas questões e busca novas possibilidades de acesso àquele país distante, onde se fala uma língua diferente, que chamou de "passado".

A questão, contudo, não se encerra na atitude de formular uma versão que componha uma totalidade compreensível de um Brasil das décadas de 30 e 40, mas de repor, pela visão de Zweig, uma problemática que se impõe no nosso final de século e que renova o processo de redescoberta do Brasil.

Neste sentido, pretendemos, com base na obra de Stefan Zweig, explorar a "visão do viajante", o que nos permitirá abordar este "olhar desde fora" a partir da experiência do estranhamento, da retórica da alteridade e da construção do "outro".

Enfocando a distância entre o país que Zweig vê e o país que os brasileiros vivem, sob a ditadura Vargas, este exercício de reflexão sobre a obra de Zweig – *Brasil, país do futuro* – nos levará a repensar os caminhos da identidade nacional, no entrecruzamento que se estabelece entre a representação atribuída e a construída.

Stefan Zweig, o inquieto intelectual europeu, que tanto se deslocou naquele mundo atormentado primeiro pelo fantasma e, depois, pela realidade da guerra, foi, por excelência, um viajante. Viajante no tempo, pois escreveu biografias; viajante no espaço, pois visitou vários países; viajante da própria vida, como ele mesmo escreve em sua carta de despedida de suicida, que partiu mais cedo, pela impaciência de não poder esperar...

Entre agosto e setembro de 1936, Zweig passou 12 dias no Brasil, deixando dessa estadia um relato de entusiasmo e maravilhamento.[1] Uma estadia mais longa na América do Sul deu-se ao longo do segundo semestre de 1940, quando realizou conferências no Brasil, Uruguai e Argentina, o que deu margem à publicação, em 1941, de *Brasil, país do futuro*. Finalmente, de agosto de 1941 a fevereiro de 1942, quando se suicidou, Zweig passou o seu mais longo período no Brasil.

Nas cartas que deixou, o escritor se atribui uma "vida errante" e qualifica o país que o acolheu como "maravilhoso".

É por esse caminho que se abre, com o olhar do viajante, uma janela de acesso para pensar o Brasil. O viajante é este "outro", distante no espaço, que, vindo de longe, repõe a questão da alteridade.

O seu mundo é outro que não o visitado, e é nele que o viajante estabelece o horizonte de referências que guia o seu olhar. Ou seja, o "olhar desde fora" já vem carregado de sentidos, pré-noções e preconceitos, porque faz parte de um sistema de inteligibilidade. Assim, Zweig confessa sua bagagem de idéias preconcebidas ao desembarcar no Brasil e que corresponderiam ao "termo médio" das noções do europeu culto: uma das muitas repúblicas sul-americanas, insalubre, atrasada culturalmente, desorganizada e politicamente instável, dotada de paisagens belíssimas.[2]

A relação que se constrói pelo olhar do viajante é, ao mesmo tempo, de proximidade e distância. Como olhar "desde fora", ele enuncia a diferença, instaurando uma "retórica da alteridade".[3] A representação do outro se constrói pelos parâmetros do marco identitário de referência. Assim, o "outro" é tudo aquilo que eu não sou, o que eu sou mais, aquilo em que eu sou diferente ou em que sou semelhante. Portanto, no contraponto identidade/alteridade, há convergências e divergências que, no caso do olhar do viajante, podem se traduzir na visualização do diferente como exótico, pitoresco, maravilhoso, terrível ou desejado.

No tocante às impressões de Zweig sobre o Brasil, são recorrentes as palavras que marcam essas distintas representações, carregadas de sentido.

Nesta medida, há um "país-maravilha" e um país fantástico, que se revelam em contraste com a velha Europa, corroída pela guerra e esgotada: o Brasil é novo, é imenso, é pacífico e é, sobretudo, industrioso e promissor.

---

[1] Stefan Zweig. Pequena viagem ao Brasil. In: *Encontros com homens, livros e países*. Tradução de Milton Araújo. Rio de Janeiro: Guanabara, 1938.
[2] Stefan Zweig. Pequena viagem, op. cit., p. 251.
[3] Para usar a expressão de: François Hartog. *Le mirroir d'Héredote. Essais sur la representation de l'autre*. Paris: Gallimard, 1991. p. 224.

Uma janela para a história

A chegada ao Rio de Janeiro se traduz em imediata simpatia:

> Fiquei fascinado e, ao mesmo tempo, comovido, pois se me deparou não só uma das mais magníficas paisagens do mundo, nesta combinação sem igual de mar e montanha, cidade e natureza tropical, mas também uma espécie inteiramente nova de civilização.[4]

A identificação do fascínio pela paisagem confirma a apreciação que acompanha o olhar dos inúmeros viajantes estrangeiros que percorreram a terra: a exuberância da natureza. Mas uma alteração significativa se introduz: enquanto nos demais a natureza prima sobre a cultura, conferindo ao país o *status* de "paisagem", Zweig afirma que, no Brasil, por uma combinação extremamente feliz, se revela a civilização diferente e fascinante (pitoresca, talvez?), acoplada à natureza esplendorosa. Essa inflexão de vistas é importante, porque confere ao país um algo a mais, que faz rever os próprios conceitos do viajante:

> os acontecimentos dos últimos anos alteraram essencialmente a nossa opinião sobre o valor das palavras "civilização" e "cultura".[5]

Este olhar do viajante, que percorre o mundo e põe em ordem o que vê, é algo que se compara ao olhar do historiador, viajante no tempo, que monta-desmonta e recria o passado.[6]

Em ambos, registra-se a experiência do estranhamento: viajante e historiador mantêm uma distância, no tempo e no espaço, com o seu tema de observação e análise, que corre por fora da sua experiência de vida, mas o qual enfrentam trazendo a sua bagagem ou capital próprio, que lhes permite a leitura deste outro que se oferece como campo narrativo.

Esta estrangeiridade do olhar preside a já aludida relação ambígua de proximidade e distância para com o objeto: ao dizer o outro, o narrador interroga a si mesmo, e a diferença que é anunciada tem como referente uma identidade vivenciada e construída.

Mas cabe chegar ao ponto central que visamos com estas reflexões sobre a visão de Zweig sobre o Brasil. Sem dúvida, o Brasil que ele vê tem por "referência" a Europa que ele vive e da qual se sente parte e à qual – tragicamente – irremediavelmente, preso. Nesse sentido, é possível dizer que o "seu Brasil" é a Europa que ele queria e que sonhava que

---

[4] Stefan Zweig. *Brasil, país do futuro*. In: *Obras completas*. Rio de Janeiro: Delta, 1960. p. 4.
[5] Ibidem, p.11.
[6] Caberia remeter às reflexões de Hartog, op. cit.

pudesse ter sido. Nessa troca simbólica de posição, o observado torna-se o observador, e o narrador ocupa o lugar do outro que ele constrói.

Importa, contudo, resgatar na narrativa "desde fora", que o olhar do viajante revela, uma possibilidade ou condição deste outro se enxergar. Em outras palavras, a maneira como os outros nos vêem é também parte daquilo que somos. Assim, o relato "desde fora" permite que nos vejamos pelos olhos estrangeiros.[7]

E nesse ponto, um paradoxo se impõe: a visão paradisíaca de Zweig sobre o Brasil, que recompõe em certa medida a idealização de uma espécie de Paraíso Perdido ou Eldorado, contrasta com o país que os brasileiros vivem. É bem verdade que, na revelação da primeira viagem, que tão fascinante impressão lhe deixou, em 1936, o Brasil ainda não tombara na ditadura do Estado Novo. Entretanto, as duas outras estadias no país se realizaram em pleno regime de força, com sua seqüela de interdições, que é desnecessário enumerar. Inclusive, poderiam ser contrastadas iniciativas, tal como a tomada pelo Governo federal, de impedir a entrada de judeus, negros e asiáticos no país, com a generalização de uma releitura do Brasil, que confere positividade à mestiçagem. Ou seja, por um lado, são tomadas medidas para impedir a entrada de "raças" específicas, estigmatizadas, e, por outro, afirma-se a miscigenação como fator de identidade nacional, reconhecida como positiva e fonte de riqueza, força, criatividade.

Tais contrastes, sem dúvida, passariam despercebidos ao viajante, distante das medidas postas em prática pelo governo com relação ao processo migratório, para se extasiar diante da miscigenação do povo, da ausência de racismo e da convivência pacífica de todos. Stefan Zweig nos fala de uma "consciência nacional única",[8] de um modo de ser brasileiro, de uma civilização baseada na brandura e na alegria, frutos, sobretudo, de um milagroso processo de miscigenação que dissolvia as diferenças. O que chama de "princípio básico da idéia nacional"[9] é o desejo de entendimento e de acordo, que ele vê como um sucesso. Mesmo quanto à política, Zweig tem uma visão complacente:

> E hoje, que o governo é considerado como ditadura, há aqui mais liberdade e mais satisfação individual do que na maior parte dos nossos países europeus.[10]

---

[7] Leitura similar fez também Ana Maria Beluzzo. *O olhar dos viajantes. Dossiê viajantes.* São Paulo: Edusp, 1996. p. 10.
[8] Stefan Zweig, *Brasil*, p. 9.
[9] Ibidem, p. 11.
[10] Ibidem, p. 12.

Não é possível deixar de levar em conta que as passagens de Zweig pelo Brasil se dão em meio à publicação de obras-chaves que redescobrem o Brasil, configurando um repensar de identidade nacional. Gilberto Freyre e Sérgio Buarque de Hollanda, em especial, fazem uma releitura do Brasil, inspirada na diversidade, na multiplicidade e nos contrastes. Se a visão de Freyre da "moral da senzala" e da "apologia da mestiçagem" ou, ainda, as considerações de Sérgio Buarque sobre o "homem cordial" podem ou não dialogar com Stefan Zweig nas suas apreciações sobre o Brasil é uma possibilidade a considerar, mas o que se acha pauta é a sua condição de leitor "desde fora" que vê e diz o Brasil a partir de um outro referencial.

Zweig, aparentemente, restaura velhos mitos e insinua a possibilidade de concretizar alguns sonhos, como o da idéia de que, num país novo, teria sido factível a construção de um mundo inteiramente outro. Não é o caso de levantar a questão de que Zweig "enxergou mal" ou de que o seu "Brasil-país-do-futuro" nunca teria existido: não-cruento, pacífico, sem problemas, lindo e sedutor. A sua referência é a Alemanha, e é esta identidade que preside a alteridade enunciada.

Descartada a hipótese de que a sua versão seja "verdadeira" ou "mentirosa", admitamos a possibilidade de que esta visão expresse uma "forma de verdade" sobre o Brasil, ou seja, expresse, numa mínima medida, uma maneira de "ver" o Brasil através do tempo.

O que teria esta terra, nas suas sucessivas redescobertas, que levaria ao resgate desta espécie de leveza de ser, de mistério cujo fascínio tem sua razão de ser justamente no fato de não ser desvendado?

De uma certa maneira, Zweig introduz esta questão, ao admitir que é preciso pensá-lo com padrões inteiramente outros, segundo lógicas que não passam pelo ponto de vista europeu.[11] Admirador do papel dos jesuítas na formação do país, Zweig louva a sua capacidade de entrar "por dentro" da lógica do selvagem,[12] que vive por outros códigos, assim como destaca a moral cambiante dos brasileiros, que parecem viver segundo outras regras que não as européias. É certo que Zweig exagera ao enfatizar o resultado destas vivências como harmônico e sem conflitos, mas o que se destaca é a captação de um *ethos* determinado que obriga a repensar as categorias valorativas que classificam o real. Ao longo de uma história do Brasil que ele vai contando, de forma evolutiva, por diversas vezes Zweig recupera este sentido da inversão das lógicas de compreensão comumente aceitas: o que para a Metrópole não deu certo, aqui foi sinônimo de progresso, o que no Reino era condenado, aqui era aceitável, etc., etc.

---

[11] Stefan Zweig. Pequena viagem..., p. 251.
[12] Stefan Zweig, *Brasil*..., p. 27.

Sandra Jatahy Pesavento

Decorrente deste olhar se situa a admiração pela mistura racial que condiciona a identidade nacional. O que é o brasileiro senão o múltiplo? O padrão de referência identitário se baseia na diferença e não na homogeneização. É dispensável reiterar que sempre a construção identitária se apóia na diferença, no contraponto da alteridade que contrasta o "nós" com os "outros". Mas o que se encontra em pauta nas colocações de Zweig é a possibilidade de que aquela comunidade simbólica de sentido que dá a noção de pertencimento se baseia no distinto, no diferente, no não coincidente, estabelecendo neste dado o padrão de referência. Não se trata de aceitar o diferente desde que se integre ao padrão, mas de partir do pressuposto de que tudo é diferente por ser considerado integrado, sem necessária adequação a um padrão estabelecido.

> Talvez a síntese da maneira brasileira de ser esteja formulada na visão de Zweig, quando diz que tudo o que é estrangeiro passa a ser brasileiro...[13]

Mas, mesmo na dimensão do múltiplo, Zweig persegue um fio condutor que, no seu entender, acompanhou o país desde a sua formação, "definindo o espírito e a atitude do povo", moldando o caráter ingênito da nação:

> Em todas as suas formas, o Brasil, em essência, nunca se alterou, só se desenvolveu para constituir uma personalidade nacional cada vez mais forte e mais consciente de si própria. (...) Quem quer que hoje descreva o Brasil, inconscientemente já descreve o seu ontem.[14]

Não é difícil traçar esse fio condutor que desperta o fascínio, o entusiasmo e o otimismo: está no novo, na alegria de ser, na beleza, na miscigenação pacífica, na cordialidade e hospitalidade do povo. É o brasileiro cordial, alegre e cheio de vida que salta das páginas deslumbradas do viajante, austríaco e judeu, que busca refúgio no Paraíso Tropical.

> Cada vez mais veemente era o meu desejo de me retirar do mundo que se destrói, e de passar algum tempo no mundo que se desenvolve de maneira pacífica e fecunda.[15]

A possibilidade de evasão, concreta ou de espírito, definitiva ou por temporada, o retiro passageiro do mundo num mundo inteiramente outro é idéia recorrente que atravessa as gerações até os dias de hoje. Seria este Brasil que os outros vêem e querem ver também um pouco do Brasil que os brasileiros vivem? Somos, em parte, como foi dito, a representação

---

[13] Stefan Zweig, *Brasil...*, p. 45.
[14] Ibidem, p. 62.
[15] Ibidem, p. 5.

atribuída, que se choca, coincide ou diverge em parte da auto-imagem construída. O que talvez choque mais é que a desigualdade social possa ser vista e apreciada como aceitação da diferença, ou que a evasão e/ou escapismo da festa e do riso possam ser entendidos como índole pacífica. Já a falta de pontualidade e a constatação de que as coisas se movem por uma contracontagem do tempo tocam fundo o estereótipo nacional assente pelos próprios brasileiros...

A louvação da favela,[16] com a sua beleza do pitoresco e da "gente simples", num país onde é mais fácil ser pobre,[17] irrita o analista do social, indignado com o descaso do autor para com a miséria. Sua prosa, contudo, se aproxima da idealização da letra do samba do morro, que celebra a beleza do barraco e da miséria. A "mais bela terra do mundo" – o Rio de Janeiro – joga com a natureza a seu favor:

> Esta paisagem, como tudo o que é belo e sem par na terra, dá ao indivíduo um misterioso consolo.[18]

O carnaval é, sobretudo, "explosão de prazer", "liberdade orgíaca de falar alto", espécie de trovoada tropical de verão que dá vazão a uma espécie de loucura que realiza o congraçamento total.[19]

Depois – e mais uma vez o samba coincide com o pensamento do viajante – tudo volta ao normal, na harmonia dos contrastes que tira sua força da diversidade humana e da diferença.[20]

É claro que Zweig é filho de seu tempo, e toda a escritura se insere num referencial de contingência datado. A releitura de seu texto, contudo, se configura, neste nosso final de século, como uma redescoberta do Brasil, assumindo, junto a outros tantos textos que foram retomados (como o próprio Sérgio Buarque de Hollanda e Gilberto Freyre) a partir da ótica da nova história cultural, da antropologia e da crítica literária.

Na recuperação das representações construídas no passado sobre o Brasil, o historiador as insere no cerne de um debate atual, não concluído, que é o da identidade nacional e que postula ver, no que aqui foi chamado "retórica da alteridade", a visão dos "outros" como uma faceta de nós mesmos.

E Zweig, com a sua leitura otimista da coexistência da diferença, faz uma leitura possível que nos remete à questão do espelho identitário nacional, com as suas ambigüidades e ambivalências, através do qual nos vemos também com os olhos dos outros.

---

16   Ibidem, p. 152.
17   Ibidem, p. 143.
18   Ibidem, p. 144.
19   Ibidem, p. 151.
20   Ibidem, p. 270 e seguintes.

ZWEIG: PRISIONEIRO DA LIBERDADE

Edgar Salvadori de Decca

Diante do exílio provocado pela invasão nazista na Áustria, Zweig pensa a história. Não que ela não tenha sido matéria de sua preocupação, antes deste acontecimento. O prenúncio da barbárie, pela ascensão do nazismo na Alemanha, e a propaganda da corrida armamentista para a guerra já se encontram em seus escritos, desde 1936. Afinal, como ele mesmo escreveu naquele momento, quem viveu a experiência de 1914 fica espantado com a naturalidade com que o mundo se prepara para a nova guerra mundial:

> Conta-se, agora, na Europa, com uma guerra, como com um fato lógico e natural, quase como uma necessidade (...) a guerra está anunciada, preparada, é clara e ostensiva. (...) Aqueles que hoje querem a guerra operam com riscos cem vezes menores que seus antecessores de 1914, porque podem desenvolver franca e livremente a sua atitude, não mais precisando se preocupar com mantaletes morais, a fim de disfarçar seus planos e, sobretudo, porque estão seguros da absoluta impotência e da incondicional obediência dos seus súditos.[1]

De que maneira se deve pensar a história, quando se tem pela frente um quadro tão assustador de ruína e de barbárie, construído com apelos emotivos nacionalistas, mas também com a incrível frieza do cálculo racional? Zweig espanta-se com tamanha obscenidade e quer saber qual história nos é contada e transmitida, para que uma humanidade quase inteira veja com naturalidade o assombroso espectro da destruição e da guerra. Zweig percebe que o modo como uma cultura conta a sua própria história, isto é, o modo como ela se apropria de seu passado, é também o modo pelo qual ela faz a sua história. Tal constatação serve como emblema de toda uma geração de intelectuais, que se defronta com a possibilidade

---

1 Stefan Zweig. *A marcha do tempo*. Rio de Janeiro: Guanabara, 1943, p. 240-241.

de perpetuação de uma história marcada pelo assustador fantasma da destruição. Lembremos, principalmente, outro escritor e pensador judeu contemporâneo de Zweig, que se suicidou no exílio, Walter Benjamin. Em 1940, Benjamin escreve suas teses sobre o conceito de história, que em muito se assemelha ao que Zweig espera do passado, quando visado pelo historiador e pela história.

> Articular historicamente o passado não significa conhecê-lo "como ele de fato foi". Significa apropriar-se de uma reminiscência, tal como ela lampeja no momento de um perigo. Cabe ao materialismo histórico fixar uma imagem do passado, como ela se apresenta no momento do perigo, ao sujeito histórico, sem que ele tenha consciência disso. O perigo ameaça tanto a existência da tradição como os que a recebem. Para ambos o perigo é o mesmo: entregar-se às classes dominantes, como seu instrumento. Em cada época, é preciso arrancar a tradição do conformismo, que quer apoderar-se dela. Pois o Messias não vem apenas como salvador; ele vem também como Anticristo. O dom de despertar na chama do passado as centelhas da esperança é privilégio exclusivo do historiador convencido de que também os mortos não estarão em segurança se o inimigo vencer. E esse inimigo não tem cessado de vencer.[2]

Mas Benjamin também critica aqueles que procuram combater o nazismo em nome do progresso. Em uma outra tese, Benjamin volta a insistir na necessidade de repensar o conceito de história, assim como faz também Stefan Zweig. Ambos procuraram diante da avassaladora imagem da guerra e do nazismo pensar numa outra dimensão do tempo histórico, que não fosse subordinada à idéia do progresso e do nacionalismo. Na postura de Benjamin percebe-se nitidamente uma tentativa de *deslocamento de sentido* dos conceitos de *revolução* e *tradição* no campo do marxismo. Segundo o autor, o conceito de tempo histórico do marxismo do período entre as duas guerras mundiais baseava-se no ideal de progresso e era entendido como um tempo linear e vazio, no qual a *revolução* aparece como resultado de forças poderosas e invisíveis e não como ação consciente de sujeitos históricos. Nesse tempo linear e vazio não há lugar para o tempo da *tradição*, por isso mesmo em uma dessas teses sobre o conceito de história um anjo é arremessado para o futuro pelo forte vento do progresso e ao olhar para trás só enxerga ruínas. Nada mais semelhante do que esta imagem do anjo de Benjamin e a personagem de Zweig que pega nas mãos um antigo livro de história e começa a pensar no modo como ele e todas as crianças de sua época aprendem a história nas escolas. Nesta tese de Benjamin a história aparece com uma face assustadora:

---

[2] Walter Benjamin. *Obras escolhidas*. São Paulo: Brasiliense, 1985. p. 226.

Há um quadro de Paul Klee que se chama *Angelus Novus*. Representa um anjo que parece querer afastar-se de algo que ele encara fixamente. Seus olhos estão escancarados, sua boca dilatada, suas asas abertas. O anjo da história deve ter esse aspecto. Seu rosto está dirigido para o passado. Onde nós vemos uma cadeia de acontecimentos, ele vê uma catástrofe única, que acumula incansavelmente ruína sobre ruína e a dispersa em nossos pés. Ele gostaria de deter-se para acordar os mortos e juntar os fragmentos. Mas uma tempestade sopra do paraíso e prende-se em suas asas com tanta força que ele não pode mais fechá-las. Essa tempestade o impele irresistivelmente para o futuro, ao qual ele vira as costas, enquanto o amontoado de ruínas cresce até o céu. Essa tempestade é o que chamamos de progresso.[3]

Essa percepção da história em Walter Benjamin aparece também muito evidente nos escritos em que Zweig coloca em primeiro plano o perigo iminente da Segunda Guerra Mundial. Dentre esses escritos, um dos mais comoventes e ao mesmo tempo mais carregado de reflexão é *História de amanhã*. Nesse texto, cuja aparência é um tanto pedagógica, há um forte sentido de refazer o modo como a história lhe foi legada. Primeiramente, Zweig se recorda de seus tempos de infância e reconhece a monotonia dos estudos históricos, que se repetem nas narrativas intermináveis de guerras e batalhas. Essa recuperação de seu passado de criança lhe dá a dimensão fantasmagórica da história do presente. Aquilo que em sua infância aparecia como inofensivo transforma-se na ideologia mais agressiva que o presente elabora para justificar a necessidade da guerra. Diante desse fato brutal, Zweig se indaga: "*Como aprendemos, porém, a História na escola, principalmente na Europa?*" Folheando um livro que havia lido na escola quando criança, Zweig se dá conta de que a história narrada é também a história que ele próprio vivia. Tem a percepção de que a história é, ao mesmo tempo, um modo de contar o passado e uma referência para a construção do presente e do futuro.

Descobri, já que este livro foi impresso na Áustria e aprovado para as escolas austríacas, que se pretendeu gravar no jovem a intuição de que o Gênio Universal, com suas mil emanações, tivesse tido um objetivo único: isto é, a grandeza da Áustria e de seu império. Mas, daí a 12 horas de viagem de trem, ou, atualmente duas horas de vôo, na França ou na Itália, estava a História preparada do mesmo modo, em sentido nacional, para os da nossa idade.

A inquietação de Zweig com respeito à história nos impressiona. Parece que uma consciência de que a história que se vive se tece de

---

[3] Walter Benjamin, op. cit., p. 226.

acordo com a história que se conta lhe assalta no momento do perigo, quando ele se torna um personagem do exílio, privado de uma pátria cuja história contada nas escolas só lhe ensinou o ódio entre as nações. O livro que lhe caiu nas mãos, como ele próprio reconhece, não é diferente dos milhares que se espalhavam por todas as outras nações do mundo e deve ter se constituído em um catalisador ainda mais explosivo em terras alemãs:

> Já naquela época tinha começado o que hoje em dia se chama na Alemanha a "educação nacionalista", a uniformização precoce do espírito e das idéias. A História, que só tem sentido quando significa objetividade máxima, foi-nos administrada com o fito único de fazer de nós cidadãos patriotas do Estado, futuros soldados, súditos de sua vontade própria. Da mesma maneira como devíamos ser submissos em face do Estado e de suas instituições, devíamos também ser arrogantes e, ao mesmo tempo, desconfiados contra todos os outros Estados, nações e raças, e isto somente mediante a noção que nos foi ensinada, de que a nossa pátria seria a melhor de todas as pátrias, os soldados desta pátria os melhores de todos os soldados, e seus generais os mais capazes de todos; que nosso povo, no decurso da história, sempre estava com a razão, e que sempre o estaria, com tudo o que ainda se fizesse.[4]

O desconsolo e ao mesmo tempo desconcerto de Zweig é ainda maior em se tratando da experiência de uma guerra que havia lhe custado a despedida de sua cidade natal, Viena. Em um artigo escrito algum tempo depois que as tropas alemãs invadiram a Áustria e tomaram Viena de assalto, Zweig relembra a cidade de sua infância e juventude destacando, principalmente, o seu caráter multicultural onde pessoas das mais diferentes nacionalidades poderiam viver em perfeita harmonia. Uma cidade emblemática onde o seu habitante, de tão embriagado com a sua beleza e musicalidade esquece-se de uma guerra que está batendo a suas portas. A fraternidade vienense não se elabora como um programa político, é antes de tudo um modo de vida. Acompanhando as lembranças de Zweig, tem-se a impressão de que os vienenses diante da convivência com um clima europeu de guerra que os espreita, resolveram fugir do tempo histórico, fazendo de suas vidas uma extensão da arte e da música, isto é, pura evasão. Isto mesmo, evadir-se do tempo da história. Zweig perseguirá esse objetivo em sua literatura e em sua própria vida. Nas suas lembranças da cidade percebe-se que Viena está fora daquele mundo

---

4   Stefan Zweig, op. cit., p. 202.

cuja cultura para a guerra aprendia-se nos bancos escolares. Viena, esta cidade emblemática, evade-se deste tempo histórico, no artigo de Zweig *A Viena de ontem*:

> Nesta cidade, o estrangeiro que não falava o alemão não se achava perdido. (...) Ali estavam os guardas de corpo húngaro..., os bosnianos de calças curtas e fez vermelho, vendendo como ambulantes, tchibucs e punhais, os habitantes dos Alpes..., os judeus galicianos de cabelos anelados..., os rutenos com pele de ovelha e no meio de tudo isso, como símbolo da unidade, os uniformes garridos dos militares e as sotainas do clero católico. (...) Ninguém odiava o outro, pois isto não fazia parte da mentalidade vienense. Odiar, aliás, teria sido insensato, todo o vienense tinha um húngaro, um polonês, um tcheco, um judeu como avô ou cunhado. (...) Graças a este convívio constante, tudo ficou mais harmonioso, mais suave, mais polido, mais inofensivo... Em sua expressão, tanto em versos como em prosa, está talvez a musicalidade jamais atingida pela língua alemã... isto sempre foi o segredo de Viena: aceitar, acolher e ligar pela conciliação espiritual, e dissolver as dissonâncias, transformando-as em harmonias.[5]

Essa metáfora musical evocada por Zweig, no qual uma cidade é capaz de transformar dissonâncias raciais e nacionais em harmonia, pode nos dar a medida de sua concepção de tempo histórico. Ao lado dela encontra-se também a sua História de amanhã, que deve ser

> uma história de toda a humanidade, e as pequenas disputas não devem ter importância para ela, em face do bem da coletividade Deve ter, portanto, seus valores completamente modificados, deve negar o que ontem foi aprovado e apoiar o que ontem foi negado. Deve contrapor ao velho ideal da vitória, o novo ideal da união, e despertar a velha idolatria da guerra.[6]

Esse ideal de uma história nova, que fosse capaz de negar o modo como a história de seus dias era contada, deveria retirar sua inspiração da literatura e de seus escritores e não dos historiadores. Sugeria Zweig:

> pode-se contar a História das guerras sem modificar um só fato, mas sem o glorificar. Entre todas as descrições sobre a guerra, a obra de Tolstoi *Guerra e Paz* parece-me ser a mais grandiosa de todas. Jamais qualquer historiador descreveu uma guerra de modo mais intuitivo e ao mesmo tempo mais espiritual... Como evita Tolstoi, porém, que a grandiosidade deste acontecimento possa ser sentida como exemplo e que algo, que ele intimamente considera imoral, possa entusiasmar os outros? (...) Em cada página, prova Tolstoi que a metade do que nos é contado sobre uma guerra

---

5 Stefan Zweig, op. cit., p. 150, 151.
6 Stefan Zweig, op. cit., p. 206.

não corresponde à verdade, é uma descrição partidária, não se podendo conferir mérito a esses generais e diplomatas, porque seus atos se processam dentro de um acontecimento absurdo, sendo antes o trabalho do acaso que da inteligência criadora.[7]

Não deixa de ser enigmático o fato de que ao escrever para a *História de amanhã*, Zweig procure resgatar justamente o passado de uma comunidade original, aquela cidade de Viena, na qual o sonho utópico da fraternidade entre raças e nações se opunha à guerra que o havia exilado deste paraíso perdido. Poder-se-ia dizer que o retorno àquela cena original da história representada pela cidade de Viena, Zweig encontraria no exílio, ao chegar em terras brasileiras.

Mas de todo este refletir sobre a história e o passado nos fica sempre a preocupação de Zweig com relação ao tempo da história. Em toda a sua obra literária ele enfrenta a historicidade de seu tempo, que é o período entre duas guerras mundiais, ora procurando atuar e agir dentro da história, como é o caso de seu programa de educação histórica no artigo *História do amanhã*, ora evadindo-se do tempo histórico por meio da memória, como é o caso da *Viena de Ontem*. Quanto a esta sensação de fuga do tempo histórico em suas lembranças da Viena de antes das guerras, o próprio Zweig faz questão de confirmar:

> Mas vejo que me estou expondo ao perigo de vos dar um quadro da nossa Viena, que se assemelha perigosamente ao quadro doce e sentimental que conheceis da opereta. O quadro de uma cidade louca pelo teatro, frívola, em que sempre se dança, canta, come e ama, e onde ninguém se preocupa e ninguém trabalha. Nisto há um pouco de verdade, como há em qualquer lenda. É verdade, em Viena se vivia bem, vivia-se levemente, procurava-se resolver com um gracejo tudo que era desagradável e opressivo. (...) Pois bem, não nego esta *jouissance* vienense e defendo-a até. Creio que as coisas boas da vida são destinadas a serem gozadas, e que o direito máximo do homem é viver despreocupadamente, livre, sem inveja e de boa vontade, como nós temos vivido na Áustria. Creio que o excesso de ambições, tanto na alma do homem como na de um povo, destrói valores preciosos, e que a velha divisa de Viena: *Viver e deixar viver* não é apenas mais humana, mas também mais sábia que todas as máximas severas e todos os imperativos categóricos.[8]

---

[7] Stefan Zweig, op. cit., p. 206-207.
[8] Stefan Zweig, op. cit., 161.

Edgar Salvadori de Decca

A utopia vienense sofre um deslocamento de sentido na obra de Zweig, quando ele deslumbra a possibilidade de evasão do tempo histórico, vivendo não em Viena mas na terra do futuro. É interessante observar o efeito de evasão do tempo histórico que a memória de Viena e a visita ao Brasil desencadeiam em Zweig. Nas duas cenas utópicas, uma colocada no passado e outra no futuro, observamos a fuga do tempo histórico, pelo exercício da imaginação e da arte de escrever. São elas, *utopias literárias* que procuram se confundir com a própria vida. Por essa razão, o modo de vida de vienenses e brasileiros, criando um mundo utópico multicultural e racial, confunde-se com a própria arte: lembremos que Viena é a cidade da literatura, da música, da dança e do teatro, assim como seria também o Brasil, com uma arte menos disciplinada e mais expontânea. Num certo sentido esta utopia do Brasil está mais próxima do estado de natureza de Jean-Jacques Rousseau do que a utopia vienense, resultante do esmero de uma civilização urbana que se dedicou mais às artes do que à guerra. As narrativas sobre o Brasil como lugar utópico, tempo de evasão para além da história, construída por viajantes estrangeiros, datam de período muito anterior à vinda de Stefan Zweig e o autor deve ter tido contato com essa literatura na Europa.

Não é nosso intuito entretanto analisar a obra de Zweig sobre o Brasil do ponto de vista dos modelos de literatura de viajantes. Evidentemente, essa aproximação é possível e até sedutora. Contudo, interessa-nos tomar *Brasil, país do futuro* e outras obras de Zweig para alcançarmos a sua concepção de história e de tempo histórico. Nesse sentido, chama-nos a atenção também a última novela escrita pelo autor cujo título é *Xadrez*. Nela existem elementos aproximadores com *Brasil, país do futuro*. Em ambos os textos a viagem de navio é a experiência que abre a possibilidade para a história que se irá contar. A utopia brasileira começou a se formar no momento em que o navio que levava Zweig para Buenos Aires se aproxima do Rio de Janeiro. Podemos ler nas anotações de seu diário:

> 21 de agosto: será possível que eu possa anotar tudo sobre o Rio, e não me esquecer demais! Pela manhã, a entrada da baía: magnífico. Primeiro surgem as ilhas, verdes e rochosas, emergindo do mar; em seguida, ligeiramente embaçado pela névoa, o Corcovado, com a cruz, e o Pão de Açucar. (...) Não se pode imaginar nada mais belo do que este gracioso abrir-se de uma cidade como um leque... a gente se sente suavemente envolvido, e essa entrada é realmente uma recepção calorosa, à maneira dos povos mediterrâneos... O Rio não tem uma só vista como Nápoles, ele é bonito de todos os lados...[9]

---

[9] Stefan Zweig, *Amok e Xadrez*, Rio de Janeiro: Editora Nova Fronteira, 1993. p. 168-169.

Zweig: prisioneiro da liberdade

Nesta viagem de navio em direção a Buenos Aires, Zweig descobre o Brasil pela Baía de Guanabara de que, por sinal, um outro visitante ilustre, Claude Levy-Strauss, alguns anos antes, havia feito também sua descrição. Mas isto é apenas uma curiosidade literária, que mostra de que maneira os textos estrangeiros enunciadores do Brasil têm sua cena original na Baía de Guanabara. Interessa-nos, entretanto, mostrar de que modo o Brasil aparece como lugar de evasão do tempo da história na obra de Zweig.

Alguns anos após essa primeira visita, Zweig escreve *Brasil, país do futuro* e logo no prefácio o autor não deixa dúvidas de que, para ele, o Brasil representava a possibilidade de poder evadir-se de uma história vivida como tempo de guerra e destruição. Para o autor era

> cada vez mais veemente o desejo de me retirar do mundo que se destrói, e de passar algum tempo no mundo que se desenvolve de maneira pacífica e fecunda. (...) Nesse sentido – o mais importante, segundo nossa opinião – o Brasil parece-nos um dos países mais modelares e, por isso, um dos mais dignos de estima. É um país que odeia a guerra e, ainda mais, que quase não a conhece. (...) O Brasil, cujo idioma se limita ao seu território, não tem desejo de conquistar territórios, não possui tendências imperialistas. Nunca a paz do mundo foi ameaçada pela sua política e, mesmo numa época de incertezas como a atual, não é possível imaginar que o princípio básico da sua idéia nacional, esse desejo de entendimento e de acordo, se possa jamais alterar. (...) E hoje que o governo é considerado ditadura, há aqui mais liberdade e mais satisfação do que na maior parte de nossos países europeus. Por isso, na existência do Brasil, cuja vontade está dirigida unicamente para um desenvolvimento pacífico, repousa uma das nossas melhores esperanças de futura civilização e pacificação do nosso mundo devastado pelo ódio e pela loucura...[10]

Como havíamos adiantado antes, a última novela de Zweig também tem uma história que se desenvolve a partir de cena original, que é uma viagem de navio entre Nova Iorque e Buenos Aires. Nela, momentos antes de o navio zarpar, o narrador toma conhecimento, por meio de seu amigo, de que iria viajar junto com o campeão mundial de xadrez. A partir deste momento, inicia-se a novela e ficamos sabendo que o campeão mundial de xadrez vinha de uma família muito simples e sempre fora incapaz de aprender qualquer coisa na escola e que, por acaso, revelou-se um jogador de xadrez por pura intuição. Oriundo de uma pequena cidade eslava, o jogador logo encantou a todos e lhe foi exigido um enorme

---
10 Stefan Zweig, *Brasil, país do futuro*, Porto: Livraria Civilização, 1955, p. 25-6.

Edgar Salvadori de Decca

desafio: jogar ao mesmo tempo oito partidas de xadrez com adversários diferentes. Assim o narrador descreve a cena:

> Houve necessidade de algum tempo para fazê-lo compreender que numa simultânea ele teria que jogar sozinho contra diversos jogadores ao mesmo tempo. Mas logo que Mirko compreendeu esse modo de jogar, rapidamente adaptou-se à tarefa, e andando lentamente, ao som do rangido de seus pesados sapatos, de mesa em mesa, terminou por ganhar sete das oito partidas...[11]

Após esta proeza o jovem enxadrista despertou a curiosidade de outras pessoas e se transferiu para a cidade de Viena. Lá ele iria aprofundar os seus conhecimentos sobre o jogo e acabaria se tornando campeão mundial. Entretanto, apesar de Mirko se tornar um grande jogador, faltava-lhe aquela qualidade indispensável aos grandes enxadristas,

> o que mais tarde, nos círculos profissionais, foi muitas vezes observado e valeu-lhe não poucas zombarias. Mirko nunca conseguiu jogar uma partida de xadrez de cor, ou – como dizem os profissionais – às cegas. Faltava-lhe inteiramente a capacidade de representar o campo de batalha no espaço ilimitado da imaginação. Precisava ter diante de si, palpável, um tabuleiro, com suas sessenta e quatro casas. (...) Esse defeito, em si de pouca importância, revelava falta de imaginação... mas essa curiosa singularidade não impediu a estupenda carreira de Mirko... Na ilustre galeria dos campeões de xadrez, que reúne em suas fileiras os mais diversos tipos de superioridade intelectual,... sucedeu pois, pela primeira vez, penetrar um indivíduo que estava completamente alheio ao mundo intelectual, um camponês tosco e taciturno... Como todas as naturezas obstinadas, Czentovic não possuía absolutamente o senso do ridículo; desde a sua vitória no campeonato mundial julgava-se o homem mais importante do mundo, e a consciência de ter ganho em seu próprio terreno todos esses faladores e escritores inteligentes e deslumbrantes, e sobretudo o fato palpável de ganhar mais dinheiro que eles, transformou sua insegurança anterior num frio orgulho, quase sempre ostentado de maneira grosseira.[12]

Evidentemente, a personalidade monomaníaca do jogador de xadrez acabou por atrair de maneira arrebatadora o nosso narrador, pois segundo ele

> pessoas presas a uma idéia única, sempre me atraíram, pois quanto mais um indivíduo limita-se, tanto mais está próximo do infinito; precisamente esses indivíduos, que na aparência vivem isolados do mundo, constroem

---

11. Stefan Zweig, *Amok...*, op. cit., p. 99.
12. Stefan Zweig, op. cit., p. 101-102.

Zweig: prisioneiro da liberdade

para si, em sua especialidade, como as térmites, uma miniatura única e curiosa do mundo.[13]

Essa descrição contundente do campeão Mirko não deixa dúvidas a respeito do modo como Zweig encara a ascensão vertiginosa dos homens rudes e ignorantes, tema muito recorrente entre aqueles intelectuais que fizeram a crítica ao nazismo. Dentre essas figuras importantes destaca-se, principalmente, Hanna Arendt e suas teses sobre as origens do totalitarismo. Não deixa de ser tentadora e sugestiva a hipótese de comparar a personalidade monomaníaca do campeão de xadrez com a figura de Hitler.

Nessa enigmática viagem de navio, o nosso narrador junto com um jogador americano, excêntrico e rico, desafiam, com uma boa soma de dinheiro o campeão para uma partida. Evidentemente, o americano excêntrico perde as primeiras partidas para o campeão, mas depois de alguns desafios, subitamente, aparece um personagem anônimo, Dr. B, que interfere num lance do jogador amador e muda a sorte da partida, sem ter presenciado as jogadas anteriores. De onde teria aparecido tal figura capaz de se igualar numa partida de xadrez com um campeão? Todos sugerem uma outra partida como desafio, e nosso personagem que surgiu do nada revela ao narrador que ele nunca havia jogado uma partida de xadrez diante de um tabuleiro. Deste momento em diante, a novela de Zweig muda completamente de direção. E assim ficamos conhecendo o Dr. B. Na verdade tratava-se de um advogado que protegia os negócios de membros da família real da Áustria e que foi preso pela Gestapo uns dias antes de Hitler invadir aquele país. Ao contrário de dezenas de milhares de pessoas, o Dr. B não foi mandado para os campos de concentração. Como a Gestapo tinha interesse em arrancar-lhe informações sobre a família real, Dr. B foi enclausurado em uma sala durante meses. Em suas palavras:

> O interrogatório ainda não era o pior. O pior era depois do interrogatório voltar para o meu nada... Esse estado indescritível durou 4 meses. (...) Mas ninguém pode descrever, medir, fazer compreender a outro nem a si próprio quanto dura um período no qual não há espaço, não há tempo, e a ninguém se pode explicar como esse nada e nada e nada em torno do indivíduo corrói e destrói a pessoa...[14]

Ainda segundo o relato do Dr. B, essa experiência desesperadora foi interrompida quando por descuido da vigilância nazista caiu-lhe nas mãos

---

[13] Stefan Zweig, op. cit., p. 102.
[14] Stefan Zweig, op. cit., p. 130.

um livro que ele imaginou ser um livro de ficção. Contudo, ao abri-lo, o Dr. B deparou-se com um livro de xadrez que reproduzia em códigos as partidas dos grandes mestres. Um tanto decepcionado no início, nosso misterioso personagem passaria a imaginar as partidas codificadas do livro e com o tempo ele não só passou a dominar todos os jogos como propôs a si mesmo um desafio. Jogar contra si próprio. Este novo desafio de mergulhar inteiramente num jogo de xadrez transformou completamente a personalidade do Dr. B, uma vez que se manifestavam com freqüência cada vez maior traços de esquizofrenia.

> Mas desde o momento em que eu tentava jogar contra mim mesmo eu começava conscientemente a desafiar-me. Cada um dos meus eus, o meu eu das pretas e o meu eu das brancas, tinha que competir com o outro, e cada qual por sua vez era tomado pela ambição, pela avidez de ganhar; eu como o eu preto aguardava ansioso o lance que o eu das brancas iria realizar. Cada um dos meus eus exultava quando o outro cometia um erro, ao mesmo tempo que este outro eu exasperava-me com seu próprio equívoco.[15]

Com o tempo essa experiência alcançou uma situação extrema de exasperação, até que um dos eus começou a agredir o outro. Em um destes estados de extremo delírio o Dr. B foi socorrido, levado para uma enfermaria e em seguida foi libertado, pois a Gestapo não precisava mais de suas informações. Por esse motivo ele se encontrava no navio em direção a Buenos Aires e havia jurado nunca mais ter qualquer experiência com o jogo de xadrez. Depois de relatar a sua história o Dr. B se preparou para a partida com o campeão num desafio perigoso, no qual um deles jogava somente com a presença concreta de um tabuleiro e o outro com a sua imaginação.

Na obra de Zweig este é um dos contos mais enigmáticos sobre a fuga do tempo da história. O seu título já é muito simbólico, pois xadrez em português (a novela foi escrita no Brasil, país do futuro) é também sinônimo de prisão. Privado da liberdade pelo nazismo, o nosso personagem procura evadir-se de sua condição por meio de uma experiência perigosa com o jogo de xadrez. Como em uma alegoria, essa experiência monomaníaca do Dr. B se compara à condição do próprio Zweig, que mergulha de modo obsessivo na literatura, para evadir-se do tempo histórico da guerra e da barbárie. Mas essa viagem ao infinito pela literatura seria também uma forma de destruição. Um experiência de evasão do tempo que o próprio Zweig já havia investigado literariamente nas biografias de Kleist, Hölderlin

---

[15] Stefan Zweig, op. cit., p. 142.

e Nietzsche em seu livro *A luta contra o demônio*, escrito em 1925. A arte como uma forma de evasão do tempo da história, seja como literatura, seja como modo de vida de uma cidade artística como Viena, foi sempre um tema central na obra de Zweig, um escritor profundamente marcado pela experiência da guerra. Comparar o Dr. B com as figuras épicas destes três poetas é absolutamente irresistível. Em suas biografias escreve Zweig:

> Todos os três arrancados do seu próprio ser por uma força poderosíssima e de certo modo sobrenatural são levados a um calamitoso torvelinho de paixões. Todos os três terminam na loucura e no suicídio...; passam pelo mundo como rápidos e brilhantes meteoros, alheios à sua época, incompreendidos pela sua geração, para se submergirem depois na noite misteriosa de sua missão. Ignoram para onde vão; saem do infinito para se fundirem de novo no infinito; e na sua passagem, apenas roçam pelo mundo material.[16]

A fuga da história é o grande salto de todos estes personagens. Os poetas encontram o próprio demônio evadindo-se do tempo, vão ao encontro do infinito que é a própria arte. Portanto, nada mais descabido do que avaliarmos suas obras como reflexo de seu próprio tempo histórico, pois elas são dotadas de uma autonomia que transcende a contingência da história. Elas alcançam o universal, ao contrário da história que se prende à individualização e à singularidade. Por isso, as obras destes autores são difíceis de ser historicizadas, pois elas não se referem ao tempo histórico de seu aparecimento. Elas invadem o tempo histórico vindo de um tempo situado no infinito. A arte se situa, justamente, nesta luta de uma força avassaladora que vem do infinito e o artista que ao receber essa vaga assustadora é capaz de arrebatá-la sem ser aniquilado por ela. Entretanto, aqueles homens que não conseguem controlar o demônio são os artistas do profético e do sagrado:

> mas é nos que sucumbem a essa luta que podemos ver mais claramente os rasgos passionais; e sobretudo no tipo de poeta arrebatado pelo demônio... pois que, quando o demônio reina como amo e senhor na alma de um poeta, surge como uma labareda, uma arte característica: arte de embriaguez, de exaltação, de criação febril; arte espasmódica que arrebata o espírito, arte explosiva e convulsiva, de orgia e embriaguez – o frenesi sagrado que os gregos chamam *uavia* e que só se encontra no profético e no inspirado. O primeiro sinal desta arte é o ilimitado, o superlativo; um desejo de supe-

---

[16] Stefan Zweig. *A luta contra o demônio*, Rio de Janeiro: Irmãos Pongetti Editores, 1937, p. 12.

ração e um impulso para a imensidade que é onde quer chegar o demônio, porque ali está seu elemento, o mundo de onde saiu.[17]

Esses personagens da obra de Zweig superam e controlam o tempo da história, se relacionam com o universal, com o infinito. Zweig, portanto, compartilha da mesma opinião de Aristóteles no que se refere à história. Tanto um como outro enxergam a história como uma forma de conhecimento preso ao particular, ao passo que a poesia e arte se comunicam com o universal. Ao mesmo tempo, porque as obras desses autores transcendem o particular, são também a fonte da utopia. Por meio delas os homens buscam a superação da contingência histórica de seu tempo e sonham com o utópico. O pensamento utópico vem do infinito para subverter o tempo histórico dos homens, e por essa razão a história não consegue superar a obra dessas personagens épicas. Ao contrário, quase sempre são essas obras que modificam os rumos da própria história. Elas não se deixam dominar pelos caprichos da própria história, porque a utopia não está submetida à ação do tempo.

Assim também, aparece na obra de Zweig o jogador de jogos imaginários de xadrez, como uma alegoria do escritor preso obsessivamente à sua própria criação artística. Ele percebe que está em luta de morte com o demônio e sente-se incapaz de dominar essa força avassaladora. A arte e a literatura só podem ser grandes se forem capazes de transcender o tempo histórico de sua aparição. É, absolutamente, emblemática a caracterização dos três poetas épicos e malditos, elaborada por Zweig:

> A primeira coisa que salta à vista em Hölderlin, Kleist e Nietzsche é a separação das coisas do mundo; daquele que o demônio espreita em seus braços e se vê arrancado da realidade. Nenhum dos três tem mulher nem filhos, (como Beethoven e Miguel Ângelo) nenhum dos três tem lar nem propriedades, nenhum tem profissão fixa ou emprego duradouro. São nômades por natureza, eternos vagabundos, estranhos a tudo, menosprezados, e suas existências são completamente anônimas. Nada possuem no mundo...; nada lhes pertence; é alugada a cadeira em que se sentam, a mesa em que escrevem, as casas onde moram. Não deixam raízes em nenhum lugar, nem o amor consegue detê-los longamente... Suas amizades são frágeis; as posições, incertas, o trabalho não é remunerador; estão como no vácuo e o vácuo os rodeia em toda a parte.[18]

---

[17] Stefan Zweig, op. cit., p. 12-13.
[18] Stefan Zweig, op. cit., p. 15-16. Não deixa de ser tentadora, mais uma vez, a possibilidade de comparar Zweig com Walter Benjamin. Veja-se, por exemplo, a imagem do *flaneur* em comparação com a figura dos três artistas de Zweig.

Zweig: prisioneiro da liberdade

A posição utópica, nesse sentido, despreza a realidade. "A natureza demoníaca despreza a realidade, porque para ela é apenas insuficiência." Zweig não poderia ter construído uma idéia mais poderosa de evasão subversiva do tempo da história. Neste caso, a fuga do tempo não é um retorno ao conforto da origem, mas um vôo em direção ao infinito, à utopia que pode vir a subverter o tempo contingente da história do presente. Por isso, na obra de Zweig existem utopias como a *Viena, de ontem*, o *Brasil, país do futuro*, os jogos imaginários de xadrez do Dr. B, a luta contra o demônio dos grandes poetas e artistas, mas acima de todas elas a sua própria literatura. Por ser utópica, a verdadeira arte não pode ser militante nem refém de seu tempo histórico e da realidade que a circunda, pois tudo isto reduz a grandeza da própria arte, tornando-a insuficiente, desprendendo-se do infinito.

Podemos comparar também este turbilhão que atravessa o artista no momento da criação com a situação do homem médio que é tomado pela vaga da história. Torna-se herói pela história mas em seguida é descartado pela própria história. Como exemplo tomemos a biografia de Maria Antonieta, escrita por Zweig. Assim ele se refere a esta personagem histórica:

> Mas a história, esse demiurgo, não tem nenhuma necessidade de uma personagem central heróica para desenvolver um drama emocionante! (...) a tragédia existe também quando uma natureza mediana, mesmo fraca, está ligada a um formidável destino, as responsabilidades pessoais que a vergam e a esmagam... O homem médio reclama, por natureza, uma existência calma, não quer nem tem necessidade de tragédia, prefere viver tranqüilamente na sombra, ao abrigo dos vendavais... Não quer responsabilidades mundiais, históricas; pelo contrário, teme-as; não procura o sofrimento, impõem-lho... este sofrimento do não herói, do homem médio, embora lhe falte sentido evidente, não me parece menor... pois o ente vulgar deve suportá-lo sozinho e não tem, como o artista, a felicidade de poder transformar o seu tormento em obras e formas duradouras.[19]

Os grandes artistas não se deixam sucumbir pelas avalanches da história. Eles se perpetuam por suas obras, que acontecem porque uma grande onda toma conta deles e às vezes eles sucumbem com a própria obra, que os torna eternos e os faz escapar do tempo da história para a eternidade. Há o caso daqueles poetas e pensadores que foram dominados pela onda demoníaca e que sucumbiram perante o demônio pela loucura ou pelo suicídio. Tanto o artista como o personagem médio da história, se não souberem controlar a onda, sucumbem.

---

[19] Stefan Zweig. *Maria Antonieta*, Porto: Livraria Civilização, 1944, p. 8-9.

Mas, diante deste emaranhado de indagações do próprio Zweig, caberia uma outra ainda mais desafiadora. O tempo histórico do presente vivido por Zweig seria, portanto, a experiência do realizar-se de uma utopia sob o signo do pesadelo e do terror. A história torna-se, portanto, uma narrativa e o viver não é outra coisa do que um processo imitativo desta narração dos homens sobre o passado. Por isso, se a história é narrada como um tempo contínuo de guerras e ódio entre os homens assim eles agirão na vida real. Nesse sentido, a história é sempre história narrada ou contada, porque ela só pode ser a representação daquilo que os homens sonham: os seus fantasmas e as suas fantasias. A partir dessa proposição, podemos alcançar o âmago do problema colocado por Zweig, em *História do amanhã*. A história contada pelo presente, como representação utópica dos ódios e das guerras entre os homens, deve ser substituída, no amanhã, por uma utopia de fraternidade. Reapresentar a história através de um outro sonho. Esta seria, portanto, a tarefa do *historiador de amanhã*:

> Podemos até dizer que, em todos os pontos nos quais a história universal não parece interessante, o motivo não está na história, mas no historiador – é que ela não é vista visionariamente. Se perscrutarmos a história com olhos verdadeiramente vigilantes, verificamos, ou pelo menos o artista observa, que não há, em absoluto, caracteres desinteressantes. Ninguém, nem sequer o menor, o mais humilde, o mais anônimo dos homens, desde que um verdadeiro poeta o focalizou, é enfadonho ou indiferente a outros homens. Da mesma forma, quase não há épocas mortas ou tediosas no passado, mas apenas maus historiadores. Podemos levar mais longe a audácia, e dizer que talvez nem haja história: é a arte de contar, é a visão do narrador, que *transforma* o simples fato em história. Cada acontecimento, afinal, só é verdade, quando relatado com veracidade e verossimilhança. Não há eventos por si mesmos grandes ou pequenos, o que há são sucessos que perduram vivos ou que sucumbiram, persistência ou desaparecimento.[20]

Sob a ótica sensível de Zweig, a história transforma-se em processo narrativo, e por isso, ela não comporta uma única verdade, mas uma multiplicidade de verdades. Por ela ser uma narração, reapresenta os muitos sonhos dos homens.

> De fato, no que é histórico não existe apenas uma verdade, uma única verdade apodítica, mas sim centenas de relatos e transmissões e interpretações diferentes concorrem em cada sucesso importante.[21]

---

[20] Stefan Zweig. *A marcha do tempo*, Rio de Janeiro: Guanabara, 1943, p. 269.
[21] Stefan Zweig, op. cit., p. 268.

Zweig: prisioneiro da liberdade

Quando Zweig se aproxima da idéia de que a história não existe fora da narração, ele chega no lugar da utopia. A arte e a história escrita e contada são o lugar utópico de fuga do tempo. História e literatura são os meios de evasão do tempo histórico do progresso, marcado por guerras e destruição. Não deixa de se aproximar da concepção de história de Benjamin. Neste momento, escrever e narrar história é fazer história, uma vez que desaparece a distância entre o fazer e o escrever. Os homens fazem a história que eles escrevem e vice-versa. Os termos são intercambiáveis. Nessa medida, a história escrita na perspectiva do amanhã perpetua-se e escapa da contingência do tempo histórico linear e do progresso. Ela é um *não lugar* sempre reatualizável, em qualquer tempo do amanhã, quando relida ou contada. Outro ponto fundamental nos escritos de Zweig sobre a História é a desaceleração do tempo histórico do progresso e das guerras. Aqui também retornamos com as teses sobre o conceito de história em Benjamin e ao mesmo tempo com a história dos *Annales* e a longa duração, que seriam também concepções do tempo histórico de desaceleração do progresso. Em Zweig, a história do amanhã desacelera o progresso, a tecnologia e a guerra, em nome dos feitos fraternos da humanidade desde o passado. O modo de narrar a história é em si mesmo uma desaceleração do tempo histórico das guerras e das revoluções.

BRASIL, RUÍNAS DO PRESENTE

Francisco Foot Hardman

"Não tinha mais a sensação de estar nessa cidade, nem nessa rua, não sabia mais nem o seu nome nem o meu. Sentia somente que era um estranho, maravilhosamente perdido no desconhecido, que não tinha uma missão nem relação alguma com esse ambiente. E contudo gozava toda essa vida obscura em torno de mim."
(S. Zweig, *A ruazinha ao luar*)

"(...) entre o nosso hoje, o nosso ontem e o nosso anteontem destruíram-se todas as pontes."
(S. Zweig, *O mundo que eu vi*)

Prólogo

Nascido no começo dos anos 50, na cidade de São Paulo, logo quando, ainda pequeno, pude admirar os livros na estante de classe média da casa paterna, deparei com alguns volumes de Zweig, já de outro mundo, já de outro tempo. Neste século que tem sido também o da "era dos extremos", era difícil entender, de imediato, ali, em prateleiras de madeira boa e portas envidraçadas, nas notáveis e pioneiras edições brasileiras da Editora Guanabara, de Abrahão Koogan, a presença dessas testemunhas algo amareladas do jogo sinuoso e trágico do tempo, jogo de azar (veloz) em *24 horas da vida de uma mulher*, jogo de sorte (momentânea) no exílio tropical em *Brasil, país do futuro*. O fato era que, naquele instante, Zweig já pertencia a um passado cada vez menos decifrável, bem como a estante e seus livros; e o Brasil do entre-guerras podia ser refúgio, mas igualmente armadilha.

Assim, minha leitura continua hoje inevitavelmente marcada por essas impressões primárias de quatro décadas passadas. Aquela estante sobrevive, com outras fileiras de livros deslocados, em combate atual com os cupins. E, recentemente, pelas mãos doces de uma amiga, reencontrei Zweig e seu país improvável na mesma tradução de 1941, vinda agora de algum sebo paulistano, capa dura com lombada roída, onde fez-se prudente alojar uma bolinha de naftalina.

Minha leitura, pois, pessoal e intransferível, para o que rogo necessária tolerância, tentará sugerir outra paisagem, disfórica e melancólica, em que se pode situar, sem traição maior, a narrativa de Zweig sobre nosso país futurista. Falarei menos da pintura ensolarada e paradisíaca, da vertigem vital da metrópole carioca, e mais sobre as impressões sombrias traçadas a partir de três lugares visitados pelo escritor na cidade de São Paulo, lugares verdadeiramente emblemáticos: o Museu do Ipiranga, espaço da memória oficial da independência política do Brasil, incluindo, em seu departamento de história natural, uma coleção extensa de espécimes típicos da flora e fauna nacionais; a Penitenciária do Estado, modelo arquitetônico exemplar da modernidade entre nós, utopia panóptica da política de controle social e castigo regenerador para os "brutos e malvados"; o Instituto Butantã, espécie de vitrina obrigatória da metrópole paulista, nosso inimitável "gabinete de curiosidades", exemplo da ciência biológica capaz de domar o mal entranhado nas glândulas dessas espécies peçonhentas tão numerosas e variadas da selva brasileira.

Na seqüência dos tópicos, as citações dos textos que narram passagens dessas visitas estarão calcados nas traduções brasileiras de *Brasil, país do futuro* (tradução de Odilon Gallotti, 1941) e do relato breve "Pequena viagem ao Brasil", datado de 1937, incluído na edição de *Encontros com homens, livros e países* (tradução de Milton Araújo, 1947). Quanto ao fragmento de diário da "Viagem ao Brasil e à Argentina", quando de sua primeira estadia na América do Sul, em 1936, baseio-me em texto traduzido por Marcos Branda Lacerda e posto como apêndice a uma edição mais recente das novelas *Amok* e *Xadrez* (1993; revisão geral de Ingrid Schwamborn).

Taxidermia

Zweig inicia o trecho em pauta de *Brasil, país do futuro*, reclamando de São Paulo ainda não possuir muitas coisas dignas de serem vistas ou apreciadas, raridades, enfim, e acrescenta que as três que de fato possui – Ipiranga, Penitenciária e Butantã – apresentam, em toda a "sua grandiosidade um ressaibo pouco agradável", ou, simplesmente, "um sabor fatal" (cf. Zweig, 1941: 241, 1947: 244).

No caso do Museu do Ipiranga, o que lhe incomoda é a sensação "desnatural e inverossímil" de uma "natureza aprisionada". Ao percorrer as salas de exibição, o escritor sente mais desejo ou nostalgia de um mundo natural livre e perdido do que propriamente satisfação. Teria preferido ver papagaios e beija-flores tão variados e coloridos em seu próprio meio do que empalhados, tanto mais por saber que a poucas léguas ou horas de distância daquele museu, erguido num dos limites da cidade, já começava a mata ou floresta virgem, o que aumentava a ansiedade pela fantasia do contraste. "Parados diante de vitrinas tão valiosas, sonha-se com regiões fantásticas e quiméricas". E acrescenta:

> Tudo que é exótico cessa de parecê-lo logo que é posto em exposição e esquematizado; torna-se imediatamente árido como um assunto de ensino, como uma categoria rígida, e por isso senti um pouco (contra a minha razão, que admira um museu desses e sabe avaliar o trabalho que ele representa) que no meio duma natureza tão impetuosa e luxuriante, a natureza aprisionada é um absurdo. Um desses macaquinhos interessantes, saltando livremente de uma árvore para outra, certamente me entusiasmaria como uma mercê da natureza, mas cem exemplares de macacos empalhados, enfileirados e expostos junto duma parede despertam apenas curiosidade técnica. (Zweig, 1941: 241-42; cf. 1947: 244-45.)

Nesse passo, ressurge, com ímpeto, um romantismo de base, desconfiado dos rumos da razão tecno-científica. Contra a vida imobilizada e classificada pelos artifícios da taxidermia e da taxionomia, desponta a nostalgia da natureza perdida, sentimento tanto mais intenso quanto próximo à memória de uma selva tão recentemente tocada pela paisagem urbana; ou, por outra, de uma cidade tão perto de suas marcas florestais.

Xadrez

Se, na visão de Zweig, tudo que é exótico deixa de parecê-lo quando disposto para exibição, da mesma forma tudo "o que está preso oprime, contrista". Por isso mesmo, sendo assim, diante dessa outra coisa digna de se ver, a Penitenciária do Estado, "o célebre presídio de São Paulo", esse "estabelecimento modelo que honra a cidade, o país e seus diretores", o narrador-viajante confessa, ainda desta feita, sua aflição: "não deixei de sentir o coração oprimido"; "o meu coração não se desafogou" (cf. Zweig, 1941: 242; 1947: 245).

Aqui, a realidade será a de vidas humanas encerradas, a repetição de um espaço-tempo único e apartado de modo total da experiência-no-mundo. Embora, em todo o referido trecho, o autor enalteça, sem ironia, os elementos de modernidade contidos nesse projeto penitenciário – o caráter quase autárquico dos serviços de manutenção feitos em grande parte pelos presos, a limpeza e higiene exemplares, as oficinas diversificadas de trabalho produtivo, o lazer artístico presente nas atividades musicais, de pintura e desenho, o aspecto pedagógico modelar de todo o sistema – traços capazes de fazer com que essa instituição possa cumprir função corretiva com relação ao próprio "orgulho europeu, que pensa que todas as suas organizações são as mais perfeitas do mundo", o mal-estar da civilização permanece durante todo o trajeto, somente cessando ao se transpor a última porta de saída:

> Não obstante toda essa grandiosidade, respira-se aliviado quando, finalmente, a última das pesadas portas de ferro que atravessamos se fecha nas nossas costas; respira-se de novo a liberdade vendo homens livres (Zweig, 1947: 245; cf. 1941: 243).

Em outro texto sobre o mesmo episódio, na verdade um fragmento de diário de sua primeira viagem ao Brasil, em 1936, mais exatamente a anotação relativa a 31 de agosto, referindo-se ao "espírito humanitário" com que os dois diretores da Penitenciária conduzem-na, registra que, no entanto, "eles mesmos se perguntam se uma prisão pode ser humana". Notando que, apesar do ambiente limpo e arejado, "especialmente os camponeses ressentem-se muito da perda da liberdade", e que o trabalho é também uma forma de distração dos detentos, ressalta o duro princípio da realidade:

> Mas, mesmo assim, não se pode ignorar o horror, apesar do acesso a cinema, livros e música: basta o apito do guarda para que um arrepio percorra a espinha (cf. Zweig, 1993: 181-82).

Para narrar, em seguida, o que denomina "uma cena grotesca":

> (...) quando entro no pátio, trinta dos 1500 presos enfileirados começam a tocar em minha homenagem o hino nacional austríaco, que aprenderam rapidamente, negros, mulatos e brancos. Pergunto quem são: ladrões, estupradores de menores e, na maioria das vezes, assassinos. Posamos para algumas fotografias – realizadas também, com toda a simpatia, por um assassino! Toda a intenção é grandiosa e humana; as pessoas são afáveis e parecem quase satisfeitas; mesmo assim, fica-se profundamente arrepiado. (Idem, 1993: 182).

O viajante continua a se perguntar sobre a eficácia do progresso e a plena confiabilidade dos aparatos da civilização. Seja na vida embalsamada e exposta em museu, seja na prisão moderna que se planifica como escola regeneradora, Zweig vislumbra, apenas, entre signos atemorizantes, o mal-estar presente no processo cultural iluminista. Entretanto, os sinais mais extremos da barbárie racional, no mundo dos presídios brasileiros, irão se fazer sentir mais tarde. Lembre-se, tão-somente, de que *Surveiller et punir*, de Michel Foucault, é de 1975; que o Núcleo de Estudos da Violência, da Universidade de São Paulo, um dos centros mais ativos na defesa dos direitos humanos, incluídos os dos presos comuns no Brasil, foi fundado em 1987; que o grande massacre de detentos feito por forças policial-militares do Estado de São Paulo, resultando em 111 mortos, no presídio do Carandiru, que fica na mesma cidade de São Paulo e abriga mais de 7000 condenados – sendo o maior do Brasil e, possivelmente, da América Latina –, ocorreu a 2 de outubro de 1992, quase meio século após o relato de Zweig; e que o rap "Diário de um detento", obra poético-musical contundente, composta pela banda da periferia paulistana Racionais MC's em contato direto com aquela experiência e com a voz dos presidiários, foi lançado em CD e em videoclipe em setembro de 1997.

Mas, na prosa de Zweig, tanto na taxidermia quanto no xadrez, como lugares em que a fúria ordenadora da razão esclarecida trocava o fluxo da vida e o encanto da paisagem tropical pelo aprisionamento no jogo da morte, ainda permanecíamos algo longe, ao que parece, do "ovo da serpente". Aproximemo-nos, então, da terceira e última cena.

Veneno

Um instituto de pesquisa moderno, especializado na extração de veneno de cobras e aranhas e na produção de antídotos: por que o mesmo tornar-se-ia sensação para o grande público? Zweig sugere uma primeira resposta:

– de nada gosta mais a humanidade do que ver o perigo sem estar exposto a ele;

– pois o homem gosta imensamente de ficar transido de horror (e não é perigoso) (Zweig, 1941: 243; 1947: 246).

Afirmando, na seqüência do relato, seu desinteresse pela operação de captura e imobilização das serpentes em seus esconderijos e a retirada do veneno, que já vira em viagem à Índia e Indochina, a narrativa irá fixar-se, em seguida, no que o autor considerou sua experiência mais impressionante naquele estranho e específico zoológico, ao mesmo tempo comovente, terrível e grandiosa. Vale a pena transcrever, aqui, uma longa passagem em que parece ficar sugerida, entre outras coisas, a idéia de que, pouco a pouco, neste século, o mal vai concentrando em pequenos frascos sua capacidade de destruição em larga escala. Paulatina e inadvertidamente, a humanidade estava a dar-se conta de que o mal já não possui pátria nem época, suas fronteiras inexistem, e sua aparição pode estar na iminência do destapamento de uma garrafa. Veja-se o trecho:

Brasil, ruínas do presente

E como foi sempre o material, o visível, o palpável, o que excitou minha fantasia em alto grau, nada me impressionou tanto como uma única garrafa de tamanho médio, cheia de pequenos cristais brancos – era o veneno de oitenta mil serpentes, guardado em forma cristalizada, concentrado nesta garrafa, e que é o mais terrível de todos os venenos. Cada um desses grãos, apenas perceptíveis a olho nu, que poderiam desaparecer, sem deixar vestígio, debaixo da unha, pode, com toda facilidade, matar um ser num abrir e fechar de olhos. Mil vezes mais do que nas granadas mais gigantescas, a aniquilação acha-se comprimida nesta garrafa extraordinária, terrível e irrecuperável, um milagre maior do que o dos célebres contos "As mil e uma noites" – nunca tinha visto a morte em forma mais concentrada do que quando cingi este vidro frio e frágil. Essa possibilidade da destruição imediata de todo um ser, em um segundo, com todos os seus pensamentos e conhecimentos, um ser que agora mesmo está respirando, da parada súbita de um coração e de todos os músculos, somente porque um grãozinho, menor do que uma pedrinha de sal, penetrou no seu interior (já inacreditável num só indivíduo), agora cem mil vezes multiplicada, tinha para mim algo ao mesmo tempo terrível e grandioso. (Zweig, 1947: 246; cf. 1941: 244.)

Em análise das mais perspicazes sobre várias linhas cruzadas, na vida e obra de Zweig – entre os navios de suas viagens e os de suas novelas, em especial *Amok* (1922), seu primeiro sucesso literário mundial, e *Xadrez* (1942), sua derradeira narrativa de ficção, escrita inteiramente, ao que consta, no exílio de Petrópolis e terminada às vésperas do suicídio –, a professora Ingrid Schwamborn notara a confluência entre a droga que o médico desesperado ingere em *Amok*; o veneno concentrado de 80 mil cobras do Butantã citado na passagem acima, cuja referência já estava presente nos fragmentos do diário da viagem de 1936; e o suicídio de Zweig, consumindo também o conteúdo letal de um vidro, possivelmente o sonífero Veronal. Ao mesmo tempo, ela aproxima a obsessão do escritor pelo tema dos jogos de sorte e azar, em vários livros – inclusive no registro atento que faz do espírito lotérico e da popularidade do jogo do bicho entre os brasileiros e, muito particularmente, nesse jogo sem saída e compulsivo que é o motivo principal da narrativa na novela *Xadrez* –, de sua própria "paixão de morte" (cf. Schwamborn, 1993: 1-20).

Ora, vale ressaltar, como reforço a essas interseções, a analogia que se estabelece, no trecho supracitado, entre o poder destruidor contido no frasco de veneno e o poder milagroso da narrativa que se desdobra contra a morte em *As mil e uma noites*. E, além disso, no fragmento do diário da viagem de 1936, encontra-se, em "sábado, dia 29 (agosto)", uma construção ainda mais compacta e dramática sobre o poder do veneno armazenado pelos cientistas do famoso Instituto:

Pela manhã, um passeio até o Butantã, que significa "muito vento", onde nos mostram cobras e aranhas para demonstrar a extração de veneno: uma visão arrepiante. O que mais me impressiona é um único recipiente de vidro, que poderia ser carregado por uma criança, contendo o veneno cristalizado de 80 mil cobras; uma ínfima partícula desse concentrado seria suficiente para matar uma pessoa imediatamente; o vidro inteiro poderia dizimar uma cidade inteira. (Zweig, 1993: 180-81.)

Nessa versão do diário, que terá sido certamente a primeira fonte inspiradora das passagens desenvolvidas *a posteriori* em suas narrativas de viagem, além da maior concisão da forma de registro, a contundência dramática é obtida pela introdução de uma criança como possível portadora do frasco maligno, bem como pelo alargamento do poder destrutivo do veneno, de um único ser humano até "uma cidade inteira".

Antecipação visionária da catástrofe? Para esse pacifista que interrompeu voluntariamente o fluxo da vida, diante do avanço da guerra mundializada e da barbárie moderna, não houve tempo para testemunhar a força exterminadora contra povos e cidades inteiras – Auschwitz, Hiroshima, Nagasaki e todas as suas repetições contemporâneas, Sarajevo entre tantas –, nem ver todo o mal sem fronteira, além dos limites de pátria e de época, os milhões de menores de rua, no Brasil deste final de século, e em tantos outros lugares do planeta, abandonados ao porte obrigatório de todos os venenos, guerras e distopias. Nem tampouco viveu para ver a balada nuclear entre Índia e Paquistão, em meio a uma das maiores concentrações de população miserável no mundo. Nem ainda a violência generalizada nos espaços urbanos e rurais daquele "país do futuro".

A obra de Zweig, durante os anos 30 e 40, foi muitíssimo traduzida em língua portuguesa, convertendo-o, em certo momento, talvez, no escritor mais lido no Brasil. A recepção mais convencional de *Brasil, país do futuro* preferiu, em geral, a visão edificante de um paraíso tropical-modernista, que constitui chave de entrada muito superficial em sua concepção de mundo, apenas concorde com os mitos autoritários da identidade nacional tão difundidos pelo Estado brasileiro pós-1930.

Mas a grave melancolia desse romântico incauto e incorrigível, com sérios problemas de adaptação ao nosso século, a essa "era dos extremos" que conhecerá o apogeu das políticas de destruição sistemática e racional da diferença, fica-nos como lição em imagens de rara sensibilidade estética, de um cosmopolitismo humanista partidariamente desinteressado e de um grande amor não correspondido à paz mundial.

Por isso, no final daquela impressionante visita ao Butantã, ainda resta lugar para uma nota lírica, de veneração ao esforço do espírito humano para reconverter as forças perigosas da natureza em favor dela própria, na imagem da pequena casa do Instituto, exposta ao vento, pousada na solidão verde de um outeiro (cf. Zweig, 1941: 244-45; 1947: 246-47). Como se os frascos do laboratório ofídico pudessem ser contidos em sua função original em prol da saúde pública. Como se o veneno nunca derramasse, e o vento do outeiro do Butantã fosse forte o bastante para afastar o mau presságio, apagando esses sinais perturbadores das ruínas do presente.

Referências Bibliográficas

Carneiro, Maria Luiza Tucci. *Brasil, um refúgio nos trópicos: a trajetória dos refugiados do nazi-fascismo/Brasilien, Fluchtpunkt in den Tropen: lebenswege der flüchtlinge des nazi-faschismus*. São Paulo: Estação Liberdade/Instituto Goethe, 1996.

Carpeaux, Otto Maria. *História da literatura ocidental*. Rio de Janeiro: Alhambra, 1984, v. 8.

Schwamborn, Ingrid. "Apresentação: três navios." In: Zweig, Stefan. *Amok e Xadrez*. Rio de Janeiro: Nova Fronteira, 1993.

Zweig, Stefan. *Amok e xadrez*. (Tradução de Odilon Gallotti & Marcos Branda Lacerda; Apresentação, cronologia e revisão geral de Ingrid Schwamborn). Rio de Janeiro: Nova Fronteira, 1993.

_____. *Brasil, país do futuro*. (Tradução de Odilon Gallotti). Rio de Janeiro: Guanabara, 1941.

_____. *Encontros com homens, livros e países*. (Tradução de Milton Araujo). Rio de Janeiro: Ed. Guanabara, 1947.

_____. *Êxtase da transformação*. (Tradução de Kurt Jahn; Prefácio de Alberto Dines). São Paulo: Companhia das Letras, 1987.

_____. *A marcha do tempo*. (Tradução de Bruno Zander & Hugo Fortes). Rio de Janeiro: Guanabara, 1943.

_____. *O mundo que eu vi: minhas memórias*. (Tradução de Odilon Gallotti). Rio de Janeiro: Guanabara, 1942.

_____. "Pequena viagem ao Brasil". (Tradução de Milton Araujo). In: *Encontros com homens, livros e países*. Rio de Janeiro: Guanabara, 1947.

_____. "Viagem ao Brasil e à Argentina". (Tradução de Marcos Branda Lacerda). In: *Amok e xadrez*. Rio de Janeiro: Nova Fronteira, 1993.

_____. *24 horas da vida de uma mulher e outras novelas*. (Tradução de Odilon Gallotti, Sylvio Aranha de Moura & Elias Davidovitch). Rio de Janeiro: Nova Fronteira, 1981.

PARTE II

RETRATOS DO BRASIL:
ANTONIO CALLADO, JOÃO ANTÔNIO E DARCY RIBEIRO

ANTONIO CALLADO:

– *O que é que podemos fazer no exílio, Lidia? O jeito é aproveitar o tempo e cavarmos em nós mesmos.*
– *Exílio é no estrangeiro, Nando.*
– *Quando é a Pátria da gente que viaja não.*

(Quarup)

ENTRE MICHEL DE MONTAIGNE E O *CORAÇÃO DAS TREVAS*

Albert von Brunn

Para falar em Berlim sobre Antonio Callado, a minha primeira idéia foi esta: que diria o autor do *Quarup* se viajasse com o papa João Paulo II para Cuba? Que faria se o tivessem embarcado no avião da Alitalia rumo ao encontro histórico entre o papa polonês e Fidel Castro? Não o podemos saber, só nos resta aventurar uma hipótese: as viagens – a relação entre tempo e espaço – eram uma preocupação constante nas crônicas, nos contos e romances do escritor de Niterói: "Eu tenho uma teoria, segundo a qual há sempre uma viagem no início da carreira de um escritor",[1] explicou ele certo dia a Ligia Chiappini. "Portanto, há sempre uma viagem, real ou imaginária, na vida do escritor latino-americano, mesmo que ele não saia de casa, por questões econômicas ou outras. Eu fui mesmo." Viajar é preciso, mas como e para onde?

Num trecho memorável de sua obra *Decadência do Ocidente*,[2] o filósofo alemão Oswald Spengler descreve a história européia como um processo de democratização do tempo. Durante a Antiguidade, o tempo linear do relógio era dispensável, cada dia, cada hora era vivida por si. Na Idade Média, o tempo era propriedade dos monges que contavam os dias do ano por obediência às regras da vida cristã. A civilização citadina mudou tudo: os sinos do campanário espalhavam a noção do tempo entre todos os habitantes. O tempo, finalmente, entrou no lar – o relógio de pé alto – e virou atributo, enfeite do corpo humano na forma portátil do relógio de pulso.

---

[1] Antonio Callado. "Entrevistas" em: Ligia Chiappini Moraes Leite. *O nacional e o popular na cultura brasileira*. São Paulo: Brasiliense, 1982, p. 235.
[2] Oswald Spengler. *Der Untergang des Abendlandes: Umrisse einer Morphologie der Weltgeschichte*. Bd.1. München: Beck, 1927, p. 170-174. Edição brasileira: *Decadência do Ocidente*. Tradução de Herbert Caro. Rio de Janeiro: Zahar, 1964.

Ora bem, qual é a relação entre espaço e tempo nas Américas? Antes das Descobertas, a América era identificada com o espaço feliz. Os mapas medievais e renascentistas assinalavam o Brasil com um espaço em branco, povoado de canibais, fascinante e fascinador, capaz de atrair sonhadores e aventureiros, os que buscavam o Paraíso Terrestre.[3] Abaixo do equador, o tempo também se transformou e entrou numa relação especial e um tanto ambígua com o espaço: se o Éden estava ao alcance da mão, na curva de um rio, à beira de uma lagoa perdida no mato, talvez seja possível remontar à história da humanidade remando rio acima, à procura de um paraíso perdido, de um centro hipotético, tudo isso sem excluir a direção oposta, a peregrinação pela Europa e suas cidades prestigiosas – Paris ou Londres.

Antonio Callado passou por tudo isso. Na sua conferência de Cambridge (1974),[4] ele explicou a importância das três viagens na vida do escritor latino-americano:

> A primeira [viagem], que toma o rumo da Europa, ou, hoje em dia, dos Estados Unidos, é uma viagem de evasão, uma fuga da América Latina, do seu atraso, da sua confusão política, da sua injustiça social, e do perene sarampo dos seus golpes militares. A segunda viagem empreendida por escritores latino-americanos é o regresso contrito, cheio de remorsos, ao âmago de seus próprios países. Nadam contra a corrente, vencem rios e cachoeiras, procurando em torno (...) os índios. [A terceira e última viagem] é cada vez mais empreendida por escritores latino-americanos, que primeiro fogem para os países adiantados, depois voltam, cheios de amor e boas idéias para seus próprios países, e geralmente, depois de certo tempo, sentem-se inúteis e desalentados.[5]

Nasce, então, a fome de revolução, de utopia, a vontade de conhecer uma terra onde graves problemas sociais foram superados. Essa terceira viagem leva a maioria dos escritores latino-americanos a Cuba. Antonio Callado foi para Hanói, o Vietnã do Norte em guerra contra os Estados Unidos, em setembro de 1968.

---

[3] Graciela Scheines. *Las metáforas del fracaso: desencuentros y utopías en la cultura argentina*. Buenos Aires: Sudamericana, 1993, p. 13-18. Cf. Fernando Ainsa. *Los buscadores de la utopía: la significación novelesca del espacio latinoamericano*. Caracas: Monte Avila, 1977, p. 121-127.

[4] Antonio Callado. "The three voyages of Latin American authors" em: *Censorship and other problems of Latin American writers*. Cambridge: Centre of Latin American Studies, University of Cambridge, 1974, p. 17-33. (Working papers; 14). Versão brasileira: "As três viagens de escritores latino-americanos", in: *Ensaios de opinião* 6(1978), p. 94-99.

[5] Ibidem.

Antonio Callado: entre Michel de Montaige e o *Coração das trevas*

Procuro ilustrar como essa teoria da viagem-tríade se concretiza em três obras de Antonio Callado – *Vietnã do Norte, A Expedição Montaigne* e *Memórias de Aldenham House* – uma reportagem e dois romances.

Passaporte para a utopia: *Vietnã do Norte*

"O fato de que mais me orgulho como repórter foi o de ter sido eu o único brasileiro que esteve (setembro-outubro de 1968) no Vietnã do Norte em guerra com os Estados Unidos", escreve Antonio Callado numa das suas últimas crônicas para a *Folha de S.Paulo*.[6] "Fui recebido com flores, quando desembarquei em Hanói engasgado, comovido, me sentindo finalmente aprovado pelo povo mais valente da Terra, mais consciente de representar o valor do homem diante da mais sombria adversidade."

Qual era, naquele já longínquo ano de 1968, a imagem do Vietnã do Norte na imprensa, na mídia ocidental? A derrota dos franceses em Dien-Bien-Phu (1954), a resistência dos vietnamitas contra a colonização francesa e os Estados Unidos, a maior potência militar da terra, tinham despertado enorme interesse, admiração e curiosidade entre os jornalistas ocidentais que se recusavam a encarar a Guerra do Vietnã em termos puramente ideológicos – democracia contra comunismo. Antonio Callado não era o primeiro a empreender esta viagem. Antes dele, em maio de 1968, foram Mary McCarthy e Susan Sontag, personalidades conhecidas da esquerda norte-americana. E qual era a imagem que as duas escritoras trouxeram de Hanói? Uma história da fronteira americana. A parte ocidental do Vietnã, a cordilheira anamita com suas selvas habitadas por tigres e tribos indígenas, lembrava as velhas histórias de lutas contra os índios norte-americanos. E os próprios vietnamitas com seus cabelos pretos faziam pensar no índio americano, aproximação vaga e de gosto duvidoso, certamente. Susan Sontag ficou profundamente impressionada pela simplicidade e criatividade dos vietnamitas que – exatamente como os índios americanos da planície (*Plains Indians*) – aproveitavam tudo, transformando restos de bombardeiros americanos em ferramentas agrícolas, peças de reposição, sandálias e jóias rústicas. As duas – Mary McCarthy e Susan Sontag – viram, em suma, no soldado vietnamita uma espécie de bom selvagem – vítima de uma agressão norte-americana – que tratava os pilotos capturados com aprimorada cortesia. Hoje sabemos que essa imagem idealizada não correspondia à realidade: no centro de detenção de Hoa Lo, no "Hanoi Hilton", a tortura era prática freqüente.[7]

---

[6] Antonio Callado. "General Giap é o Vo em enciclopédia" in: *Crônicas de fim do milênio*. Martha Vianna. (org.) 2ª ed. Rio de Janeiro: Francisco Alves, 1997, p. 95-98. A crônica é datada de 1/4/1995.

[7] Milton J. Bates. "The Frontier War" in: *The wars we took to Vietnam: cultural conflict and storytelling*. Berkeley: University of California Press, 1996, p. 9-47.

Albert von Brunn

Em que medida essa mitologia norte-americana inspirou as reportagens de Antonio Callado? Alguma coisa ficou, mas pouco. Assim, na cidadezinha marítima de Sam-Son, o repórter brasileiro admira uma tenda de seda branca que dá uma sombra agradável: "É *nylon* daqueles pára-quedas americanos que trazem *flares* para iluminar os bombardeios noturnos", explica a anfitriã.[8] O que fascina Antonio Callado é uma revolução nos trópicos – "feita na base do arroz e da banana-d'água"[9] – num país que muito se assemelha ao Nordeste do Brasil. Na sua procura da "arma secreta" dos vietnamitas, ele encontra três respostas – o sistema de ensino, a libertação da mulher e a abolição da vida privada. Mas Antonio Callado, viajante incansável, ao rumar para Hanói não deixou pendurada no cabide sua sensibilidade para os conflitos de cultura: ele previu, em 1968, uma das maiores dificuldades do Vietnã após a reunificação – o conflito religioso entre o regime socialista e a Igreja Católica e o conflito entre as gerações – os *cadres* saídos da colonização francesa e os novos funcionários formados durante a guerra.

Antonio Callado voltou de Hanói com a firme convicção de que no Vietnã os homens tinham aprendido a viver pela revolução, ao passo que no Brasil só estavam preparados para morrer por ela.[10] A conseqüência é das mais radicais: não é só a desconfiança perante qualquer tentativa de guerrilha no Brasil, mas a ruptura com os mitos da selva, a renúncia ao encontro entre o intelectual litorâneo e o índio. A viagem rio acima no âmago da selva cheia de símbolos carece de sentido, vira uma aventura quixotesca.

A Expedição Montaigne – uma viagem inútil

"Está ocorrendo, sem que o óbito tenha um dia estabelecido, registrado, o meio século da morte de Don Juan. Ele era, entre os quatro grandes mitos do Ocidente (...) o mais festejado e popular. Por volta de 1950 ele foi varrido da face da Terra pela pílula anticoncepcional de uma certa Margaret Sanger, enfermeira, médica", anota Antonio Callado em 1995[11]

---

8   Antonio Callado. "Vietnã do Norte: advertência aos agressores" in: *Vietnã do Norte. Esqueleto na Lagoa Verde*. 2ª ed. Rio de Janeiro: Paz & Terra, 1977, p. 18. (O mundo hoje; 25).
9   Ibidem, p. 17.
10 Antonio Callado. "The three voyages of Latin American authors", in: *Censorship and other problems of Latin American writers*. Cambridge: Centre of Latin American Studies, University of Cambridge, 1974, p. 17-33. (Working papers; 14). Edição brasileira: "As três viagens de escritores latino-americanos", in: *Ensaios de opinião* 6(1978) p. 94-99.
11 Antonio Callado. "Com a pílula, D. Juana liquidou o mito", in: *Crônicas de fim do milênio*. Martha Vianna. (org.) 2ª ed. Rio de Janeiro: Francisco Alves, 1997, p. 345-348. A crônica é datada de 8/4/1995.

Antonio Callado: entre Michel de Montaige e o *Coração das trevas*

para acrescentar aliviado: "Resta-nos um derradeiro, o eterno mito do homem de la Mancha. Esse vive ainda e viverá sempre, rindo dos demais mitos e de todos nós". A *Expedição Montaigne*, antepenúltimo livro de Antonio Callado, é uma versão moderna do Quixote, idealista maluco, deus branco inadaptado que se aventura na selva:

> Vicentino Beirão, libertador de silvícolas, antibandeirante, contra-Cabral, não-descobridor (...) pretendia enfiar uma pororoca de índios pela história do Brasil acima, para restabelecer, depois do breve intervalo de cinco séculos, o equilíbrio rompido (...) pelo aquoso e fúnebre ploft de uma âncora de nau, incrustada de mariscos chineses, eriçada de cracas das Índias, a rasgar e romper cabaço e regaço das túrgidas águas pindorâmicas.[12]

A isto responde seu companheiro de desventura, o índio Ipavu e Sancho Pança da história, beberrão, sifilítico e tuberculoso:

> Vou te dizer uma coisa, ô cara (...) eu sou é brasileiro, tá sabendo, e quero que você enfie no rabo essa tal de comunidade de índios xinguanos e não sei mais que lero.[13]

A dupla de comédia – Vicentino Beirão e Ipavu – percorre uma trilha absurda de bebedeiras, símbolo de sua progressiva alienação. Ao passo que em *Quarup* Nando era iniciado no amor sob o signo do comer, aqui se dá uma iniciação às avessas sob o signo do beber, um enveredar pelos caminhos da violência e da brutalidade: à primeira etapa – cerveja – corresponde o culto do dinheiro. Ipavu se deixa deslumbrar pelas patacas do seu tutor – a leve hóstia de um centavo, as deodoras e florianas até a nota de mil, "como um ser vivo (...) feito um quarup na hora de virar gente".[14] A esta iniciação no dinheiro corresponde a liturgia do botequim:

> O birosqueiro (...) parecia até o padre quando sobe a escada daquela varandinha de pau dourado na igreja, pra falar a lenga-lenga dele (...), mas o botequim é muito mais bonito e mais sério porque lá (...) vem cerveja pra todas as mesas e todo o mundo.[15]

A segunda fase dessa peregrinação absurda é a predação da selva pelos seringueiros; seu signo é a cachaça. A última etapa corresponde à violência homicida pura e simples – Vicentino Beirão, o antibranco idealista, último representante de uma tribo em vias de extinção – vai ser queimado vivo na gaiola do pássaro sagrado da tribo.

---

[12] Antonio Callado. *A Expedição Montaigne*. 2ª ed. Rio de Janeiro: Nova Fronteira, 1982, p. 11.
[13] Ibidem, p. 28.
[14] Ibidem, p. 50-51.
[15] Ibidem, p. 37-38.

Essa sátira da viagem no coração da selva – primeiro amena e por fim feroz – não é só uma paródia de *Quarup*. Ela faz *tábula rasa* de uma série de conceitos da Inglaterra vitoriana (*the white man's burden, going native, call of the wild*). Esses conceitos com sua dose de racismo disfarçavam os desígnios imperialistas por trás de uma ideologia do progresso levado aos últimos recantos da terra: "Toda viagem é introspectiva", alega Antonio Callado na sua primeira reportagem sobre o Xingu (1952).[16]

> A paisagem, na África ou em Mato Grosso, é densa de símbolos. Além disto, se cortarmos, ainda que por poucos dias, as amarras que nos ligam à civilização, começaremos logo a tomar os mais inquietantes rumos em águas primitivas. O retrato que de nós mesmos nos fazemos deforma-se. (...) Adquire uma certa brutalidade veraz que às vezes, para tristeza nossa, não nos entristece.

Esta reflexão parece tirada diretamente do conto *Heart of Darkness*[17] de Joseph Conrad, autor de cabeceira de Antonio Callado que, aliás, deveria ter inspirado sua última crônica para a *Folha de S.Paulo* que ele não chegou a escrever.

Os pensadores ingleses da era vitoriana consideravam perigosos os contatos entre as culturas avançadas e as "primitivas" – degeneração e regresso atávico seriam as conseqüências inevitáveis de semelhante encontro. O homem branco, ao penetrar na selva, fatalmente entregaria os pontos para voltar à selvageria. A civilização ocidental iria reduzir-se a uns trapos coloridos (*pretty rags*) que voariam longe depois de um breve contato com o "primitivo". Especialmente os recém-convertidos à civilização (*mixed races*) tornariam a mergulhar nas trevas da barbárie.[18]

Veremos como Antonio Callado ironiza ponto por ponto estas idéias e preconceitos dos vitorianos: em Pirapora, a Expedição Montaigne padece falta de dinheiro. Então Ipavu arrebanha em fazendas de gado dos arredores índios aculturados, bota todos nus, para entrarem, uma manhã de domingo, na praça principal da cidadezinha à beira do Rio Chico. Segue, fatalmente, o escândalo, porque "todo o mundo que passava, principalmente as donas (...) olhavam a piroca dos índios (...) e se índio do mato nem liga e continua na vida dele quando mulher olha, índio já brasileiro basta estar nu e ver mulher na frente (...) fica logo aflito e arretado".[19] A chefia da Expedição Montaigne é representada – no romance – por

---

16 Antonio Callado. "África interior", in: *Vietnã do Norte*. op. cit., p. 157-160.
17 Joseph Conrad. *Heart of Darkness*. Ed. with an Introduction by Robert Hampson. London: Penguin, 1995. Edição brasileira: *Heart of Darkness. o coração das trevas*. Tradução de Regina Regis Junqueira. Belo Horizonte: Itatiaia, 1984. (Rosa dos ventos; 44).
18 John W. Griffith. *Joseph Conrad and the anthropological dilemma. Bewildered Travellers*. Oxford: Clarendon Press, 1995, p. 1-7, 24-27, 120-121, 138-144.
19 Antonio Callado. *A Expedição Montaigne*. op. cit., p. 40-41.

Antonio Callado: entre Michel de Montaige e o *Coração das trevas*

uma mochila grande – *the white man's burden*. Esse fardo do homem branco é carregado por Ipavu até o dinheiro dos dois acabar. Depois passa para o ombro de Vicentino Beirão antes de voltar ao lugar de origem. A maior briga entre Vicentino e Ipavu gira em torno de uma pequena caixa pesada que contém o busto do Senhor de Montaigne, último elo entre a civilização e o jornalista. Essa caixa é jogada simbolicamente "pras piranhas"[20] pouco antes de os dois embarcarem na canoa fúnebre que os levará à morte. Vicentino é tudo menos um colonizador darwiniano (*survival of the fittest*): em vez da sobrevivência do mais apto temos aqui a queima do mais maluco. O final da expedição parece ecoar as últimas palavras de Kurtz, herói de Conrad: "O horror! O horror!".[21] A morte do que busca paraísos coincide com a morte da cultura indígena.

Ao viajar como repórter do *Correio da Manhã* rumo ao Xingu para examinar a ossada do coronel Percy Harrison Fawcett, Antonio Callado – a dada altura – faz uma pergunta angustiosa:

> Mas como se explica então que aqueles índios (...) sejam os mesmos que (...) nos levaram à beira da lagoinha esverdinhada para nos apontar a cova de um homem que assassinaram? (...) Haverá um erro de cronologia no Gênese?[22]

Desde o descobrimento da América, duas imagens conflitantes do índio dominavam a consciência do homem branco – o silvícola edênico e o demônio.[23] O elo de ligação mais óbvio entre índio e demônio é o pajé, o feiticeiro. No romance de Antonio Callado, a contrafigura da dupla de comédia Vicentino Beirão e Ipavu é um feiticeiro, o pajé Ieropé, símbolo da cultura indígena moribunda. A penicilina, a medicina do homem branco, acabou por liquidar os seus poderes. Ele mesmo, num ato de alienação fatal, emborca o vidro de penicilina e perde todo o poder sobre a tribo dos camaiurá. A sua única chance é a terceira vinda do homem branco e a sua liquidação. Num ato final de paródia, Vicentino Beirão acaba por consumir nas próprias cinzas um ato sagrado na mitologia xinguana: sem saber, ele é a vítima propiciatória dos deuses indígenas. Marlow, o protagonista de *Heart of Darkness*, era um observador, mas não um participante dos ritos indígenas, ao passo que Vicentino participa de um rito sem observar nada, pois sua queima constitui a essência do rito de purificação.

---

[20] Ibidem, p. 97.
[21] Joseph Conrad. *Heart of Darkness*, op. cit., p. 118.
[22] Antonio Callado. "Esqueleto na Lagoa Verde", in: *Vietnã do Norte*, op. cit., p. 97.
[23] Ronald Raminelli. *Imagens da colonização: a representação do índio de Caminha a Vieira*. Rio de Janeiro: Zahar, 1996, p. 116-125. Roger Bartra. *El salvaje artificial*. México: Universidad Nacional Autónoma de México, 1997, p. 67-69.

O homem do *Gênese*, aquele que vivia no Jardim de Éden, não padecia nenhuma inadaptação em relação ao meio, o paraíso em que vivia. Uma vez desaparecido o paraíso e seus substitutos pagãos – o bom selvagem – a viagem à sua procura não pode ser mais do que um roteiro de frustração. *A Expedição Montaigne*, talvez a última viagem vitoriana rumo ao coração das trevas, acaba na morte. A selva não tem centro, o bom selvagem não passa de uma quimera, só nos resta o último mito do Ocidente – o conflito entre idealismo e materialismo, D. Quixote e Sancho, imagem arquetípica de um conflito cultural sem solução.

Aldenham House e o conflito de culturas

> A tomarmos os países do mundo um a um, isoladamente, qual deles seria o maior culpado pela civilização moderna, se devêssemos encarar a civilização moderna como um crime? A Inglaterra, sem dúvida. (...) O repúdio a isto que vemos aí, à civilização que nos envolve, é em grande parte um repúdio ao Império Britânico.[24]

Esta meditação à margem do Rio Culuene, um formador do Xingu, seria uma boa epígrafe para o último livro de Antonio Callado, *Memórias de Aldenham House*.[25] Esse romance é – à primeira vista – um policial, com um pequeno defeito: a suposta vítima, o inglês cujo cadáver se acha boiando no lago, não morre de morte violenta e, sim, de *angina pectoris*. Mas a trama do romance policial tem uma outra finalidade: a de provocar um confronto entre a civilização britânica e os dois protagonistas da história – os exilados Facundo Rodríguez (paraguaio) e Perseu Blake de Souza (brasileiro). Ambos fogem de uma ditadura militar para procurar refúgio em Londres durante a Segunda Guerra Mundial, ambiente que Antonio Callado conhecia muito bem por ter vivido lá (1941-1943).

A viagem para a Europa era, no século XIX, uma das heranças inevitáveis do colonialismo: para poder olhar-se corretamente, o habitante das ex-colônias tinha de interiorizar o ponto de vista do colonizador europeu. Essa viagem mimética rumo às capitais prestigiosas do velho continente – Paris ou Londres – era a medida mesma de sua inferioridade. Parecia fruto de uma escolha, mas era uma fuga.[26]

---

[24] Antonio Callado. "Esqueleto na Lagoa Verde", in: *Vietnã do Norte*, op. cit., p. 128.
[25] Antonio Callado. *Memórias de Aldenham House: romance*. Rio de Janeiro: Nova Fronteira, 1989.
[26] Rosalba Campra. *América Latina: la identidad y la máscara*. México: Siglo XXI, 1987, p. 89-91.

Antonio Callado: entre Michel de Montaige e o *Coração das trevas*

O crítico argentino David Viñas[27] estabelece uma tipologia da viagem européia que nos ajudará a esclarecer o contraste entre os dois protagonistas: Facundo e Perseu. O viajante colonial se situa perante a Europa como súdito perante a corte: o uso das palavras, a maneira de vestir, tudo revela nele a vontade de aprender desde uma posição de passividade. O peregrino se sente autorizado a viajar, quem decide é o pai. É esta, exatamente, a situação de Perseu, o brasileiro, encarcerado pela ditadura de Vargas. Papai – desde Londres – manobra obscuros pistolões para tirar o filho da cadeia. Este é colocado como um fardo no navio da Mala Real Inglesa e enviado de presente ao pai. Como todos os protagonistas de Callado, também este é submetido a um ritual de iniciação: é o culto do chá inglês com leite gelado e sanduíches de presunto. Só que a lição européia nesse caso não é muito aproveitável: Perseu não só perde a namorada, como também os amigos de Londres e, no fim da história, em vez de ser consagrado como brasileiro viajado e experimentado, acaba preso na mesma cadeia de onde o pai o tirara.

O outro viajante, o exilado paraguaio Facundo Rodríguez, adota a posição contrária: virtualmente em guerra contra o Império Britânico, para ele culpado de todos os males da história nacional, Facundo desafia desde o primeiro momento a Inglaterra vitoriana e seus símbolos – Aldenham House, sede do Serviço Latino-americano da BBC, e Herbert Baker, seu diretor. Ao avistar o sólido casarão vitoriano nos arredores de Londres, Facundo – para espanto dos seus acompanhantes – pergunta: "Quedê o cadáver?".[28]

Este é o começo de um ritual de iniciação no romance policial que acabará com duas mortes – uma natural, a de Herbert Baker, e uma violenta, a do próprio Facundo. O gigante vitoriano de *Aldenham House* não deixa de revelar seus pés de barro: o ricaço que construiu a casa no século passado, enriqueceu com titica de pássaro, o guano, um fertilizante muito apreciado na época.

Mas o conflito de fundo é a guerra dentro da guerra que opõe o exilado paraguaio ao representante moribundo do Império Britânico – o tal Herbert Baker, *empire-builder* frustrado que sofre do peito e não deixa de atirar flechas envenenadas que ferem o orgulho nacional de Facundo. A morte de Baker acaba com o romance policial. No fundo, os dois – Perseu, submisso, mas intimamente revoltado contra o pai, e Facundo, cheio de

---

[27] David Viñas. "El viaje a Europa", in: *De Sarmiento a Cortázar: literatura argentina y realidad política*. 2ª ed. Buenos Aires: Ediciones Siglo XX, 1974, p. 132-199.
[28] Antonio Callado. *Memórias de Aldenham House*. op. cit., p. 67.

raiva pelas perfídias do velho império em decomposição – só revelam perante a Inglaterra uma incompreensão profunda, um conflito cultural sem solução.

Londres, nesse romance, é o teatro de uma luta de fronteira entre uma cultura dominante e uma cultura dominada. Na sua posição ambígua de posto avançado da democracia ocidental e, ao mesmo tempo, centro de irradiação de um império ainda mundial, a capital inglesa é uma fronteira de poder entre uma cultura segura de si e uma outra, frágil, à procura do próprio centro. Aqui se cruzam os nacionalismos mais diversos, se embaralham e se descontextualizam. Mas, vendo de fora, a cidade é ainda impressionante – uma *Aldenham House* soturna, de uma presença esmagadora, uma Rainha Vitória feita de argamassa e tijolos.[29]

O conflito de culturas começa – como não podia deixar de ser – com a comida: Isobel, mulher de Facundo, apoiada na amurada do navio, está passando em revista o cardápio inglês para apurar que pratos Facundo irá aceitar – rosbife com pudim do Yorkshire? torta de carne e rim? – e quais o fariam recuar lívido – os *haggis* de miúdos de carneiro e aveia cozidos ao lume depois de costurados no estômago do próprio bicho?[30].

"A Inglaterra [é] uma paisagem sem ingleses", explica Nelson Rodrigues numa das suas crônicas.[31] "Só uma vez aparecera lá, miraculosamente, um inglês. Foi quando o brasileiro Antonio Callado passou uma temporada em Londres. E era um sucesso quando ele passava, o único inglês da vida real." Este único inglês da vida real nos deixou como lembrança de sua passagem por Londres um romance policial extraordinário, ponto de partida para um conflito de culturas que ele viveu na própria pele.

No seu livro sobre a complexidade da cultura moderna, o sociólogo sueco Ulf Hannerz[32] traça o perfil do intelectual num mundo globalizado. Partindo de sua experiência pessoal na Nigéria, ele distingue duas categorias: os que viajaram para a Inglaterra e voltaram de lá enriquecidos por uma educação sofisticada ("beento") e os que ficaram no seu recanto

---

[29] Rob Nixon. *London Calling: V. S. Naipaul, postcolonial mandarin*. Oxford: Oxford University Press, 1992, p. 36-40. Cf. Sérgio Luiz Prado Bellei. "Brazilian Culture in the Frontier", in: *Bulletin of Latin American Research* 14(1995) p. 47-61.

[30] Antonio Callado. *Memórias de Aldenham House*, op. cit., p. 48.

[31] Nelson Rodrigues. "Uma paisagem sem ingleses", in: *O óbvio ululante: primeiras confissões: crônicas*. Ruy Castro (sel.). São Paulo: Companhia das Letras, 1993, p. 139-142.

[32] Ulf Hannerz. *Cultural complexity: studies in the social organization of meaning*. New York: Columbia University Press, 1992, p. 228-230, 255-258.

Antonio Callado: entre Michel de Montaige e o *Coração das trevas*

("bush"). Londres virou, para os nigerianos, um centro fora do centro, um lugar para os exilados, os opositores políticos e os críticos da cultura local. Num mundo em rápida mudança, uma das poucas constantes será a clivagem entre centro e periferia. É neste interstício entre centro e periferia que grande parte do trabalho intelectual é produzido hoje em dia.

Antonio Callado, autor de *Quarup, Sempreviva* e *Bar Don Juan,* foi lido durante muito tempo como um autor de protesto contra as injustiças da sociedade e os horrores da ditadura militar, um escritor que reivindicava a autenticidade da cultura indígena brasileira, capaz de criar um outro Brasil mais genuíno, menos dominado pelo estigma da colonização. Os últimos romances analisados aqui – *A Expedição Montaigne* e *Memórias de Aldenham House* – apontam para uma leitura alternativa: Antonio Callado como o escritor dos conflitos culturais que – em vez de paralisar seu criador – estouram na página, num fogo de artifício irônico só comparável a Machado de Assis e seus mestres ingleses.

Numa das suas palestras em Harvard, Italo Calvino[33] lança mão do mito de Perseu para explicar sua teoria sobre a leveza da escrita: tal como o herói do mito grego que, para decepar a cabeça monstruosa da Medusa, tinha que olhar de viés para não ficar petrificado, o escritor contemporâneo tem que mudar de postura para não ficar abrumado sob o peso da vida. Só a vivacidade e a mobilidade da inteligência são capazes de evitar a fatal petrificação. Nesse enfoque inédito talvez radique o maior segredo da literatura feita por Antonio Callado, um escritor que durante seus 80 anos de vida não deixou nunca de viajar, de nos surpreender com a mudança de enfoques. Mas uma coisa é certa: o mundo ficou muito mais pobre sem Antonio Callado.

---

[33] Italo Calvino. *Seis propostas para o próximo milênio: lições americanas*. Tradução: Ivo Barroso. São Paulo: Companhia das Letras, 1990, p. 15-19.

SERÁS UM PAÍS CRUEL, DISSE A FADA AO BRASIL

Maria Ângela D'Incao

Uma análise de natureza sociológica a partir dos romances e textos jornalísticos de Antonio Callado pode detectar a sua visão do Brasil.

Na primeira parte deste texto, apresentamos uma leitura sucinta da obra *Quarup*, publicada em 1967, na qual vamos procurar entender as propostas e a visão do país aí contidas, no período da ditadura militar. Procuraremos indicar algumas relações entre as estruturas políticas e sociais e a cultura que encaminharam os desenvolvimentos daquele período e circunstância. Partindo da assunção de que a modernidade no Brasil se apresenta de forma peculiar, multifacetada e que também significa a estagnação de contingentes e estratos consideráveis do país, pretendemos verificar a compreensão que Callado apresenta dessa modernidade e qual o futuro almejado por ele, em suas críticas. A personagem Nando, por exemplo, seus sonhos e medos, seus projetos, seriam os de Callado?

Na segunda parte, nos aproximamos da atualidade histórica tendo como base o material jornalístico publicado na *Folha de S.Paulo* entre 1993 e 1996.[1] Nesse período Callado escreveu para esse jornal cerca de 268 artigos de diferentes assuntos nos quais tratou também da realidade do cotidiano político e cultural brasileiro. Sem procurar dar conta de todo o material, pretendemos organizar, a partir de alguns temas recorrentes e centrais ao seu pensamento, sua visão do país e revelar os aspectos que, para o autor, seriam próprios da estrutura social brasileira, procurando, com isso, contribuir tanto para a ampliação do conhecimento do pensamento brasileiro contemporâneo como do conhecimento de nossa sociedade.

Na terceira parte, tentamos reunir as "agonias de Callado" e sua visão do Brasil, e chegamos a uma tentativa de conclusão.

---

[1] Agradeço ao jornal *Folha de S.Paulo* as cópias dos artigos de Antonio Callado.

Serás um país cruel, disse a fada ao Brasil

Quarup e a cultura brasileira

A obra *Quarup* foi bastante festejada entre os intelectuais brasileiros e representa um marco importante na literatura nacional como referência ao período histórico que antecedeu ao regime ditatorial e à própria ditadura militar. Publicada em 1967, é, contudo, ainda uma obra atual no contexto brasileiro que apresenta lutas similares às lutas das ligas camponesas, a dos sem-terra. A obra não envelheceu não só pela força literária mas também porque ela revela aspectos de nossa estrutura social até hoje vividos: além disso, *Quarup* é referência importante para o conhecimento das redes de influência e relações de poder na sociedade brasileira atual.

A luta dos camponeses reunidos nas Ligas, as invasões de engenhos e terras, os assassinos da repressão financiada pelos usineiros, a busca da integração dos índios – os lances episódicos do romance se desenrolam tendo com *background* a crônica do Brasil: a renúncia de Jânio, a deposição de João Goulart, o movimento militar de 1964 com todo o séquito de torturas, delações, prisões, mutilações e exílios. Esquematicamente 10 anos de nossa história, de 54 a 64, do suicídio de Getúlio Vargas à instalação da ditadura militar.

A obra permite assinalar as redes de influência em dois níveis: o dos cargos relativos ao governo e o das relações entre a Igreja (o alto clero), o governo ditatorial e os usineiros proprietários de terras. Por outro lado, também as pessoas comuns encontram-se envolvidas nas tramas, sua força, fragilidade, os resultados dessa maneira de ser e a contrapartida da situação que vem a ser outra rede composta por aqueles que chamaremos aqui, de *outsiders* do poder. Essa resposta em rede de influências marca a cultura política e social no Brasil.

A obra retrata, de forma poética e sociológica, a modernidade e seus efeitos na região onde se desenrola a trama. No caso, dois eixos centrais comandam a modernidade: de um lado, o sonho de Nando e de seus amigos e colegas (de sonho e de trabalho), de construir uma nação indígena no parque do Xingu com a presença grandiosa de nossas florestas, rios, animais e tribos indígenas desconhecidas, bem como a posterior luta dos camponeses, pelo sonho de modernizar as relações sociais e tornar a vida melhor para todos; por outro lado, o segundo eixo que vem a ser composto pelos interesses da rede do poder. Como conseqüência desse embate, a estagnação de contingentes e estratos consideráveis do país, a morte, e tudo o mais que Callado retrata em seu romance.

Maria Ângela D'Incao

O padre Nando, na sua prática, deixa de ser padre, o que é sua transformação, sua metamorfose de ser: do homem puro ao guerrilheiro desprotegido e perseguido pela rede de poder da própria sociedade que nunca lhe dará o estatuto de cidadão. Trata-se, ao mesmo tempo, de uma denúncia da sociedade brasileira e uma crítica com possibilidades de futuro? Sim, quem escreveu incessantemente tem a chama da esperança em ser ouvido. O personagem Nando não é um deprimido, ao contrário, um lutador com todo o fôlego dos heróis.

A crítica cotidiana

Como foi dito, acima, Callado produziu entre os anos de 1992 a 1996, cerca de 268 artigos para o jornal *Folha de S. Paulo*. Esse conjunto de artigos constitui-se em valiosa fonte de estudos não só do pensamento de Antonio Callado como também da história política do Brasil.

Tal material, rico em expressões do pensamento do autor, cobre um grande e variado conjunto de temas. Aqui vamos nos ater aos que refletem a concepção que Callado tem da estrutura e da organização da sociedade brasileira, almejando compreender seu pensamento referente à superação dos problemas nacionais: em outras palavras, como é, qual é a cultura brasileira que impede o desenrolar da superação do subdesenvolvimento, como é a *praxis* constante, persistente, recorrente, de sua manifestação.

Callado ao indicar, no presente, por exemplo, resquícios da ditadura, toma como mote a obrigatoriedade do programa político[2] e se refere ao país como estando entre uma "teledemocracia e teleservidão" (11/12/93). Ao se referir à seca do Nordeste, diz:

> Arrebentaram o açude hipócrita que tínhamos montado há tanto tempo para maquiar a crueldade com que fomos donatário, senhor de escravos, fazendeiro e finalmente industrial. Resolvemos pôr franqueza na brutalidade. Cansamos da delicadeza, já que toda a postura artificial acaba fazendo mal à coluna (1/10/93).

No mesmo artigo fala da delicadeza do brasileiro, citando Hermann Alexander Keyserline que compara Brasil e Rússia, dizendo que não haveria a revolução bolchevista se em lugar da grossura do czarista tivesse imperado lá a delicadeza brasileira.

De modo geral, do ponto de vista da compreensão da sociedade brasileira, os temas abordados por Callado se referem a duas carac-

---

[2] O horário político obrigatório foi instituído no Brasil durante o período da ditadura e permanece até hoje sem possibilidade, até o momento, de ser desativado. Incrível, mas parece que o país se acostumou com isso e não há suficiente crítica para pôr um fim na obrigatoriedade.

terísticas de nossa estrutura social: nosso passado escravocrata, presente, ainda hoje, nas redes sociais e na maneira como são resolvidos os problemas nacionais, e o império do autoritarismo em detrimento da possibilidade de construir, de atuar por um consenso eticamente bom e politicamente compatível com os ideais democráticos mínimos de cidadania.

As concepções do autor sobre o autoritarismo e as redes de influências são matéria quotidiana de sua reflexão, seja pontuando redes de influência política como a do então presidente Collor, seja por meio da cultura propriamente rodrigueana de nossa realidade: assassinatos de pessoas comuns e de importantes.

Poderíamos, sem dúvida, enfatizar que a crônica jornalística de Callado nos diz, com força, beleza estilística e convicção, que a história brasileira precisa ser compreendida no sentido de que, por todo o lado no Brasil, prevalece a mentalidade autoritária e que somos incapazes de romper com o elo da servidão em que se encontram grandes parcelas de nossa população.

Com o desenrolar da história brasileira e o advento de muitas coisas e fatos igualmente novos, muitos de nós fomos tendo a impressão de que a modernização, não só dos equipamentos, mas também dos modos de viver, era uma questão real, de tempo. Estivemos sempre voltados para o futuro e este significava modernização. Entretanto, esta talvez tenha sido e ainda esteja sendo mal-entendida, uma vez que sua complexidade se apresenta bastante grande em países como o Brasil. Vejamos alguns desses aspectos na visão de Antonio Callado. Entendendo que a reforma agrária seria uma modernização, retoma várias vezes esse tema e o defende:

> Desde a Lei de terras de 1850 não há neste Brasil enorme, lavoura distraída, de ingênua subsistência, que não tenha sido transformada em propriedade de quem jamais pegou em enxada: os brasileiros que sabem ler e escrever não tardam em encontrar rábula, cartório e papel velho para inventarem um termo de propriedade. Quando a massa de analfabetos que realmente lavra a terra abre os olhos, já tem à porta do sítio em que trabalha um oficial de justiça e outro da polícia.(21/10/95)

Ao escrever sobre José Rainha Jr., relembra a nossa história, desde antes do golpe militar no Pernambuco governado por Miguel Arraes, até a invasão dos sem-terra no Pontal do Paranapanema no Estado de São Paulo. Ao entrevistar Moisés Simeão tem a impressão de que o tempo não passou: relembra que José Serra foi o secretário do Planejamento do governador Montoro e que nada fez para a questão das terras do Pontal. "Acho que Betinho tem razão de sobra quando diz que 32 milhões de pessoas que

Maria Ângela D'Incao

estão neste momento passando fome não podem esperar que resolvamos os problemas fundiários do Brasil para começar a alimentá-los." Pergunta: "Mas quantos outros 32 milhões teremos que alimentar se não começarmos desde já a dar terra aos sem-terra no Pontal do Paranapanema?" Sempre as mesmas pessoas no poder e sempre os mesmos problemas nacionais em uma monotonia sem fim. Nossa memória acaba por confundir os nomes, os eventos e as datas.

A primeira reportagem de Callado sobre a reforma agrária data de 1951, quando Vargas resolveu que ia dar terra aos sem ela e criou a Comissão Nacional de Política Agrária. Se o alentado dossiê partisse daí seria recorde do *Guinness* (21/10/95).

No artigo de 5/11/95 "País chuta Nossa Senhora e algema Diolinda" diz "... são o retrato do Brasil que, insatisfeito consigo mesmo, começou uma guerra contra a mãe .... Cansado de querer criar um país direito, o Brasil parece que quer parar. Para que mais gente? Outrora tínhamos em maio o mês de Maria. Agora temos em outubro o mês de "mãe nenhuma". (Diolinda teve que tirar os filhos dos braços e saiu algemada.[3])

A idéia da cultura das redes sociais de influência está presente na cumplicidade da Igreja com o Estado, desde o Descobrimento do Brasil até hoje. Diz Callado, a propósito da prisão de Diolinda e do escândalo que foi, para a elite clerical, o espancamento da imagem de Nossa Senhora: "O 'bispo' e o governo, no caso, parecem irmãos. Dom Helder alega que o fetiche que espancou passa por imagem do Deus, porque desde o Descobrimento, padres católicos garantem que qualquer santo se encarna em qualquer imagem salpicada de água benta. Por outro lado o governo alegará que a reforma agrária brasileira é impossível porque desde o Descobrimento as glebas pertencem aos amigos do rei. As duas superstições se parecem, pois sempre confundimos corte celeste com a corte que nos governa no momento".

> Reparem, nas fotos de jornal, na televisão, como os engravatados da igreja Universal e os do governo federal se assemelham. O Brasil continua com suas duas religiões. A católica, hoje seriamente ameaçada pelo vigor e a fúria capitalista das seitas evangélicas, a do controle da propriedade do solo,... Agora, sobretudo, os aglutina a sólida irmandade política no Congresso onde formam bancada corporativa, fascista. Igreja e governo apoiado no latifúndio continuam, mas começam a tomar perigosas liberdades que tomam sempre aqueles em que o excesso de poder acaba por fatigar e por embotar.

---

[3] Trata-se da mulher de Rainha, o então líder dos sem-terra.

Em 23/11/96 no artigo intitulado "Reforma se arrasta de Nabuco a Vereza",[4] a título de comentário sobre a novela "O rei do gado", diz:

> Eu por exemplo cansei de fazer reportagem sobre reforma agrária sem ver a implantação de plano nenhum. Acompanhei em pessoa o esforço das ligas camponesas em Pernambuco e acompanhei no Congresso a apresentação de sucessivos projetos de salvação nacional mediante uma revolução fundiária. Ao folhear agora os livros referentes às leis que iriam tornar nossa terra mais garrida e nossos bosques mais cheios de vida, de acordo com as propostas feitas durante o último período Vargas e até o fim da ditadura militar, vejo-me diante de volumes de planos que jamais saíram do papel. O Brasil rural não mudou nada desde a Abolição.

Sobre a implantação do imposto das terras improdutivas, diz: "Aposto que as valentes intenções de agora sobre a Reformulação do Imposto Territorial não se concretizarão nunca e acabarão em um outro livro, de 1997, sobre "Reforma Agrária para o Brasil". A menos que o Brasil entre em guerra com os EUA e que, perdida a guerra, os EUA façam aqui a reforma agrária, como fizeram no Japão.[5]

A impunidade dentro das redes de poder tem sido outra característica de nossa cultura política: Em "Morte do pedreiro acaba em promoção" de 09/11/96, comentando o envolvimento de Odacir Klein, ministro dos Transportes, ao lado de seu filho, o motorista do carro, em atropelamento com morte e fuga sem prestação de socorro, diz que, por intermédio de seus assessores teria dito FHC: "essa fatalidade em nada atinge suas ações à frente do Ministério". Frase enigmática por dois motivos: o presidente teria de ter censurado o ministro por não haver denunciado à polícia o atropelamento e, sobretudo, por não ter sequer tentado socorrer a vítima. O segundo é que, repitamos, o ministro era dos Transportes. Fernando Henrique teria citado a frase do deputado Michel Temer, líder do PMDB: "O ministro tem um passado que o recomenda para o futuro". "Tudo em breve ficou esclarecido, marchando-se para o final feliz preparado por tantas fadas poderosas. Odacir Klein pediu discreta demissão de seu posto de ministro, passando sem escala a chefiar no Congresso a comissão da reeleição do presidente da República e demais ocupantes de cargos executivos... um caricaturista encontraria talvez a forma de mostrar como devagar se vai ao longe, mas em excesso de velocidade se vai mais longe ainda".

---

[4] José Nabuco, senador que promoveu importantes reformas no Império. Carlos Vereza é ator de teatro e televisão, que no período atuava como um senador que lutava pela reforma agrária na novela "O rei do gado".

[5] Em alguma medida essa providência das terras improdutivas está funcionando, pressionando os preços das terras para baixo.

Maria Ângela D'Incao

As agonias de Callado à guisa de conclusões

A atualidade de *Quarup* se faz ver no presente da crônica jornalística: servidão, semi-escravidão, podridão congênita. Como diz Callado, "a tradição entre nós não se faz só de materiais nobres, dos quais se envaidece e honra um povo". A tradição também se tece da nossa história de crimes e de exclusão. *Quarup* não é um romance setorial, no dizer de Cony, não se trata de uma fatia de vida. Tampouco seria um depoimento de vida, mas é um romance sobre uma época, romance da nossa tradição mais arraigada: "do assassinato político, tal como foi tentado outro dia pelo governador Cunha Lima, da Paraíba. Se esperasse mais um pouco, Cunha Lima, na sua brutal determinação de assassinar Tarcísio Buriti, seu antecessor no governo da Paraíba, poderia ter celebrado, com seu gesto covarde, o 30º aniversário de assassinato de um ex-governador de Alagoas, Silvestre Péricles de Góes Monteiro, por Arnon de Mello,[6] que o sucedera no governo".(13/11/93)

Para acentuar as estruturas dentro das quais se move a cultura política brasileira, na visão de Callado[7], é necessário tomar a impunidade das classes altas defendidas pelas redes de influência como uma vertente dessa estrutura social. A outra vertente seria a grande propriedade rural, na qual a dificuldade na consecução da reforma agrária é sua expressão maior.

No artigo de 20/4/96, "Há um século Brasil afunda com Canudos", referindo-se a Euclides da Cunha diz: "...Ele descreveu com tanta profundidade aquele Brasil por saber que tão cedo não viria outro, se é que vem". Canudos para Callado foi a luta entre dois brasis arcaicos. "Na morte de Machado de Assis, Euclides se impressionou com o reduzido número de pessoas [no velório] (...). O menino a quem Euclides chamou, não sem alguma arrogância, de Posteridade, em breve estaria enterrado também. O que ali ficara faltando era o seu Brasil trágico, que não acaba nunca."

Sua ironia sobre eventos do Brasil novo se baseia no fato de que sente as estruturas políticas arcaicas: "O século acaba entre a macaca e o computador", 13/4/96. Sobre a inteligência artificial "...a estranha seita dos informáticos. Enquanto não inventarem um computador que sofra eles não sossegam. Não que venha a ter uma espécie de 'alma', coisa que os homens imaginaram grudada em si mesmos na fase pré-científica do seu desenvolvimento. 'Alma' é palavra obsoleta, conceito abolido. Mas o novo homem informático terá conservado seu orgulho, isto sim, do qual

---

[6] Pai do ex-presidente Collor de Mello.
[7] Lembrar o assassinato ainda recente da deputada Ceci.

necessita para progredir sem cessar. Antigamente, nos dias em que fazia muita asneira e caía em depressão e temor ele falava na tal alma, mas era pura conversa". Conta a história da macaca Jenny Orangotang e acentua que Darwin nutria um grande horror pela escravidão dos negros. Fala de sua viagem à Bahia, a Pernambuco e ao Rio de Janeiro. Reúne sob esse tema do computador sem "alma", a lei do mais forte e o mais forte como mais humano e não mais brutal – diz que Darwin seria a favor de Garry Kasparov no jogo de xadrez e não do computador Deep Blue. "...o despachava para a Jamaica ou para uma dessas fazendas onde permanece o trabalho escravo".

Sua nota sobre o renascimento da UDR, desativada em 1994, sugere uma continuidade da manutenção das grandes propriedades de terras suscitada pela luta e organização dos sem-terra.

Dessa leitura que fizemos de Antonio Callado, como para muitos outros pensadores de nosso tempo, a luta em favor de um progresso da cidadania e da democracia é difícil e quase impossível dentro dessa estrutura de influências políticas tão fortes, na qual, hoje, em alguns setores de produção estamos ainda mantendo relações sociais servis. Seu tom irônico e sua matéria jornalística refletem essa dificuldade. Seu aparente desprezo por máquinas, representação material de modernização, reside no fato de que, para o humanista que sempre foi, o homem é o mais importante. Para Callado, certamente, modernização se faz a partir das relações sociais, única garantia que impedirá a exclusão dos homens despossuídos da terra e do sistema, para usar uma expressão de Florestan Fernandes, sempre presente nessas discussões.

Dentre as relações das estruturas político-sociais e a cultura que encaminharam os desenvolvimentos daquele período e circunstância é importante não descartar a presença de uma estrutura social de natureza feudal, em um meio moderno no qual o capitalismo pode, desde o início, ser como é. São vários os autores que fazem referência a essa peculiaridade brasileira: entre eles, Maria Izaura Pereira de Queiroz (1976) demonstra que, no romance brasileiro do século XIX, a modernidade chegou antes das condições materiais. Roberto Schwarz (1977) com "as idéias fora de lugar" indica também a presença de um mundo servil, escravo, em que floresciam idéias democráticas entre as elites machadianas. Talvez se possa dizer que a condição e eficácia da modernidade no Brasil se assenta na presença de uma ordem social estamental e de uma ordem econômica capitalista no sentido que Sedi Hirano dá em seu estudo sobre as ordens sociais na descoberta do Brasil (1988).

Até que se consiga transformar os sonhos de Nando e das ligas camponesas em alguma possibilidade da instituição de fato da cidadania, será um país cruel...

Maria Ângela D'Incao

Referências Bibliográficas

Callado, Antonio. *Quarup*. Rio de Janeiro: Civilização Brasileira, 1967.
_____. *Folha de S.Paulo*, 1993 a 1996.
Hirano, Sedi. *Feudalismo e pré-capitalismo*. São Paulo: Hucitec, 1988.
Pereira de Queiroz, Maria Izaura. "Escravos e mobilidade vertical em dois romances brasileiros do século XIX". In: *Cadernos*, 1976. CERU, nº 9, p. 39-58.
Schwarz, Roberto. *Ao vencedor as batatas*. São Paulo: Duas Cidades, 1977.

O LEGADO DE ANTONIO CALLADO

Arturo Gouveia

Dos riscos estéticos aos riscos pessoais

No início dos anos 60, Antonio Callado fez uma cobertura jornalística do governo Arraes.[1] Vendo em Pernambuco o Estado mais democrático do país, o maior laboratório de experiências sociais, declara-se defensor da revolução sem violência. Como Arraes havia conseguido o cumprimento da legislação trabalhista no campo, a humanização da política e uma inédita educação de massas, o camponês estava entrando, finalmente, no século XX. Isso seria sinal de que há caminhos democráticos para conquistas efetivas das classes trabalhadoras, bastando ter vontade política voltada para a verdadeira representatividade popular nos órgãos do Estado. Com a institucionalização de mudanças pertinentes na vida do trabalhador, as próprias instituições, acostumadas à subserviência semifeudal, estariam se despojando de seu funcionamento colonialista e integrando de vez o Estado de direito, superando as seculares relações de mandonismo que parecem coexistir muito bem com o capitalismo mais avançado. Contradições dessa ordem, responsáveis pelo impedimento da inserção do canavieiro e demais homens do campo no mundo das relações impessoais, reguladas pelo bem comum que deve ser o aparelho do Estado, estariam sendo superadas pela gestão de Arraes. A surpresa que isso causa em Callado é tão grande, que o conjunto das transformações estruturais experimentadas em Pernambuco ele compara a um "capítulo da colonização do inferno".[2]

Com essa confiança excessiva na "revolução-piloto" de Pernambuco, Callado demonstra uma postura ambígua. Por um lado, pode ser o

---

[1] Antonio Callado. *Tempos de Arraes: padres e comunistas na revolução sem violência*. Rio de Janeiro: José Álvaro, 1964.
[2] Ibidem, p. 27.

depoimento entusiasmado de quem acompanha *in loco* a humanização gradativa, mas antes imprevista, de uma região saqueada e miserabilizada desde a escravidão, sem que a mudança de formas de governo tenha significado nada para o homem do campo, isolado, como sempre, do acesso às propaladas promessas da civilização;[3] por outro lado, pode ser uma certa ingenuidade política de quem deposita confiança no avanço irreversível dos trabalhadores, sem enxergar os preparativos da reação armada a conquistas sociais mínimas.

A posição de Callado como jornalista se complica quando essas duas hipóteses se combinam. De fato, ele acredita numa marcha redentora de Pernambuco depois de quatrocentos anos de marasmo.[4] É que Pernambuco teria tomado nojo do Brasil, que sempre teve vergonha de fazer história, retomando, numa iniciativa exemplar, o espírito da Força Pública.[5] Contra uma história feita às pressas, unicamente de golpes, Pernambuco estava demonstrando a possibilidade concreta de reforma agrária, criação de cooperativas agrícolas, transformação da mentalidade dos analfabetos pela palavra-diálogo e conjunção de esforços vindos do Partido Comunista, de parte da Igreja e da Sudene, sem discriminação. Desde que se respeitasse o objetivo comum de oferecer ao trabalhador rural instrumentos para sua emancipação, contribuições de várias origens eram plausíveis, solidificando na prática, com efeitos a médio e longo prazo, a pluralidade democrática, o que antes era apenas discurso.[6]

Apesar do pequeno raio de alcance das transformações do governo Arraes, Callado empolga-se com a idéia de a revolução sem violência se espalhar pelo Nordeste e pelo país. E não vê muita diferença entre o comunista ortodoxo e o senhor de engenho tradicionalista, que sempre apelam para resoluções armadas.[7] O Nordeste, um "tumor contra o qual se levantou Galiléia",[8] estaria iniciando os passos no mundo da cidadania e na criação de relações sociais de respeito mútuo entre os vários segmentos, uma espécie de contrato social clássico que jamais teve lugar nas regiões pobres do Brasil. A partir de um entendimento recíproco entre as classes, o Estado seria o coordenador dessa nova maneira de viver, abrandando tanto o usineiro que age acima da lei quanto o

---

[3] Já Euclides da Cunha fazia denúncia do isolamento do sertão, afirmando que o sertanejo se sente mais estrangeiro no Brasil do que o imigrante da Europa.
[4] Antonio Callado, op. cit., p. 35.
[5] Idem, ibidem, p. 87.
[6] Callado registra que o Estatuto do Trabalhador Rural só foi assinado porque ninguém acreditava que fosse posto a funcionar. Cf. op. cit., p. 88.
[7] Antonio Callado, op. cit., p. 139.
[8] Idem, ibidem, p. 41.

esquerdista que conserva a forma soviética de revolução. Galiléia, portanto, era o exemplo para outros camponeses de engenhos mais atrasados e molestados que aldeias medievais de Portugal,[9] uma vergonha brasileira que deveria ser extirpada pela organização dos trabalhadores, devidamente apoiados pelo Estado.

O crescimento assustador das Ligas Camponesas reforça em Callado a sensação de começo do fim de toda uma história brasileira de monólogos.[10] Com a prosperidade da pedagogia do oprimido, o panorama cultural do Brasil em breve seria modificado, levando os camponeses da resignação à reivindicação. Callado já registra 35 mil membros só na Liga de Palmares,[11] o que é uma mobilização fantástica para a primeira região colonizada e subjugada do Brasil, na qual a Igreja sempre moldou um "grande latifúndio de almas".[12]

Do depoimento para o romance, nota-se que a adesão à crença em transformações legais, sem derramamento de sangue, é negada completamente pela doutrina de Ibiratinga. E a parte mais crítica do depoimento é justamente a análise das Forças Armadas, que capitalizam o máximo o saldo de veneração deixado pela Igreja.[13] Ao denunciar que o IV Exército paira sobre Recife como um Santo Ofício, com demonstrações de força à margem da lei, Callado conclui que o pensamento dos generais é de que o poder civil é uma concessão especial das Forças Armadas.[14] Mesmo com algumas críticas a Arraes,[15] nenhuma é tão radical quanto esta, mostrando a desarmonia entre o projeto de Arraes e o de João Goulart e ambos sem poderes concretos para fazer as Forças Armadas cumprirem o seu estrito papel constitucional. Ao contrário, Callado já desconfia de uma certa generalização do pensamento das Forças Armadas, buscando apoio logístico em toda parte:

> Aos poucos foi crescendo no Brasil a curiosa concepção de que a democracia só é possível sem liberdade política. O familiar argumento é que, para lutar contra forças cujo objetivo é destruir o regime democrático, a democracia precisa ser antidemocrática. Para não ser assassinada, suicida-se. Esta é a tese brasileira desde o fechamento do Partido Comunista, em 1947.[16]

---

9 Ibidem, p. 41.
10 Ibidem, p. 126.
11 Ibidem, p. 75.
12 Ibidem, p. 74.
13 Ibidem, p. 48.
14 Ibidem, p. 96.
15 É o caso de denunciar a impunidade do usineiro José Lopes, que matou cinco camponeses que reivindicavam o décimo terceiro salário. Para Callado, isso é uma vergonha para a polícia do governo Arraes. Cf. op. cit., p. 92.
16 Antonio Callado, op. cit., p. 103.

Arturo Gouveia

É certo que o romance foi escrito dentro do golpe, quando a política dos generais já marchava para o endurecimento. Mas a cobertura jornalística dos dois anos de Arraes, se a princípio impressiona Callado por mudanças tão notáveis em tão pouco tempo, já contém esse espírito de reserva que se revela desesperado no fim de *Quarup* e nos romances subseqüentes. São as ilusões perdidas do jornalista, que acaba por aprovar a violência revolucionária em caso de intransigência das forças dominantes:

> Há caminhos para que o Estado saia dessa estagnação sem recursos à violência. Se esses caminhos forem obstruídos, tenho a impressão de que é certo o apelo à violência.[17]

A semelhança entre o romance e o epílogo do depoimento, também escrito dentro do golpe, não é mera coincidência. A estupidez dos argumentos das Forças Armadas, na vida histórica, já serve de base à composição do "diálogo" entre Ibiratinga e Nando. Por exemplo, o golpe, em Recife, abriu inquéritos, em 1964, para apurar a existência de um "Quinto Exército operário".[18] Mesmo sem encontrar nada, não conteve o desencadear da violência, como se a violência tivesse que ser exercida incondicionalmente. No romance, por sua vez, Nando não é deixado em paz, mesmo na vida tão calma da praia, o que para Ibiratinga é fingimento de subversivo profissional. Tachando de terrorismo a experiência comunitária da festa, o IV Exército fecha todas as possibilidades de resistência pacífica à repressão. Por isso reiteramos aqui que a guerrilha, no final, não é ideal de Nando, mas o único recurso disponível para continuar vivo. Callado deixa fora de dúvida a intuição negativa que se lhe seguiu à deposição de Arraes.

Já Francisco de Oliveira, em 1977, em sua competência de historiador, coloca esses conflitos do Nordeste da época, aparentemente regionais, no quadro de expansão internacional do capitalismo monopolista no Brasil.[19] Para ele, as exigências de adequação da economia brasileira a novos padrões internacionais determinou o declínio do pacto populista do Centro-Sul, firmado desde a Revolução de 30. A burguesia industrial estava implantando um novo Estado, sem lugar nem para o populismo nem para as velhas feições da ordem coronelista, ainda subsistentes no Nordeste. O fortalecimento do capital estrangeiro acentua a decadência dos poderosos do Nordeste, desfaz de vez as aparências de sociedade

---

[17] Ibidem, p. 150.
[18] Ibidem, p. 155.
[19] Francisco de Oliveira. *Elegia para uma re(li)gião: Sudene, Nordeste, planejamento e conflitos de classes*. 3ª ed. Rio de Janeiro: Paz e Terra, 1981, p. 113.

O legado de Antonio Callado

campestre calma e evidencia o caráter explorador e desumano das relações sociais mantidas no campo. A dissolução dessa pretensa *pax agrariae* desmitifica as ilusões de homogeneidade no Nordeste, ameaçando a hegemonia da burguesia nacional.[20]

Mas o fato histórico novo não é a luta entre frações da burguesia. É a ascensão de forças populares no Nordeste, com suas pressões e reivindicações, tendo as Ligas Camponesas e outros sindicatos uma atuação política autônoma, à margem e em oposição aos coronéis. Essa massa agrária, de forma original no Brasil, desenvolveu uma ação que não se conformava mais com os engodos do populismo e por isso não queria mais submeter-se a práticas eleitoreiras de "cabresto" ou a "voto de curral".[21]

Da ordem externa vinham as pressões para o Brasil resolver as ambigüidades das relações entre Estado, que deveria ser renovado, e o populismo, que às vezes atrapalhava os objetivos do capital. Se essa burguesia urbana brasileira, industrial, já não satisfazia Washington, a emergência de forças populares críticas no campo era ainda mais desafiante e intolerável. Como Miguel Arraes e Francisco Julião já apóiam e coordenam um movimento *para além* do populismo,[22] Pernambuco passa a ser o alvo de órgãos repressivos internacionais, pois as mudanças de lá tomariam direções em outros Estados. Como epicentro dessas forças no Nordeste, Pernambuco chegou a ter agentes da CIA infiltrados em sindicatos rurais.[23] Mais que isso, o Nordeste passou a ser "beneficiado" por campanhas pseudofilantrópicas que pretendiam esvaziar politicamente as Ligas Camponesas, que, aos olhos dos Estados Unidos, representavam uma ameaça ao sistema capitalista como um todo.[24]

O que achamos de mais relevante nessa análise de Francisco de Oliveira é a abordagem de alguns assuntos de uma forma mais crítica que a do jornalista Callado. É certo que Callado se limita – e corajosamente – ao testemunho do que presenciou pelo campo, e a intuição artística de *Quarup* supera a cobertura jornalística. Mas a sua visão da Sudene hoje soa bastante incompleta diante dos dados acrescentados pelo historiador.

Nos anos anteriores a Miguel Arraes, segundo Francisco de Oliveira, a Sudene foi deliberadamente criada para intervir no Nordeste com planejamento. Ou seja: a intervenção sistemática na economia por "planos de

---

[20] Ibidem, p. 109.
[21] Ibidem, p. 106-107.
[22] Ibidem, p. 109. Grifo do autor.
[23] Ibidem, p. 122.
[24] Ibidem, p. 115.

desenvolvimento" já significava o desejo de capturar a região para a expansão monopolista. Mas a ação política das massas rurais, sobretudo na gestão de Arraes, choca-se com a essência do processo de concentração e centralização do capital.[25] Callado, em seu depoimento, não alcança a visão da Sudene como uma tentativa de superar, pela coerção do Estado, essas contradições. E limita-se a ver os bons empreendimentos da Sudene, o que de fato ocorreu, mas por período curto, porque logo ela voltou a ser manipulada pela burguesia internacional.[26]

Ora, Francisco de Oliveira chega a dizer que as forças populares emergentes no Nordeste já estavam impondo sua hegemonia cultural e ideológica no nível da superestrutura.[27] Tendências culturais, pedagógicas e religiosas extremamente criativas e novas, além de posições políticas pioneiras e ousadas, sem paralelo na história brasileira, aceleraram a reação. Assim, inaugurando nova fronteira ao socialismo na América Latina, a Aliança para o Progresso e a CIA eliminaram as últimas possibilidades de uma "revolução sem violência".[28] No fim, a visão do historiador coincide com a do jornalista e a do romancista. E a violência passa a ser tema central das obras.

A elevação da violência do Estado a tema central das narrativas está, a nosso ver, dentro do projeto modernista de direito permanente à pesquisa estética e atualização da inteligência artística brasileira.[29] Como a atualização é sempre desafiante, cabe-nos o reconhecimento de necessidades novas que surgem no processo histórico do país. Se o tema da tortura, por exemplo, antes era exceção, torna-se preocupação central dos escritores no período que se segue à radicalização da intolerância capitalista em país de periferia, como ficou nítido e sem véu, segundo Jacob Gorender,[30] na violência que tirou a aura do Brasil pós-64. Foi a ditadura que aprofundou as desigualdades, inflando as metrópoles em tempo recorde na história do país e criando uma indústria cultural antes impensável, superior mesmo à de alguns países desenvolvidos. Basta lembrar que, enquanto as copas de 58 e 62,

---

[25] Ibidem, p. 111.
[26] Ibidem, p.123. E a conclusão de Francisco de Oliveira é contundente: "A Sudene é, neste sentido, um aviso prévio do Estado autoritário, da exacerbação da fusão Estado-burguesia, da dissolução da ambigüidade Estado-burguesia, a tal ponto que um se confunde com o outro, e os limites de Estado e sociedade civil parecem borrar-se completamente" (p. 125).
[27] Ibidem, p. 112.
[28] Ibidem, p. 123.
[29] Uma análise do projeto modernista e seu melhor legado é feita por Mário de Andrade no ensaio "O movimento modernista", in: *Aspectos da literatura brasileira*. São Paulo: Livraria Martins, 1967, p. 233 (Obras completas de Mário de Andrade).
[30] Jacob Gorender, op. cit., p. 226-234.

nas quais o Brasil foi campeão, foram acompanhadas pelo rádio, a do México, em 70, foi transmitida maciçamente pela televisão. Ora, de que meios dispõe a literatura para enfrentar essa nova realidade nacional, "unificada" à força pela ditadura e pela mídia comprometida com ela?

Preocupações dessa natureza estão no próprio ato de criação de Antonio Callado, tendo em vista a inescrupulosidade do poder e sua capacidade de insulamento dos intelectuais. A publicação de *Bar Don Juan* foi de uma astúcia só tardiamente descoberta pela censura, com implicações pessoais. Ora, protagonizar Che Guevara em 1971 é de um risco enorme, ainda que o alcance da palavra escrita seja tão pequeno em país majoritariamente analfabeto. Mas mesmo um leque mínimo de leitores preocupa a censura. Basta lembrar, nos anos 70, a proibição de *Zero*, de Loyola Brandão; de *Feliz Ano Novo*, de Rubem Fonseca; e de outros exemplos que incluem Antonio Callado: o recolhimento de *Bar Don Juan* das livrarias das capitais fora do eixo Rio–São Paulo–Belo Horizonte.[31] Mas a ironia da obra, e do próprio destino, aparece aos olhos da censura política como insulto. Daí a necessidade, não mais de Antonio Callado, mas de toda uma geração, de pesquisar novas formas de representar a derrota da esquerda, para que ela não se estendesse à incompetência e à inércia dos escritores. Literatura, ao mesmo tempo, não é compensação. Esses dilemas forçam os escritores por um lado à autocensura, por outro lado, à meditação sobre alternativas.

Essa geração de Callado é de um tempo em que literatura e teoria exigente andam paralelas. E um consenso então formado é de que a literatura não é apenas documento, depoimento, testemunho real, ainda que não prescinda da realidade humana. Por isso mesmo lhe cabe o papel de resgatar realidades tornadas opacas no cotidiano automatizado dos indivíduos. Assim sendo, dentro do nosso raio de interesse, é de admirar como os anos de autoritarismo fornecem a matéria-prima para uma das produções mais férteis, irreverentes e ousadas da literatura brasileira, com propostas estéticas as mais heterogêneas, especialmente no que respeita à narrativa.

Assiste-se, então, a mudanças de métodos e temas, assimilando sem reservas a representação de um país numa lenta e não declarada guerra civil. Exemplo fértil nesse sentido é *Zero*. Nesse romance, ocorre, freqüentemente, a suspensão de um narrador heterodiegético por enxertos de diários, televisão, comícios, jornais, breves reflexões pessoais, monólogos,

---

[31] Devemos essa informação a uma conversa informal com Antonio Callado, em agosto de 1992, no Rio de Janeiro.

cardápios, sinais, desenhos, placas de barraca, notas de rodapé, inscrições de banheiro, propagandas comerciais, estatísticas de computador, musiquinhas infantis recriadas, trechos de orações. A história de José e Rosa é constantemente interrompida por diálogos de outras ordens, placas de trânsito, placas de recepção em cidades, mapas, trechos bíblicos, pensamentos do dia, alertas meteorológicos, correntes místicas, o que não deixa de engrossar a narrativa também, girando em torno das feições totalitárias assumidas por um Estado "Num país da América Latíndia, amanhã".[32]

Essa perseguição a técnicas as mais variadas reflete a ânsia de compreender, em todo o seu alcance, o funcionamento da repressão como tema, e as formas de enfrentamento dos novos desafios, sem que tais escritores se digam, necessariamente, de vanguarda. Ao contrário, preocupam-se com a recepção, ao mesmo tempo em que temem a vulgarização mercadológica. Buscam um equilíbrio, nem sempre atingido, entre o melhor legado da narrativa brasileira, de Machado de Assis a Guimarães Rosa, e a luta contra a esterilidade dos hermetismos vanguardistas. Alguns procuram o melhor da literatura ocidental, sempre afugentando, porém, o fantasma de formalismos e experimentalismos que não se casam com necessidades intrinsecamente brasileiras de produção artística. O depoimento de Márcio Souza é claro a esse respeito:

> Eu (...) gosto muito da Clarice Lispector, gosto muito da literatura de Virginia Woolf, adoro *Ulisses* do James Joyce, gosto de ler aleatoriamente *Finnegans Wake*, mas jamais escreveria como eles.[33]

Testemunhos são muitos. Granville Ponce, em seu texto sobre José Louzeiro "Repudiado pela crítica, lido pelo povo", critica "o gosto apurado dos fruidores contumazes dos *ulisses* e *avalovaras* da literatura mundial".[34]

E há desabafos radicais contra as belas letras, como o de João Antônio em "Corpo-a-corpo com a vida":

> O distanciamento absurdo do escritor de certas faixas da vida deste país só se explica pela sua colocação absurda perante a própria vida. Nossa severa obediência às modas e aos "ismos", a gula pelo texto brilhoso, pelos efeitos de estilo, pelo salamaleque e flosô espiritual, ainda vai muito acesa. Tudo isso se denuncia como o resultado de uma cultura precariamente importada

---

[32] Ignácio de Loyola Brandão. *Zero*. 11ª ed. São Paulo: Global, 1987.
[33] Ver a entrevista de Márcio Souza à revista *34 Letras*, nº 5/6. Rio de Janeiro: 34 Literatura S/C Ltda., setembro de 1989, p. 21.
[34] J. A. de Granville Ponce (org.). *José Loureiro*. São Paulo: Abril Educação, 1982, p. 106 (Literatura comentada).

e pior ainda absorvida, aproveitada, adaptada. Como na vida, o escritor brasileiro vai tendo um comportamento típico de classe média – gasta mais do que consome, consome mais do que assimila, assimila menos do que necessita. Finalmente, um comportamento predatório em todos os sentidos.[35]

Não cabe aqui julgar o mérito das concepções de João Antônio, que exclui, por exemplo, Machado de Assis, Mário de Andrade e Guimarães Rosa dos escritores que realmente se preocuparam com a vida brasileira, em sentido crítico. Cabe-nos, por enquanto ao menos, reconhecer o quanto tais concepções são representativas de uma ânsia por conhecer, explorar, penetrar camadas de um Brasil transformadas em tabus e que deveriam ser "vistas de dentro para fora".[36] É o que ele especifica adiante, sem confundir suas propostas com provincianismo:

> Os formalismos e modas em geral não têm nada a ver com o recado visceral de uma literatura realmente brasileira. E mais. Desde Cervantes, Dostoievsky, Stendhal, Balzac, Zola, o universal sempre coube no particular pela captação e exposição da luta do homem e não de suas piruetas, cambalhotas, firulas e filigranas mentais. Que me desculpem os "ismos", mas no caso brasileiro, eles não passam de preguiça, equívoco e desvio da verdadeira atenção. E função.[37]

Note-se que, nas referências à tradição literária ocidental, o ciclo das vanguardas só aparece pelo avesso, como negação ou exclusão, com desprezo consciente. Data de 1975 esse corajoso depoimento de João Antônio, que se assume sem máscaras no repúdio ao que não combina com a realidade histórica brasileira de há muito, mas que assumiu proporções particularmente assombradoras no auge da ditadura:

> A desconhecida vida de nossas favelas, local onde mais se canta e onde mais existe um espírito comunitário; a inédita vida industrial; os nossos subúrbios escondendo quase sempre setenta e cinco por cento de nossas populações urbanas; os nossos interiores – os nossos intestinos, enfim, onde estão em nossa literatura? Em seus lugares não estarão colocados os realismos fantásticos, as semiologias translúcidas, os hipermodelismos pansexuais, os supra-realismos hermenêuticos, os lambuzados estruturalismos processuais? Enquanto isso, os aspectos da vida brasileira estão aí, inéditos, não tocados, deixados pra lá, adiados eternamente e aguardando os comunicadores, artistas e intérpretes.[38]

---

[35] João Antônio. *Malhação de Judas carioca*. Rio de Janeiro: Civilização Brasileira, 1975, p. 143.
[36] Idem, ibidem, p. 143.
[37] Ibidem, p. 145.
[38] Ibidem, p. 146.

Mais uma vez ressaltamos que não nos cabe, no momento, discutir certas generalizações de João Antônio ou de qualquer outro escritor que apresente inquietações semelhantes. O que mais importa é detectar que, por trás desses desabafos, existe uma angústia profunda gerada pelo tédio cultural dos anos Médici.

Acredita João Antônio que o mais importante num texto é o foco narrativo: escrever história de bandido e bicheiro do ponto de vista de bandido e bicheiro.[39] É nesse contexto de primor visceral pelo seu momento histórico que escritores dessa linha de ação, com os estilos mais diversos, formam consenso em torno da estetização da violência. Um conto como "A casa de vidro", de Ivan Angelo, é obra-prima nesse aspecto: uma penitenciária para loucos, deficientes e presos políticos é construída inteiramente de vidro para que a população se acostume com a prática de violência máxima e anule possíveis resistências. O Experimentador, que conduz o cotidiano da casa de vidro com total profissionalismo e espírito científico, logra êxito pleno ao transformar sua invenção em lugar turístico, em instituição normal e com dotes atrativos, pois se torna objeto de apreciação pública.[40] É muito rico nesse conto, como em inúmeros outros, é o ponto de vista, não do bandido ou do bicheiro, como quer João Antônio, mas daquele que exerce o poder oficial, exibindo a origem social da violência.

Alguns continuadores

A quadrilogia de Antonio Callado arranca dos porões do Brasil uma percepção nova, motivando empreendimentos semelhantes. É nessa busca que a autenticidade do tema da violência é irrefutavelmente moderna, metalingüística e fruto de meditações críticas sobre a atualização do próprio adjetivo "moderno". A modernidade de todo esse processo manifesta-se em vários aspectos dos textos então produzidos. Para não alargar tal discussão, que é complexa e foge a nossos interesses imediatos, examinemos os nomes de alguns personagens e situações marcantes dessas narrativas. Há uma consciência, digamos, machadiana na elabora-

---

[39] Rubem Fonseca escreve excelentes contos do ponto de vista do bandido, como "O cobrador" e "Feliz ano novo", sem precisar do panfletarismo de João Antônio. Ao contrário, um conto como "Intestino grosso" defende a independência do autor de todos os programas preestabelecidos, preservando, assim, a liberdade de criação literária em múltiplas propostas formais e temáticas.

[40] Ivan Angelo. *A casa de vidro: cinco histórias do Brasil*. São Paulo: Livraria Cultura, 1979, p. 167-210.

ção desses nomes, beirando o humor negro e revelando agudíssimo senso de metalinguagem e crítica. Em *Quarup*, os três oficiais repressores que conduzem a tortura no interior do IV Exército, em Recife, são Vidigal, Clemente e Ibiratinga. Vidigal aponta para um diálogo transtextual com o temido major de *Memórias de um sargento de milícias*, só que, no contexto pós-64, ele não precisa subir os morros; Clemente, irônico, é a desconstrução do discurso da fraternidade cristã brasileira, sempre de armas na mão contra o comunismo;[41] Ibiratinga, entre outras possibilidades, permite a leitura recriada do nome de Hélio Ibiapina, torturador real de Gregório Bezerra. Em *Bar Don Juan*, o torturador é Salvador, adora passarinhos e pratica torturas num presídio situado na Rua da Relação. Em *Incidente em Antares*, o delegado que tortura e mata João Paz é Inocêncio Pigarço, acobertado pelo prefeito Vivaldino Brazão, por sua vez acobertado pelo coronel Tibério Vacariano. No mesmo romance, o defunto advogado dos defuntos, que denuncia toda a corrupção da cidade em discursos no coreto em frente à prefeitura, com toda transparência, chama-se Cícero Branco. No conto "O quarto selo", de Rubem Fonseca,[42] o agente do Governador Geral encarregado de exterminar o Exterminador é Pan: representação onomatopaica de tiro ou pancada ou revitalização de Pã, a entidade mitológica que, com sua flauta, causava pânico nos caçadores. No mesmo conto, cheio de siglas irônicas, o Departamento Especial Unificado de Segurança é DEUS. Em *Zero*, o Instituto Nacional de Repressão e Inquisição é INRI e o Ministério do Bem-Estar Social faz anúncio público de fuzilamento de prostitutas. No conto "A casa de vidro", o PGP – Programa Gradual de Pacificação – é cumprido com torturas públicas. No romance *A festa*, de Ivan Angelo,[43] não há nenhuma festa, ao contrário: situações terríveis como a prepotência do escrivão Maranhão, assessor do delegado Levita, que ameaça fazer uma perícia policial no clitóris de Andréa para ver se ela é a Andréa citada no diário de um jornalista acusado de comunismo. Há casos incomuns como o do presidente Figueiredo, em *Sangue de Coca-Cola*, de Roberto Drummond, que tem um delírio em

---

[41] Callado critica diretamente essa "solidariedade" brasileira no conto "O homem cordial". Ele retrata as contradições de Jacinto, professor universitário de história que está escrevendo um livro sobre a cordialidade brasileira, herdada, segundo ele, do sangue ibérico. Enquanto isso, é cassado pelo golpe militar e sua filha é espancada em passeatas estudantis em confronto com a polícia. Cf. Antonio Callado et alii. *64 d.c.* Rio de Janeiro: Tempo Brasileiro, 1967, p. 5-40.
[42] Rubem Fonseca. *Contos reunidos*. São Paulo: Companhia das Letras, p. 261-269.
[43] Ivan Angelo. *A festa*. São Paulo: Vertente, 1976.

Brasília e se transforma, em Paris, em Frei Tito de Alencar.[44] E ainda há casos em que o autor se aproveita das coincidências estúpidas da própria realidade, como nessa passagem de *Quarup*:

> O esperado choque foi um encontro de amigos, de camaradas de farda. Nem o I Exército da Guanabara e nem o II de São Paulo, comandado pelo General Kruel, se dispuseram a derramar o sangue de seus irmãos e em seguida de todos os brasileiros. O IV Exército já depôs o Governador do Estado de Pernambuco. O próprio General Mourão, que fuma cachimbo, denominou sua gloriosa marcha de libertação do Brasil Operação Popeye (p. 345).

Todos esses procedimentos revelam espetacular homologia com o discurso cínico e sádico da ditadura: defender a liberdade e o cristianismo à base de perseguição e tortura. O outro lado, desejado por João Antônio, também é, em muitos casos, respeitado na íntegra. Trata-se da radicalização (a maior até hoje em nossas letras) de uma literatura de desqualificados, de anti-sagas, de anti-heróis econômicos e existenciais, de lumpemproletarização do foco narrativo. Lambreta, Zequinha, Pereba, Paulinho Perna Torta, o Cobrador, José, El Matador, Átila, entre inúmeros, são criaturas minguadas que reivindicam um espaço e não têm como consegui-lo, a não ser por uso da violência sem reservas. Esta, então, torna-se estrutural nos textos, protagonizando a ação, alterando substancialmente a conduta dos personagens e/ou mudando os destinos do enredo.

Hegel via na liberdade representada pela arte uma permanente ambigüidade: a arte não deve se submeter a um objetivo exterior a ela, para não se tornar instrumento, mas também é inconcebível fora de um quadro social e histórico.[45] Dessas observações aproxima-se Antonio Candido na diferença estabelecida entre arte de agregação e arte de segregação. Como se situam Callado e os que tematizam a violência do Estado? Gostaríamos de destacar três autores que, entre outras vertentes, seguem a linha de Callado: Rubem Fonseca, Ivan Angelo e Caio Fernando Abreu. Eles se inscrevem prodigiosamente nessa temática, além da incontestável procura de meios expressivos, com a inovação necessária à transformação dos códigos culturais, conforme a observação de Antonio Candido.

A arte de agregação, visando aos meios comunicativos acessíveis, incorpora-se ao sistema simbólico vigente, utilizando as formas de expressão já existentes na sociedade.[46] Essa categoria de Antonio Candido

---

44 Roberto Drummond. *Sangue de Coca-Cola*. 4ª ed. São Paulo: Ática, 1982, p. 177-182.
45 G. W. F. Hegel, op.cit., p. 536-549.
46 Antonio Candido. *Literatura e sociedade*. 6ª ed. São Paulo: Nacional, 1980, p. 23.

é muito ampla, abrangendo mesmo pretensões artísticas da indústria cultural. Uma obra híbrida como a de Callado situa-se nela e fora dela ao mesmo tempo, na medida em que incorpora estrategicamente o estabelecido para dar-lhe outra configuração à luz da experiência do golpe militar. É o caso da protagonização da Igreja, da esquerda armada e dos militares, fato não muito comum na tradição do romance brasileiro.

Mas o mais delicado dessa categoria de Antonio Candido, hoje, é o que ele chama de "sistema simbólico vigente"; na verdade, coexistem sistemas simbólicos os mais variados, sendo essa multiplicidade de opções a tônica fundamental e inegável da narrativa brasileira pós-64, sem empreendimento comparável na evolução da literatura brasileira. Antonio Candido mesmo, em texto mais recente, é um dos pioneiros no reconhecimento dessa distinção.[47] Assim, *Quarup* é um romance de realismo crítico, despojado de determinismos naturalistas, mas mesclando o peso de um quadro específico da história brasileira às transformações interiores vividas por um personagem. *Bar Don Juan* tende mais ao externo, sem muita representação introspectiva, mas tem momentos de realismo mágico-telúrico perfeitamente verossímeis às situações de perseguição e aniquilamento vividas pelos guerrilheiros. É essa mistura produtiva e coerente que interessa a Antonio Callado e outros contemporâneos, não a ruptura brusca e eufórica com a herança cultural. Importa a inovação relativa, misturada à preservação dialética de outros aspectos da tradição, até mesmo porque o romancista contemporâneo, no quadro de uma produção global cada vez mais ramificada, não tem capacidade de acompanhar toda a gama das realizações literárias para criar um projeto alternativo a todas elas.[48] Afinal, a literatura hoje deve ser avaliada em sua performance interna e seus avanços particularizados, não pelo critério de negação violenta do passado, o que, aliás, logo se banaliza e se socializa pelo que tem de mercadoria.[49]

A arte de segregação procura renovar o sistema simbólico, criando novos recursos expressivos e atingindo, inicialmente, um númeroz destacado de receptores.[50] Callado situa-se aqui também, como Caio Fernando Abreu, Ivan Angelo e Rubem Fonseca, em muitos textos. Os que tratam da violência do Estado aproveitam a herança viva de Callado

---

[47] Antonio Candido. "A nova narrativa", in: *A educação pela noite e outros ensaios*. São Paulo: Ática, 1987, p. 199-215.
[48] Cf. Iumna Maria Simon. "Esteticismo e participação", in: *Novos Estudos Cebrap*, nº 26. São Paulo: Cebrap, 1990, p. 120-140.
[49] Ibidem, p. 120-140.
[50] Antonio Candido. *Literatura...*, op. cit., p. 23.

e já representam aspectos que o próprio Callado não trabalha. Caio Fernando Abreu, em diversos contos, trabalha exaustivamente com fluxo de consciência, intensificando aquilo que em Callado é apenas momento excepcional. Privilegiando reflexões dos personagens sobre a violência vivida, supõe que o discurso interrompido, lacunoso, elíptico, incoerente e transubjetivo, sem delimitação de uma identidade única e própria, é a forma narrativa mais adequada para exprimir a violência retida no ser, afetando, mesmo anos depois, sua visão, sua sensação física e sua linguagem, atomização que se transfere para a linguagem artística. Um dos melhores exemplos dessa linha é o conto "Os sobreviventes".[51] Em pleno delírio, "ela", que está bebendo e não se identifica suficientemente, medita sobre a diferença entre sua vida em atos públicos, pichação de muros contra usinas nucleares, "um dia de monja, um dia de puta, um dia de Joplin, um dia de Tereza de Calcutá", e a vida de seu companheiro, também identificado apenas por "ele", o qual vai partir para Sri Lanka. O texto não tem a menor ordem na apresentação dos fatos, os quais se diluem no depoimento de narradores múltiplos que se confundem, se alternam, se misturam num parágrafo único. Ao leitor crítico cabe restabelecer a homologia dos conteúdos com as perseguições à geração 68. No entanto, "ele" e "ela" estão esvaziados dos ideais marxistas e existencialistas dos anos 60 e, pior que isso, têm consciência plena da alienação, do escapismo e do exotismo que marcam sua nova situação, no início dos anos 80. Como se não bastasse tanta frustração nas relações históricas, sentem-se também arruinados em relações íntimas, evitando reproduzir relações burguesas e reacionárias e procurando ressaltar a ontologia da diferença que os distinguia do resto do mundo. A narrativa é muito densa, representa conteúdos históricos muito específicos e exige um certo conhecimento especializado dos resultados da repressão pós-64. Não há uma alusão clara ao golpe militar, nada explícito sobre a violência do Estado. No entanto, o título do conto, "Os sobreviventes", junto com outros elementos do livro *Morangos mofados*, nos ajuda a interpretar o monólogo como a mimetização de um delírio de quem sofreu alguma forma de violência com marcas indeléveis. Os personagens de Caio Fernando Abreu sofrem de uma "fissura ôntica, nome científico da fossa", como aparece em outro texto, "Aconteceu na Praça XV", de *Pedras de Calcutá*.[52] E essa fissura está materializada na própria disposição do texto, sem focalização nítida de personagens, tempo e espaço, supressão

---

[51] Caio Fernando Abreu. *Morangos mofados*. 5ª ed. São Paulo: Brasiliense, 1984, p. 13-18.
[52] Caio Fernando Abreu. *Pedras de Calcutá*. São Paulo: Alfa-Omega, 1977, p. 66-71.

das dimensões físicas e da capacidade de delimitar as coisas, pensamentos inconclusos, raciocínios vagos. Esses personagens são sobreviventes da repressão e, mesmo tentando alternativas de vida, sentem-se inevitavelmente invadidos e absorvidos pela indústria cultural, ferindo a autenticidade de seus projetos, vulgarizando-os e reafirmando o triunfo do capitalismo.

Os personagens de Caio Fernando Abreu são feridos em sua identidade, violados em sua intimidade e em suas aspirações de construção autônoma de vida, sem a interferência do Estado reducionista e homogeneizador. Chegam a ser mesmo, em certo sentido, criaturas inócuas, idealistas, que pareciam não crer na intervenção repressiva contra suas ousadias. O mais original, porém, em termos de enunciação, ou seja, de elaboração do discurso dos personagens, é que eles não mencionam nada que diga respeito às torturas. O que fica para o leitor é um discurso obstruído em sua capacidade de reconstrução do sujeito repressor, delimitação do inimigo, o que perfaz uma outra forma de violência: a violência não em processo presente, mas já interiorizada no comportamento das vítimas como componente de sua praxe diária e doméstica. Em "Os sobreviventes", o leitor chega ao ponto de não distinguir a origem do depoimento, não saber quem está falando ou delirando, tal é o caos da percepção dos personagens, a interpenetração de fluxos de consciência e a técnica narrativa que acompanha tudo isso, totalizando o discurso, de forma embaçada, num enorme parágrafo sem começo ou fim claramente definidos.

Ivan Angelo, em "A casa de vidro", retoma uma das lições do coronel Ibiratinga, mas com diferenças: o Experimentador é realmente um técnico; não tem entraves em seu caminho, pois convence as autoridades e o poder econômico a ampliarem cada vez mais o seu projeto; e consegue fazer retrair possíveis objeções num momento histórico em que a sociedade civil se anula politicamente e o espaço público se confunde ambiguamente com o terrorismo de Estado já convertido em símbolo de edificação nacional; estrofes líricas e aparentemente assemânticas misturam-se ao ultra-realismo das experimentações de tortura, mostrando que a confluência de formas literárias pode-se efetivar sem manifestos unilaterais, exclusores e programáticos. Ao cumprimento de equações preestabelecidas opõe-se a liberdade criativa que não despreza o conteúdo histórico e forma-o sem pretensão de se distinguir de outras iniciativas artísticas por concorrência.

Rubem Fonseca assume a mesma postura em contos de mesmo tema, como "O quarto selo". Apesar de a narrativa, segmentada e exposta ao ridículo por siglas irônicas, não ser tão convencional, bem mais trabalhada, em justaposição de recursos, que as outras citadas, aproxima-se de Callado pela visão de um país estruturalmente violentado. Mas não se presta à realização enfática de poéticas herméticas, preferindo o equilíbrio entre o discurso inteligível, a recepção pública de qualidade, as fontes históricas do tema e a preocupação com possíveis acréscimos aos sistemas simbólicos vigentes.

Uma das observações mais perspicazes de Antonio Candido é a da complementaridade dos processos de agregação e segregação, integração e diferenciação, de cujo equilíbrio depende a socialização do homem e a sobrevivência da arte.[53] Isso é particularmente notável nos anos 60, quando surgem tantos discursos exclusivistas que pouco se interessam por uma leitura justa da tradição cultural, vista freqüentemente com desprezo. Antonio Callado, ao contrário, trabalha o discurso da Igreja – o mais antigo do Brasil, com o qual, aliás, se iniciou nossa literatura – e o discurso das Forças Armadas – colhido no calor da hora. Assimila, assim, dois extremos da formação do país, conseguindo dessa forma acrescentar ao romance brasileiro, pelo encontro incomum de tendências ideológicas díspares mas intercaladas, sua marca de originalidade. Com isso quer mostrar que o mais arcaico do país está infiltrado no que se apresenta como mais novo, sendo tolice a divisão supérflua entre o "tradicional" e o "moderno" em país periférico. Salvador é torturador e pai de família católico; Ibiratinga é autor intelectual de crimes massivos e comunga e recebe hóstias todos os dias. Ibiratinga, etimologicamente, é "madeira clara para lanças"[54]: em seu nome está implicada a violência e a explicitude dela. Nome que agride o nome da obra, pois "quarup" é um tronco trabalhado em memória dos mortos, a título de comunhão presente. Ibiratinga é, em suma, um antiquarup: é o Salvador do nosso futuro, pelo que temos de mais atrasado e anticivilizatório. Para Callado, portanto, a história brasileira contemporânea, pelo que revela nesses saltos regressivos, em quase nada se diferencia do sistema repressivo colonial, apesar das máscaras de modernização e desenvolvimento. Os escritores mais lúcidos parecem concordar com ele.

---

[53] Antonio Candido. *Literatura...*, op. cit., p. 23.
[54] Silveira Bueno. *Vocabulário tupi-guarani português*. 2ª ed. revista e aumentada. São Paulo: Nagy, 1983, p. 130.

ESPERA OU AÇÃO:
NA ENGRENAGEM DA CULPA

Helga Dressel

O convite para participar desta obra se deve a um trabalho feito anteriormente sobre a guerrilha na literatura brasileira, tanto memorialística como de ficção, visando o seu caráter mítico.[1] Tendo sido fato histórico, a guerrilha nunca deixou de habitar, também, um espaço mítico, oscilando em diversas tonalidades conforme a fonte de luz histórica. Naquele trabalho – partindo de *O Senhor Embaixador*, de Érico Veríssimo, passando por *Pessach – A Travessia*, de Carlos Heitor Cony, e chegando até as obras de Fernando Gabeira, Alfredo Syrkis, Reinaldo Guarany e Carlos Eugênio Paz – obviamente foram consideradas também diversas obras de Antonio Callado. Surgiu como um dos motivos centrais a dicotomia da espera e da ação. No caso concreto da história nacional dos anos 60 e começo dos 70, evidenciou-se o confronto entre a postura do partidão (espera) e dos grupos de luta armada (ação).

Neste ensaio, pretendo enfocar alguns romances de Antonio Callado sob o lema da espera e da ação. Como ponto de partida, porém, gostaria de voltar a um momento anterior e lembrar um livro de reportagens originalmente escritas para publicação em jornal, posteriormente colhidas e publicadas sob o título *Tempo de Arraes – a revolução sem violência*.[2] Esse livro fala da experiência pernambucana como um projeto piloto, um "laboratório histórico do Brasil" (TdA, 112), e concede-lhe um valor indicador para o futuro desenvolvimento do Brasil.

---

[1] Helga Dressel, "Moderne Mythen in den Literaturen Brasiliens, Portugals und des portugiesischsprachigen Afrika", in: Dietrich Briesemeister & Axel Schönberger (orgs.) *Die brasilianische Guerrilha zwischen Geschichte und Fiktion*. Frankfurt am Main: TFM, 1998.

[2] Antonio Callado. *Tempo de Arraes – a revolução sem violência*. 2ª ed. Rio de Janeiro: Paz e Terra. 1979 (1ª ed., 1964). Abreviação no texto corrente: TdA.

Helga Dressel

Dou a palavra ao próprio Antonio Callado, citando uns poucos e curtos trechos que talvez possam servir como base para as idéias a serem desenvolvidas após:

> Pretendo (...) mostrar como me convenci de que Pernambuco saiu de um marasmo de quatrocentos anos para uma marcha redentora. É, por enquanto, uma revolução manhosa, mas será heróica se for necessário. (...) Acho que é uma revolução que merece viver. Acho, mesmo, que já não precisa de licença de ninguém para viver (TdA, 61).

ou

> Pernambuco nem se parece com Cuba e nem com a URSS. Por outro lado, já não parece muito com o resto do Brasil. Sua pobreza continua enorme mas a sua atividade revolucionária, sua busca de soluções em todos os terrenos dão-lhe uma vitalidade maior que a de qualquer outro Estado. (TdA, 51).

No capítulo intitulado "A secreta unanimidade", referindo-se às chances de um Fidel Castro no Nordeste, expõe:

> (...) existe uma consciência clara de que as coisas precisavam mudar, e há indisposição à luta diante de uma situação que não parece em absoluto encaminhar-se para a guerra civil e sim para uma extrema democratização do Estado (TdA, 57).

Incluindo, bem de passagem, a possibilidade de a uma "fecunda agitação dos campos (...) suceder uma guerra civil clássica", chega à conclusão de que "mesmo isto [seria] preferível à estagnação passada" (TdA, 112-3). Mas não leva realmente a sério a possibilidade de um tal desenvolvimento das coisas. Ao contrário, tocando na guerrilha quando fala sobre Francisco Julião, o então líder das Ligas Camponesas, apresenta a idéia de uma possível guerrilha de modo bastante distanciado, como sonho adolescente e juvenil, e inclusive, como uma possibilidade já descartada, página virada da história:

> Característico do seu cubanismo foi o seu plano de organizar guerrilhas em Pernambuco, com o livro do Che no bolso. "(...) Alguns rapazes caíram na farra, outros tentaram organizar guerrilhas de qualquer jeito e o projeto, em geral, não funcionou nada bem" (TdA, 85).

Aqui, a idéia da guerrilha faz parte de um "cubanismo", isto é, ela é colocada como algo artificialmente importado, nada orgânico em terras brasileiras, enfim, uma idéia fora do lugar.

Por quê? Porque, ao autor, tudo indica que será possível uma revolução sem violência. Falando do papel indicador da história de Pernambuco

Espera ou ação: na engrenagem da culpa

para todo o país, ele proclama categoricamente que a revolução pernambucana "dá uma idéia do que *vai* acontecer ao Brasil em geral" (TdA, 113; grifo da autora). Nada de "pode" ou "deve" acontecer. Chocante essa euforia para quem conhece o rumo que as coisas depois tomaram. Parecia possível mudar o mundo sem sujar as mãos.

O próprio autor, com o livro pronto para ser publicado, surpreendido por outro tipo de "revolução" em março de 1964, escreve em prólogo e epílogo nos meses de julho e agosto do mesmo ano: "Estas reportagens, tão recentes, não se referem a mais nada que exista" (TdA, 33), e "este relato jornalístico que em pouco tempo virou uma espécie de nostálgico alfarrábio histórico" (TdA, 183) – o estado de choque já registrado no próprio livro.

Em *Quarup*, de 1967, Callado retoma a experiência pré-golpe já de um ponto de vista distanciado, e, nas palavras dele em entrevista concedida a Ligia Chiappini, numa "nota baixa".[3] Se as reportagens transmitiam não somente: tem que dar certo! mas: vai dar certo!, *Quarup* mostra aquele processo da euforia do engajamento de uma frente de militantes (v. TdA) desde o começo sob a sombra da força do mal. A lógica do coronel Ibiratinga é apresentada logo no começo do romance. A princípio, parece não ser levada muito a sério por não caber na ordem reinante, por mostrar demais extravagância. O discurso de Ibiratinga passa como mera fantasmagoria de louco ou fanático, completamente fora da ordem. Mesmo assim, essa lógica paira como ameaça sobre todo o romance para ganhar corpo na experiência da tortura, isto é, para ela virar a própria ordem. Em conversa com Nando, o coronel Ibiratinga expõe "a boa doutrina de que o mal é uma imperfeição do bem. Sua tendência é transformar-se no bem. A diferença entre nós dois (...) é que o senhor atrasa essa transformação, fazendo o mal a esmo, sem rumo, e não com a determinação de fazê-lo virar o bem. Eu não (...)" (Q, 366).[4] Com isso, Ibiratinga estabelece um paralelo estratégico entre ele e Nando, dando a entender que os dois estariam dispostos a usar a violência como meio adequado para o devido fim, e, ao mesmo tempo, marca a diferença entre eles, constatando que o fim não seria o mesmo. Nando discorda e se distancia de certos meios (violentos) independentemente do fim, perguntando se então Deus estaria virando o rosto enquanto o militar torturava.

Neste diálogo me parecem transparecer duas coisas importantes: uma seria a escolha dos meios, isto é, do tipo de ação para se conseguir um

---

[3] Ligia Chiappini Moraes Leite. *Quando a pátria viaja: uma leitura dos romances de Antonio Callado*, La Habana: Ediciones Casa de las Américas, 1983, p. 170
[4] Antonio Callado. *Quarup*, 3ª ed. São Paulo: Círculo do Livro, 1975 (1ª ed., 1967). Abreviação no texto corrente: Q

resultado; a outra seria uma crítica a uma instância que se nega a tomar conhecimento do mal, que vira o rosto, aceitando que as coisas continuem a tomar o rumo que estão tomando.

Em *Quarup* abre-se um leque de formas de engajamento pacífico que, perante as mudanças políticas, pouco a pouco, acabam sendo inviabilizadas. *Bar Don Juan* (1972) e *Reflexos de baile* (1981) mostram o mesmo processo de inviabilização e fragmentação da luta armada.[5] No caso de *Quarup,* pode-se discutir ainda sobre a interpretação do final. Parece haver uma diferença considerável entre as interpretações dadas pelos jovens leitores da época e os comentários que o próprio Callado fez nas entrevistas retrospectivas de 1980 e 1981.[6] Mas se concordarmos que *Quarup* ainda apresenta alguma positividade séria, *Bar Don Juan* parece um grande trabalho de luto. É a história do fracasso da luta armada como ela tinha sido projetada na zona sul carioca. Parece ter sofrido uma crítica da própria esquerda militante desativada:

> As pessoas não gostaram do livro porque acharam que o livro não levava a sério, debochava de algo sério; ora, eu não estou debochando de ninguém, inclusive eu me incluo nessa crítica. Eu participei dessa ilusão da revolução; eu sei que houve pessoas que morreram, a gente conhecia as pessoas. Mas a verdade é que o movimento em geral era completamente doido. Sem paciência você não faz as coisas... (Chiappini, 184).

Deixando *Reflexos de Baile* meio de lado, vemos que em 1981, isto é, depois da anistia, Callado se dedica a outro motivo, já tocado de leve em *Bar Don Juan*. No trabalho anterior acima citado, tropecei em um fato curioso: a ausência da vingança como topos na literatura sobre a guerrilha, inclusive memorialística – com a exceção da obra de Callado. Este, ao contrário, a partir de certo momento histórico, parece aficionado do assunto. Sendo um aspecto entre vários em *Bar Don Juan*, em *Sempreviva,* a vingança torna-se motivo central. O próprio Callado, em entrevista concedida a Thomas Sträter, formulou que – fora de que se tratasse "de trazer de volta um exilado" – seria um "livro de vingança", e acrescenta que ninguém gosta dessa palavra mas que se devia olhar para como estavam se tratando as atrocidades da ditadura na Argentina enquanto no Brasil tudo passava pelo lado cordial.[7] Tenho a impressão de que se possa atribuir um valor

---

[5] Antonio Callado. *Bar Don Juan*, 5ª ed. Rio de Janeiro: Editora Civilização Brasileira, 1977 (1ª ed., 1972), e *Sempreviva*, Rio de Janeiro: Editora Nova Fronteira, 1981. Abreviações no texto corrente: BDJe SV

[6] Ver Chiappini (1983), l.c.

[7] Entrevista concedida a Thomas Sträter, em 1986; não publicada.

Espera ou ação: na engrenagem da culpa

catártico a *Sempreviva* justamente pela celebração delirante da vingança neste romance, num momento em que todo o país estava preocupado em espantar os fantasmas do duro período das trevas. Talvez seja bom lembrar somente um detalhe: nas obras memorialísticas da primeira hora, isto é, logo após a anistia (Gabeira/ Syrkis/ Guarany),[8] a vingança não aparece a não ser na própria negação dela, em comentário de orelha ou prólogo. No seu pre(pos)fácio Syrkis declara: "Voltei nove anos depois. (...) Sem ódio e sem medo, sem ilusões mas sem desesperança" (Syrkis, 1980: 5), e Reinaldo Guarany comenta em 1980 o seu livro, *Os fornos quentes*, ainda bem mais traumatizado do que *A fuga*: "Minhas dores, os choques elétricos, os afogamentos, as cadeiras do dragão, palmatórias, fuzilamentos simulados e porradas que levei não me levam mais a sentimentos de vingança, apesar de ter escrito *Os fornos quentes* com raiva, também".[9] Os autores sentem a necessidade de declarar a ausência do sentimento da vingança. No máximo, ela é assumida como fraqueza de outras épocas, já superada. Parece acordo geral da época (e será que somente dela?): vingança é um sentimento ruim, uma fraqueza, a ser dominada, vencida. Portanto, predomina o distanciamento deste sentimento – em palavras de Callado – "feio". E Callado rompe esse tabu.

O personagem principal, Quinho, se entende a si mesmo "o astuto mensageiro das forças que, partidas do fundo da terra, cavam o chão por baixo dos transgressores, era o agente sutil da danação do Onceiro" (SV, 35). Tendo sido, no caso do onceiro Claudemiro, o sacerdote do sacrifício sangrento à justiça divina, no final, não é mais Quinho o mensageiro a cumprir a vingança senão um pequeno anjinho: Herinha, "a clara mensageira, luminosos olhos um tantinho luminosos demais, fatais que seriam um dia, se já não eram" (SV, 278). Repare-se que este anjinho (mensageira) traz consigo a luz, como o anjo caído, Lúcifer, personificação da força do mal. O mal é vencido pelo mal. Jupira formula isso quando observa que "tinha sido salva pelo Mal, isso mesmo, com M grande, pois assim a palavra tinha aparecido na sua imaginação" (SV, 46).

Como temos visto, Callado escreve os seus romances no pulso do tempo. As verdades refletidas nas suas obras são verdades brutas, não censuradas pelo olhar retrospectivo de quem já sabe melhor, e, com isso, não é de surpreender que elas tenham causado polêmicas. Mas o valor da obra de Callado consiste justamente no fato de ele não desistir de acompanhar o processo histórico. Vai atrás das situações em constante

---

8   Fernando Gabeira. *Que é isso, companheiro?*. 26ª ed. Rio de Janeiro: Codecri, 1981 (1ª ed. 1979); Alfredo Syrkis. *Os Carbonários*, São Paulo: Global Editora, 1980; Reinaldo Guarany. *A fuga*, São Paulo: Editora Brasiliense, 1984.
9   Reinaldo Guarany. *Os fornos quentes*. São Paulo: Editora Alfa-Omega, 1980.

transformação, para experimentar na literatura, sempre de novo, possíveis posturas e ações. Isso exige um tremendo esforço. Quanta gente não se instala numa postura baseada numa análise feita em tempos remotos da própria biografia, juventude, seja o que for, para nunca mais se dar o trabalho de ficar analisando o momento histórico. No presente caso, porém, o leitor pode acompanhar a sua história, mais concretamente: o seu momento histórico nos reflexos imediatos que este deixou nos livros de Callado. Sendo assim, podemos até constatar uma contemporaneidade de cada obra de Callado e encontrar um certo valor catártico nelas por abrirem margem para as grandes emoções petrificadas em tabus: no caso, o ódio e a vingança. Assim, Laurinha, assumindo o seu ódio por Murta, ao mesmo tempo condena este sentimento moralmente: "Talvez vocês um dia odeiem também, mas eu preferia que outra pessoa, não eu, desse a vocês uma primeira demonstração de ódio" (BDJ, 180). Esse suspiro lhe traz uma correção por parte dos jovens militantes explicando esta "demonstração de sofrimento" pelo seu estado "temporariamente afetado", e, com isso, não com suas plenas forças mentais/racionais. Encontrando Murta pouco depois, porém, ela não o agride e está longe de querer justiçá-lo. Toca a bola da história para frente. Estamos em 1971. Assim ela transgride aquela – em palavras de Ligia Chiappini – "obsessão pelo esquema do martírio em Callado". Ela vive toda a história e a sobrevive. Ela dá uma dimensão real à história. Não é um Nando galopando para um espaço mítico, não é nem Levindo nem João, mártires da guerra justa, não é um Quinho que pode descansar no grande descanso depois de ter visto, por uma fração de segundo, o copo despedaçar-se no chão. Ela sobrevive, sobrevive com todo esse peso da história. E essa tarefa não é fácil.

Permito-me não entrar na análise mais detalhada para deixar espaço para uma discussão. Gostaria, porém, de resumir da seguinte forma: A grande questão da guerrilha como de outras formas de militância tem sido, desde sempre, a avaliação do momento histórico e a conseqüente opção por um ou outro tipo de ação, simplificando, por ação ou espera. Parte-se da idéia de que exista uma liberdade de ação, entendendo a ação como um ato intencional, isto é, visando a um projetado fim. Uma ação sempre visa à modificação da realidade e, com isso, a criação de uma nova realidade. A opção pela não-ação conseqüentemente também é uma ação: procura conservar a situação reinante, respectivamente o processo em andamento. Se a liberdade é a faculdade de cada um poder decidir ou agir segundo a própria convicção, ela implica uma responsabilidade: o sujeito fez aquilo por opção, não por determinação. Se deixou de fazer, igualmente é responsável pelo não fazer.

Espera ou ação: na engrenagem da culpa

Simplificando um pouco, pode-se dizer que, no contexto histórico da militância da esquerda, as duas posições opostas consistiam ou na ação armada ou na espera (do partidão). Lembremo-nos dos motes "Quem espera sempre alcança" / "Quem espera nunca alcança". Mas esperar o quê? Esperar implica esperar algo. Esperar que o câmbio se dê sem ter de pegar na arma, sem ter de sujar as mãos, sem ter de assumir uma culpa. Mas, como constatamos, a opção pela não-ação também é uma ação. A espera não foge à responsabilidade de quem espera. Nos encontramos numa engrenagem de responsabilidade, na engrenagem da própria facticidade, isto é, da condição humana pela qual cada homem se encontra sempre já comprometido com uma situação não escolhida. Essa facticidade forma a moldura da nossa liberdade de ação. Dentro dela a responsabilidade é nossa. Em outras palavras: a responsabilidade pela ação prejudicial – inclusive se ela tiver a forma de omissão – nos leva à culpa.

Parte dessas reflexões alguns já devem ter associado ao pensamento sartreano. Gostaria de chamar a atenção para um paralelo, que, a meu ver, existe nos processos de criação de pensamento dos dois autores. Os dois tratam das possíveis formas de ação. Os dois partem de um sistema antideterminista com uma liberdade da ação – tanto do sujeito individual como do sujeito coletivo – enfatizada. Os dois se mostram moralistas na avaliação dessa liberdade, sublinhando como resultado conseqüente a responsabilidade do sujeito pelos seus atos. Em certo momento das suas vidas, os dois chegam a viver de forma brutal o lado da facticidade: Sartre, quando chega a ser recrutado na Segunda Guerra Mundial, Callado com o golpe de 64 e a conseqüente repressão. O sistema da enfatizada liberdade de ação sofre sacudidas pelo mundo dos fatos: a história os confronta com os limites da liberdade. Os dois não cansam de analisar, sempre de novo, a possibilidade de ação dentro dessa facticidade na sua vestimenta histórica. E ela muda constantemente de roupa, se concretiza em cada momento em nova forma. Cada momento histórico exige do sujeito um *check-up* das suas opções. Cada momento nos confronta com novas culpas a serem assumidas para fugir de outras, maiores. Fugir da culpa de não ter feito nada, de ter virado o rosto, ou até de ter assistido a atrocidades, assumindo outra culpa, uma culpa menor, sujando as mãos. A diferença é que, enquanto o pensador francês até o final não se cansou de agir, a obra de Callado, como temos visto, transmite um processo de depressão.[10] Até

---

[10] Inclusive, essa depressão, essa entrega total às forças do mundo factício, essa desistência da idéia de uma liberdade de ação, ficou muito clara no texto de Maria Ângela D'Incao, em que ela cita as últimas reportagens de Callado sobre o Movimento Sem Terra.

Helga Dressel

sujando as mãos a gente não consegue combater o mal. A vingança, mesmo que bem-sucedida, não traz de volta a pessoa/ o mundo/ o estado inocente, de uma vez perdidos.

Gostaria de encerrar com uma referência a um motivo de *Quarup*, no qual se expressa a revolta contra essa engrenagem da culpa: esta revolta encontra a sua expressão metafórica no motivo do marianismo, isto é, na revolta contra um Deus impiedoso. Apresentada logo no começo do romance – "Desanimados de rezar a Deus, que não parecia socorrê-los, deram uma espécie de golpe de Estado e puseram em seu lugar a Virgem Maria" (Q, 24) –, a idéia ganha corpo num tríptico:

> Os apóstolos apavorados voltam a cabeça para não verem nem o mestre morto e nem a fenda nas nuvens por onde se debruça Deus. No meio do quadro Maria desgrenhada e convulsa de cólera ameaça Deus com o punho fechado. No quadro central Maria ascende aos céus, Maria nua, subindo das ondas do mar sobre uma concha (...) uma subida tranqüila a um céu entreaberto (...) Maria na plena glória do céu sentada em sua concha que veio repousar no trono de Deus (...). E Deus morto no chão. Um homem morto (Q, 454).

Em Maria Imaculada encontramos projetada, pelo menos de forma utópica e representada, a idéia da isenção do pecado original, isto é, da culpa como *conditio* humana. Bonita utopia. Utopia.

A IMAGEM DO BRASIL EM *CONCERTO CARIOCA*

Ettore Finazzi-Agrò

Visto o caráter eminentemente interrogativo deste simpósio, sinto-me legitimado, também eu, a abrir o meu texto com uma interrogação – que, aliás, como aquela que consta no título deste encontro, é no fundo irrespondível, ou melhor, cuja resposta se inclui na própria pergunta, se esconde e se revela no ato mesmo de perguntar. A questão, de fato, é a seguinte: existe um Tempo que a gente possa considerar como autenticamente "brasileiro"? Alguma coisa como um ritmo próprio e audível? Algo como uma disposição visível dos fatos, uma ordem reconhecível e peculiar dos eventos? São interrogações, como se vê, às quais parece quase impossível retrucar e às quais, evidentemente, não pretendo dar uma resposta, global e obrigatoriamente genérica. O que eu quero, isso sim, é apontar coincidências (não cito ainda, de propósito, elos intertextuais) que, depois de surgirem no decorrer da leitura e de despertar ecos no interior da minha memória literária, ganharam aos poucos a evidência de um sentido, ou melhor, me encaminharam para um sentido possível.

Começo, então, pelo começo, ou seja, por um título e por um subtítulo, considerando preliminarmente a razão de ser da definição de *concerto* para o romance de Antonio Callado *Concerto carioca* (cuja primeira edição é de 1985) e tentando, depois, colocar em perspectiva (dentro de uma perspectiva histórico-literária e/ou genericamente cultural) o "porquê" dessa escolha. Trata-se, no caso dessa metáfora musical, de um termo aparentemente inadequado a resumir exemplarmente tanto a forma quanto os conteúdos do texto: ou seja, o título falha em aparência naquela que deveria ser a sua função principal; destoa (se poderia dizer) com o tom geral da obra, que se apresenta, de fato, como uma série desafinada e aparentemente caótica de acontecimentos. Nessa seqüência inconseqüente, aliás, os personagens estão em geral fora dos seus lugares próprios ou adquirem aos poucos estatutos que contradizem a sua condição de partida:

temos, só para dar dois exemplos, um funcionário do Serviço de Proteção ao Índio que é apresentado logo como matador de índios e uma freira que se torna dona de um motel nos arredores do Rio. Para além desses dois casos, de resto, é numa situação geral de desencontros, de dissonâncias, de relações que não se fecham, de nós que não se atam, que é possível localizar o núcleo do romance.

Nesse sentido, o metrônomo que pauta, por assim dizer, o ritmo dos acontecimentos, que escande os tempos da história, se apresenta como um instrumento em desmando: como um mecanismo desregrado que marca apenas a desarmonia do conjunto, o "vale-tudo" de uma orquestra composta por músicos que não seguem a partitura nem, sobretudo, tocam o instrumento a eles destinado. E aquilo que se denomina *concerto* resulta, afinal, num total desconcerto, numa balbúrdia de sons produzidos por pessoas fora do seu lugar canônico: homens que se tornam mulheres e mulheres que atuam como homens.

Todavia, se a dissonância é a regra que aparenta dominar esse mundo de intenções falhadas; se a banda (ou o bando) de personagens que povoam esse microcosmo carioca (que não é, aliás, tão especialmente carioca, como veremos) vive num tempo desarmônico e confuso, o autor-diretor consegue afinal executar, com a sua orquestra desafinada, uma espécie de "*concerto grosso*", baseado num tempo musical peculiar e reconhecível. Tempo esse que é na verdade o fruto de uma sobreposição de tempos diferentes, de uma combinação de cronologias e de cronotopias que colidem e, ao mesmo tempo, coincidem numa estranha harmonia – evocando por sua vez, na memória do ouvinte, a *rapsódia* composta por Mário de Andrade quase 60 anos antes deste *concerto*. Com efeito, também no caso do subtítulo de *Macunaíma* (acrescentado, como se sabe, só a partir da segunda edição do romance, em 1937), deparamos com uma definição em que se resume de modo exemplar, pela metáfora musical, uma certa visão do tempo – e, o que mais importa aqui, de um tempo que se poderia talvez considerar especialmente "brasileiro".

José Miguel Wisnik – baseando-se em dois estudos fundamentais de Gilda de Mello e Souza e de Haroldo de Campos[1] sobre o texto de Mário – escreveu que, na interferência constante entre um tempo progressivo e vários "microtempos" ligados à atualidade, é possível entrever "as modalidades de tomada do tempo que caracterizam o princípio de realidade e o princípio de prazer: temos o tempo subdividido

---

[1] Os livros citados por Wisnik são, obviamente, na ordem: *O tupi e o alaúde: uma interpretação de Macunaíma*. São Paulo: Duas Cidades, 1979; e *Morfologia de Macunaíma*. São Paulo: Perspectiva, 1972.

da satisfação adiada e o tempo expansivo do prazer imediato".[2] Em *Macunaíma*, conclui Wisnik, essa tensão entre cronologias diferentes é levada "a níveis muito mais profundos: o conflito entre tempos divergentes ressoa no conflito do herói com seus antagonistas, onde se simboliza a tomada do tempo como conflito de vida e morte, e converte-se numa reflexão sobre a cultura (do colonizador e do colonizado, do dominante e do dominado, da realidade e do prazer, da vida e da morte".[3]

O "ritmo" musical em que se coloca a narrativa torna-se, com isso, uma via de acesso ao tempo em si mesmo, redefinindo, aliás, o discurso romanesco como modelização figural de uma dialética temporal inconclusa, repartida entre duas cronologias inconciliáveis, entrando em choque entre si. Para voltar ao texto de Callado, isso nos permite ler a luta entre os dois verdadeiros protagonistas – Xavier e Jaci – como combate para um predomínio no tempo e sobre o tempo, como conflito (eminentemente cultural) entre duas "cronias": a primeira, ligada a uma temporalidade repartida e conseqüencial, que procede da razão e do princípio de realidade; a segunda, baseada num "cronos" difuso e confuso, cuja razão de ser é apenas o *prazer*, dado ou recebido, cuja única razão possível é, em suma, a do corpo, na qual e pela qual aquilo que é imediato ou transitório se cristaliza numa imanência que só pode desembocar na morte. É exatamente na divergência e na interferência entre esses dois tempos; é, mais ainda, no deslocar-se dos vários personagens em relação a estes dois princípios, configurando duas opções cronotéticas (isto é, fundadoras de tempo), que o romance de Callado encontra o seu "ritmo", se torna verdadeiramente um *concerto*, em cuja harmonia desarmônica se lê e se escuta o "batimento fundo", o latejo misterioso e descompassado do coração brasileiro (de que já nos tinha falado *Quarup* num dos seus momentos mais altamente simbólicos).[4]

De resto, uma vez entrevista a semelhança, graças à presença de elementos paratextuais afins, como um título e um subtítulo – uma vez entreouvida, eu dizia, a consonância entre a obra-prima de Mário de

---

[2] J. M. Wisnik. "A rotação das utopias – rapsódia." In: *Mário de Andrade / Hoje* por Carlos Eduardo Berriel (org.). São Paulo: Ensaio, 1990, Cadernos ensaio – Grande Formato, v. 4, p. 184-85.

[3] Ibidem.

[4] Vale talvez a pena lembrar a passagem de *Quarup* em que Fontoura e Francisca se põem à escuta desse ritmo "cardíaco" (ou "cordial"?) brasileiro, no centro "formigante" do país: *Fontoura caiu de cara no chão, as mãos para a frente, o ouvido colado à terra enquanto inquietos bandos de formigas lhe cobriam os dedos e o pescoço. (...) Está ouvindo?" disse Fontoura. "O quê?". "O coração". "Estou ouvindo" disse Francisca. "Agora levante, Fontoura". "Você ouviu bem?", disse Fontoura. "Ouvi, ouvi, agora vamos"* (A. Callado. *Quarup*. 11ª ed., Rio de Janeiro: Civilização Brasileira, 1982, p. 309).

Ettore Finazzi-Agrò

Andrade e o romance de Callado, acho difícil não detectar também uma intertextualidade mais complexa e articulada entre as duas obras. Os dois romances, de fato, apresentam uma situação narrativa comum: dito da forma mais simples possível, em ambos os casos temos a ver com o impacto entre duas culturas, com a inserção problemática de um silvícola no contexto urbano. Pouco importa, nesse nível de abstração, que de um lado a cidade seja a São Paulo dos anos 20 e, do outro, o Rio dos anos 80, visto que o essencial é que os dois índios identifiquem logo o seu antagonista simbólico na pessoa, respectivamente, de Venceslau Pietro Pietra e de Xavier. A partir daí, desse conflito nuclear, em que se resume uma discrasia cultural insanável, teremos a possibilidade de confrontar as atitudes diferentes dos dois escritores perante o mesmo problema, além das diversas soluções narrativas por eles apontadas.

Em primeiro lugar, podemos verificar que a natureza ambígua, polimorfa, do índio "paulista" se reflete e se adensa na duplicidade sexual, no hermafroditismo do índio "carioca": mais uma vez, o caráter descaraterizado do indígena se resolve – sem, na verdade, se resolver – numa demarcação "forte" e, ao mesmo tempo, numa neutralização "fraca" das diferenças, ou seja, se coisifica num excesso e num remate físico que contradiz a parcialidade tanto do *logos* quanto da experiência urbana. Macunaíma e Jaci são, nesse sentido, os emblemas de uma condição movediça, errática, que "constela" e compõe, dentro de uma lógica corpórea ou de *prazer*, as antinomias das quais se sustenta e sobre as quais assenta a razão prática e *realista* de Piaimã e de Xavier.[5] A distância entre os dois pares é marcada, aliás, por uma visão histórica (e mais uma vez temporal) fortemente distinta: de um lado, a cronologia inconseqüente e caótica do universo selvagem; do outro, a repartição seqüencial, ordenada, "museológica", do processo temporal a que corresponde, justamente, a natureza de colecionador do Gigante e a função de conservador do Museu do Índio de Xavier. Nessa forma diferente e continuamente interferente de considerar e de viver as relações entre passado, presente e futuro – misturados e continuamente rasurados no palimpsesto temporal indígena; subdivididos e cristalizados no tempo-coisa, na história-objeto montada artificialmente pela cultura européia – é possível, a meu ver, identificar o eixo em volta do qual se enroscam os discursos narrativos e os percursos ideológicos de Mário de Andrade e de Antonio Callado, em vista, em

---

[5] Sobre a capacidade de Macunaíma de "constelar" as diferenças, veja-se aquilo que escrevi no meu "As palavras em jogo". In: Mário de Andrade. *Macunaíma – o herói sem nenhum caráter*. Telê Porto Ancona Lopez (org. ed. crítica). 2ª ed. Madri; Paris; México; Buenos Aires; São Paulo; Rio de Janeiro; Lima: ALLCA XX, 1996, p. 306-28.

ambos os casos, de uma interpretação abrangente e definitiva – na sua indefinição – da identidade e da história cultural brasileiras.

Dito isto, tenho ainda a obrigação de desdizer em parte o que acabo de afirmar. Com efeito, os 60 anos que separam os dois romances não têm passado, obviamente, em vão: trata-se, na verdade, de textos muito diferentes, em que, apesar das similitudes apontadas, vigoram estatutos ideológicos e estéticos díspares. E, talvez, o grande discrime que divide as duas obras corre exatamente ao longo da linha divisória entre, por um lado, a escolha de Mário de apresentar um herói que perpassa as diferenças, que atravessa as contradições, permanecendo apenas numa Ausência que configura, apesar de tudo, uma possível Identidade; e, por outro lado, a escolha de Callado, cujo protagonista é, pelo contrário, a própria Diferença, é a Contradição feita personagem, ficando por isso atópico e inclassificável, ficando fora (ou antes) tanto da norma urbana quanto da normalidade selvagem – ficando, em suma, um *outsider*, contra a colocação mediana e mediadora entre lugares diferentes do "herói de nossa gente". Para tornar mais clara essa discrepância basta considerar as imagens, desta vez espaciais, em que se localizam as duas figuras indígenas: se, de fato, Macunaíma é identificado em um e por um *corredor* (é nesse lugar de trânsito e/ou de religação entre lugares diferentes que se dá com efeito, por parte dos dois irmãos do herói, a constatação do seu ser "sem nenhum caráter"[6]); Jaci, por seu lado, se identifica num *limiar*, visto que encontra o seu refúgio e o seu verdadeiro *habitat* só naquela "pura porta, nada mais do que porta",[7] separando a ordem do Jardim Botânico do caos do mundo selvático, e visto, aliás, que o seu emblema e o seu brasão simbólico são as chaves que ele carrega sempre no bolso e que deixa como sinais da sua passagem.

A uma visão histórica no fundo linear e iterativa, a uma rapsódia narrativa em que se combinavam acumulação e variação, se contrapõe então (sendo, talvez, apenas uma evolução fatal e um desenlace ambiguamente conciliador daquela outra cronologia) um tempo intransitável e desde sempre "perfeito" na sua ambivalência, no seu ser duas coisas

---

[6] Cf. Ed. crítica cit., p. 125.

[7] *Concerto carioca*. Rio de Janeiro: Nova Fronteira, 1985, p. 36. Sobre a identificação entre Jaci e o portal – dividindo a ordem do Jardim da "confusão do mato, onde rastejam criaturas malfeitas, inacabadas" (p. 213) e sobre o qual Jaci, criatura "malfeita" e "inacabada" na visão de Xavier, se esconde para escapar aos seus perseguidores –, veja-se em particular a passagem seguinte: "Neste ponto, ao avistar o pórtico das Artes que surgia entre as palmeiras, Jacqueline interrompeu o que dizia e parou, apontando a arcada, muda, estática. – Jaci! gritou afinal Jacqueline para o alto do pórtico" (p. 239).

ao mesmo tempo, sem ser, na verdade, nem uma coisa nem outra. Um tempo enfim que, como o corpo hermafrodita de Jaci, resume em si, concentra e concerta – numa confusão, porém, que desdiz qualquer ritmo habitual – as antinomias históricas que convivem no corpo cultural (e social) brasileiro. E se em ambas as obras é sensível a obrigação de recontar sem fim os mitos da nacionalidade, no romance de Callado esse passado discriminado e utópico se situa no interior de um presente que o nega, delineando um tempo que parece não transcorrer, não se diluir em temporalidade ou em progresso, fixando-se, ao contrário, numa dimensão híbrida; imobilizando-se num limiar temporal que nunca ninguém consegue ultrapassar – visto, aliás, que ninguém (salvo justamente a figura *borderline* de Jaci) possui a chave dessa porta misteriosa que coliga e separa os tempos diferentes em que parece viver, ubiquamente e anacronicamente, o Brasil.

Na obra de Antonio Callado, nesta perspectiva, parece espelhar-se a experiência histórica do país na segunda metade deste século: país que balouça perenemente entre passado e futuro, sem conseguir, porém, habitar nem a experiência do passado nem a esperança do futuro e que se vê, por isso, obrigado a ficar suspenso num presente sem profundeza. País, aliás, que lida neste fim de século com uma consciência aguda do fracasso e da perda – ou melhor, de uma riqueza que é perda –, admitindo por fim a inviabilidade do sonho modernista de se apoderar definitivamente do tempo, de "constelar" heroicamente as diferenças, de transitar "rapsodicamente" pelas antinomias que marcam desde sempre o universo sociocultural brasileiro. É exatamente nessa história *in fine* (isto é, ambiguamente final e fronteiriça) que se coloca *Concerto carioca*, romance que nos fala, de fato, do tempo duplo e sem saída em que se tem engasgado o Brasil; que nos fala, aliás, da sua problemática colocação na modernidade e da sua (sempre) eventual entrada no futuro; que nos fala, enfim, de um presente no interior do qual "insiste" um passado que não passa, uma cronologia não-consumada e, no fundo, inesgotável. Um tempo, afinal, que se cristaliza na "falta" e que continua oscilando no "remorso": tempo, mais uma vez, não esgotável e sem nome como inesgotada e anônima é justamente a culpa de Xavier, o crime que ele (isto é, a parte da nacionalidade que nele se espelha) cometeu outrora no coração selvagem da Nação e que voltará a ser fatalmente cometido no coração verde do Rio de Janeiro – e que continua todavia a ser cometido, hoje e sempre, em outros recantos urbanos, em qualquer outra rua, parque ou praça das grandes cidades brasileiras.

O assassinato de Jaci e o suicídio do seu carrasco no interior do Jardim Botânico são, nesse sentido, apenas as conseqüências inevitáveis duma "aporia", duma falta definitiva de vias e de passagens, que deixa talvez sobreviver a esperança num futuro hipotético, mas que nos fecha aqui e agora – neste limiar entre dois séculos, neste trânsito entre dois milênios – dentro de um presente intransitável, dentro de um concerto de intenções falhadas, dentro de um tempo desarmônico e plural, tornando-se, ironicamente, o ritmo desafinado que pauta a nossa existência descompassada.

JOÃO ANTÔNIO:

Olho, olho aí o país, o da gente assim aturdido. Mais parece uma criança em que todos, os de dentro e os de fora, batem.

(Abraçado ao meu rancor)

EVOCAÇÃO DE JOÃO ANTÔNIO OU DO PURGATÓRIO AO INFERNO

Flávio Aguiar

Em 29 de setembro de 1975 publiquei, no jornal *Movimento*, minha primeira crítica sobre algum livro de João Antônio. Era sobre *Malagueta, Perus e Bacanaço*, livro que, publicado em 1963, saía 12 anos depois de um injusto ostracismo editorial. Havia então um clima de "redescoberta" dessa obra de João Antônio que coincidia, em 1975, com um clima de "redescoberta" do povo brasileiro – do povão das periferias e dos grotões, dos esquecidos. Essa redescoberta se operava em parte da imprensa, da literatura e da crítica brasileiras, em particular, no caso da crítica, daquela praticada nas universidades e na então chamada "imprensa nanica", por contraste com a "grande imprensa". O próprio João Antônio, em entrevistas, ajudara a cunhar o termo *nanico* designando a imprensa que fazia oposição à ditadura e aos grandes jornais às vezes cúmplices, às vezes instigadores do golpe de 1º de abril de 1964. Mais tarde essa imprensa ganharia o título mais galhardo de "imprensa alternativa".

Esse artigo chamava-se "A palavra no purgatório". Era breve, e ficou mais breve ainda, pois passou por cortes da censura, que era feita pela Polícia Federal, em Brasília, para onde tínhamos de enviar os artigos que sairiam no jornal.

Abria-se assim o primeiro parágrafo:

O essencial a compreender na obra de João Antônio é que ele vive a partir de um universo cristão.

Prosseguia assinalando que o cristianismo de João Antônio era dos primevos, daquela cepa "que fez o Messias nascer e crescer entre os deserdados da terra". Havia aí, para além das questões ligadas à militância imediata da crítica e do autor quanto à questão social e perante a ditadura, uma leitura da obra de João baseada no *Mimesis*, de Auerbach, e outro tanto no *Anatomia da crítica*, de Northrop Frye. Fixava logo a seguir o descompasso entre os desafios quase desumanos e a natureza humana frágil dos personagens, centralizando o foco no menino franzino do conto "Frio", que carrega um embrulho misterioso para um amigo e protetor mais velho, atravessando a gélida madrugada de São Paulo com suas pernas nuas e o bater cadenciado de seus pés. Assinalava o contraste entre a sensação de frio que invadia o menino e a cadência sublinhada dos pés, definindo o jogo entre o aspecto frágil e a força tenaz que compõem a vida deste menino acorrentado às duras condições de vida entre os marginais e a polícia da cidade grande.

A seguir, situava a escolha feita pelo título: dizia que os personagens de João Antônio não habitavam o céu nem o inferno, pois este seria reservado para os carrascos e os hipócritas. Não podia dizer isso em jornal submetido à censura prévia, mas minha idéia era a de que no mundo de João Antônio o inferno estaria reservado para os membros das classes dominantes e de seus testas-de-ferro que fossem os verdadeiros responsáveis pelo rosário de misérias que seus contos desfiavam. Qualificava: "o purgatório – lugar de provação e privação, mas onde ainda não se perderam as medidas de uma melhor vida". Penso hoje que essa minha leitura relativamente otimista do mundo de Malagueta... baseava-se sobretudo na visão final do conto "Meninão do caixote". Nesse conto, o personagem "Meninão", depois de peregrinar pela noite paulistana aprendendo os segredos da sinuca – o que lembra a biografia do próprio João Antônio – encontra a mãe que viera lhe trazer a marmita. Depois do choro incontido, mãe e filho, no domingo, sobem a ladeira da reconciliação:

> Havia namoros, havia vozes e havia brinquedos na rua, mas eu não olhava. Apertei meu passo, apertei, apertando, chispei. Ia quase chegando.
>
> Nossas mãos se acharam. Nós nos olhamos, não dissemos nada. E fomos subindo a rua.

A primeira edição do livro era de 1963. A matéria narrada devia ser de 20 anos antes, talvez, um pouco menos, um pouco mais. Como o Meninão do conto, os brasis daqueles dois momentos eram vistos freqüentemente como jovens esperançosos de uma vida melhor. Éramos o "país do futuro" como diz o livro de Stefan Zweig que, pelo avesso, serviu de mote inspirador para esta obra. Em 1975, quando da publicação da crítica, o futuro voltava a delinear-se com fios de esperança. No ano anterior a Arena, partido do governo, fora derrotado nas eleições, em número de votos, sobretudo nas capitais. O MDB, controvertido partido de oposição institucional, só não chegara à maioria no Congresso Nacional graças aos truques de algibeira do governo, com os poderes discricionários do Ato Institucional nº 5, que refizera as proporções representativas,

Evocação de João Antônio ou do purgatório ao inferno

nomeara senadores biônicos (isto é, não eleitos) e assim favorecera a composição conservadora. A esquerda, depois das derrotas da luta armada, recompunha-se nos jornais de oposição – os que João Antônio e outros chamavam de "nanicos". Alguns eram censurados, mas resistiam. O general Geisel, que acabara de assumir no lugar do duríssimo general Médici, acenava com uma "distensão lenta, segura e gradual". Em meios oposicionistas havia mesmo uma inquieta expectativa quanto ao que prepararia, nos bastidores, o general Golbery, arquiteto da distensão que depois se tornaria "abertura". Debatiam-se nos órgãos da imprensa nanica ou alternativa os rumos da esquerda diante da distensão do general Geisel, ainda que a censura perseguisse o debate. Havia, sem dúvida, um sufocado grito parado no ar, como dizia o título de peça teatral dessa época. Mas ele lá estava, não era mais possível escondê-lo: a ditadura caminhava para o seu declínio. O chamado milagre econômico fenecera; o sonho da casa própria, carro-chefe da política econômica da ditadura, transformara-se no pesadelo da prestação numa perspectiva inflacionária crescente. Espremido o consumismo da classe média, a base de sustentação da ditadura mexia-se, abalava-se. Havia de fato espaço para a esperança: o purgatório, pois, me parecia a melhor leitura.

Dizia ainda:

O essencial é que nenhum personagem de João Antônio está em sua medida. Um sopro transformador os desengonça a todos: eles se fazem símbolos, ao invés de "retrato fiel", à la naturalismo do século XIX. São símbolos de uma peregrinação universal, daqueles que não têm nas mãos o próprio destino. João Antônio não bate fotos. Pinta quadros apaixonadamente deformados.

Logo depois a crítica apontava a existência de uma "redescoberta" de João Antônio pela imprensa, e, de um modo geral, não apenas a nanica. Via nisso a idéia de que "agora sim" o povo invadia a literatura. Mas advertia: "nesse caminho se chega facilmente a absolutizar o 'marginal' dos contos e ver nele não o símbolo literário de uma situação histórica, e sim retrato do 'próprio povo', fiel e único possível".

A partir daí a censura prévia, que era feita em Brasília, cortou o texto. Como perdi os originais, não posso restabelecê-lo em sua integridade. A memória me diz que eu abordava ali dois assuntos. De um lado, dizia que outras representações das classes subalternas podiam ter lugar no espaço literário, além da dos marginais consagrados por João Antônio. Havia o operário, o camponês, revoltado ou conformista. De outro, assinalava que João Antônio não escrevia para o público que descrevia, mas sim para leitores basicamente de classe média, e de elite (a que lia tais coisas). E que o despertar mais amplo do interesse por sua literatura voltada

Flávio Aguiar

para a descrição da marginalidade apontava para uma sensação generalizada de marginalização que a todos atingia, naquela altura em que as bases do milagre estavam já estremecidas e abaladas. As palavras podem não ter sido bem essas, mas era o que eu pensava, e assinalaria pelo menos em debates a propósito do sucesso de *Gota d'água*, peça de Chico Buarque e Paulo Pontes. A peça se passava entre personagens na maioria pobres ou no máximo, como se dizia, "remediados"; mas eram pobres que moravam num conjunto habitacional, daqueles construídos pela Sistema Financeiro de Habitação nos milagreiros anos da ditadura. O traço da renovação habitacional e do aperto conseqüente que começava a se fazer sentir unia os pobres do palco à classe média e parte mesmo das elites na platéia.

Essa parte mais reflexiva, enfim, não agradou à censura, fossem quais fossem seus termos.

Alguns meses antes da publicação dessa crítica, o mesmo jornal *Movimento* publicara (em 14 de julho de 1975) uma extensa entrevista que eu mesmo fizera com o autor. Eram quatro perguntas sobre a literatura em geral, sobre o livro que então estava para ser relançado, sobre seus novos projetos e sobre a presença das classes subalternas nas páginas literárias. Chamava-se, a entrevista, "Um escritor na República das Bruzundangas", pluralizando o termo consagrado por Lima Barreto para caracterizar, de modo caricatural, o Brasil, o país que tinha a forma de um presunto de pernil, só que pendurado ao contrário, com o osso para baixo. João Antônio falava desabridamente sobre a necessidade de uma literatura que se voltasse para as "seguintes áreas sociais e de comportamento: futebol, umbanda, vida industrial, áreas proletárias e outras formas atuais de vida brasileira que estão aí, inéditas, esperando intérpretes e interessados". Provocava: "Aos que me vierem com o farisaísmo e a dissimulação, o álibi da censura, lembro que a grande literatura russa foi escrita sob o jugo czarista. Certo?" (Isto o censor deixou passar; mas ele tinha razão.) Reclamava por seu famoso *Malagueta* estar há mais de dez anos esperando uma reedição e da falta de profissionalismo editorial: "Tudo o que um escritor ganha no Brasil é por acréscimo, nunca profissionalmente". Chutava canelas ao falar de seu projeto mais querido então, escrever um livro com o depoimento de um contemporâneo de Lima Barreto, seu preferido numa galeria de ídolos que compreendia Graciliano, Lins do Rego, Manuel Antônio de Almeida, entre outros: "...a intelectualidade segue povoada de muitos Joões das Regras, ditando normas, sempre afeitos a remandiolas, conchavos, altos lucros, beletrismos, vaidades, gloriazinhas, paternalismos, amiguismos e o povo que se dane". Dizia das qualidades necessárias ao escritor: "caráter, limpeza de espírito, coragem" que lembram, meio de viés, as três virtudes teologais, fé (que

Evocação de João Antônio ou do purgatório ao inferno

dá coragem), esperança (que limpa o espírito) e caridade (que mostra o caráter). E terminava dizendo que o escritor devia pegar um ônibus e ir conhecer o povão, abandonando a classe média, que havia estragado tudo, invadindo o samba, a gafieira, a casa de samba.

A leitura hoje dessas passagens da entrevista me convence do exagero de João Antônio em muitas das suas declarações: mas era o exagero necessário. Eram tempos de desabafo, ainda que contido. E ler essas coisas ajudava o desabafo: o exagero, no que se podia dizer, ou ler, ou ouvir, compensava a contenção ainda necessária em tempos de arbítrio e repressão, embora mitigados.

Sete anos depois da crítica de *Malagueta, Perus e Bacanaço*, em agosto de 1982, o semanário *Leia Livros*, da Editora Brasiliense, publicava novo artigo meu sobre livro do autor, desta vez, *Dedo-duro*. Nesse ano já vivíamos sob a desconchavada presidência do general Figueiredo. Já houvera as grandes greves dos metalúrgicos no ABC paulista, além de greves nacionais de outras categorias de trabalhadores, e de paredes igualmente importantes em outras cidades. Estavam em ação ou em gestação o Movimento dos Sem Terra, o Partido dos Trabalhadores, a Central Única de Trabalhadores, o sindicalismo dos funcionários públicos – inclusive o dos professores das universidades – o movimento pela anistia ampla, geral e irrestrita. Logo tudo isso desaguaria no Movimento pelas Diretas-Já. A ditadura não caía, se esvaziava. De qualquer modo um novo desenho se esboçava para o Brasil; era problemático, cheio de entraves e de dificuldades, sobretudo essas decorrentes das nossas transições que nunca acabam, mas era novo, era outro, e tinha uma inspiração democrática. A distensão lenta, segura e gradual transformara-se em abertura, e agora, em que pesem as rédeas curtas do processo, havia novos elementos que escapavam claramente aos limites desejados pelos remanescentes do regime imposto a partir do golpe militar de 1964. Entretanto, desta vez situei os contos de João Antônio e seus personagens nas profundas do inferno. Abria assim:

> João Antônio decidiu (descobriu) que vive no inferno, e é disso que nos conta, sem pudor nem temor. (...) O inferno, esse de João Antônio, não é um outro mundo, sequer um mundo estranho. É este mesmo, nosso, por aí, só que desbastado do colorido esfuziante, do tropical-maravilha, das falsas esperanças.

A certa altura, citava a orelha do livro, escrita por Antonio Candido:

> Os seus contos exploram quase sempre o chamado submundo, o outro lado que pagamos para não ver, ou para ver do palanque armado pelos distanciamentos estéticos. Mas ele nos arrasta para o centro da arena, porque é onde se instala, sem desprezo nem complacência, a fim de criar uma

normalidade do socialmente anormal, fazendo com que os habitantes de sua noite deixem de ser excrescências e se tornem carne da mesma massa de que é feita a nossa.

Prosseguia eu:

No inferno – terreno em que a literatura se presta ao lusco-fusco violento e lírico da sátira – não há esperança e a melhor saída é não ter entrado. Por isso as personagens de João Antônio apresentam, como anjos-cotós, seguidos movimentos ascencionais, tímidos, caóticos, às vezes ridículos (...) e quase sempre frustrados. Do alcagüete do conto "Dedo-duro", cujo último olhar, para cima, divisa um espaço publicitário onde "trocaram o cartaz vermelho de maiôs com a modelo novinha para a propaganda de extrato de tomate", ao velho mulambento Bruaca, ex-primeiro taco de sinuca, que, morto, tinha a pose de um rei, todas as suas personagens são capazes desse gesto-no-vazio, esse jogar-se irônico diante do leitor (...).

A crítica chamava-se "De árvores cortadas" e no final eu esclarecia um dos sentidos desse título:

João Antônio certa vez me deu explicação sobre como ajuizar o valor de um livro. Disse ele que este deveria ter pelo menos o mesmo valor da árvore cortada para que ele fosse impresso. Esse Dedo-duro vale.

Mas é claro que o título tinha outro sentido, alegórico: as árvores cortadas éramos nós, o Brasil e muitos brasileiros, e a imagem se presta a um desdobramento interpretativo que pode não ter fim, indo da destruição ameaçadora de partes significativas da floresta amazônica ao genocídio da infância desvalida em nossas grandes cidades.[1] Ainda assim, a passagem que os dois artigos revelam, do purgatório ao inferno, me causa espécie na leitura de hoje em dia. *Malagueta*, trazendo para o coração da ditadura, embora este já padecesse de sopros debilitantes, para prosseguir na metáfora cardíaca, ventos do passado período populista, dava a esperança de que o inferno totalitário fosse na verdade passageiro, e portanto, purgatório. *Dedo duro*, pondo no processo redemocratizante nascente a consciência da barbárie implantada e aceita,

---

[1] A matriz arquetípica para o Brasil dessa árvore cortada está no romance *O Guarani*, de Alencar. Na primeira cena em que aparece, Peri está desafiando o jaguar ao lado do tronco decepado de uma árvore de porte que fora atingida por um raio. Jaz nesse tronco a imagem de uma linhagem interrompida pela catástrofe da conquista. Só que na visão idealizada de Alencar o corte de uma linhagem torna-se a possibilidade da construção de outra, e a palmeira do fim, com Peri e Ceci em seu alto, retoma, em outro plano, a fertilidade da seiva outrora interrompida. No caso de João Antônio, que despe a literatura dessa idealização, deseducando o leitor, por assim dizer, é a consciência mesma do corte e da irreparável perda que isso representa que inaugura uma nova trilha na mente do leitor.

Evocação de João Antônio ou do purgatório ao inferno

faceta institucional daquela "normalidade do socialmente anormal" de que falava Antonio Candido, e que fora o travo particular da ditadura (que ainda não terminara), cercava o esperançoso purgatório com as barras do inferno. Talvez houvesse algo que jamais passasse; não um pequeno traço do passado, e sim alguma horrorosa cicatriz sempre presente. Quem mudara, eu, o escritor, ou o país e a consciência dele? Provavelmente todos, embora a consciência do inferno apontasse para algo, no país, que seria infenso a mudanças.

Quero destacar alguns elementos que pertencem à moldura deste quadro lido na obra de João Antônio. O primeiro me vem da memória pessoal. Penso que a passagem do purgatório ao inferno cristalizava uma impressão profunda que me deixara o primeiro encontro com João Antônio. Fora em 1969 ou 70, no Rio de Janeiro, em edifício da Praça Serzedelo Correia, onde ele morava, em Copacabana. Fui lá levado por amigo comum, Uirapuru Mendes, que com ele trabalhava na Editora Bloch, sobretudo na revista *Manchete*. Eu publicara às expensas próprias, uma pequena plaqueta – *Contos & etc.* – de narrativas curtas em prosa experimental. Uirapuru levara o livrinho ao João Antônio e agora eu iria ouvir sua opinião. Disse-me com muito carinho que era melhor eu aprender primeiro a escrever contos tradicionais, para depois inovar, o que hoje eu traduzo por uma avaliação mais rigorosa, de que na verdade eu não sabia escrever nem em prosa tradicional nem inovadora. E era verdade. Mas a conversa continuou, por muitos rumos. João falava abraçado ao filho doente, com ele no colo. E falou muito – ele falava muito – das paisagens que conhecia, do Jaguaré, Presidente Altino, Lapa e outros, onde crescera, e daquelas paisagens da Central do Brasil, da Baixada Fluminense, onde ele morava. O apartamento de João Antônio era em Copacabana, na zona sul; mas seu coração tinha o tamanho do Grande Rio, da Grande São Paulo, da América desamparada, sua linguagem era a de uma livre adaptação do *ecce homo* (eis aí teu irmão), seu abraço era com os miseráveis do mundo inteiro, e seu olhar abarcava tudo, reconhecendo, na opulência, a presença da miséria, e na miséria, a força da dignidade ou mesmo apenas da lealdade, como no conto "Frio". A consciência daquele homem encantou-me, ao mesmo tempo em que me desesperava, pois começava então vagamente a entender que o buraco Brasil não só era mais embaixo mas era muito maior do que eu pensava. Para pensá-lo, era necessário muito mais do que o desejo de derrubar a ditadura na marra, que era o sonho generoso mas precário de minha geração, e umas quantas citações de inspiração marxista, que muitas vezes eram a porta de entrada, valiosa, mas igualmente precária, do mundo intelectual de muitos de minha geração – eu inclusive. Ali vi um escritor que tinha consciência do inferno em que vivíamos. Penso que se algum dia um jovem encontrou Dostoievski, a impressão deve ter sido semelhante.

Outro elemento que compunha minha moldura de leitor era o de que entre uma crítica e outra eu aprofundara minha convivência com as leituras antropoliterárias de Northrop Frye, e estava começando a desenvolver uma pesquisa – que ainda não terminei – sobre o tema das visões do inferno na literatura brasileira. Essa perspectiva de leitura levou-me ao encontro de textos que vão dos de Anchieta aos do século XX neste final de milênio. E é claro que João Antônio, pelo impacto daquela entrevista e pela força de seus contos, tinha lugar privilegiado entre os autores em foco. O comportamento de João Antônio diante de seus personagens e do leitor é da tradição dantesca. Ele empreende uma viagem para um território densamente simbólico, tanto quanto descritivo da realidade urbana brasileira. Esse elemento simbólico, nos contos, prende-se menos aos personagens e mais à sua deformação pelo ângulo de visão proposto, que gira em torno de seu ponto focal criando uma percepção multidimensional da ação. Veja-se este trecho do conto "Meninão do caixote":

> Meninão do caixote... Este nome corre as sinucas da baixa malandragem, corre Lapa, Vila Ipojuca, corre Vila Leopoldina, chega a Pinheiros, vai ao Tucuruvi, chegou até Osasco. Ia indo, ia indo. Por onde eu passava, meu nome ficava. Um galinho de briga, no qual muitos apostavam, porque eu jogava, ia lá ao fogo do jogo e trazia o dinheiro.
>
> Lá ia eu, Meninão do caixote, um galinho de briga. Um menino, não tinha quinze anos.

João Antônio faz malabarismos fantásticos com o ponto de vista narrativo nessas poucas linhas. A narração é em primeira pessoa, mas se despersonaliza em terceira porque inicialmente o narrador fala de seu nome, não de si, embora ambos descrevam o mesmo trajeto, um antecipando o outro (a pessoa ao nome, primeiro, depois o nome à pessoa, pois a fama se adianta e agiganta o pequeno personagem). Na fugitiva perenidade da fama, o nome se espraia num presente do indicativo que, sempiterno, cai naquele "chegou até Osasco", que parece indicar um limite, mas retoma a viagem no imperfeito progressivo do "ia indo, ia indo", em que o sujeito já está elidido, reconfundindo os dois, ou três: meninão no ato, meninão nome e meninão-narrador que rememora sua iniciação nos territórios da masculinidade bruta – mas "autêntica" (palavra muito em voga nas décadas de 50 e 60) que o escritor vê nesses desvãos de nossa sociedade. O eu recupera sua identidade pelo pronome, mas se alça em metáfora: "galinho de briga", a dimensão das lutas travadas no pano verde agiganta o menino, e ao mesmo tempo o diminutivo dá ternura

Evocação de João Antônio ou do purgatório ao inferno

e carinho à narração desse deslocamento, ou "deformação", que faz do menino homem. Seguem-se uma frase nominal, depois desse uso torneado dos verbos, e uma definição pela negativa, quanto à idade. A frase de João Antônio negaceia, revela e oculta seu sujeito e seu objeto, num jogo de claro-escuro que é a alma de seu estilo e de sua opção pelo conto: João Antônio não poderia ser um romancista, por exemplo. Seu estilo é adequado à forma catastrófica do conto, que conta sem contar, revela pelo que oculta, até o momento final, quando o desenho se completa e o segredo se revela. Não se pode dizer que o Meninão em si seja "o símbolo" de alguma coisa; sua vida é a vida peculiar de uma infância nas ruas, botecos e noites de São Paulo industrializada e industrializante do imaginário brasileiro. Mas as deformações de sua imagem, que esse torneio das frases, peculiar ao estilo de João Antônio, ensaia, são simbólicas, sim, do esforço transfigurador, que faz dos meninos homens, dos pequenos gigantes, dos homens feras e das feras homens e assim por diante, e que é característico do drama da sobrevivência neste mundo literal e simbolicamente sem eira nem beira.

Quanto ao torneio de sua frase, penso que ele, João Antônio, gostaria mais de falar no "suingue" de sua frase. Com esse suingue João Antônio consegue criar um panorama dramático e tenso, novamente, digo, propício ao conto, para recriar o mundo da marginalidade brasileira urbana, particularmente as de São Paulo e do Rio. Ele se torna um visitador de infernos, como Dante, e como este, vem dar notícia ao leitor do que viu e sabe. Só que, ao escrever dentro dos padrões tocados pelo realismo contemporâneo, os contos de João Antônio fazem de si e de seus narradores aquilo que em outro texto, este de 1978, e também publicado em *Leia Livros* eu chamara de "mensageiros de Jó": aqueles que vêm dizer ao que se crê feliz Jó que na verdade o porão, a casa, tudo está pegando fogo. E graças à sutileza de estilo João Antônio consegue escapar ao escolho em que se perde muito da literatura produzida nessa época: no afã de responder à barbárie auto-satisfeita que a ditadura procurava inculcar como padrão ético aceitável, num clima tardio de guerra fria e de guerra santa contra o "inimigo interno", algumas vezes a própria literatura se embruteceu, enveredando por um descritivismo em estilo naturalista requentado que explorava o feio, o sujo, o sangue, a violência, produzindo na verdade caricaturas involuntárias em vez de personagens.

Quase dez anos mais tarde eu e João Antônio voltamos a nos encontrar numa aventura jornalística. Foi quando da fundação de *Brasil Agora*, semanário do Partido dos Trabalhadores que pretendia chegar a diário e que morreu alguns anos depois como quinzenal ou quase mensal. No nº zero desse jornal, em setembro de 1991, João Antônio publicou o texto, na verdade uma crônica com toques de reportagem, chamado "O leão de juba grande". Digo de passagem que considero esse texto, ao lado de "Meninão", de "Malagueta, Perus e Bacanaço"(o conto que dá título ao livro) e de "Paulinho Perna-Torta" um dos melhores de João. Seu tema: o trabalho de mestre Francesco, o alfaiate que fazia os fardões para a posse dos escritores na Academia Brasileira de Letras. Ali, com todas as armas do jogo de claro-escuro do seu estilo, através da visão respeitosa do trabalho de um mestre artesão, João desancava a nossa sociedade por inteiro e expunha o nervo da desigualdade ao fio de sua crítica, traçando ao mesmo tempo o enleio sinuoso de nossa própria literatura com os espaços das elites e com as coragens das denúncias: "Machado de Assis, o carioca número um e nosso maior escritor em todos os tempos, fundou a Academia Brasileira de Letras. Sutil e dissimulado, uma esfinge do Cosme Velho, talvez o maior caso de nossa literatura e, decerto, o mais perturbador até hoje. No século passado, ele escreveu uma pequena mostra de seu pensamento sobre o Brasil: 'O país real, esse é bom, o povo revela os melhores instintos; mas o país oficial, esse é caricato e burlesco'."

Esse final de um texto que é brilhante em sua tessitura (imagem apropriada para uma crônica que fala de alfaiates e fardões) é notável em sua construção, aproximando o mestre de sua personagem – Capitu – apontando-lhe a coragem das palavras e ao mesmo tempo expondo que dele, também, descende o fardão da academia. Há um paralelo entre escritor e alfaiate, entre grande artesão (como Mestre Francesco é, nas palavras de João Antônio) e grande artista, entre fio de ouro e palavra de corte, tudo jogado de encontro a este símbolo – o fardão – símbolo da Academia e da distância da literatura e seus próceres para com a realidade que ela toma, por vezes, como objeto de comentário. Um grande texto, de um grande repórter, uma crônica de mestre por um contista excepcional.

Este é o Brasil de João Antônio. Um Brasil construído pela busca de uma adequação entre o valor estético, a forma, que aqui inclui uma visão sobre o gênero escolhido, o conto ou no último caso a reportagem com laivos de crônica, e a função da literatura. Este Brasil assim decomposto, analisado e recomposto, é retrato, é raiz e é também projeto. Não se pode dizer que a literatura de João Antônio seja pessimista, nem mesmo amarga. Ela procura se valer do argumento de mostrar "as coisas como elas são", deseducando o leitor para a apreciação de uma literatura que seja o adorno, ou o sorriso da sociedade, ou mesmo, e isso também é decisivo, uma literatura que se torne autocomplacente consigo mesma pela louvação da denúncia. Penso que o projeto desse Brasil de João Antônio está em levar as mentes e os corações de seus leitores à consideração da radicalidade como elemento decisivo na formação da consciência. É uma literatura radical, de uma estética radical, cujos personagens enfrentam situações-limite, e nisto reside uma certa grandeza. Como no caso do protagonista do conto "Paulinho Perna-Torta", que, considerando a provável abjeção de sua futura morte, perseguido e alcançado pela polícia, ainda glosa sua expectativa dizendo que naquele dia os jornais noticiem que o crime perdeu um rei. Os contos de João Antônio partem da radical afirmação da humanidade daqueles a quem a aceitação como "normal" do "socialmente anormal" nega a própria condição humana. Pode-se assim deseducar o leitor dessa aceitação condenada e dar início à formação de uma nova consciência. João Antônio detém-se nesse impacto e abdica, felizmente, de uma literatura catequética. Por isso mesmo pode-se dizer que sua literatura, ao mesmo tempo em que traz para o presente a consciência da perda e das perdas do passado, volta-se também para o futuro, como construção da liberdade, pela deseducação do leitor.

O BRASIL DE JOÃO ANTÔNIO E A SINUCA DOS PINGENTES

Ligia Chiappini

"A esfereográfica garatuja. Este país é um azougue. Corrijo. Este país é um açougue."

(*Abraçado ao meu rancor*)

João Antônio tem sido lido como o escritor que se especializou em retratar uma faixa da população brasileira tida por lúmpen, faixa que ele define assim:

> Não são bem os bandidos, não são bem os marginais, são uns pés-de-chinelo, o pé-rapado, o zé-mané, o eira-sem-beira, o merduncho(...).[1]

ou, mais adiante, no mesmo texto, chamado, aliás, "merdunchos":

> É um sobrevivente urbano num grau mesmo de lúmpen, não chega a pertencer à marginalidade. No máximo, você pode enquadrá-lo no artigo 59, de Vadiagem.[2]

Esse tipo, em texto do mesmo livro, "Noel Rosa, poeta do povo", João Antônio reencontra nas personagens do compositor, um tipo "sem grandeza" e, por isso, não chapliniano:

> Falta-lhe a tônica chapliniana da esperança final e do horizonte aberto como pano de fundo a funcionar como infinitos da recuperação e do recomeço das aventuras falidas. São os personagens noelinos, homens, mulheres e situações sem remédio, nascendo, vivendo e continuando dentro de suas características negativas.[3]

---

[1] João Antônio. *Casa de loucos*. Rio de Janeiro: Editora Civilização Brasileira, 1976, p. 55.
[2] Ibidem, p. 59.
[3] Ibidem, p. 41.

O Brasil de João Antônio e a sinuca dos pingentes

O merduncho não mora, se esconde; não almoça, lancha; não viaja, se pendura.[4] À margem sempre, tem de negacear para conseguir alimento, moradia e transporte, condições mínimas necessárias à sobrevivência na selva da cidade, onde ele não é cidadão. Ironicamente, João Antônio costumava chamar a si mesmo de escritor marginal, porque narrava da margem sobre as margens da nossa sociedade. E, polêmico, também dizia querer falar dos intestinos da sociedade brasileira.

O que queremos investigar é se não se está falando da sociedade brasileira como um todo, ou apontando para um todo, a partir dessas margens que, de tão numerosas e populosas, podem ser vistas também como centro e coração da sociedade, cujos males não apenas o escritor radiografa mas também analisa e exorciza.

Para Moacyr Scliar, João Antônio, embora fale preferencialmente de tipos e situações muito específicas – jogadores de sinuca, leões-de-chácara, gigolôs, prostitutas, dedos-duros, artistas decadentes – por intermédio deles "mapeia a cultura – erudita e popular – de nosso país (...), refaz a nossa trajetória histórica",[5] superpondo personagens que vão do pingente dos trens da Central do Brasil ao menino pingente nos bondes do subúrbio; de Lima Barreto a Garrincha, do pai-de-santo baiano ao jornalista que se vende na campanha enganosa da São Paulo para turistas, deste a Noel Rosa e Aracy de Almeida. Ainda segundo Scliar, com certa ironia, isso tudo acaba por "formar um único, complexo e glorioso (sic) retrato do povo brasileiro" e "ler João Antônio é reencontrar-se com nossa gente, é redescobrir o Brasil".

Na mesma direção, o saudoso editor, também recentemente falecido, Ênio Silveira, deixou o seguinte testemunho:

> Sua obra de ficção está de tal forma inserida na realidade urbana brasileira, em seus contrastes, dramas e tragicomédias que temperam o dia-a-dia de milhões de pessoas, que têm fala, cor e cheiro de povo.[6]

De fato, a obra de João Antônio é mais ampla que um simples retrato (que alguns podem ler sumariamente como naturalista e exótico) dos malandros da noite paulista ou carioca. Para começar é geograficamente mais ampla: ele percorre as ruas de Salvador, pela mão de três baianinhos

---

[4] João Antônio. *Ô Copacabana!* Rio de Janeiro: Editora Civilização Brasileira, 1978, p. 40.
[5] João Antônio. *Dama do encantado*, São Paulo: Nova Alexandria, 1996 (orelha do livro).
[6] Moacyr Felix (org. sel. e notas). *Ênio Silveira, arquiteto de liberdades.* Rio de Janeiro: Editora Beltrand Brasil, 1998, p. 298.

merdunchos, dois Raimundos e um Lourival,[7] passa pelo Rio de Janeiro das favelas, dos subúrbios da Zona Norte, da Lapa e de Copacabana, vai a São Paulo, atravessando a cidade, do Anhangabaú a Osasco, envereda para Curitiba, onde visita Dalton Trevisan, criador de personagens tão infelizes quanto os seus, chegando à Porto Alegre de Mário Quintana, um poeta da antiga Província de São Pedro, e que ele nos apresenta como nada provinciano.[8]

A amplitude é também de classes, de culturas e de temas: do futebol à sinuca; dos traficantes e dedos-duros à classe média de Copacabana decadente; da música popular, nascida no morro, nos botequins ou no subúrbio, aos transplantes de coração para ricos; da figura e do teatro de Nelson Rodrigues ao samba paulistano de Germano Matias.

Em São Paulo, ele capta, entre outras coisas, a diversidade cultural e racial, expressando-se concretamente na comida:

> Uma gastronomia de todas as raças, metidas nos restaurantes ou exposta (sic) em tabuleiros nas ruas, esparramando-se de cheirosa. Salgado e doce. Pastéis, esfihas, quibes, ricotas, churrascos, pães-de-queijo, empadas, curaus, comilanças, tutus, apfelstrudel. Estrangeiragens.[9]

Mas, nessa mistura, não são todos que participam:

> Rango, ragu, raguzar. Rangar. Sei que se come bem, quente, variado, muito. Isto ela dá aos que têm. Você zanza às quatro da manhã pela São João, só olho aberto de restaurante e botequim. O pessoal lá, traçando feijoada, pizza, bacalhoada, no quentinho. Os vagabundos e os eira-sem-beira, os vidas-tortas passam e pensam. Aqueles vivem um vidão.[10]

A força da mistura se expressa pela enumeração, recurso muito utilizado em toda a obra, como nesta descrição da rodoviária paulista, verdadeiro retrato do Brasil mais populoso e infeliz:

> A maior rodoviária de quantas o país tem, moderna da América do Sul, aglomerado, mixórdia, misturação, formigueiro, solidão, adeuses, ajuntamento de gentes urbanas e não, multiplica tipos interestaduais, nordestino e caipira, gringo e mineiro, vontades, pressas, camelôs, polícias, gente estirada no chão, emigrados ou que partem, e faz pular arreliado, com ansiedade, sofrido, um monte de pessoas.[11]

---

7 João Antônio. *Dedo-duro*. Rio de Janeiro: Editora Record, 1982.
8 O percurso apontado vai de *Ô Copacabana!* a *Dama do encantado*.
9 *Abraçado ao meu rancor*, p. 103.
10 Ibidem, p. 103.
11 Ibidem, p. 132

O Brasil de João Antônio e a sinuca dos pingentes

Se os merdunchos e os pobres em geral são o centro dessa obra, porque são o centro do Brasil, são a periferia que está em toda a parte, o escritor não se esquece de sondar outras infelicidades menos evidentes mas nem por isso menos trágicas, como a dos trabalhadores de classe média:

> Limpinhos. Os mãos limpinhas. Ah, os vendedores enternados, pastinha 007 sob o braço, insistentes em levantar algum tipo de simpatia, carregados do ar profissional de otimismo, afetado, oferecido, aprendido mal nas duas semanas noturnas de cursinhos americanizados de vendas, e que ficam entre o acaipirado de suas origens e os seus ternos da moda, falsamente bem caídos. E ares convictos; de quê? Figuras passadas a ferro mas escondendo mal a angústia, o draminha, o dramalhão ou o drama de viventes autômatos.[12]

Além de geográfica, social, cultural e temática, a amplitude da obra é sobretudo uma amplitude simbólica que aprofunda a crítica à modernização à custa de exclusão, o que serve para as periferias das cidades brasileiras e para outras que o escritor conheceu no primeiro mundo, como fica evidente no conto "Amsterdan, Aí", de *Abraçado ao meu rancor*.[13]

Na marcha para cima e para baixo narrador e personagens buscam o tempo todo não apenas espaços, ruas, becos, guetos da cidade, mas uma outra cidade que não mais existe, descobrindo que "a cidade deu em outra". No caso do Rio de Janeiro, a que se revela sobretudo na ausência das sinucas, das casas de samba, dos botequins de antigamente, ou, no caso de São Paulo, na ausência tão presente de Germano Matias, o sambista improvisador, *leitmotiv* do texto "Abraçado ao meu rancor", do mesmo livro. Saudosismo? Quem entretanto pode negar que esse mundo ainda não expulsara de todo o pobre para a periferia? O que João Antônio persegue são os escombros da modernização. Um Rio de Janeiro que se reciviliza e uma São Paulo que não pára de crescer e de se transformar camaleonicamente. Com os botequins que somem, com as favelas que se pulverizam nas cidades de Deus que parecem do Diabo, se denuncia o falso discurso da cidade dourada do folheto turístico:

> Bate-estacas, novas poeiras, fumaças e fedores, além do acompanhamento do barulho de máquinas completam esse todo harmonioso a que damos o nome de explosão imobiliária.[14]

Aí, a galeria Alaska, onde fica, ironicamente, o Cabaré Brasil Dourado, é também, como a rodoviária de São Paulo, um emblema do Brasil onde

---
12 Ibidem, p. 105.
13 Rio de Janeiro: Editora Guanabara, 1986.
14 *Ô Copacabana!*, p. 52.

se misturam lumpens e trabalhadores e onde as fronteiras entre um e outro são muito tênues. O sentimento é de amor e ódio pela nova São Paulo incompreensível e pelo Rio de Janeiro:

> Rio Puro? E isso ainda tem? Tem misturado. Mas Rio.[15]

O que também é menos visível e nem sempre se enfatiza suficientemente é que o merduncho não é apenas objeto da narração. O escritor procura conscientemente e consegue, na maior parte das vezes, colocar-se sob a sua perspectiva, ver o mundo como o lúmpen o vê. Essa perspectiva é simbolizada pela metáfora do cágado, o réptil lerdo, vagaroso e moleirão que vive em terrenos pantanosos e se alimenta de vermes, moluscos e "persistência", cujo nome traz "sofrimento e anonimato", "avesso a grandezas e importâncias", carregando a própria casa nas costas, de "olhos atentos".[16]

Ligada à questão dos tipos, ambientes, situações temáticas que o escritor recorta e ao ponto de vista que adota, está a questão de saber em que gênero ele escreve: o que faz o escritor-repórter: conto, reportagem, crônica? Tudo isso misturado? Ou nessa mistura já despontam outros gêneros literários? E para preencher quais necessidades?

A obra de João Antônio é relativamente pequena, fragmentária e obsessiva, na medida em que os mesmos temas e até os mesmos tipos e expressões voltam de um livro a outro, retrabalhados, como num jogo que se repete a cada vez com novo estilo ou novas regras.[17] Mais enquadrados no que vem sendo chamado tradicionalmente de contos são apenas três dos seus livros (*Malagueta, Perus e Bacanaço*, *Leão-de-chácara* e *Dedo-duro*), os dois primeiros tendo merecido prêmios destinados a esse gênero.[18] Sendo os demais ora de caráter mais

---

15 *Ô Copacabana!* p. 37
16 *Abraçado ao meu rancor*, p. 162.
17 São publicações de João Antônio: *Malagueta, Perus e Bacanaço*, Rio de Janeiro: Civilização Brasileira, 1963; *Leão-de-chácara*, Rio de Janeiro: Civilização Brasileira, 1975; *Malhação do Judas carioca*, Rio de Janeiro: Civilização Brasileira, 1975; *Casa de loucos*, Rio de Janeiro: Civilização Brasileira, 1976; *Calvário e porres do pingente Alfonso Henriques de Lima Barreto*, Rio de Janeiro: Civilização Brasileira, 1977; *Lambões de caçarola*, Porto Alegre: L&PM, 1977; *Ô Copacabana!* Rio de Janeiro: Civilização Brasileira, 1978; *Dedo-duro*, Rio de Janeiro: Record, 1982; *Abraçado ao meu rancor*, Rio de Janeiro: Guanabara, 1986; *Dama do encantado*, São Paulo: Nova Alexandria, 1996.
18 Prêmio Fábio Prado para contos, 1962; prêmio Prefeitura Municipal de São Paulo, 1965; prêmio Jabuti de revelação de melhor livro de contos, da Câmara Brasileira do Livro, 1963, no caso de *Malagueta...*; prêmio Nacional de contos do Paraná e prêmio Ficção da Associação dos Críticos de Arte de São Paulo, 1975, no caso de *Leão-de-chácara*.

O Brasil de João Antônio e a sinuca dos pingentes

abertamente jornalístico (próximos da reportagem), ora mais próximos do já ambíguo gênero da crônica (jornalística por um lado, literária, por outro), ora mais próximos das memórias de infância e juventude, havendo espaço também para a biografia (no caso do livro sobre Lima Barreto e dos fragmentos sobre artistas e escritores brasileiros, de Noel Rosa e Aracy Amaral a Dalton Trevisan e Mário Quintana). Conto ou reportagem, conto-reportagem, conto-memória, conto-biografia e autobiografia, o fato é que seus temas e tipos marginais volta e meia fazem transbordar os limites de um gênero e, até, de um tipo de discurso, para buscar novo ajuste entre conteúdo e forma, que é e sempre foi a busca eterna da boa literatura.

Esse caráter híbrido e fragmentário da sua prosa, bem como suas próprias afirmações polêmicas (quando declara que é preciso fazer a radiografia da realidade brasileira por exemplo, no tempo da revista *Realidade Extra*), ou quando diz que é preciso falar de uma realidade menos nobre para a literatura sobre a qual só sabe falar quem a experimentou na própria pele, como ele, provindo dos bairros pobres de São Paulo e *flaneur* da noite paulista e carioca, confundiu muitas vezes a crítica que o julgou representante de um naturalismo fácil.

Mas a boa crítica também soube reconhecer aí as marcas do realismo mais profundo, que não dispensa, mas, ao contrário, exige o lirismo, a fantasia e o rigoroso trabalho estilístico, entre outras coisas para criar literariamente os tipos de que fala e para poder falar do povo sem reduzi-lo a massa, como percebe Alfredo Bosi no prefácio ao livro *Abraçado ao meu rancor*.[19] Flávio Aguiar insiste no caráter simbólico dessa literatura: "João Antônio não bate fotos, pinta quadros apaixonadamente deformados".[20] E, para Antonio Candido, o submundo de João Antônio é um mundo como outros e, levando-nos para "o centro da arena", o escritor "aprofunda e renova a experiência" dos leitores cuja visão de classe média, "escovada e remota", explode como uma bomba.[21]

Para apontar para isso mais detalhadamente no curto espaço-tempo deste texto, escolhi duas imagens centrais obsessivas: a imagem do pingente e a imagem do jogo.

---

[19] Intitulado "Um boêmio entre duas cidades".
[20] *A palavra no pulgatório*, São Paulo: Boitempo, 1997, p. 91.
[21] Orelha do livro de João Antônio, *Dedo-duro*, ed. cit.

Ligia Chiappini

–I–

pingente: 1. Pequeno objeto pendente, em geral com a forma de pingo: colar com pingente (...) 2. Brinco pendente 3. Bras. Passageiro que viaja no estribo de um bonde ou pendurado em qualquer veículo"

(*Novo Dicionário Aurélio*)

João Antônio, em vários momentos da sua obra nos fala dos pingentes dos trens da Central do Brasil, a companhia de trens que une o subúrbio ao centro, servindo (?) aos trabalhadores do Rio de Janeiro. Os pingentes aparecem mencionados em muitos contos, mas mais direta e longamente retratados em *Malhação do Judas carioca*, no conto-reportagem "Pingentes":

> Passageiro da Central do Brasil só chega a notícia quando é pingente. E pingente morto, desastrado ou causador de desastres... Morto o pingente, começa-se a reconhecer que o carioca vive, afinal, numa cidade a refletir a animalização a que chegou o seu homem na simples luta para sobreviver.[22]

Ou, lembrando Lima Barreto, a palavra se alarga numa acepção simbólica:

> Pingentes. Os dependurados do Rio vêm de longe. Em dezembro de 1921 já não eram novidade nenhuma nos trens da Central do Brasil. E, embora naquela época nossos escritores estivessem preocupados com beletrismos e parnasianismos, um mulato pobre que não passou de funcionário miúdo do Ministério da Guerra, chamado Lima Barreto, morador em Inhaúma, denunciava num de seus romances, o sempre por nós esquecido *Clara dos Anjos*, que "o subúrbio é o refúgio dos infelizes".[23]

Em *Ô, Copacabana!*, falando dos quartos e vagas anunciados nos jornais para quem vem do subúrbio mas quer morar em Copacabana, diz:

> Aos domingos o que eles expõem de aluga-se quartos e vagas para rapazes e moças de todos os tratos demonstra claramente que os pingentes não são nenhuma exclusividade dos trens da Central do Brasil. Há dependurados nos trens suburbanos, como há dependurados nos prédios de apartamentos por toda a extensão do nosso bairro.[24]

É não apenas no trem da cidade que os marginais se penduram. É no trem do país que os excluídos viajam pendurados, arriscando cotidia-

---

[22] p. 24.
[23] p. 24.
[24] p. 12.

namente a vida (que, afinal, como disse um importador de madeira inglês, vale muito pouco no Brasil[25]).

No último livro de João Antônio publicado em vida, *Dama do encantado*, o tema volta. O texto é reescrito, agora com novos detalhes e novas dramatizações. A pergunta ainda é a mesma: por que morre o pingente? A resposta mais superficial, meia verdade irônica: "para chegar na hora".

E, na descrição da luta para entrar no trem se pode ler a luta violenta pela sobrevivência nesse país que um dia se pensou "cordial":

> –Para entrar no trem tem que ser correndo ou na porrada, tem que dar e levar bofetão.[26]

Ao falar dos passageiros da Central do Brasil, João Antônio está falando de um Brasil Central, ou de uma "maioria brutal" que vive no subúrbio, contra os 25% que vivem em Copacabana. Nesse trem da Central hoje alguns são pingentes, mas a maioria pode sê-lo a qualquer hora amanhã: "Fora da condição de pingente todos o atacam. E todos estão sujeitos a serem pingentes, por necessidade extrema, comodidade ou pressa".[27]

Mas em *Abraçado ao meu rancor* o tema é dramaticamente associado à vida do narrador que o aborda de dentro do trem, passageiro em busca do tempo perdido, filho pródigo de Osasco, que vai visitar a mãe e revive seus tempos de pingente de dentro e de fora do trem da vida do pobre. Corrigindo Lima Barreto que só viu o trem de fora, pelo olho de seus personagens jornalistas, ele entra no trem para nos mostrar, de dentro, como mais um, o rebanho anônimo:

> Enfio para a fila das passagens do subúrbio. Entro no saguão ensebado, que a iluminação parca clareia.[28]

A violência agora também é experimentada desde dentro, dramatizada nesta passagem que tem o ritmo vertiginoso de uma máquina, como já nos chamara atenção Antonio Candido, na orelha do livro:

---

[25] Declaração de um importador de madeira do Paraná em Londres, que respondeu com essa justificativa claramente enunciada em entrevista na TV ao movimento dos ecologistas que protestavam contra o desmatamento. Aliás, sobre o pouco valor da vida no Brasil, a imprensa estampou há alguns anos uma tabela de preços dos assassinos de aluguel, indo de 50 a 2.000 reais, conforme a importância do cliente, o preço da vida no mercado brasileiro.

[26] p. 47.

[27] p. 47.

[28] p. 133.

Ligia Chiappini

> Se me escruncharem os bolsos, se me pisarem, me chutarem, me arrancarem os botões da roupa, se me tirarem os sapatos, se me cotovelarem, sequer conseguirei endireitar o espinhaço, me empertigar. E um grito seria como um rilhar de dentes, um estalo de boca, nada. Suo.[29]

Os pingentes são também vistos de dentro e eles permitem contrastar os extremos de frio e calor, martírios do pobre sem casaco ou arcondicionado, tematizado em outros momentos da obra, como espécie de *leitmotiv* do sofrimento do povo:[30]

> Meninos balangam ao vento frio do lado de fora. Suo, suamos, cá dentro.[31] (...) Vão portas abertas entupidas de pingentes impedindo a entrada do ar.[32] (...) Apertados, uns nos apoiamos nos outros, no balanço das curvas balangamos todos. Os pingentes, lá fora, tomam vento frio na cara.[33]

O trem do Brasil não admite nenhuma frivolidade:

> Aqui nos trens vamos mergulhados de cabeça, tronco e corpo numa vida sem retoque ou frivolidade.[34]

João Alexandre Barbosa, no prefácio ao livro *Dama do encantado*, nos fala de "uma sociedade de pingentes que, aos poucos, vai se revelando ao leitor como enorme contingente: aquilo que, ironicamente, seria enfeite, penduricalho, conforme a significação original da palavra, assume um amplo campo semântico para traduzir um universo de miséria cada vez maior".[35]

Pingente, de enfeite a merduncho, o percurso é o mesmo que vai do menino que se pendura na porta do ônibus como diversão ao trabalhador que arrisca a vida "para não perder a hora". No primeiro texto que João Antônio escreveu sobre os pingentes há uma tentativa de explicação para o fenômeno pela psicologia:

---

[29] p. 135.
[30] Aliás sobre a terminologia, que relembra a censura que a ditadura infringiu a uma das palavras mais usadas na linguagem da oposição antes de 64, tais como povo ou camponês, nota-se também uma semelhança com a teimosa insistência de Darcy que, no último livro, utiliza como título *O povo brasileiro* (São Paulo: Cia. das Letras, 1995), o que por certo não se faz por desconhecimento de toda a crítica antipopulista do conceito. O anacronismo é afirmado até morrer. Como o faz João Antônio indiretamente: "isso, dance conforme a música e use população e não povo, lavrador e não camponês"– p. 101.
[31] p. 135.
[32] p. 136.
[33] p. 137.
[34] p. 138.
[35] "A prosa de uma consciência", p. 16.

O Brasil de João Antônio e a sinuca dos pingentes

Convidada a falar, a sociologia disse que as pessoas são desumanizadas pelos horários e a tal ponto ficam sem individualidade dentro da multidão, que procuram readquirir a humanidade e a individualidade, tentando enganar a máquina, mesmo se colocando em perigo de vida.[36]

É por aí que a figura do pingente se vincula à figura do jogo. Na brincadeira do menino, há já um rito de iniciação para a inglória trajetória do adulto, um treino para enfrentar a luta cotidiana contra a morte em que precisa se adestrar desde cedo, com muito jogo de corpo e astúcia, a maior parte do povo desse "Brasil Dourado".[37]

–II–

Jouer, c'est jeter un pont entre la fantasie et la réalité par l'efficacité de sa propre libido; jouer est un rite d'entré et prepare le chemin vers l'adaptation à l'objet réel. C'est pourquoi le jeu des primitifs (ou des enfants) tourne si facilement au sérieux (et parfois au drame).

(*Dictionnaire des symboles*, Jean Chevalier e Alain Gheerbrant, Paris: Seghers)

A avó lá no morro diz que pobre não luta, disputa.

(João Antônio, *Abraçado ao meu rancor*)

Sinuca: variedade de bilhar, jogado normalmente com oito bolas, sobre uma mesa de seis caçapas (...). Fig. Gír. Situação difícil ou embaraçosa.

(*Novo Dicionário Aurélio*)

Tomo o jogo aqui em suas várias acepções definidas por Aurélio Buarque de Holanda em seu célebre dicionário da língua portuguesa, especialmente: de atividade física ou mental organizada por um sistema de regras que definem a perda ou o ganho; de brinquedo, passatempo, divertimento; de passatempo ou loteria sujeito a regras e no qual, às vezes, se arrisca dinheiro; de regras que devem ser observadas quando se joga; de balanço, oscilação; de escárnio, ludíbrio, jigajoga; de manha,

---

[36] *Malhação do Judas carioca*, p. 28.
[37] Nome de um cabaré em Copacabana na Galeria Alaska, onde se encontram trabalhadores vindos do subúrbio e lumpens e que pode ser lido também como uma irônica imagem do Brasil.

astúcia, ardil; de vicissitudes, alternativas, vaivéns; de aposta; de técnica instrumental, a maneira como cada artista se serve dos recursos do seu instrumento (termo usado na música); de jogo empregado como meio de investigação ou tratamento psicológico (termo usado na psicologia) e de uma das mais antigas composições dramáticas da Idade Média (termo usado em teatro).

O jogo foi visto, originalmente, como símbolo de luta contra a morte (jogos funerários), contra os elementos (jogos agrários), contra as forças hostis (jogos guerreiros), contra si mesmo (contra seu medo, sua fragilidade, suas dúvidas). Para usar as categorias de Roger Caillois (Os jogos e os homens), ele permite associar o combate, a sorte, o simulacro e a vertigem.[38] João Antônio, em certos momentos nos fala no jogo da vida, expressão que virou título do filme inspirado no conto "Malagueta, Perus e Bacanaço".[39] Em outros momentos nos mostra que para seus merdunchos a vida é uma batalha cotidiana. Esse jogo é preparação para a luta e luta mesma desde a infância do pingente-menino que pensa que apenas brinca. O jogo é sério, tão sério quanto aquele dos jogadores noturnos que, na mesa de sinuca, disputam o pão nosso de cada dia. O jogo é um mundo de chances e riscos, cujo resultado vai decidir, como para os jogadores de futebol, feito Garrincha, quem vai ser vencedor para fazer parte do Brasil dourado e quem vai cair nos trens da Central do Brasil. Por isso desde cedo carece aprender as regras do jogo para lidar com a sinuca de ter nascido pobre num país que não sabe sair do "atoleiro em que se meteu".[40]

A sinuca também não deixa de ser uma metonímia do Brasil, do Brasil que se moderniza, fechando as brechas que ainda havia para os merdunchos:

> ...Então a sinuca era uma ilha dentro dessa área de conflito, uma das últimas que restavam nessa fileira de casas de samba, de gafieira em geral, de botequim em geral, da praça em geral.[41]

Essa ilha, entretanto, não é vista de modo idealizado, pois não se disfarça a violência que lhe é inerente:

---

[38] Conforme o *Dictionnaire de Symboles*, de Jean Chevalier e Alain Gheerbrant, Paris: Seghers, 1973.

[39] *O jogo da vida. Malagueta, Perus e Bacanaço*, Documenta Produções e Embrafilme, 1977.

[40] A expressão é de Antonio Callado, falando de *Sempreviva* em entrevista a Ligia Chiappini (ver *Quando a pátria viaja, uma leitura dos romances de Antonio Callado*, Havana/Cuba, Casa de Las Américas, 1993).

[41] *Casa de loucos*, p. 58.

Ela aliava o alto poder artístico à habilidade, mas também à devoração dos caras, uns pelos outros.[42]

A sinuca ensina sobre a vida. O malandro filosofa: "a mesa é triste como uma bola branca que cai".[43]

Ela acaba sendo vista como "um pedacinho dessas coisas todas", até do amor que, com a modernização, se tornou ridículo. Vista como espelho da sociedade, supera o pitoresco:

> A sinuca é um troço desconhecido e quando aparece um cara falando disso com propriedade, é levado como pitoresco. Não é pitoresco. É um meio de divertimento, digamos assim: um lugar lúdico, e também um ganha-pão pra outros caras que não têm meios pra grande jogo, entende?[44]

Cada um joga como pode. No jogo da vida há o jogo do pobre e o jogo do rico:

> Os mesmos caras do salão de sinuca, colocados no Jóquei são uns pé-de-chinelo, uns caras que jogam bem pouco. São gajos que nunca sonharam com Bolsa de Valores, eles nem sabem o que é Bolsa de Valores...[45]

O jogo de sinuca para o pobre é tão sério como o da bolsa de valores para o rico:[46]

> Agora a gravidade da sinuca está aí: nem no divertimento, nem no campo lúdico esses caras têm assim o direito do divertimento, porque até isso pra eles é uma transação patética, é um palco dramático, é um xaveco do dia-a-dia, entende? O cara quando está jogando 50 cruzeiros numa partida de sinuca, ou 20, ou 10, ele está jogando é o dinheiro da xepa de amanhã, do ragu, da comida. É a sobrevivência dele.[47]

O que na reportagem se explica didaticamente, João Antônio dramatiza no célebre conto "Malagueta, Perus e Bacanaço" que termina melancolicamente, quando os três malandros, que se haviam juntado para ganhar dinheiro à custa de algum trouxa, acabam vítimas da polícia e de um malandro mais esperto. Se esse conto tivesse moral da história explícita, este parágrafo de "Malhação" serviria perfeitamente:

---

[42] Ibidem, p. 58.
[43] Ibidem, p. 58.
[44] Ibidem, p. 59.
[45] Ibidem, p. 53.
[46] Em vários momentos a bolsa de valores, jogo de rico, aparece junto com as mazelas do pobre, tipo uma doença como a meningite, ou um desencanto com o time amado de futebol, como a crise corintiana (*Abraçado ao meu rancor*, 131) ao que também se pode juntar "a viagem do novo ministro econômico ao Clube de Paris" (idem).
[47] *Casa de loucos*, p. 53.

Com seus merdunchos, tipos autênticos e sofridos, insubstituíveis, difíceis de encontrar em qualquer outro palco de malandragem, a sinuca entre nós continua a correr, misturando tragédias e picardias, engolindo malandros e arruinando patrões, favorecendo noitadas de suor, ódio e tensão, triturando dinheiro e gente, como um calvário de todos, otários ou sabidos, e como um paraíso de ninguém.[48]

O futebol que, como a sinuca e o pingente, é *leitmotiv* também pode ser lido como ritual iniciatório, exorcismo e rito de renovação no jogo da vida. Resistência para o pobre, readquire, por isso, algo do simbolismo perdido, em que na disputa da bola se disputava o globo solar. Mas, aqui, o que se disputa, literalmente, com o futebol, é um lugar ao sol.

Entretanto, assim como a sinuca, essa válvula de escape popular, na visão de João Antônio, também foi comprometida pela modernização selvagem. Como a lanchonete de fórmica e acrílico, como o salão de sinuca que parece farmácia, o futebol tornou-se, ao mesmo tempo, violento e ascético, perdendo muito do que tinha de dança, de ritmo, de picardia prazerosa.

Tampouco o futebol é pitoresco. Ele se mostra como espaço em que a violência aflora nos desabafos coletivos e irracionais a obliterar a miséria também coletiva que os impulsionam:

> Faz pouco, numa dessas ondas de momento da aflição do futebol, fiquei sabendo, entre os fragores, que um gráfico de vinte anos de carreira perdeu uma das mãos, distraído, a ouvir durante o trabalho a irradiação do jogo do Brasil. Depois dos jogos, as depredações a restaurantes, a bares e botequins deram para virar praxe neste Rio de Janeiro e, quase uma obrigação, em Copacabana.[49]

Assim como o pingente é o pingente e é algo mais do que o pingente do trem suburbano, a sinuca é a sinuca mas é algo mais do que o mero jogo de malandros paulistas, e o futebol é assim muito mais que o futebol, ou muito menos. Pode ser, por exemplo, um futebol de mentira, de um jogador só, com uma bola poeticamente feita de tampinha. O conto "A afinação da arte de chutar tampinhas", um dos mais belos de João Antônio, pela simplicidade do tema aliada ao rigor da linguagem, nos mostra o processo de autotreinamento do menino no jogo de chutar tampinhas de garrafa. Aí o ritual do jogo da vida se encena juntamente com o ritual do jogo da escrita, o teatro do mundo e o teatro da linguagem narrativa-

---

[48] *Malhação do Judas carioca*, p. 112.
[49] *Casa de loucos*, p. 81.

dramática de João Antônio se fazendo sempre dilacerada pela dúvida e o sofrimento, na busca da forma perfeitamente ajustada ao assunto. Que nos sirva de exemplo este trecho, em que mais do que nunca se vê que chutar, no jogo de sutilezas do pontapé artístico, carrega tanta libido quanto escrever sobre o feio sem enfeitar nem violentar a pobreza. Arte que implica afinação e "fino lavor":

> Há algum tempo venho afinando certa mania. Nos começos chutava tudo o que achava. A vontade era chutar. Um pedaço de papel, uma ponta de cigarro, outro pedaço de papel. Qualquer mancha na calçada me fazia vir trabalhando o arremesso com os pés. Depois não eram mais papéis, rolhas, caixas de fósforo. Não sei quando começou em mim o gosto sutil. Somente sei que começou. E vou tratando de trabalhá-lo, valorizando a simplicidade dos movimentos, beleza que procuro tirar dos pormenores mais corriqueiros da minha arte se afinando (...) Vou me chegando, a vontade crescendo, os pés crescendo para a tampinha, não quero chute vagabundo. Errei muitos, ainda erro. É plenamente aceitável a idéia de que para acertar, necessário pequenas erradas. Mas é muito desagradável, o entusiasmo desaparecer antes do chute. Sem graça. (...) Mas quem se entrega a criar vive descobrindo.[50]

Contra a pressa da cidade, o personagem-narrador chuta tampinhas com capricho. "É preciso sentir a beleza de uma tampinha na noite, estirada na calçada. Sem o que, impossível entender meu trabalho".[51]

As tampinhas, então, nos levam de volta a outra arte que não deixa de ser jogo, como lembrou Aurélio, da música popular – de um Noel Rosa ou de uma Aracy de Almeida – mas também da própria literatura – de um Mário Quintana, de um Dalton Trevisan – daqueles artistas que, sem sair do seu canto, venceram o provincianismo e tornaram-se universais pela conquista da beleza, pelo fino lavor. Por isso o narrador pode dizer ao final desse conto: "Se ouço um samba de Noel. (...) Muito difícil dizer, por exemplo, o que é mais bonito – o 'Feitio de Oração' ou as minhas tampinhas".[52]

Conclusão

> Se se é uma chaga viva, nervo exposto, tontice. Ninguém vê. Meu trabalho tem sido, quando presta, disfarçar isso.
>
> (João Antônio, *Dedo-duro*)

---

50 *Malagueta, Perus e Bacanaço*, p. 21-22.
51 Ibidem, p. 23.
52 Ibidem, p. 26.

Esta é a sinuca de João Antônio, artista: como salvar a beleza no mundo da feiúra e da pobreza?

> Estou ainda enfarado do lado estético, que falar do feio com forma bonita é mais farisaísmo. Para que forma feitinha, comportada e empetecada; para que um ismo funcionando como pendurilcalho para falar de coisas caóticas e desconcertantes? Houvesse, de vez, uma escrita envenenada, escrachada, arreganhada.[53]

O escritor que busca essa linguagem é um marginal. Ex-pingente, sente-se um pouco como um habitante do Morro da Geada, bairro periférico, de onde provém e para onde volta para visitar a mãe:

> Fora daqui, por mais que me besuntem de importâncias, fique conhecido ou tenha ares coloridos, um quê me bate e rebate. Foi desta fuligem que saí. E é minha gente.[54]

Mas ao descer do trem e percorrer de novo o bairro de sua infância, rumo à casa da mãe, o personagem-narrador se sabe viajante esporádico desse trem, porque, embarcado agora em outra classe, pergunta-se perplexo:

> Se tivesse que viver aqui de novo, de onde me viria a força?[55]

Aí, volta e meia, aflora a culpa, até por andar de táxi:

> Carrego um peso, ainda que vago, permanente; e se me ponho nos táxis, é com aborrecimento.[56]

Então, a "distância social"[57] se impõe, inegável:

> Quando os conheci e gostei deles, quando me estrepei e sofri na mesma canoa furada, a perigo e a medo, eu não tinha esses refinamentos, não. Mudei, sou outra pessoa; terei tirado de onde estas importâncias e lisuras? De teu pai não foi, mano. Também é verdade que, agora, visto na moda e não simples. Meto antes as roupas que, só depois, chegarão aqui e ando tostado de sol, areias, mar.[58]

Essa distância social não afeta apenas as roupas e os gestos, mas também a linguagem: "Perdi a linguagem no verbalismo palavroso da profissão".[59]

---

[53] *Dedo-duro*, p. 89.
[54] *Abraçado ao meu rancor*, p. 139.
[55] Ibidem, p. 141.
[56] Ibidem, p. 82.
[57] O termo é de Darcy Ribeiro. *O povo brasileiro*, p. 23 e, especialmente, p. 210-219.
[58] Ibidem, p. 83.
[59] Ibidem, p. 122.

O Brasil de João Antônio e a sinuca dos pingentes

É interessante comparar, neste aspecto, João Antônio e Darcy Ribeiro. É outra a origem de classe, outra é a autocondescendência com a impotência do intelectual e a distância social em que ele se coloca entre os de baixo e os de cima, mas o diagnóstico é o mesmo:

> O espaço social em que nasci, onde sempre vivi, onde estou agora, é o intermediário, de algodão isolante, entre as classes antagônicas. Lá em cima, ficam os ricos mais ricos, poderosas potestades, mandando e mamando. Lá embaixo, a humanidade imensíssima, suada e sofrida. Eu no meio, entre eles, me equilibro. Afundar na gueena, seria insensatez suprema. Alçar-me para o mundo da gente lá de cima, haja hércules. Assim encurralado, só me resta virar espectador, olhar testemunhando os viveres contrastantes do meu povo dessas Minas. Os mandantes, lá de cima, contentes de si e do mundo. Os mandados, lá de baixo, sofridos, resignados.[60]

Mais que Darcy Ribeiro, tal diagnóstico leva João Antônio a sentir-se culpado e saudoso. Ele tem mesmo sido acusado de saudosista. E assume a saudade de um tempo em que "a miséria não substituíra a pobreza"; tempo "sem água encanada, com luz só recente, sem televisão, sem aparelho de som e sem inflação" e está seguro de que "o nosso coração era simples, espichado e melhor".[61]

Mas cabe perguntar: saudosismo simplesmente, ou testemunho de um mundo melhor para o pobre, que o homem de memória não deixa esquecer? A resposta pode estar nestas palavras:

> Há no país uma classe de homens sem remédio, os de memória. Tachados de saudosistas, chinfrins e velhos precoces, acabam falando sozinhos.[62]

Tal saudosismo lúcido leva a uma visão radicalmente pessimista: o trem do "Brasil Dourado" não deixa margem a nenhum futuro. Por isso algumas frases, feitas para definir um espaço pontual como um hospício, subitamente ganham uma atualidade tão grande que a casa de loucos se transforma em metáfora do país:

> Aqui ninguém recebe tratamento. Há os enganados e os desenganados. Todos querendo ir embora na primeira oportunidade.[63]

---

[60] Darcy Ribeiro. *Migo*. Rio de Janeiro: Nova Fronteira, 1988, p. 326.
[61] *Dedo-duro*, p. 22 e 23.
[62] *Abraçado ao meu rancor*, p. 217.
[63] *Casa de loucos*, p. 131.

Ligia Chiappini

Ame-o ou deixe-o, era o *slogan* da época da ditadura. Muitos deixaram naquele tempo e estão deixando hoje, num movimento que já foi chamado de "nova diáspora" e o qual João Antônio parece profetizar.

O presente é cada vez mais negro. O Brasil moderno, cada vez mais velho. E o povo, ao contrário do que pensa Alfredo Bosi, cada vez mais triste. Não é um "povo alegre porque sofrido";[64] tal mensagem cristã não dá para ler em João Antônio. No trem da central o pingente joga a vida para exorcizar a morte, mas sabe que não dá para cantar samba nessa hora. E, quando canta, canta triste.

---

[64] A expressão é de Alfredo Bosi, no prefácio citado.

JOÃO ANTÔNIO E A DESCONSTRUÇÃO DA MALANDRAGEM

Berthold Zilly

João Antônio, sob certos aspectos, destoa dos outros intelectuais contemplados no simpósio. Estes – pensadores, ensaístas, romancistas, moralistas – se inserem de alguma forma na linhagem imponente, grave, erudita, embora por vezes rebelde, emancipatória e crítica, dos grandes intérpretes e preceptores do Brasil, de José Bonifácio e José de Alencar a Gilberto Freyre ou Raymundo Faoro.[1] Ora, João Antônio parece longe dessa tradição.

Pois pode-se dividir a história das idéias e talvez até a produção cultural no Brasil de modo geral, simplificando as coisas um pouco, em três vertentes básicas, a respeito do estilo e gênero literário:

a) uma mais séria, grave, acadêmica, contemplativa, conservadora ou progressista, solene e trágica, preocupada com os altos destinos do ser humano, de determinados grupos sociais e principalmente da nação, constituída por romances e outras obras representativas e canônicas, como *Iracema*, de José de Alencar, *Os sertões*, de Euclides da Cunha, ou *Grande sertão: veredas*, de Guimarães Rosa, *A paixão segundo G. H.*, de Clarice Lispector, ou *Zero*, de Loyola Brandão, ligada em suas formas expressivas eruditas à cultura e ao gosto das classes médias e altas, ainda que cultivando eventualmente uma certa estética do feio. Pertencem a esta vertente os grandes ensaios sobre a brasilidade, de Capistrano de Abreu e Euclides da Cunha ou Paulo Prado até Caio Prado Júnior, Darcy Ribeiro, Raymundo Faoro ou Roberto da Matta, mesmo que o seu tema seja o carnaval, o humor ou a malandragem;

---

[1] João Antônio tinha profundo respeito pelos eruditos dessa linhagem, inclusive por Darcy Ribeiro, a quem dedicou emocionante reportagem, ou Antonio Candido, a quem dedicou um texto de homenagem: "Meus respeitos", in: Maria Ângela D'Incao e Eloísa Faria Scarabôtolo. *Dentro do texto, dentro da vida: ensaios sobre Antonio Candido*, São Paulo: Cia. das Letras, 1992, p. 68-72. Compartilhou os seus anseios de pesquisar e compreender melhor o Brasil, mas perseguiu essa meta com outros meios.

b) outra vertente seria a lírico-amorosa, sentimental, muitas vezes melancólica, saudosa, constituída basicamente por grande parte da produção poética e musical, do Romantismo até os nossos dias;

c) pode-se considerar uma terceira linha a irreverente, carnavalizante, ora galhofeira, debochada, ora humorística, caricatural, satírica, tematizando o dia-a-dia, assuntos e figuras aparentemente banais e marginais, presente tanto nas tradições cultas quanto, e principalmente, nas populares. Ela se manifestaria em obras como *Memórias de um sargento de milícias,* de Manuel Antônio de Almeida, *Macunaíma,* de Mário de Andrade, *História do Brasil pelo método confuso,* de Mendes Fradique, *Quincas Berro d'Água,* de Jorge Amado, *Memórias de um gigolô,* de Marcos Rey, *Galvez, imperador do Acre,* de Márcio Souza, *O Chalaça,* de José Roberto Torero,[2] e em grande parcela da cultura popular. Ora, um dos personagens centrais desse veio humorístico ou galhofeiro, tanto nas suas expressões cultas como populares, é justamente o malandro, que também é, como sabemos, figura quase onipresente na obra de João Antônio.[3]

É interessante constatar que o "país do carnaval", caracterização que deu o título ao primeiro romance de Jorge Amado, se vê representado preferencialmente por figuras como o Duque de Caxias, Rui Barbosa, Euclides da Cunha, Getúlio Vargas, Tancredo Neves; na ficção, por Clarice Lispector ou Guimarães Rosa, pessoas pouco dadas ao espírito carnavalesco e irreverente, associado tantas vezes a um suposto caráter nacional brasileiro. A tradição séria, não obstante as suas mensagens

---

[2] Vários autores "sérios" também praticaram gêneros cômicos, como justamente Darcy Ribeiro em *Utopia selvagem*, que pode ser lido como uma espécie de romance malandro. Por outro lado, até em textos não pertencentes à vertente cômica pode haver personagens malandros, num sentido mais amplo, como no caso de Mandrake em *A grande arte*, de Rubem Fonseca. Outros autores do veio sério, como Antonio Candido, baniram a sua componente irreverente da obra publicada, vivendo-a só entre amigos, como autor de cartas, ver: Decio de Almeida Prado, "Antonio Candido e a 'pena da galhofa'", in: Maria Ângela D'Incao e Eloísa Faria Scarabôtolo. *Dentro do texto, dentro da vida: ensaios sobre Antonio Candido*, São Paulo: Cia. das Letras, 1992, p. 73-78.

Foi só com o Modernismo que a tradição irreverente conquistou um lugar respeitado dentro da cultura erudita, e não é por acaso que tanto Oswald como Mário de Andrade nas suas atitudes paródicas e até iconoclastas em relação à cultura acadêmica, se entusiasmaram tanto pelo veio humorístico da cultura popular. O resultado, porém, foram manifestos e obras inteligíveis só com alta dose de erudição, como no caso de *Macunaíma.*

[3] Por outro lado, há obras com personagens chamados de malandros que só muito marginalmente ou só em parte se inscrevem no filão humorístico da cultura brasileira, como *Dois perdidos numa noite suja* e outras peças de Plínio Marcos, os romances-reportagem de José Louzeiro, e, de um modo a ser discutido neste artigo, também os contos de João Antônio.

João Antônio e a desconstrução da malandragem

por vezes críticas ou até subversivas, pertence, pela forma, estilo, ar de gravidade, à cultura dominante, ao passo que a tradição humorística e galhofeira transita entre as classes, tendo uma certa queda pelos de baixo, em termos temáticos e estilísticos. A tradição séria quase nunca é popular, mesmo falando do povo, e durante muito tempo ela não pôs à disposição dos autores empenhados pela causa do povo meios de expressão adequados.[4] Para se escrever de um modo mais popular, sem pressupor no leitor conhecimento de toda a parafernália da retórica tradicional, era preciso se aproximar ou se integrar na tradição irreverente, o que fez por exemplo o autor de *Memórias de um sargento de milícias*, um dos poucos romances da literatura brasileira antes do Modernismo que não foi escrito a partir de um ponto de vista da classe dominante.[5]

---

[4] Quanto aos problemas que tiveram os autores anarquistas de encontrar um estilo apropriado às suas mensagens, ver Francisco Foot Hardman, "Palavra de ouro, cidade de palha", in: Roberto Schwarz (org.), *Os pobres na literatura brasileira*, São Paulo: Brasiliense, 1983, p. 79-87.

[5] Ver Antonio Candido, "Dialética da malandragem: Caracterização das Memórias de um Sargento de Milícias", in: *Revista do Instituto de Estudos Brasileiros*, nº 8, São Paulo: USP, 1970, p. 67-89, artigo no qual escreve: "O sentido profundo das Memórias está ligado ao fato delas não se enquadrarem em nenhuma das racionalizações ideológicas reinantes na literatura brasileira de então: indianismo, nacionalismo, grandeza do sofrimento, redenção pela dor, pompa do estilo, etc." (p. 86); e mais adiante: "É pois no plano do estilo que se entende bem o desvinculamento das Memórias em relação à ideologia das classes dominantes do seu tempo, tão presente na retórica liberal e no estilo florido dos beletristas" (p. 87). Nas nações recém-emancipadas a preocupação com a seriedade e respeitabilidade na vida cultural e política era particularmente grande, para compensar e corrigir de certa maneira os inevitáveis traços de imaturidade e irregularidade. Daí, na literatura, o "gosto acentuado pelos símbolos repressivos, que parecem domar a eclosão dos impulsos" (Antonio Candido, op. cit., p. 85), traços que nos parecem hoje em dia às vezes pernósticos, como em Rui Barbosa ou Coelho Neto.

No caso de Euclides da Cunha é particularmente óbvio o contraste entre a pobreza socioeconômica dos personagens e a "opulência retórica" da sua representação literária, que também é um gesto autoritário da sua obra; ver Walnice Nogueira Galvão, "Uma ausência", in: Roberto Schwarz (org.), *Os pobres na literatura brasileira*, São Paulo: Brasiliense, 1983, p. 51-53. Escusado lembrar que os sertanejos e soldados de Euclides não têm nada de malandros no sentido da tradição irreverente, embora vez por outra sejam tachados de bandidos ou criminosos.

Que mesmo um tema "sério" como a guerra de Canudos também pode ser tratado de modo cômico e carnavalizante, fica manifesto no romance de José J. Veiga, *A casca da serpente*, Rio de Janeiro: Bertrand, 1989, em que no entanto não aparecem personagens exatamente malandros no sentido da irreverência. Mas o conselheiro, que em Euclides é a encarnação pura do tipo ideal do renunciador na definição de Roberto da Matta, deixa de ser asceta e passa a ser transigente com exigências religiosas e morais e tolerante com os prazeres da vida, uma certa aproximação com atitudes de tolerância moral associadas ao malandro.

Berthold Zilly

Quem consulta os dicionários de literatura brasileira ou de termos literários, por exemplo o de Massaud Moisés, ou os manuais de história da literatura brasileira, de Alfredo Bosi e outros, vai encontrar o termo *picaresco* ou *novela picaresca* e respectivamente *romance picaresco*, mas não o termo correspondente na cultura brasileira, ou seja, malandro ou talvez malandragem, visto que não são termos consagrados na crítica ou história literária. Quem falou pela primeira vez em romance malandro foi Antonio Candido, em seu famoso ensaio "Dialética da malandragem", de 1970, para caracterizar o já citado livro de Manuel Antônio de Almeida, de meados do século XIX, *Memórias de um sargento de milícias*,[6] diferenciando-o do romance picaresco, sem todavia aplicar o termo a outros textos e sem necessariamente pretender definir um gênero literário, deixando a questão em aberto.

Pode-se perguntar porém se o autor das Memórias não foi fundador de um gênero, justamente do romance malandro, contrapartida brasileira do romance picaresco das literaturas hispânicas, e se as características principais do livro de Manuel Antônio não se encontram também em outras obras da literatura brasileira. Seriam textos cujo protagonista é um malandro, homem de origem incerta ou humilde, velhaco, astuto, brincalhão, simpático, embora pouco confiável, sem ego forte e consistente, embora egoísta, guiado pelos instintos e pelas oportunidades, avesso ao trabalho contínuo e a outros compromissos, dado ao jogo, erotismo e jeitinho, um adulto infantil de certa forma, transgressor de leis e convenções, mas também vítima de outros transgressores, um burlador burlado eventualmente. A trama é movida pela dialética entre o mundo da ordem e o da desordem, constituída por uma série de aventuras narradas num tom de comicidade, carnavalização ou deboche, sem verdadeiras dores ou remorsos de ninguém, pois o herói, ou melhor, anti-herói seria indestrutível como um títere, num ambiente de leveza e sem gravidade, em que as leis sociais parecem, senão suspensas, pelo menos amenas, em que ninguém é julgado por ninguém, muito menos pelo narrador aparentemente amoral.

Em comparação com o pícaro, o vadio brasileiro seria mais inconstante no sentido de não ter pressa nenhuma de empregar-se como servente, preferindo viver ao deus-dará, de expedientes, de pequenos furtos e fraudes, da caftinagem, porém num raio de atuação menor, que em vez de

---

[6] Antonio Candido, op. cit. Parece que o estudo desse tipo de assunto se torna mais atraente em épocas repressivas. A publicação do ensaio de Antonio Candido nos anos de chumbo da ditadura militar pode ter tido a mesma função que os trabalhos de Mikhail Bakhtin em pleno stalinismo: voltar às tradições populares da irreverência, crítica social e bom humor, como contestação e resistência indireta a um regime ditatorial.

João Antônio e a desconstrução da malandragem

ser um país é apenas uma cidade ou região, numa sociedade que é menos dura e impiedosa do que a da novela picaresca, e na qual há mais espaço para afetos e amores, ainda que superficiais e pragmáticos, de modo que a brasilidade do malandro se manifestaria também num certo grau de sentimentalidade e cordialidade.[7] Outra diferença importante é a forma narrativa, pois no romance malandro o narrador da 1ª pessoa, ou seja, autor de uma fictícia autobiografia, é muito menos freqüente do que na sua contrapartida hispânica.

Sem podermos aprofundar aqui a questão, não há dúvida de que esses e alguns outros atributos podem se aplicar a uma série expressiva de romances ou novelas,[8] de modo que não nos parece ousado demais afirmar que existe no Brasil um gênero culto, embora menos claramente demarcado do que a novela picaresca, com protagonista semelhante ao *trickster* oriundo do folclore, que se poderia denominar romance malandro, ou no caso de narrativas mais curtas, de novelas malandras. Ainda que não seja gênero consagrado pela crítica literária, constitui uma tradição que faz parte do corpo de leituras de qualquer escritor brasileiro criador de personagens de extração popular, que transitam entre legalidade e ilegalidade, além de que sempre existe também a presença da tradição picaresca, acessível por meio de traduções ou dos textos originais. A enorme quantidade e popularidade de obras em todas as áreas da produção cultural com protagonistas chamados de malandros por outros personagens ou pelo narrador atenua as fronteiras entre o romance malandro e outras áreas de expressão cultural, por exemplo na música e no cinema, e nos obriga a encarar todas essas manifestações em seu conjunto, sobretudo em se tratando de um autor como João Antônio que, apesar de ser paulistano, sempre enfatizou as suas ligações com a música popular carioca.[9]

---

[7] Essa relativa cordialidade vale também para o protagonista espanhol em *Galvez, imperador do Acre*, de Márcio Souza. A amplitude do espaço de ação de *Macunaíma*, que percorre todo o Brasil e parte da América Latina durante quatro séculos, é atípica, possível graças ao caráter "surreal" do livro.

[8] Ver p. 2 do presente artigo assim como as obras citadas e analisadas em: Mario M. González, *A saga do anti-herói: estudo sobre o romance picaresco espanhol e algumas de suas correspondências na literatura brasileira*, São Paulo: Nova Alexandria, 1994, especialmente p. 315 e seguintes.

[9] Um breve olhar na Internet fornece nada menos que 933 *web pages* com o verbete *malandro* que se referem na sua maioria à música popular, incluindo a obra de Chico Buarque. Quem, entre os acadêmicos, se interessa mais pelo malandro são os antropólogos e sociólogos, como Roberto da Matta e Alba Zaluar. Mas estes, devido ao caráter basicamente imaginário da figura do malandro, apóiam-se menos em material empírico do que em ritos e ficções orais e literárias; ver principalmente Roberto da Matta, *Carnavais, malandros e heróis: para uma sociologia do dilema*

Berthold Zilly

Não existe, que eu saiba, pesquisa sobre a história do termo *malandro*, tampouco Antonio Candido nos diz de onde o tomou, sendo-lhe detalhe pouco importante, já que hoje em dia é termo consagrado para designar a tradição cômico-humorística da cultura brasileira, sobretudo da música e da literatura popular.[10] No romance de Manuel Antônio de Almeida a palavra no entanto não consta, nem outras da mesma família, como malandragem. E mesmo em *Macunaíma*, cujo herói é tido unanimemente como outro malandro clássico da literatura brasileira, elevado a símbolo nacional pelo autor e principalmente por seus intérpretes e leitores, de modo que macunaíma virou uma antonomásia, praticamente sinônimo de malandro, este último termo só aparece uma única vez, sem papel relevante, como atributo desse preguiçoso e mentiroso "herói sem nenhum caráter".[11]

O malandro se tornou figura do imaginário nacional, ambivalente. Tem conotações simpáticas, de homem alegre, irreverente, curtidor da

---

brasileiro, Rio de Janeiro: Zahar, 1979, especialmente p. 202-235; obra em que define três tipos ideais do imaginário brasileiro, abstraindo porém de diferenciações regionais, sociais e históricas: o malandro como homem na margem da ordem, o caxias como homem da ordem e o renunciador como homem em contato com o além: "Em vez de discursar e escrever (como faz o caxias, produzindo seus atos e decretos), cantar e dançar (como faz o malandro, produzindo seus sambas), o renunciador reza e caminha, procurando a terra da promissão, onde os homens finalmente poderão realizar seus ideais de justiça e paz social", ibidem, p. 205-206. Todos os três tipos aparecem em numerosos matizes. O homem da ordem, o patrão ou o policial, admirado e temido pelo malandro, quando defende cegamente os princípios da ordem contra os seus próprios instintos e interesses, vira otário, objeto de gozação. Quando porém vira esperto demais, se aproxima do malandro e se trai a si mesmo. Quando o malandro deixa os interstícios entre ordem e desordem para se integrar plenamente na desordem, vira bandido.

10 "Digamos então que Leonardo não é um pícaro saído da tradução espanhola; mas o primeiro grande *malandro* que entra na novelística brasileira, vindo de uma tradição quase folclórica e correspondendo, mais do que se costuma dizer, a uma certa atmosfera cômica e popularesca do seu tempo, no Brasil" (Antonio Candido, op. cit. p. 71). O termo *malandro* parece vir do italiano malandrino, "bandido", significando inicialmente aquele que tem um "mal andar" (ver *Dicionário Aurélio*).
Curiosamente o termo não consta em Luiz da Câmara Cascudo, *Dicionário do folclore brasileiro,* nem como verbete, nem no artigo sob o verbete *Malasarte*, cujas aventuras são importante fonte para as reflexões de Roberto da Matta sobre a malandragem; ver Roberto da Matta, op. cit., p. 194 ss. Isso reforça a nossa hipótese de o termo *malandro* se ter imposto como denominação central do vadio velhaco mas simpático como um tipo ideal (no sentido weberiano) da cultura brasileira a partir dos anos 20, por intermédio do samba carioca. Ver Cláudia Matos, *Acertei no milhar: samba e malandragem no tempo de Getúlio*, Rio de Janeiro: Paz e Terra, 1982.

11 M. Cavalcanti Proença. *Roteiro de Macunaíma*. Rio de Janeiro: Civilização Brasileira, 1987, p. 276.

vida, atraente eroticamente, improvisador, eloqüente, mas também de preguiçoso, explorador, oportunista, desonesto, delinqüente. Essa ambivalência se reflete nos dois prefácios de tendências opostas que Mário de Andrade redigiu e dos quais finalmente não publicou nenhum, entregando o personagem ao juízo do público. Ver *Macunaíma*, os prefácios não publicados, documentados na edição crítica da coleção "Archives".

Parece que o termo malandro, embora desde séculos usual na língua portuguesa, só nos anos 20 e 30 é que passou a ter um papel de destaque, principalmente nas letras da música dos morros cariocas que naquela época foram conquistando a cidade e depois os país pelo disco, rádio e desfiles de Carnaval. Nessa tradição musical, o samba malandro passou a constituir uma espécie de subgênero, ao lado do samba lírico-amoroso e, mais tarde, do samba apologético-nacionalista, criado sob a inspiração do famoso DIP, justamente para combater a popularidade da figura do malandro, em nome da ordem e do progresso do Estado Novo.[12] Foi portanto retroativa a grande carreira que o termo fez para caracterizar romances do século XIX e das primeiras décadas do século XX, tornando-se denominação consagrada dos anti-heróis de Manuel Antônio de Almeida e de Mário de Andrade e sendo aplicado doravante a todos os seus similares e sucessores na literatura e no imaginário brasileiro. Alguns atributos de um suposto caráter nacional dos brasileiros, principalmente da população negra, apontados já bem antes por vários intérpretes e definidores da brasilidade, Paulo Prado e outros,[13] como a preguiça, a sensualidade, a imprevidência, o talento para o jeitinho, habilidade física e retórica passaram a se aglutinar e se resumir sob o rótulo da malandragem, cuja idade de ouro geralmente é situada nos anos 20 e 30, com um certo renascimento nos anos 50. Não é por acaso que tanto as *Memórias de um gigolô*, de Marcos Rey, quanto a *Ópera do malandro*, de Chico Buarque, se situam naquele período bem anterior ao tempo em que foram criadas.[14]

Geralmente, esse malandro é um homem do morro, sambista, mulato, pisando mole, com passo de ginga, de grande habilidade física mas também retórica, fugindo de qualquer trabalho pesado ou rotineiro, eroticamente

---

12 Ver Cláudia Matos, *Acertei no milhar: samba e malandragem no tempo de Getúlio*, Rio de Janeiro: Paz e Terra, 1982, especialmente p. 44 e seguintes.
13 Ver Dante Moreira Leite. *O caráter nacional brasileiro*. São Paulo: Pioneira, 1969.
14 Ver Mario M. González, *A saga do anti-herói: Estudo sobre o romance picaresco espanhol e algumas de suas correspondências na literatura brasileira*, São Paulo: Nova Alexandria, 1994.

atraente, boêmio, vivendo de expedientes, na margem da legalidade, de atividades artísticas ou esportivas, do jogo de azar, principalmente do bicho ou da prostituição, como cafetão ou gigolô. Veste-se com elegância, terno branco, lenço, chapéu de palha, cabeleira vistosa, apresentando-se como bonitão, um arremedo de burguês, sem anel de formatura, mas com dignidade própria. Não é honesto nem desonesto, não é ordeiro nem criminoso, reconhece certo código de valores, pois os malandros o têm, embora isso pareça paradoxal, praticando solidariedade perante os otários e a polícia. É violento quando necessário, andando armado com navalha, mas prefere ser homem da mediação, da conciliação, da harmonização. É irreverente, alegre, lúdico, e como a alegria e o riso são basicamente atitudes coletivas, ele precisa de um público, de uma platéia, como caixa de ressonância. É ator e encenador de si mesmo, vaidoso, fazendo da sua vida um espetáculo, pelo qual angaria prestígio, dinheiro e amores. É inconstante, inconsistente, nômade, andarilho, mulherengo, machista, alguém que poderia dizer de si, com Bertolt Brecht: "Em mim vocês têm alguém em que não podem confiar".

Seu pano de fundo real é a vida no morro, a pobreza, a exclusão do mercado de trabalho, condição irregular sem sálario e moradia digna, a dependência de expedientes, o medo da polícia, a falta de respeitabilidade burguesa. Diante dessa situação de déficits e penúrias o malandro consegue levar uma vida relativamente agradável e respeitada dentro e fora do morro que ele representa mas que também transcende rumo ao centro da cidade e às classes médias, que passam a apreciá-lo como personagem folclórico e pitoresco, personificando anseios e fantasias de homens de diversas classes, o sonho de uma vida em permanente ócio, longe das coerções do trabalho e da família, cheia de aventuras, principalmente eróticas.

É o homem da ambigüidade, da contestação e ao mesmo tempo da confirmação da ordem social estabelecida. Representa as insatisfações de uma faixa humilde do povo, do morro, porém é profundamente individualista. É mais uma figura estilizada, artificial e imaginária do que concreta e real.

Seu antípoda é o homem da ordem que pode ser o otário, o trabalhador escrupuloso, todo aquele que se submete aos valores vigentes, cumprindo o seu dever na fábrica e em casa, deixando de colocar no primeiro plano a curtição da vida, do lazer e da sexualidade. Geralmente o malandro procura viver à custa de uma mulher, uma prostituta que trata como otária, embora para os seus fregueses ela possa ser malandra. Existem também "verdadeiras" malandras, geralmente as amantes infiéis de homens apaixonados, mas sem o brilho e sem as conotações relativamente positivas dos malandros masculinos.[15] Não há companheirismo de igual para igual entre dois malandros, e muito menos entre homem e mulher. Quando o homem é malandro, a mulher é otária, e vice-versa, e geralmente otário é aquele que ama, pois a paixão enfraquece o egoísmo e o cinismo necessários para a malandragem. Sempre existe uma hierarquia, em que o malandro mais malandro explora o menos malandro procurando fazer dele ou dela um otário ou uma otária. Por outro lado o verdadeiro otário, bom trabalhador, pai e marido, admira-o e despreza-o ao mesmo tempo.

O homem da ordem também pode ser o patrão, o chefão, o garantidor da ordem estabelecida, cuja encarnação mais controvertida é o policial. Já que o malandro, em todas as suas encarnações, é um transgressor ou suspeito de sê-lo, sempre é capaz de entrar em choque com a polícia. E muitas vezes os heróis da ordem são apresentados ou como otários, pessoas quadradas, desajeitadas, ou como malandros também. Já em *Memórias de um sargento de milícias*, o chefe da polícia do Rio da época joanina, Vidigal, a única figura concretamente histórica do romance não só é representante da ordem mas também transgressor dessa ordem, e justamente por isso é obrigado a perdoar o malandro Leonardo filho e a incorporá-lo na polícia, relativizando a oposição entre os fora-da-lei e os defensores da lei.

Hoje em dia malandro é uma palavra multifacetada, com basicamente três significados:

1. o sentido do imaginário popular, acima descrito: personagem oriundo das classes subalternas, principalmente dos morros do Rio de Janeiro, mais fictício do que real do samba dos anos 30, sujeito que vive de expedientes, da própria música, da caftinagem, do jogo de bicho, do bilhar; muitas vezes gigolô com mulher prostituta que por sua vez não deve ser malandra. A malandragem é meio de sobrevivência, é expediente, mas também filosofia de vida.

2. no sentido mais amplo: sujeito fino, esperto, jeitoso, hábil, de todas as classes sociais, amigo de boa vida, sociável, eloqüente, mentiroso, fingidor, descumpridor de promessas, alegre, simpático, avesso ao trabalho duro e contínuo, mulherengo, transgressor de leis e normas morais sem cair no crime, podendo pertencer a todas as profissões e classes sociais; apresentando a leveza do ser, sem

---

15 O romance de Marcos Rey, *Memórias de um gigolô*, é um dos poucos em que aparece uma malandra simpática e bem-sucedida, em todos os sentidos à altura do seu amante, até de certa forma superior a ele e mais bem-sucedida, pois ela consegue administrar bem a sua vida com dois amantes. Claro que o grau de estilização e ficcionalização é muito alto, sem compromisso com fatos concretos da realidade social, a não ser a de sonhos coletivos.

consciência pesada, sem remorsos. A malandragem nesse sentido é uma atitude, uma arte de viver, brincadeira, mas também meio de ascensão social ou de sucesso na política. Dessa forma, quando vinculada com a fama de eficiência, ela tem grande aceitação, pois muitos políticos, justamente por serem malandros, gozam de certa simpatia popular, por exemplo, Paulo Maluf. Se hoje em dia há uma classe capaz de viver o ideal da malandragem, é certa elite, que pode se dar ao luxo de viver ao seu bel-prazer, lesando leis e regras e direitos de pessoas impunemente; só que não tem cultura própria, pelo que faz empréstimos à cultura popular;

3. bandido, ladrão, gângster, assassino. A ambivalência dos dois outros conceitos cede lugar a significados puramente negativos, sinônimos praticamente de marginal.

Todos os três tipos de malandro, na sua irresponsabilidade auto-centrada, são o exato contrário do calvinista com sua ética profissional, de asceta secularizado; todos os três têm como espaço de atuação a cidade toda, ao passo que o otário fica confinado ao local de trabalho e à casa.

É interessante observar que na prosa de ficção o malandro quase sempre é situado no passado, desde Manuel Antônio de Almeida até José Roberto Torero. Os autores parecem intuir que no fundo a malandragem como prática da vida é em grande parte um mito, e não há como narrá-la por meio de uma ação ficcional que se passe na realidade contemporânea, bem conhecida e verificável pelos leitores. Para narrar a malandragem, é preciso distanciá-la do presente, transpô-la ou para o passado ou estilizá-la caricaturalmente, como no caso de *Macunaíma*, para ter a necessária liberdade de criação.

O que, para voltarmos ao início das nossas considerações, aproxima João Antônio antes de tudo da tradição irreverente da cultura brasileira é o freqüente aparecimento da figura do malandro, inclusive o uso exaustivo da palavra. O estudo desse personagem em João Antônio pode ser uma chave para interpretar a sua obra e a sua posição com relação às vertentes séria, lírica e cômica da cultura brasileira.

João Antônio, que se dizia "abraçado ao meu rancor", para citar o título de um dos seus últimos livros de contos, obviamente não construiu o malandro como tipo ideal nacional e possível figura de identificação para as diversas classes sociais. Ele quis, ao contrário, empreender a desmitificação do malandro, opondo-se à sua visão pitoresca e folclorizada que conhecia muito bem, como músico amador.[16] Quis mostrar que a

---

16 Ver também Jesus Antonio Durrigan, "João Antônio e a ciranda da malandragem", in: Roberto Schwarz (org.). *Os pobres na literatura brasileira*, São Paulo: Brasiliense, 1983, p. 214-218.

modernização da sociedade brasileira e as reformas urbanísticas de Getúlio Vargas até a ditadura militar obrigaram o malandro, que tinha descido do morro nos anos 20, a voltar para lá, confinado no seu espaço de origem, obrigando-o mais do que nunca à criminalidade ou à miséria.

Quanto às vertentes principais do samba dos anos 30, o samba lírico-amoroso, o samba malandro e o samba patriótico e construtivo, João Antônio as continuou todas as três e as negou ao mesmo tempo. Pois os seus malandros ao mesmo tempo são viradores espertos e atraentes, mas sem ser muito alegres, são sofredores, um pouco sentimentais, mas pouco apaixonados, e se o seu narrador se preocupa com a sorte do povo brasileiro, ele o faz sem nenhum nacionalismo. João Antônio se opõe à visão do malandro alegre, daquele que sobrevive a todas as vicissitudes com graça, com esperteza, com quase elegância, de um Wilson Batista, continuando ao contrário a crítica à malandragem iniciada já por Noel Rosa, sobre o qual organiza um livro. Procura desmascarar o mito do malandro com um realismo cru, em nome da verdade. É de se perguntar porém se ele não acaba aderindo a ele, sem querer. Talvez o mito seja mais forte do que a vontade de racionalizá-lo.

A freqüência do personagem indica não só a preocupação do autor com a temática, mas também a atratividade que ela exerça sobre ele. Em "Visita" e em "Meninão do caixote", parece identificar-se com as lembranças saudosas da juventude do narrador da primeira pessoa, quase uma glorificação da vadiagem, com forte componente autobiográfica. Diferentemente do que afirmou João Antônio várias vezes, também em conversas com alunos no Instituto Latino-americano da Universidade Livre de Berlim, em 1988, a malandragem nos seus contos não é apenas uma necessidade socioeconômica dos personagens, não é apenas picardia na luta pela sobrevivência num mercado de trabalho retraído, é também uma atração, quase uma pequena utopia, independentemente da racionalidade prática, com aspectos emocionais e quase estéticos, é uma arte de viver em condições adversas.[17] A malandragem apresenta-se a vários personagens quase como uma carreira atraente, uma tentação para adolescentes masculinos da classe operária ou baixa classe média. O gosto pela temática pode ter sido transmitido ao jovem João Antônio pelo pai, que era um músico amador, sambista e carioca de coração.

O "realismo feroz" que Antonio Candido viu em João Antônio, o compromisso com a representação dos aspectos mais chocantes, feios,

---

17 A presente análise se baseia principalmente no conto "Malagueta, Perus e Bacanaço" e nos outros contos, do livro do mesmo título, publicado pela primeira vez em 1963, portanto anterior ao golpe militar. Usei a 8ª edição, de 1982, da Editora Record, Rio de Janeiro. "Visita" e "Meninão do caixote" se encontram no mesmo livro.

injustos, brutais da realidade sociopolítica, com a confecção de um retrato sem retoque, parece não deixar muita margem à malandragem irreverente e lúdica, mas mesmo assim elementos dela existem na sua obra. João Antônio foi, não por acaso, o menos radical dos escritores daquela tendência a que pertenceriam Rubem Fonseca, José Louzeiro, Loyola Brandão, que todos surgiram como uns "angry young men" no fim dos anos 60 e no começo dos anos 70, preocupados em mostrar o reverso da medalha do desenvolvimento e do "milagre brasileiro", apregoado pela ditadura militar.[18] A nota autobiográfica e a subjetividade, e, em termos formais, também a narração na primeira pessoa são freqüentes em João Antônio. Não há dúvida de que ele quis prestar a sua contribuição para o conhecimento do país, com todo um *pathos* de autenticidade, mas reforçado pelos traços autobiográficos dos seus escritos.

Talvez "Malagueta, Perus e Bacanaço" seja um dos melhores contos de João Antônio, e com toda razão é um dos mais famosos, infelizmente ainda não traduzido para o alemão.[19] Pois bem, o título desse conto, narrado na terceira pessoa, quase uma novela, visivelmente constituído de três nomes próprios, anuncia, como fica claro na leitura do primeiro parágrafo, os três protagonistas, jogadores de sinuca, três encarnações, diversas entre si, da malandragem joãoantoniana, à diferença do "habitual" romance malandro, dominado claramente por um protagonista. Todos os nomes são metonímias, marcam indivíduos, mas com termos genéricos, de modo que se sugere que são também tipos. À primeira vista correspondem à figura clássica do malandro do samba, pois são semivadios que ganham sua vida com o jogo, com pequenos truques imorais e ilegais, mas sem serem criminosos no pleno sentido da palavra. Cada episódio, identificado com determinado bairro, tem relativa autonomia, daí o caráter seriado do enredo, um traço que tem em comum com a novela picaresca.

O tempo narrado compreende um dia, melhor, pouco mais do que uma noite, menos de 24 horas portanto, uma das unidades do drama clássico. Até a unidade é assegurada, num sentido mais amplo, pois ela é constituída por uma viagem, uma peregrinação circular, cheia de sofrimentos, atrás do ganha-pão de cada dia e de cada noite. A ação não se passa na cidade clássica dos malandros, no Rio de Janeiro, mas em São Paulo, nos seus bairros operários ou da baixa classe média. O que "falta" é a musicalidade, que no entanto se encontra embutida na linguagem.

---

[18] Ver Antonio Candido. "Os brasileiros e a literatura latino-americana", in: *Novos Estudos*, v. 1, nº 1, São Paulo: Cebrap, 1981, p. 58-68.

[19] Apesar de João Antônio ter passado um ano na Alemanha, pouquíssimos dos seus textos foram traduzidos para o alemão, que eu saiba só dois: "Meninão do caixote" e "Casa de loucos".

João Antônio e a desconstrução da malandragem

De modo semelhante ao meio social do romance de Manuel Antônio, não aparecem nem o mundo do trabalho nem as esferas da classe média para cima. Aparecem operários, mas no seu tempo de lazer, aparecem colegiais, fora da escola. E vez por outra são evocadas as habitações pobres dos malandros, mas no fundo eles não têm moradia, eles vivem nos espaços públicos. Têm uma ligação remota com os seus lugares de origem, nas favelas ou em bairros pobres. A ação se passa numa esfera de circulação e de lazer do proletariado, que para os malandros é a esfera do "trabalho": ruas, salas de sinuca, em outros contos seriam também gafieiras, pontos de jogo de cartas, do bicho. Os malandros são circuladores, eles se viram, são "viradores", vivem da "viração"; a sua vida é um *perpetuum mobile*, uma roda-viva. Se têm algum ponto fixo é o quarto de sua "mina", o lugar de trabalho da prostituta explorada, ameaçada, maltratada por eles, no caso principalmente por Bacanaço, cafetão boa gente, mas brutal, ironia do nome, a desconstrução personificada da figura do malandro imaginário.

Diferentemente de outras obras da literatura da malandragem, exceto o samba naturalmente, o tempo e o espaço ficcionais se encontram muito próximos do meio social em que vivia o autor no momento da redação. A realidade empírica é pouco estilizada, muitos lugares são identificáveis, o que aumenta o grau de autenticidade e de veracidade da narrativa, traço enfatizado pelos primeiros resenhistas e pelo próprio autor. Para um conhecedor da cidade, os espaços e até alguns personagens são perfeitamente identificáveis, o que realça o caráter documentário do conto.

Convém a vagabundos vagabundear, é o que fazem os três "heróis". Mas o fazem de modo organizado, sistemático, profissional, cíclico. A vagabundagem, o jogo, atraente justamente por seu caráter aventureiro, por sua imprevisibilidade, por sua falta de coerções, aqui no fundo é rotina, é submissão, é exploração, é medo, é preocupação. O movimento dos personagens é cíclico, dentro de um dia e de uma noite voltam ao lugar de partida, onde tudo recomeça, tudo se repete, tudo em vão, é um desmentido da promessa de liberdade da malandragem, as andanças partem e terminam na Lapa, começam e terminam sem dinheiro, pelo menos naquele dia, que no entanto parece típico. É significativo os malandros não terem lar, são pessoas públicas, para eles não existe a distinção entre casa e rua.

O que se ouve volta e meia, quase como um *leitmotiv*, não é nenhuma música, nenhum samba, é o ruído do bonde que liga os bairros cujas ruas e sinucas servem como palcos da ação, metonímia e símbolo do nomadismo, da engrenagem, da roda-viva que é a grande cidade, promessa não cumprida, prazer do jogo, mas também sofrimento. Visto e ouvido a partir de hoje, o bonde desperta nostalgia, pois ele sumiu das cidades brasileiras ao mesmo tempo que sumiram os últimos resquícios da malandragem, como lamenta João Antônio, e se uma linha ainda existe no Rio, é quase como um mero símbolo, passando pelos Arcos da Lapa, o antigo bairro da boemia, como reminiscência de tempos remotos, encenação de espetáculo nostálgico.

Os espaços onde os malandros se moviam eram realmente públicos, de certa forma até democráticos – ruas, largos, bondes, botecos, bilhares, gafieiras, pontos do bicho, cabarés, tudo nas áreas centrais da cidade – onde homens se não de todas, de qualquer forma de diversas classes se encontravam, onde havia por momentos, por algumas horas, uma certa miscigenação social, diferentemente dos shopping centers, dos motéis, dos carros particulares com vidros escuros de hoje, onde os indivíduos das diversas classes sociais ficam apartados uns dos outros.

Embora o malandro ou figuras parecidas como o Pedro Malasarte[20] sejam provenientes do folclore rural, o anti-herói do qual estamos falando é um fenômeno eminentemente urbano, graças ao anonimato, à possibilidade de se mostrar e de se esconder alternadamente, às favelas como reduto, ao sem-número de oportunidades e expedientes, à presença permanente de um grande público na grande cidade, que está tão presente em João Antônio quanto a floresta nos contos dos irmãos Grimm, quer dizer, ela é o húmus das personagens e da vida social, da malandragem, seu pano de fundo, seu contexto, mas ela quase não é descrita, a não ser em imagens de luminosidade especial, a aurora, o crepúsculo, a luz elétrica rutilante e transfiguradora. É a grande cidade também que mantém a roda-viva em movimento. Em São Paulo, porém, o malandro sempre é um desgarrado, pois todos os malandros sonham com o Rio, não é por acaso que o próprio João Antônio, muito jovem, mudou-se para a cidade maravilhosa, onde porém tampouco encontrou a malandragem como arte de viver.

Contrariamente ao mito do malandro como herói solitário, extremamente individualista, temos aqui não só uma tríade de anti-heróis, mas também uma nítida e férrea hierarquia entre eles, com certa simetria, representando as três idades. Cada um dos três domina uma parte do conto, o velho Malagueta, o adolescente Perus, que tem visivelmente as simpatias do narrador, e Bacanaço, no meio deles, um homem feito, a figura central do conto. Representam também três subtipos do malandro, três distâncias diferentes em relação à violência e ao crime por um lado e à musicalidade e ao ludismo por outro lado.

---

[20] Ver Roberto da Matta, op. cit., p. 194

Para Perus, o adolescente, tudo é um pouco brincadeira ainda, é jogo, já que ele está no início da "carreira", da qual ainda poderia desistir como por exemplo o faz Meninão do caixote, que depois de uma adolescência como vadio volta para a família, abraçando uma carreira decente, seguindo os conselhos sensatos e pequeno-burgueses da mãe. Perus é uma espécie de aprendiz de Malagueta e Bacanaço que representam futuras situações possíveis do rapaz. Quer dizer que Malagueta representa o futuro de Bacanaço, e Bacanaço o de Perus. Mas seu futuro também pode ser o do herói de Paulinho Perna-Torta, que é uma espécie de minirromance de formação, em que o protagonista e narrador da primeira pessoa começa como malandro adolescente e simpático, virando aos poucos bandido puro, bem-sucedido, aburguesado, desmalandrizado, com casa própria e tudo, pois ele consegue profissionalizar-se como criminoso e inserir-se na sociedade estabelecida.

De todos os três, Bacanaço tem mais traços de um malandro típico do samba carioca: "vestido de branco, com macio rebolado", com um anelão. Ele tem de sobra o que ainda falta ao jovem Perus: cinismo (p. 114). Bacanaço, se por um lado é malandro consumado, por outro lado, justamente graças ao seu êxito "profissional", já está com um pé fora da malandragem, rumo à vida de um criminoso normal que leva uma vida de pequeno burguês: "Camisa de Bacanaço era uma para cada dia. Vida arrumada. De mais a mais, Bacanaço tinha negócio com os mascates (...) tinha a consideração dos policiais" (p. 105-106).

A aprendizagem do malandro adolescente o aproxima do pícaro que passa por uma série de experiências duras e de *desengaños* pelas quais aprofunda seu conhecimento da vida e da sociedade e vai aprendendo a se virar melhor. São romances de formação às avessas, pois o que se aprende é maldade e cinismo.

No fundo a vida toda é uma aprendizagem, sendo os termos malandro e otário relativos, pois, para qualquer malandro. Há malandro maior e mais perigoso, de modo que mesmo os experimentados, os peritos em malandragem, como Malagueta e Bacanaço, se transformam em otários perante o malandro mais perigoso; no caso, Robertinho, que derrota no fim da noite os nossos três heróis, tomando-lhes o dinheiro. Ironicamente, o jovem e relativamente inexperiente Perus é o único que sabe do perigo, mas está proibido de falar, manietado pelo código de honra da malandragem.

Entre os personagens é de importância fundamental o público, a curriola, personagem coletivo formado de otários que gostariam de ser malandros durante algumas horas, desprezados pelos protagonistas mas dos quais precisam para aliciá-los ao jogo e tomar-lhes o dinheiro, e também como público admirador e moderador, com funções de coro do teatro clássico.

No fundo, a malandragem funciona como microempresa, dirigida por Bacanaço, com dois funcionários, os dois outros malandros. Em vez de salário eles recebem proteção contra inimigos e contra a polícia, que Bacanaço lhes fornece, graças à sua força física, à sua eloqüência, às suas boas relações e ao seu prestígio; é protetor e explorador. Bacanaço deveria fornecer o "capital", ou seja, o cacife que se aposta e pelo qual se joga sinuca. Perus e Malagueta devem fingir ser meros amadores, meio otários, para animar outros jogadores, abocanhando as suas apostas. Depois, o "lucro" é dividido entre os três, ficando a parte do leão com Bacanaço. Apesar disso: "Andar com Bacanaço, segui-lo, ouvi-lo, servi-lo, fazer parceria, era negócio bom" (p. 106). A malandragem não é apenas mentalidade, comportamento, situação social, mas também instituição, sistema de regras e valores, hierarquia, escola de vida e de profissão, e sobretudo é um mininegócio.

É negócio principalmente graças à exploração da mulher, pois o malandro mais consumado neste e noutros contos vive basicamente da caftinagem, da exploração econômica e sentimental de uma mulher. Ser "mulher de malandro" virou sinônimo de otária, quase masoquista, mulher que trabalha para o seu homem, de quem apanha sem resmungar. E claro que não há espaço para filhos nesse contexto, é um machismo sem procriação. Mulher de malandro que fica grávida, não podendo mais trabalhar como prostituta nem servir sexualmente o seu dono, é abandonada.

Se há, tanto no samba como em outros autores da malandragem, de modo embrionial já em *Memórias de um sargento de milícias*, a figura da malandra, em João Antônio, pouco aparece. Há quase um retrocesso. O aumento de violência no mundo da malandragem real fez com que mesmo na ficção ela não tenha mais lugar. Se Perus ainda não é malandro consumado, é, em grande parte, porque ainda não tem mulher para explorar. Se Malagueta é quase um homem fracassado, acabado, no fim, que equipara a si mesmo a um cachorro, ainda existe alguém abaixo dele: "a sua preta na favela" (p. 126). Nesse universo, toda mulher tem dono.

Encontramos naturalmente outro personagem ou grupo de personagens de toda literatura da malandragem inclusive o samba: a polícia, que paira como uma espécie de espada de Dâmocles sobre o mundo da ficção joãoantoniana, na qual todos estão de certa forma em falta com a lei, por furtos, caftinagem, ou deserção do exército, como no caso de Perus, que transitou de uma instituição no centro da ordem para outra na margem da ordem. Mas além disso a polícia intervém diretamente, na pessoa de um ex-policial que "sustentava influências", o "velho inspetor Lima, gordo polícia aposentado, [que] era o dono daquela roda" (p. 115) e também na pessoa de Silveirinha, "o negro tira" e a "piranha que espera comida" (p. 134-135). É quase um lugar-comum da novela picaresca, do romance malandro, como também da *Ópera dos três vinténs*, de Brecht, e dos seus predecessores afirmar a proximidade ou quase identificação entre malandragem e polícia, que assim converteria a sua missão no contrário. O próprio Lima não resiste à tentação do meio que condena da boca para fora, mas ali ele é duplamente derrotado, primeiro moralmente, por seu desmascaramento como semimalandro, e segundo, pelo triunfo dos verdadeiros malandros sobre ele, pequena vingança dos que normalmente são vítimas da polícia. Essa alegria no entanto dura pouco, pois o outro policial, que se tem algo de malandro é só no sentido de bandido puro, rouba o coitado do Perus. Quem evita o pior é Bacanaço que trata com o policial de igual para igual (p. 138). Entre malandros e polícia há portanto inimizade, também há concorrência, e até colaboração. "Malandro que é malandro não entrega malandro", diz o código de honra, por outro lado, malandros que por sua vez violam o código são entregues sim, de modo que a polícia executa os castigos de malandros contra malandros.

Otários são todos os que trabalham normalmente, numa fábrica, que levam vida caseira, que só de vez em quando freqüentam as rodas de sinuca, onde jogam sem fingimento, por serem honestos ou simplesmente ingênuos. É "otário", "trouxa", "coió-sem-sorte" quem, como Sorocabana, se submetendo às privações da vida operária e familiar, "andava esbagaçando um salário-prêmio recebido pelos 20 anos de trabalho efetivo na lida brava da estrada de ferro. Sim. Casado, três filhos, um homem de vida brava" (p. 104). O que leva volta e meia os otários para as rodas dos malandros é uma certa inveja, uma certa nostalgia, o latente desejo de também serem malandros de vez em quando, apesar do perigo de ser burlado e explorado pelos malandros de verdade.

Faz parte da malandragem a dissimulação, o fingimento, a fraude, em grande parte praticadas através da linguagem, mas também pela comunicação não verbal. Esse elemento lúdico da dissimulação, por exemplo, o malandro fazendo de conta que é otário, dá prazer e proveitos práticos. A malandragem é um jeito de lidar com a exclusão social, de se dar bem do lado de fora da ordem estabelecida, de criar uma contra-ordem, embora instável, de se dar bem em toda a parte, de obter acesso aos espaços vetados, graças à inventividade, à presença de espírito, ao sangue-frio que fazem parte das qualidades do malandro. A carnavalização entrou na própria linguagem, ela mesma é lúdica, uma festa de sinonímia quase barroca por vezes, de ritmo e sonoridade, mesmo que a realidade descrita não tenha nada de festivo: "Àquela tarde, tinha manha, tinha charla, boquejavam a prosa mole... Mas por umas ou por outras estavam sem capital. Os dois quebrados, quebradinhos. Sem dinheiro, o maior malandro cai do cavalo e sofredor algum sai do buraco. Esperar maré de sorte? A sorte não gosta de ver ninguém bem. A curriola parada naquele salão da Lapa. Jogo nenhum. Safados por todos os cantos. Magros, encardidos, amarela, sonolentos, vagabundos, erradios, viradores. Tanto sono, muita gana, grana pouca ou nenhuma naquela roda de sinuca. A roda fica mais triste sem o jogo. Magros, magros. Pescoços de galinha" (p. 102).

O narrador se aproxima da fala do malandro (Durrigan), sim, mas também mantém distância. Uma linguagem intermediária é usada pelo narrador no discurso indireto livre que sintetiza palavras e elementos sintáticos da gíria do malandro e da norma culta, talvez o estilo em que o autor se sinta mais à vontade, pois permite grande proximidade à mentalidade dos personagens e ao mesmo tempo alto grau de elaboração estética. De vez em quando não se sabe se as opiniões emitidas são do narrador ou do personagem. Mas o narrador propriamente dito se serve de um estilo culto, no seu conjunto, com, apesar de algumas palavras da gíria, termos e construções sintáticas tão eruditas que um malandro sem segundo ciclo nem as entenderia plenamente, de modo que os contos de João Antônio se destinam a um público relativamente culto, e não a leitores próximos às personagens, ainda que o autor possa ter tido outras expectativas.

Uma das principais ocupações dos malandros, além do jogo mais ou menos dissimulado e do furto, é a conversa, o bate-papo, em que eles são mestres, de certa forma produtores de literatura oral, colegas do escritor. E um dos principais temas dessas conversas entre malandros é a malandragem, episódios extraordinários, façanhas gloriosas, ou infrações escandalosas contra o código da malandragem. Faz parte desse código por exemplo dividir os ganhos de um jogo com os outros jogadores, uma espécie de redistribuição da renda, evitando concentração exagerada do dinheiro ganho. Também na humilhação do adversário derrotado há certos limites a observar. Quem protocola essas conversas mantidas dentro ou diante da "curriola" é o narrador que assume o papel de cronista, quase de discípulo desses contadores de histórias.

O realismo social parece excluir ou pelo menos afastar humor e ludismo – quanto mais mimético tanto menos jocoso? Até certo ponto sim, embora haja muito humor em João Antônio. Mas comparando com outros autores da malandragem, em termos de enredo não há nem samba, nem Carnaval, não há espaço nem época para a inversão das classes sociais. O malandro de João Antônio é mais duro, mais homem de negócios, mais ganancioso, mais explorador, mais cruel do que o malandro do samba ou do romance malandro, mais "real", mas mesmo assim relativamente atraente. Não é só homem de negócios, não é puro bandido ou gângster, como muitos heróis de Rubem Fonseca.

Se João Antônio não pertence à linhagem dos grandes intérpretes do Brasil, isso também tem a ver com os gêneros em que escreveu. Diferentemente do romance, a crônica e o conto não permitem apresentar uma visão totalizadora da sociedade ou da mente humana, um amplo painel de uma época, e diferentemente do ensaio não se prestam a extensas e profundas observações e reflexões sobre temas importantes da nação ou da humanidade.

Onde se situa João Antônio em relação a essas tradições? Pouco tem a ver com o tom de gravidade, com as pretensões filosóficas, o ar de importância da vertente séria. Não se arroga o direito de explicar nem o ser humano nem o Brasil e muito menos o mundo, ele é despretensioso, modesto, pouco exigente. Evita proximidade da cultura dominante, embora domine a sua linguagem. Compartilha a preferência da literatura galhofeira por temas miúdos, cotidianos, personagens humildes, sem no entanto pertencer a ela, sendo justamente pouco galhofeiro apesar de um enorme talento humorístico e principalmente satírico. O que o afasta dela é a sua própria amargura, é o rancor, é a compaixão pelos excluídos, um fundo de religiosidade não eclesiástica, traço comum com Lima Barreto, de quem se sentia irmão literário. Combina a irreverência da tradição galhofeira com as preocupações sociais da tradição séria e com certa dosagem de lirismo, semelhante ao criador de Policarpo Quaresma.

Por intermédio da figura do malandro, João Antônio contribuiu para a reflexão sobre a identidade e a história do Brasil. A minha hipótese seria de que ele faz isso em três etapas:

a) ele desvenda o caráter ilusório desse mito, a não-existência da malandragem no sentido de uma folclorização da pobreza, no sentido de que o favelado seria pobre mas feliz, pois graças à sua inventividade, ao seu jeitinho ele se viraria, ele quebraria o galho; e graças ao seu talento lúdico, especialmente no plano musical, ele conseguiria aumentar a qualidade de vida e embelezar a existência dele mesmo, da sua comunidade que seria o morro, com um superávit que colocaria à disposição da cultura municipal e até nacional;

b) ele mostra também que a malandragem do samba é uma ilusão porque as condições de vida do malandro são muito duras, que a sua vida não é tão alegre assim, que não há espaço para a malandragem como modo de vida; e que o malandro real, mesmo que pretenda imitar a figura lendária do samba, é muito menos simpático: é autoritário, explorador, violento, no fundo, não um antiburguês, mas um burguês *in spe*, combate o sistema porque não consegue fazer carreira nele, mas se pudesse entrar, seria tão autoritário, injusto, violento quanto os representantes dele, quanto o patrão, o professor, o delegado; o malandro real não é nada bom, pode ter aspectos simpáticos, mas como um todo é um ser perigoso, malvado; se é vítima do sistema social, também é agressor; e quando não é agressor, é triste, é um sofredor, é um virador; quanto mais realista a representação tanto menos cômica; a carnavalização não é mimética, ou só por inversão; em João Antônio, a veracidade mimética é a carnavalização.

c) num terceiro passo João Antônio evoca com saudade os anos dourados da malandragem do samba carioca, lamenta a decadência da Lapa, resgata em parte o mito, valorizando as suas componentes utópicas, a fantasia de uma vida sem opressões e coerções, sem trabalho duro, sem monotonia, sem as chateações caseiras, sem as renúncias sexuais inevitáveis em qualquer sociedade civilizada, um Brasil alegre, humano, conciliado entre as classes, que todas se encontrariam no prazer de sambarem juntas. A malandragem não é apenas conseqüência da pobreza, necessidade, falta de alternativas, ela também é estilo de comportamento escolhido. Esse elemento utópico fica particularmente visível nos malandros adolescentes, inocentes até certo ponto, que ainda têm a ilusão de que a malandragem poderia ser um modo de vida. Pois a alternativa à malandragem, ou seja, o trabalho regular, mal remunerado, rotineiro e a condição de marido e pai, às voltas com as chatices caseiras, é pouco atraente. E outra saída não existe. Se não há samba aberto, carnaval, inversão dos valores, há pelo menos um certo ludismo, uma musicalidade, uma certa coreografia na sua escrita e na mente dos seus personagens. Elas não se comportam unicamente conforme uma racionalidade "profissional", há um excedente lúdico e prazeroso.

João Antônio portanto destrói e ao mesmo tempo reconstrói a figura do malandro. É contra a sua propagação, como suposto emblema de brasilidade, mas a promove ao mesmo tempo.

Durante a vida toda ele procurou essa figura, e como não a encontrou em São Paulo, procurou-a no Rio, mas chegou num momento em que os seus últimos resquícios, a baixa boemia da Lapa, estavam sumindo. O regime militar de 1964 deu o golpe de misericórdia à malandragem como estilo de vida, embora imaginário; de lá para cá só existe como saudade de um passado imaginado.

Apresenta-nos uma malandragem despojada da sua pátina pitoresca, um quadro cru, feroz, mas mesmo assim objeto de saudade e nostalgia. A imagem tradicional, transmitida principalmente pelo samba, é impiedosamente corrigida, mas não totalmente desmentida. O que nos concilia com esses pequenos delinqüentes é que têm um excedente mais ou menos grande de ludismo, de senso estético, economicamente inútil, "irracional"; e que além disso, e talvez um pouco por causa disso, eles podem fracassar, que são uns ludibriadores por vezes ludibriados. E em João Antônio o senso da compaixão é pelo menos tão desenvolvido quanto o senso da irreverência e o senso da indignação.

É que os malandros eram uns inadaptados, uns inconformados, uns excluídos, com certos sonhos, com um grão de romantismo como o próprio autor.

Ele não fala apenas da pobreza mas dá palavra e dignidade ao pobre, à sua mágoa e a seu sofrimento, mas também à sua esperteza e irreverência. Aparentemente a malandragem constituía um jeito de um sujeito sem posição definida na sociedade, sem lar, sem eira nem beira, sobreviver relativamente bem, com certo conforto, orgulho e elegância, lidando com a exclusão social, fazendo da falta de integração uma virtude, porque significava também falta de compromissos e coerções, liberdade e curtição da vida. Talvez a atitude de João Antônio em relação à malandragem tivesse algo de trágico, o que parece estranho, pois o malandro é o tipo mais antitrágico que se possa imaginar. Ele, que sempre denunciou a falsidade da imagem folclórica do malandro, viu no seu modo de vida algo exemplar, invejando-lhe a liberdade, a leveza do ser, a despreocupação, o sucesso, a facilidade de adaptar-se à condição de não estar adaptado inteiramente a nenhum meio ou grupo. João Antônio sabia que o malandro do samba era um ser imaginário, mas mesmo assim o evocou em muitos dos seus contos, criticando esse mito, desmascarando-o, diluindo-o ao mesmo tempo. Toda a sua obra e sua vida é um trabalho de Sísifo, de busca, de construção, de desmitificação, de denúncia e de saudade pelo malandro. E o que os seus protagonistas não conseguiram, ele também não conseguiu, a sua própria trajetória foi uma negação desse projeto que culminou numa morte solitária e triste num pequeno apartamento do Rio de Janeiro.

O malandro é desmascarado, desmitificado, destronado: ele é, principalmente quando velho, quando não se torna marginal bem-sucedido, "um virador, um sofredor, um pé-de-chinelo, como o cachorro" (p. 125). Mas João Antônio gostaria de ter tido a leveza, o jogo de cintura, a elegância dos malandros para lidar com a sua própria situação, de não pertencer realmente a nenhuma classe social, oriundo do proletariado, com queda para a boemia, tendo conseguido uma ascensão social, nunca assumida, para intelectual de classe média, com sólida cultura geral, mas meio acanhado nos meios acadêmicos. Querendo ser reconhecido pelo *establishment,* ficava insatisfeito quando o era, pois desconfiava de que a intenção era afastá-lo de suas raízes sociais. Assim, necessariamente, ele que queria se dar bem em todo lugar, como um malandro, acabou não se dando bem em lugar nenhum.

Corresponde à existência do malandro nos interstícios entre o bem e o mal, em termos religiosos, o seu futuro passageiro no purgatório, longe do inferno e longe do céu, onde tem que penar, mas de onde pode e vai ser resgatado.[21]

---

[21] Ver Flávio Aguiar. *A palavra no purgatório.* São Paulo: Boitempo, 1997, p. 91.

JOÃO ANTÔNIO ESTÁ MORTO

Fernando Bonassi

O escritor João Antônio morreu no Brasil em 1996.

Que o escritor João Antônio morreu é certo: seu apartamento foi arrombado pela polícia, chamada pelos vizinhos, e o legista assinou atestado de óbito. Além do mais, não se encontram novos escritos do escritor João Antônio na imprensa ou no prelo.

Que foi em 1996 parece não haver dúvida: atestados de óbito não mentem jamais depois do fim das ditaduras militares latino-americanas.

Agora... se o escritor João Antônio morreu no local que ainda se podia chamar de Brasil à época de sua morte... bem esse é que é o problema...

Por uma questão de clareza, continuaremos usando a expressão "esse local ainda hoje chamado de Brasil" para designar "aquele local anteriormente chamado Brasil" onde o escritor João Antônio foi encontrado morto.

A morte do escritor João Antônio deu rapidinho no telejornal "desse local ainda hoje chamado de Brasil", que não é o *New York Times*, mas fala com todo mundo que agora espera não apenas a novela das oito.

Para glória da saudável competitividade da Indústria Cultural nacional "daquele local ainda hoje chamado de Brasil", pode-se escolher entre três ou quatro matadouros humanos eletrônicos de mau caráter jornalístico, com sorteios de automóvel importado (legalmente e com seguro incluído), pra quem advinhar com quantos cadáveres o nobre telespectador irá se deliciar na próxima edição.

O escritor João Antônio aparentemente morreu sozinho "nesse local chamado ainda hoje de Brasil" e ficou morto vários dias em seu quarto. Eu digo "aparentemente", pois desconfio que o escritor João Antônio estava morto "nesse local ainda hoje chamado de Brasil" algum tempo antes disso...

Fernando Bonassi

Desconfio mais – eu que sofro dessa terrível doença: "a desconfiança"– desconfio que o escritor João Antônio não morreu sozinho, apesar dos depoimentos assinados por testemunhas e autoridades nacionais.

Havia muitas coisas morrendo em torno do escritor João Antônio, "naquele lugar também à época chamado de Brasil", tantas que talvez lhe fosse tudo: a Lapa morreu, o pequeno tráfico morreu, o porre inocente e seu conseqüente perambular pelas ruas também morreu, o jeitinho brasileiro morreu, o assassinato por unidade morreu, as pequenas vitórias dos malandros descolados não acontecem mais e, pior, morreu a estúpida alegria daquela vaga esperança, feita da crença ridícula, porém básica, de que todos vão acordar no dia seguinte...

"Esse local ainda hoje chamado Brasil" deu pra evoluir demais nos últimos anos! Há vários exemplos dessa evolução inexorável e galopante, dessa marcha sublime na direção da modernidade que podem, desconfio, ter relação com a morte do escritor João Antônio...

Exemplo 1: Ninguém mais sai na rua pra pegar putas. Um risco pueril só corrido por ingênuos atores ingleses nas ruas da Califórnia. E por que se expor a perigos desnecessários, se elas podem ser enviadas diretamente aos mais distantes e discutíveis ambientes, devidamente asseadas, com preservativos lubrificados/comestíveis, uísque e cigarros de baixos teores nicotínicos, tudo incluído no preço de ocasião? Muitas dessas garotas continuam descendo morros, mas isso não importa.

Exemplo 2: Com o processo de privatização, os novos investimentos em telecomunicações garantem o constante aperfeiçoamento da telefonia celular "nesse local ainda hoje chamado de Brasil". Isto é: você pode encomendar suas pedras de crack, seus ritualísticos gramas de heroína ou, se for pessoa conservadora, sua velha e boa cocaína com razoável índice de pureza e recebê-la escoltada diretamente sobre a mesinha de centro da sala. Por preço justo, artistas/confeiteiros realizarão, sobre o espelho de cristal do cliente, elaborados e sofisticados desenhos, para serem aspirados em ocasiões festivas. Nos canudinhos descartáveis de alumínio polido, qualquer indústria poderá fazer sua propaganda, incluindo logomarcas e slogans.

Exemplo 3: Com o que se pode fazer do capital aberto na dinâmica bolsa de valores/casa da mãe joana, "desse local ainda hoje chamado Brasil", que chance tem um malandro?

Exemplo 4: Ninguém mais morre de porrada ou em ponta de faca. Métodos ultrapassados quando é preciso operar grandes limpezas, eliminar gangues inteiras ou desafogar presídios. As forças civis armadas "desse local ainda hoje chamado Brasil" já contam não apenas com as ultrapassadas FAL, INA e UZI, herança da pré-histórica guerra fria, mas também com os modernos fuzis automáticos AR 15, HK ou M21, com mecanismos de repetição e, claro, visão noturna. Há grande quantidade de pistolas 45 e revólveres 38, mas isso é quase uma piada, não é mesmo? Quem vai querer se expor ao sangue, essa coisa de mau gosto e perigosamente contagiosa, se é possível acertar o oponente há 500 metros de distância, com precisão de 100% sem abandonar o sofá com a vista maravilhosa que Deus dá aos habitantes "desse local ainda hoje chamado de Brasil"?!

Exemplo 5: Ficou impossível arranjar uma mesa de sinuca "nesse local ainda hoje chamado de Brasil" que não esteja empenada. Tal fato torna o jogo grotesco, pois os participantes têm de sair correndo, taco nas mãos, atrás de bolas que teimam em correr, intocadas, pras caçapas. No mesmo espaço podem caber caça-níqueis ou máquinas de videopôquer, mais lucrativas, iluminadas e com CD player acoplado de graça.

Procurando sempre a clareza, desconfio que o escritor João Antônio não é mais... digamos... "fashion", "nesse local ainda hoje chamado Brasil".

Afinal, terminou a honrosa resistência à ditadura quando, "nesse local ainda hoje chamado Brasil", os "iluministas de ocasião" da elite sempre alerta resolveram que era hora "desse local ainda hoje chamado Brasil" ter a sua própria democracia!

Pobrezinhos, eles começaram a perder com aqueles militares um pouco lerdos pra fazer negócio e, lamentavelmente, algo nacionalistas... Foi lento e gradual, responsável e pacífico, mas lá está, democrático, "aquele lugar ainda hoje chamado de Brasil". Pelo menos até nova ordem para o progresso... Aliás, sempre houve muitos civis dispostos a fazer o serviço em troca de três refeições por dia, faixa bicolor, avião particular e carro com motorista.

Mas enfim: por mais prazeroso que seja ser desagradável, tudo tem limite e agora pode ser um bom momento pra ir encerrando.

Portanto, recapitulemos de forma breve: o desconfiado autor dessa comunicação desconfia que as mal alinhavadas razões acima (se é que há alguma razão em tudo isso...) andaram matando ou colaborando, aos poucos, para a morte do escritor João Antônio... mas o desconfiado autor dessa comunicação também desconfia que, talvez, o escritor João Antônio tenha tido o bom senso de morrer junto com "esse local ainda hoje chamado Brasil", que não é mais aquele em que criou e refletiu.

"Esse local ainda hoje chamado Brasil" não é mais o Brasil. Ou talvez, quem sabe, "esse local ainda hoje chamado Brasil", tenha finalmente se transformado no país do futuro...

JOÃO ANTÔNIO EM BERLIM[1]

David Schidlowsky

Minha participação neste volume se dá, não como especialista na obra de João Antônio, mas como alguém que o conheceu, dele ficou amigo e sobre ele fez um filme. Neste curto texto gostaria de explicar um pouco essa minha relação com o escritor e amigo.

Conheci João Antônio em 1987, durante meus estudos de literatura latino-americana, em um seminário de Berthold Zilly sobre sua obra. Nesse tempo, interessava-me encontrar uma resposta para uma das questões essenciais que se deve colocar para todo autor: Por que você escreve? Mais ainda, no caso de João Antônio, queria concentrar-me na relação entre ficção-documentação-realidade.

Então fiz uma larga entrevista com ele no seu apartamento da Uhlandstrasse, lá por novembro ou dezembro de 1986. Por esse apartamento passaram grandes artistas, como o famoso compositor italiano Luigi Nono, que aí viveu; há poucos dias, inclusive, tive oportunidade de encontrar nesse mesmo lugar Vargas Llosa, na mesma sala em que no final da década de 80 entrevistei João Antônio.

Nessa ocasião João fez três afirmações sobre sua obra que eu gostaria de lembrar aqui. Duas delas vão para o lado do realismo documental: "Eu parto das coisas que eu realmente vivi e senti com a minha experiência"; "Eu não sou escritor fantástico". Mas a terceira problematiza isso, pois João não aceitava que escrevesse algo de caráter documental: "porque eu acho que o documento tem que ter informações mais seguras,

---

1 Este texto, no simpósio que originou este livro, foi lido antes da apresentação do filme *Passeios por Berlim com João Antônio*, cópia em formato U-Matic. O filme é dirigido por David Schidlowsky, com participação de João Antônio, Carlos Azevedo e outros amigos e/ou leitores de João Antônio na Alemanha. A cópia exibida é de propriedade do diretor.

mais reais; mas eu acho que no meu país, na minha época, tem muitos fatos que estamos vivendo e que ninguém registra; ninguém registra nada, nem literatura, nem teatro, nem o cinema, nem os jornais, nem a televisão. Daí que eu sinto a necessidade de colocar alguma coisa no papel, porque são muitas as coisas que estão acontecendo... e elas não são registradas".

João Antônio mistura nos seus textos ficção com documentação, buscando dar a impressão de estar perto da realidade. Ele diz: "Eu tenho coisas documentais na minha obra, porque eu não saberia escrever sobre aquelas coisas que não conheça. O resultado fica mais convincente, ajuda mais ao leitor".

Mas João pensava que na literatura brasileira tem lugar para muitas literaturas: "Mas dentro de um espaço literário com a literatura brasileira pode-se ter de tudo. Desde Plínio Marcos, Ignácio Loyola Brandão e outros... até Clarice Lispector e até uma literatura sobre problemas existenciais".

Depois dessa entrevista, voltei para minha casa impressionado e pensei comigo mesmo: que situação difícil deve ter João Antônio nesta Berlim, cidade tão distinta da realidade brasileira. Comecei então a sonhar – uma das minhas qualidades – e a ver João Antônio em diferentes situações em Berlim. Nasceu então a idéia de fazer um filme. Fui conhecendo melhor a João Antônio e a sua mulher, Solange, que também sofreu bastante, por outros motivos, nesta cidade, e tivemos muitos encontros nos quais a idéia de fazer um filme cresceu.

Visitei João várias vezes. Encontrávamo-nos em seu apartamento, em restaurantes etc... Para mim, a "fascinação" foi tomar um autor que não falava alemão, não falava inglês, não falava francês nem espanhol (embora ele dissesse que sim), só falava português, e mostrar como ele via a antiga capital da Alemanha (lembremos que o filme foi feito antes de o muro ser derrubado), o passado, o presente e sua gente.

Fiz um roteiro, era uma idéia que achava interessante para um filme documental. Falei com João, com Carlos Azevedo e com Berthold Zilly; João gostou da idéia; e comecei a buscar financiamento, material, câmera, a pedir as devidas autorizações etc... Por casualidade, acompanhei João ao DAAD e ele mencionou a idéia de fazer o filme a Frau Richter, encarregada da área de literatura nessa fundação. Ela lembrava-se de meu pai, um compositor que cinco anos antes havia tido também uma bolsa do DAAD, e ofereceu-se para ajudar. No final, recebi 800 marcos dessa Instituição. Foi a única ajuda financeira que a gente obteve. Eu mesmo financiei o resto.

A idéia era fazer um outro tipo de documentário, com equívocos, mas que o espectador soubesse que estava assistindo a um filme, sem pretensões de perfeição. Com um ritmo que dependesse do tema e que fosse "visto"... Por outro lado, com pouquíssimo dinheiro, não tinha outra opção: havia um *cameraman*, um encarregado da audiovisão sem experiência etc... Eu mesmo fiz, pela primeira vez na minha vida, o corte, sem ter idéia de como funcionam as máquinas.

O filme tem duas partes principais: a documental e a ficcional-documental.

A primeira parte – documental – é dividida tematicamente em três outras partes, conforme os temas que saíam nas conversas com João. Confrontamo-nos aí com o fascismo (Plötzensee, Wansee Villa, Topographie des Terrors, Gedächtnis-Kirche); o luxo, a sociedade de consumo (KDW) e a vida alternativa (Kreuzberg).

A segunda parte – ficcional-documental – tem como base um texto que João Antônio escreveu para o filme, e que, depois, publicou no Brasil: "No pedaço de Berlim". É um passeio entre o seu apartamento da Uhlandstrasse e a estação ferroviária Bahnhoff Zoo, um caminho que João fazia muitas vezes, no qual sempre encontrava algo novo, alguma coisa relacionada com sua própria vida. A gente fez seis ou sete vezes esse caminho: com João, com ele e Carlos Azevedo, com ele e Helga Dressel etc.

O filme tem uma introdução e um epílogo. A introdução são frases (em sua maioria em alemão) de gente que conheceu João ou leu a sua obra. O epílogo é uma conversa entre João Antônio e um turco no restaurante dele, restaurante Caravan. É uma conversação entre duas pessoas sem um idioma comum que conseguem se comunicar. Uma longa seqüência engraçada. O filme termina com umas palavras de João sobre o Brasil.

Trata-se de um filme com três níveis de comunicação: a mensagem de João Antônio; a da imagem e do som e a do diretor. Os três se misturam e, às vezes, se separam. Não é um filme fácil de consumir.

João Antônio na Alemanha, com o clima, com a mentalidade da gente, encontrava-se, como ele mesmo dizia, "fora do seu habitat". Por outro lado, ele nunca pensou tanto no Brasil como durante sua estadia em Berlim. Vivia com o Brasil na cabeça.

Daí, sua feroz crítica, injusta às vezes, sobre a Alemanha, sobre Berlim, sobre a cultura alemã. Mas ele era um ser humano, uma pessoa difícil, às vezes, rancoroso, ciumento, mas se você lograva encontrar um caminho para ele, poderia ser muito simpático, com humor e muita vida. Ele era, por que não dizer, um ser humano.

COPACABANA: CINCO DA TARDE, 39 GRAUS

Carlos Azevedo

Convivi com o escritor João Antônio em Berlim, na década de 80, em plena Guerra Fria. Era a Berlim do muro, dividida, dividindo as pessoas. Tensa. Arisca, arisca e perigosa: um estopim que, a qualquer momento, podia se inflamar. Todos nós vivíamos à beira de um vulcão, como se costuma dizer.

De João Antônio guardo, pois, várias recordações, entre elas, a do carioca (ele dizia que era um carioca nascido em São Paulo) que não se adaptou ao frio. No inverno, quase não saía de casa ("Berlim nos empurra para dentro de casa"), mas estava sempre cercado de pessoas que o admiravam muito: estudantes e professores da Universidade Livre de Berlim (FU). Seu apartamento, na Uhlandstr. 184, era Meca de brasilianistas. Quantas e quantas tardes, tardes de inverno, não foram dedicadas à Literatura Brasileira, literatura e política, pois João Antônio nunca ficou à margem da política. Sempre foi um escritor engajado, bom de briga, desde os tempos sombrios da ditadura de 64. Mesmo no exterior, nesse curto período que passara na Alemanha, ele preocupava-se com a nossa vida política. Lia regularmente a *Folha de S.Paulo*, para se informar sobre o panorama político brasileiro.

Recordo-me de João Antônio todo encapotado, com um boné turco (ou era russo?), com um cachecol laranja, botas imensas (foram presenteadas por Ray-Güde Mertin, sua agente literária), vestido a rigor, para enfrentar o frio; mesmo dentro de casa, estava sempre encapotado, como se fosse um gaúcho friorento.

"Coitado do João", dizíamos, "pensa que está na Sibéria". Ele queixava-se muito do clima da Alemanha: "pior clima, nem em São Paulo. Não se passa um dia sem virada de tempo. Para pior, claro". Para ele, aquele inverno que vivera em Berlim, fora, simplesmente, um inferno.

Carlos Azevedo

Por isso, não gostou da cidade. "Exilou-se no coração da urbe e mal viu Berlim. Só tinha olhos para a sua distante Copacabana, a princesinha do mar, que ele tanto decantara num de seus textos, talvez o mais poético de todos: *Ô, Copacabana!* Ficara, certamente, fiel ao seu grande caso de amor: o bairro-cidade do Rio de Janeiro. "Só a ti, Copacabana, eu hei de amar", como dizia aquele velho samba-canção.

"Oito meses sem sol, bastam!", ele disse, no aeroporto, ao se despedir de seus poucos amigos que deixara em Berlim.

Uma semana antes do Natal de 1988, recebi um aerograma internacional. Remetente: João Antônio. Praça Serzedelo Correia. Copacabana. Pelo escrito, notei logo que ele estava chateado, abraçado ao seu rancor. Mas não era tempo ainda para se reconciliar com a cidade que o acolhera. Dizia o seguinte: "Sou muito suspeito para falar de Berlim, mas eu lhe desejo que essa cidade ou essa coisa que virou essa cidade lhe seja leve. O mais leve possível. E lhe desejo isso sem ironia nenhuma, mas com muito amor e sinceridade. Sem ironia e também sem compaixão, entenda bem".

Ri. Sabia que o carioca estava no calor de sua mágoa. Então não tomei a sério. Anos depois, passado o rancor, ele viu Berlim com simpatia.

Nesta mesma cartinha, João Antônio tecia um breve comentário sobre o Brasil: "A inflação brasileira deste mês (dezembro de 88) será a maior da história. É a manchete de hoje na *Folha de S.Paulo*. Não preciso dizer mais nada. Ainda assim, continuo em estado de noivado com o nosso país e o nosso povo incrível".

Terminou a carta com um "saudoso abraço tropical". Abaixo, escreveu um pós-escrito: "Copacabana: cinco da tarde, 39 graus".

DARCY RIBEIRO:

O Brasil é já a maior das nações neolatinas pela magnitude populacional e começa a sê-lo também por sua criatividade artística e cultural. Precisa agora sê-lo no domínio da tecnologia da futura civilização para se fazer uma potência econômica de progresso auto-sustentado. Estamos nos construindo na luta para florescer amanhã como uma nova civilização, mestiça e tropical, orgulhosa de si mesma. Uma civilização mais generosa porque aberta à convivência com todas as raças e todas as culturas e uma nação assentada na mais bela e luminosa província da terra.

(O povo brasileiro)

DARCY RIBEIRO: UMA TEORIA PARA O BRASIL – UM PAÍS QUE PRECISA DAR CERTO

Erhard Engler

Em seu *Testemunho*, Darcy Ribeiro, refletindo sobre as dificuldades de se orientar no mundo, escreveu em 1990:

> Por que o Brasil não deu certo? Ainda não deu! Vai dar? Como? Por que caminho? Precisa dar.[1]

Este "Precisa dar" formulou praticamente como lema para ele mesmo e os seus companheiros de luta por um Brasil melhor.

A preocupação dele e dos intelectuais da sua geração consistiu na busca de uma teoria para o Brasil que levasse em conta as experiências históricas, as teorias autenticamente brasileiras, as teorias sociais mais avançadas do nosso século e as exigências específicas do Brasil na época atual.

Desde a segunda metade do século XIX tem validade o que Tobias Barreto – um dos principais representantes da famosa escola do Recife – escreveu sobre a invasão de conceitos teóricos no Brasil:

> Um bando de idéias novas esvoaçou sobre nós de todos os pontos do horizonte... Positivismo, evolucionismo, darwinismo, crítica religiosa, naturalismo, cientificismo na poesia e no romance, folclore, novos processos de crítica e de história literária.[2]

Mais tarde, em 1907, Euclides da Cunha se queixou:

> Pensamos demasiado em francês, em alemão ou mesmo em português. Vivemos em pleno colonato espiritual, quase um século após a autonomia política.[3]

---

[1] Darcy Ribeiro. *Testemunho*. São Paulo: Edições Siciliano, 1990, p. 21.
[2] "Prefácio" a Tobias Barreto. *Vários escritos,* apud Nelson Werneck Sodré. *História da Literatura Brasileira*. Rio de Janeiro: Civilização Brasileira, 1964, p. 23-24.
[3] Euclides da Cunha. "O inferno verde", in: *Obra completa*. v. 1. Rio de Janeiro: Cia. José Aguilar, p. 452.

Darcy Ribeiro: uma teoria para o Brasil – um país que precisa dar certo

Mas Euclides viu também os aspectos positivos das influências européias:

> As novas correntes, forças conjugadas de todos os princípios e de todas as escolas – do comtismo ortodoxo ao positivismo desafogado de Littré, das conclusões restritas de Darwin às generalizações ousadas de Spencer –, o que nos trouxeram, de fato, não foram os seus princípios abstratos ou leis incompreensíveis à grande maioria, mas as grandes conquistas liberais do nosso século.[4]

Astrojildo Pereira confirmou meio século depois esta posição:

> A "importação de idéias", que se fez então em larga escala, não foi coisa totalmente artificial, mero filoneísmo crítico e filosófico, mas correspondia no essencial a necessidades vitais do país em desenvolvimento e já podendo de certo modo selecionar e assimilar aquelas que melhor conviesse adaptar às suas próprias condições históricas.[5]

Darcy Ribeiro se insere nessa tradição participando do "prosseguimento do esforço coletivo de ir construindo, geração após geração, cada qual como pode, o edifício do autoconhecimento nacional".[6]

Tal edifício nem sempre tinha construtores competentes. "Ninguém pode contribuir para ele, é óbvio, se não conhece a bibliografia antecedente. (...) Sendo um país de paixões intelectuais desenfreadas" criticou Darcy "– em que cada pensador se agarra cedo a um teórico de moda e a ele tanto se apega que converte em servidão a sua atividade criadora – é bom ver alguém que rechace pais teóricos".[7]

Entre esses teóricos brasileiros independentes figuram para ele: Joaquim Nabuco, Sílvio Romero, Euclides da Cunha, Nina Rodrigues, Sérgio Buarque de Holanda – com *Raízes do Brasil* – e naturalmente Gilberto Freyre – com *Casa-grande & senzala*. Apesar das suas reservas perante Gilberto e sua obra-prima, Darcy reconheceu a sua importância:

> ...muito a contragosto tenho que entrar no cordão dos louvadores de Gilberto Freyre. Ele escreveu, de fato, a obra mais importante da cultura brasileira.[8]

---

4   Euclides da Cunha. "Da Independência à República", in: *Obra completa*, op. cit., p. 375-376.
5   Astrojildo Pereira. "Consciência nacional de Machado de Assis", in: *Revista do Livro*, nº 11, setembro 1958, p. 78.
6   Darcy Ribeiro. *Sobre o óbvio*. Rio de Janeiro: Editora Guanabara, 1986, p. 134.
7   Idem, p. 133-134.
8   Idem, p. 110.

Erhard Engler

Darcy considerou a interpretação do Brasil e a formação de uma respectiva teoria uma condição indispensável para a transformação da sua sociedade – ou, com suas próprias palavras: "...entender o Brasil para influir no seu destino".[9]

Desta maneira, exprime a sua posição positiva e otimista no que se refere a um futuro melhor do seu país.

Quanto ao "bando de idéias novas que esvoaçou" sobre ele, Darcy faz um balanço rigoroso:

> Olhando em torno, depois de passada a moda funcionalista e quebrada a onda estruturalista, o que persiste de toda aquela gritaria é, principalmente, o Lévi-Strauss desse belo livro brasileiro que é *Tristes trópicos* e o nosso Florestan Fernandes de *A organização social dos tupinambás*.[10]

Darcy se definiu como intelectual da esquerda. As suas experiências como antropólogo lhe "proporcionam uma imagem particular do Brasil" e "é ela, provavelmente, que me faz identificar os brasileiros com as multidões marginalizadas e não com as minorias que vivem na abundância".[11]

Logicamente viu no marxismo uma teoria importante adotando, no entanto, uma posição crítica e independente ante os dogmáticos:

> Expressei muitas vezes meu duplo descontentamento teórico, tanto com as ciências sociais acadêmicas quanto com o marxismo dogmatizado. Ambos precisam ser superados pelos que querem e necessitam compreender a realidade social, para melhor atuar sobre elas. (...) Superar também o marxismo dogmático, denunciando seu caráter de escola de exegetas de textos clássicos, incapaz de focalizar a realidade social em si mesma, a fim de, a partir daí, gerar o seu conhecimento.
>
> Esta dupla superação importa no retorno à postura indagativa e à metodologia científica de Marx. Mas importa, também, na dessacralização de seus textos dos quais o mais importante foi escrito precisamente há um século e não pode permanecer atual e capaz de explicar toda a realidade. Importa recordar aqui que Marx não pretendeu criar uma nova doutrina filosófica, mas sim assentar as bases de uma teoria científica da sociedade, fundada no estudo acurado de todas as manifestações da vida social. Em razão deste esforço é que ele se fez o fundador das ciências sociais modernas.[12]

---

[9] Darcy Ribeiro, *Testemunho*, p. 106.
[10] Darcy Ribeiro, *Sobre o óbvio*, p. 134.
[11] Darcy Ribeiro, *Testemunho*, p. 107.
[12] Idem, p. 76-77.

Darcy Ribeiro: uma teoria para o Brasil – um país que precisa dar certo

Esta é a linguagem dos chamados e difamados "revisionistas", daqueles que pretenderam libertar o marxismo da sua estagnação dogmática. Darcy pertenceu àqueles cientistas marxistas que tinham a capacidade intelectual, o sentido de responsabilidade perante o desenvolvimento científico em geral e a coragem pessoal de exprimir e publicar o que inúmeros intelectuais pensaram sobretudo nos países socialistas de então. Entre estes figuram Milovan Djilas (1911), antigo vice-presidente da Iugoslávia que, por sua análise marxista no livro *A nova classe*, sofreu vários anos na prisão de Tito, o húngaro György Kónrad (1933), o atual presidente da Academia Alemã com seu livro *Os intelectuais a caminho do poder de classe* e o marxista da RDA, Rudolf Bahro (que morreu há pouco tempo) com seu livro *A alternativa*, que foi condenado a oito anos de prisão.

Em "Salvador Allende e a Esquerda Desvairada", Darcy se solidariza com a posição do estadista...

> O mais lúcido com quem convivi e o mais combativo. Um estadista que deixa como legado para nossa reflexão a experiência revolucionária mais generosa e avançada do nosso tempo; edificar o socialismo em democracia, pluralismo e liberdade.[13]

Em 1973, uma perspectiva para o futuro do Brasil e da América Latina, a partir dos anos 90, uma utopia.

Em "Venutopias 2003" do mesmo ano pronunciou-se a favor de utopias:

> Trata-se, nada menos, de romper as velhas formas da vida para criar novas, cuidando que estas não surjam contaminadas. Trata-se, como foi dito, de impedir que o passado se reproduza no futuro.
>
> Fazer frente a essas tarefas sem um plano utópico prévio seria dar um salto no desconhecido, aceitar uma aliança com o arbítrio. Nossa tarefa prioritária é, por isso, inquestionavelmente, a de reviver o espírito dos utopistas com ousadia e coragem, enriquecendo-o com a ciência e a teoria revolucionária.[14]

Para tal fim, Darcy dedicou grande parte da sua vida à construção de um edifício teórico amplo, começando com o *Processo civilizatório – etapas da evolução sociocultural*, de 1968. A seguir publicou, em 1970, *As américas e a civilização – processo de formação e causas do desenvolvimento cultural desigual dos povos americanos*. Seguiu-se o *Dilema*

---

[13] Darcy Ribeiro, *Sobre o óbvio*, p. 175-176.
[14] Idem, p. 55.

Erhard Engler

da América Latina – estruturas de poder e forças insurgentes (1971) e, finalmente, *Os brasileiros – teoria do Brasil* de 1972.

Trilhou um caminho teórico dedutivo deduzindo a teoria do Brasil de teorias gerais do desenvolvimento da sociedade humana, do processo de formação das duas Américas e da América Latina sendo a *Teoria do Brasil* uma síntese e uma aplicação.

Na parte final do livro, destaca o surgimento de uma esquerda nacional no começo da década de 60 que significou esperança para o futuro:

> Nos primeiros anos da década de 60 começou a surgir uma esquerda nacional que vinha amadurecendo graças a três fatores de conscientização. Primeiro, a crítica ao stalinismo que, quebrando a ortodoxia comunista, liberou a maioria de seus afiliados e simpatizantes intelectuais para uma ação política autônoma. Segundo, a renovação do pensamento católico que também liberou para a ação revolucionária amplas parcelas da intelectualidade. Terceiro, a vitória da revolução cubana que, demonstrando a possibilidade de empreender-se uma revolução socialista a partir de formações neocoloniais, evidenciou o caráter conciliatório dos partidos comunistas ortodoxos que não se propunham a tomada do poder, senão a participação nele para melhorá-lo.
>
> Estes fatores, atuando numa conjuntura política reformista, geraram uma criatividade cultural sem paralelo na história brasileira, ao mesmo tempo em que davam lugar a uma dinamização sem precedentes dos estudos dos temas e problemas brasileiros. Surgiram, então, múltiplos movimentos culturais de vanguarda que, no esforço por definir suas linhas ideológicas, produziram um pensamento crítico original predisposto para a ação no plano político e cultural. Contudo, sua duração efêmera os converteu em promessas do que teria sido um florescimento cultural brasileiro que, pela primeira vez, unia no pensamento e na ação aos intelectuais mais criativos e às massas analfabetas. Paulo Freire na educação popular, Maria Yedda Leite Linhares na radiodifusão, Glauber Rocha no cinema novo, o grupo Opinião e Augusto Boal no teatro, a turma da "bossa-nova" na música popular, o Movimento de Cultura Popular, a Editora Civilização Brasileira e a Universidade de Brasília nos dão uma mostra do que teria sido essa explosão de criatividade se ela não fosse estrangulada nas primeiras pulsações.
>
> Depois do golpe militar de 1964, a criatividade cultural tenta primeiro sobreviver desesperadamente através de afirmações voluntaristas, após o quê cai drasticamente. Ao mesmo tempo se processa uma diáspora só comparável à espanhola, que dispersa pela América Latina e pelo mundo milhares de cientistas, pensadores, artistas e políticos precisamente quando estavam amadurecendo para atuar como multiplicadores de uma consciência crítica finalmente alcançada. Dentro do país só reage a ultra-esquerda que,

Darcy Ribeiro: uma teoria para o Brasil – um país que precisa dar certo

condenada à luta armada como única forma possível de oposição ao regime, se radicaliza e se isola mais ainda da massa da população, desgastando-se em atos heróicos de contestação, mas desprovidos de alcance político e mobilizador. Desse modo, o pensamento original e a criatividade cultural e artística, expulsos do Brasil ou ali amordaçados e submetidos às ameaças mais atrozes, passam a expressar-se na clandestinidade e no exílio num debate sobre o papel das vanguardas e os pré-requisitos necessários para ativar os diversos estratos populares para a revolução necessária. Nesse debate tanto se questiona os esquemas conceituais marxistas, em sua forma dogmatizada, como se volta a Marx como fonte para a análise da realidade social. É de desejar que neste esforço, apesar das condições adversas, se alcance a necessária compreensão teórica da natureza da revolução brasileira e das tarefas históricas que ela impõe às novas vanguardas intelectuais e artísticas.[15]

E ele termina a sua "Teoria do Brasil" com as seguintes palavras:

Assim se vão mobilizando as forças que, amanhã, derrocarão a velha ordenação sócio-política para refazer a sociedade desde as suas bases.
E, no mesmo passo, refazer a própria cultura nacional como uma criação autêntica, voltada para o futuro e capacitada para integrar o Brasil na civilização emergente, como uma sociedade solidária.[16]

Apesar do fim do chamado "socialismo realmente existente", o fracasso da tentativa de pôr em prática a teoria marxista-leninista e a crise do movimento da esquerda internacional, o debate sobre uma possível teoria do Brasil continua. Em 1966, Dietrich Briesemeister e Sérgio Paulo Rouanet editaram um livro sob o título: *O Brasil no limiar do século XXI*.

Sérgio cita de *A redução sociológica* de Guerreiro Ramos de 1965:

É verdade que existe, para Guerreiro, um "núcleo central do pensamento sociológico", constituído pelo que em cada sistema transcende sua intencionalidade imediata. Mas o que é significativo é que essa intencionalidade tem sempre caráter nacional, seu sujeito é sempre a nação. "Um produto sociológico qualquer (...) é sempre elaborado para atender a uma imposição. Esse para é que constitui o sentido do produto sociológico. O sistema de Spencer tem pleno sentido, sobretudo para os ingleses. Como o de Comte, para os franceses, o de Max Weber, para os alemães, o de Lester Ward, para os americanos."[17]

---

15 Darcy Ribeiro, *Os brasileiros – teoria do Brasil*. Petrópolis: Vozes, 1985.
16 Idem, p. 165.
17 Guerreiro Ramos. *A redução sociológica*, Rio de Janeiro: Tempo Brasileiro, 1965, p. 122.

Erhard Engler

E Sérgio pergunta: "Do mesmo modo, uma teoria será brasileira se fizer sentido para o Brasil. Quem decide o que faz sentido para o Brasil?"[18]

A resposta, por enquanto definitiva, é esta:

> O intelectual portador de uma "consciência crítica" identificado com forças sociais transformadoras, que pretendem elevar o Brasil da condição de objeto à de sujeito da história.[19]

---

[18] D. Briesemeister, S. P. Rouanet (eds.). *O Brasil no limiar do século XXI*, TFM, Teo Ferrer de Mesquita, Frankfurt am Main 1996, p. 184.
[19] Idem, p. 184.

SOB O SIGNO DA UTOPIA

Sandra Guardini T. Vasconcelos

> Sou esta estranha coisa perplexa que o europeu desgarrado da Europa gerou, mesclando-se com indígenas e negros, e que ainda está em busca de sua própria identidade e de seu destino.
>
> (Darcy Ribeiro, *Ensaios insólitos*)

É o movimento de um desejo que se pode ler nas entrelinhas de *O povo brasileiro*, livro publicado por Darcy Ribeiro em 1995,[1] como uma espécie de resumo explicativo, de caráter histórico-antropológico, de suas teorias sobre o Brasil. O desejo é o de encontrar, na história da formação de um povo, marcada pela espoliação, pela violência e pelo extermínio, uma identidade e um país.

Movido pelo seu "fervor utópico", esse intelectual polêmico, que sempre procurou ver "a realidade brasileira como a base de um projeto de criação de uma sociedade solidária",[2] debruça-se sobre o passado para, pela reconstituição do processo de fusão racial e cultural das nossas três matrizes formadoras, compreender o Brasil e os brasileiros como a história da gestação de uma nova etnia. Trata-se, como diz o próprio Darcy, de "um livro que se quer participante, que aspira influir sobre as pessoas, que aspira ajudar o Brasil a encontrar-se a si mesmo". Ou, para dizer de outro modo, trata-se de um último gesto, por parte de seu autor, de intervenção no debate intelectual que se trava desde sempre, no país, sobre quem somos, debate esse inaugurado ainda no século XIX, por

---

[1] Darcy Ribeiro. *O povo brasileiro – a formação e o sentido do Brasil*. São Paulo: Companhia das Letras, 1995.
[2] Darcy Ribeiro. *Testemunho*. São Paulo: Siciliano, 1990, p. 34.

Sandra Guardini T. Vasconcelos

José Bonifácio de Andrada e Silva, entre outros, em seus escritos sobre a nação e o caráter brasileiros. Nesse sentido, *O povo brasileiro*, último capítulo da série de estudos de Antropologia da Civilização, se filia à tradição das grandes teorias interpretativas do Brasil, alinhando-se ainda com as "formações" de Caio Prado Jr., Celso Furtado, Raymundo Faoro e Antonio Candido, como sugere seu subtítulo, *A formação e o sentido do Brasil*. Não quero com isso dizer que *O povo brasileiro* tenha o mesmo alcance daquelas obras, mas penso que ele pode, sem nenhum favor, ser lido como parte integrante do mesmo esforço de compreensão e interpretação da sociedade brasileira e de suas estruturas.

O ponto de partida de *O povo brasileiro* é uma indagação, que instiga e intriga Darcy: por que, dadas as suas potencialidades, "o Brasil ainda não deu certo"? A resposta, em se tratando de Darcy, é quase óbvia. Mas são essas obviedades que ele insistia em denunciar, como sempre o fez ao longo de toda a sua obra e de sua vida. Falta-nos, segundo ele, "um projeto alternativo de ordenação social". Ao argumento de que somos um povo mestiço e tropical e, portanto, de segunda classe, Darcy Ribeiro contrapõe sua explicação de todo nosso atraso, atribuindo-o à ação de uma competente classe dominante. Nas 450 páginas de *O povo brasileiro*, ele vai mobilizar uma rica e variada bibliografia não só para apresentar a mestiçagem como um dado positivo de nossa formação, mas também para demonstrar como essa positividade é negada no nível das relações sociais. Esse, de fato, me parece ser o movimento definidor de toda a estrutura argumentativa do livro, que oscila pendularmente entre negatividade e positividade, para daí Darcy tirar uma tese surpreendente: a de que somos uma nova Roma, lavada em sangue negro e índio, tardia e tropical, e, por isso, mais alegre, melhor e mais generosa.

Explico-me. Se, por um lado, do esforço de reconstituição histórica empreendido por Darcy sobressai o caráter francamente espoliador do processo de colonização, por outro lado, fica também evidente como, em que pese a violência do empreendimento colonial, Darcy busca sublinhar o surgimento daquilo que ele denomina um povo-novo que, oriundo da "conjunção, deculturação e caldeamento de matrizes étnicas muito díspares como a indígena, a africana e a européia",[3] tem diante de si a possibilidade de construção de uma nova identidade. Dessa história de lutas, conflitos e confrontos, nasce, portanto, a etnia brasileira, cujo grande destino ainda não se cumpriu. Para Darcy, portamos, como herança, a marca indelével desse passado:

---

[3] Darcy Ribeiro. *Os brasileiros – teoria do Brasil*. Petrópolis: Vozes, 1985, p. 58.

Todos nós, brasileiros, somos carne da carne daqueles índios e pretos supliciados. Todos nós brasileiros somos, por igual, a mão possessa que os supliciou. A doçura mais terna e a crueldade mais atroz aqui se conjugaram para fazer de nós a gente sentida e sofrida que somos e a gente insensível e brutal, que também somos[4].

A contradição nos caracteriza. Carregamos, do seu ponto de vista, a "cicatriz de torturador impressa na alma e pronta a explodir na brutalidade racista e classista", embora seja dessa mesma herança que ele acredita irá surgir a indignação que nos possibilitará criar aqui uma sociedade solidária.

Profundamente marcada por essa violência, a identidade dos brasileiros se construiu, segundo Darcy, a partir de uma carência essencial, daquilo que ele denomina "ninguendade". Filhos de índios, negros e portugueses, transfigurados pela miscigenação em não-índios, não-negros e não-europeus, tivemos, os brasileiros, que enfrentar o desafio de criar uma nova identidade.

Para contar essa história, *O povo brasileiro* se divide em quatro grandes partes que podem ser lidas quase como ensaios autônomos, ainda que intimamente relacionados, em função dos temas recorrentes que imbricam aspectos formadores da população brasileira na sua relação com as condições materiais de vida, traduzidas nas atividades econômicas preponderantes em cada uma das regiões brasileiras.

Organizando-se como uma espécie de cruzamento entre o ensaio reflexivo e o tratado descritivo, o livro retoma teses anteriormente desenvolvidas em seus estudos de antropologia da civilização e assume ares de uma grande compilação, apoiando-se fundamentalmente no que de melhor a historiografia e a sociologia brasileiras já produziram. De novidade, nele há muito pouco. Ele sintetiza, como que numa espécie de apresentação derradeira, as teorias de que, segundo seu autor, necessitamos para compreender o Brasil: uma teoria de base empírica das classes sociais, uma tipologia das formas de exercício do poder e de militância política e uma teoria da cultura.

Marca-o, também, uma visível urgência, sem dúvida devida ao momento em que foi escrito. Assim como *Teoria do Brasil*, das obras de Darcy a que talvez lhe seja mais próxima, e como tantas outras escritas no exílio ou na prisão, *O povo brasileiro* foi composto em condições adversas e se constitui numa espécie de testamento do escritor que, já tocado pelo sentimento da morte, obedece à pulsão de pôr no papel o livro que, havia

---

[4] Darcy Ribeiro. *O povo brasileiro*, op. cit., p. 120.

mais de 30 anos, escrevia e reescrevia. Move-o ainda um forte impulso vital porque, "homem de fé e de partido", este é seu último gesto político, de intervenção no debate público sobre o Brasil. Interessa-lhe, mais que qualquer coisa, armar o leitor comum com os argumentos que possam capacitá-lo a atuar de forma mais eficaz na transformação da sociedade.

Tendo no horizonte sempre as questões centrais da estratificação social e da estrutura de poder, dois são os eixos principais que sustentam toda a sua argumentação: por um lado, a propriedade fundiária e o regime de trabalho que deixaram traços na conformação das regiões brasileiras e, por outro, uma unidade essencial que caracterizaria o povo e a cultura brasileiros, da qual as culturas regionais seriam variantes, consubstanciando-se numa cultura crioula, cabocla, sertaneja, caipira e sulina.

Evidentemente, essas grandes visadas panorâmicas e abrangentes, se têm o mérito de apontar continuidades no processo de formação do país, também acabam por fazer Darcy incorrer em generalizações que elidem diferenças e desníveis.

De fato, do ponto de vista de sua ordenação sociopolítica, apesar dos levantes, insurreições e tentativas de reordenação social, o Brasil é marcado por uma estrutura de classes e de poder que permaneceu inalterada desde sua colonização, fato que Darcy Ribeiro não se cansa de apontar e denunciar. Por outro lado, o desejo de forjar uma identidade nacional leva-o a supor uma uniformidade cultural e lingüística e buscar, por sobre as diferenças regionais, uma unidade que dificilmente corresponde ao real e concreto das diferentes regiões do país, com seus respectivos processos de formação, características peculiares e gritantes desníveis socioeconômicos.

A seu favor, por certo é preciso apontar que, independentemente de equívocos e acertos, o que chama a atenção é o empenho de assumir um ponto de vista que se alia "mais com a ótica do casebre do que com a visão palaciana", como afirma o próprio Darcy. Este, sem dúvida, um dos grandes méritos do livro. A história narrada é a dos espoliados e explorados. A voz que narra, determinada, decidida, é a do cientista social, político, educador e militante, apoiada na autoridade de historiadores e sociólogos. No entanto, não pode o leitor deixar de registrar a longa fala monológica que caracteriza texto tão empenhado e de se surpreender com o silêncio a que são submetidas as populações subalternas que protagonizam o livro, neste caso, índios e negros.

Também me parece passível de crítica a ausência de uma visão menos unilateral de todo o processo de trocas culturais que particularizou a situação brasileira. Nesse sentido, o uso dos já ultrapassados conceitos de deculturação e aculturação não dá bem conta de explicar o encontro de culturas que aqui se deu. É curioso que Darcy Ribeiro não tenha se apropriado do conceito de transculturação, proposto pelo sociólogo cubano Fernando Ortiz já na década de 40,[5] cujo valor explicativo supera em muito as duas outras noções, emprestando ao processo de confronto de culturas um caráter muito mais dinâmico e mais condizente com o que ocorreu na realidade. Não há dúvida de que, como populações subalternas, índios e africanos sofreram mais intensamente os efeitos do poder colonial, mas é preciso não esquecer que também portugueses não foram infensos ao contato, como bem lembra Sérgio Buarque de Holanda, em *Raízes do Brasil*, para quem

> Mais do que nenhum outro povo da Europa, [o português] cedia com docilidade ao prestígio comunicativo dos costumes, da linguagem e das seitas dos indígenas e negros.[6]

E, como evidências desse processo transitivo, aponta para a adoção, por parte dos portugueses, de hábitos como dormir em redes, à maneira dos índios, como o consumo da farinha de mandioca, em substituição ao pão de trigo, ou como o uso dos instrumentos de caça e pesca, tudo isso graças, segundo Sérgio Buarque diz, à sua "capacidade para amoldar-se a todos os meios, em prejuízo, muitas vezes, de suas próprias características raciais e culturais".[7]

Em segundo lugar, ao tratar do processo de miscigenação, Darcy Ribeiro, em lugar de enfatizar o movimento dialético entre o geral e o particular, cai na armadilha das grandes totalizações, abrigando diferentes grupos tribais, diferentes nações de negros e até mesmo portugueses de diferentes extrações sob a capa de grupos genéricos, como se tivessem todos vivido a integração da mesma forma e na mesma proporção.

É fato que, em sua introdução, Darcy Ribeiro se refere a singularidades e diferenciações nas matrizes raciais e culturais dos brasileiros, mas seu projeto visa, principalmente, considerá-los como uma única etnia nacional, "constituindo assim um só povo incorporado em uma nação unificada, num Estado uni-étnico".[8] Vendo como único risco a essa unidade "a dilaceração desse mesmo povo por uma estratificação classista de nítido colorido racial e do tipo mais desigualitário que se possa conceber",[9]

---

5 Fernando Ortiz. *Contrapunteo cubano del tabaco y el azúcar*. Caracas: Biblioteca Ayacucho, 1987.
6 Sérgio Buarque de Holanda. *Raízes do Brasil*. Rio de Janeiro: José Olympio, 1989, p. 34.
7 Idem, ibidem. p. 96.
8 Darcy Ribeiro. *O povo brasileiro*, op. cit., p. 22.
9 Idem, ibidem. p. 24.

Darcy faz, segundo Carlos Guilherme Mota em sua resenha sobre o livro, de "nossa etnia" a sua ideologia.[10]

Enquanto constrói essa unidade e atribui à diversidade um lugar secundário, também acredita que, uma vez atingida a democracia social, a democracia racial lhe será decorrente, contradizendo, desse modo, sua própria percepção da natureza intrinsecamente violenta e espoliadora das relações sociais no país.

É compreensível que, na mira da morte, acossado pela premência de tempo, Darcy não se tenha dado ao trabalho de se atualizar teoricamente, continuando a se agarrar a concepções e conceitos já ultrapassados na década de 90. Isso explicaria, a meu ver, sua insistência em uma leitura mitificadora da realidade brasileira e a sua defesa de categorias essencializantes, tais como a "nossa etnia", anteriormente citada, ou como a "nossa unidade cultural". Nesse sentido, é necessário cautela para não embarcar na euforia de Darcy. Sendo assim, me permito duvidar. E pergunto: será que a "revolução social necessária" trará em seu bojo a supressão de todos os preconceitos e o respeito à diferença? Não será preciso um enorme esforço para apagar as marcas do passado e construir realmente um futuro pautado pela igualdade social?

Sua necessidade de encontrar saídas e respostas faz com que Darcy aposte nos traços positivos que, segundo ele, definem o povo brasileiro. Assim, contra a leitura de Paulo Prado em *Retrato do Brasil*, que propõe, na sua reflexão sobre a miscigenação no país, como características brasileiras a luxúria, a cobiça, a tristeza e a preguiça, Darcy Ribeiro apresenta uma versão do povo brasileiro calcada na sua potencialidade para a criação do novo, algo que ainda está por se fazer e que, se ainda não se realizou, não é por culpa sua.

O desejo de ver um outro país está presente e se dissemina por toda a produção de Darcy. Seja na sua obra de cunho mais "científico", seja na seara ficcional, seja nos artigos e escritos de ocasião, o que preside a ação de Darcy Ribeiro é o que ele chamou de "paixão participatória", sempre em defesa das causas que elegeu para si: a salvação dos índios, a preservação da natureza brasílica, a educação democrática e a felicidade do povo.[11]

A sua intervenção sempre teve o sentido de apontar, para o Brasil, a via do que ele chamava de aceleração evolutiva, isto é, o caminho da

---

[10] Carlos Guilherme Mota. "Os dois Darcys", in: *Folha de S.Paulo*/Discurso Editorial/ USP, Jornal de Resenhas, 5 de junho de 1995.

[11] Ver Darcy Ribeiro. *Aos trancos e barrancos*. Rio de Janeiro: Guanabara, 1985.

industrialização autônoma e da realização das potencialidades econômicas do país, pela exploração intensiva dos recursos nacionais e pela integração na vida nacional das reservas disponíveis de mão-de-obra, o que implica, ele não se cansa de reiterar, uma mudança da estrutura de poder e a participação do povo na riqueza por ele produzida.

Um caminho contrário, portanto, ao de toda a história que ele narra, que apenas confirma a via que sempre foi a escolhida por uma classe dominante que, secularmente, preferiu o caminho da atualização histórica, por meio "da industrialização recolonizadora e da modernização reflexa" regida pelas multinacionais. Ou, dito de outra forma, de uma modernização conservadora que consiste na "busca do progresso possível dentro de uma situação estrutural de dependência".[12] (Qualquer semelhança com a versão atualizada desse projeto na "utopia possível" de Fernando Henrique Cardoso não é mera coincidência.)

Contra nossa formação histórica que sempre se pautou por acomodações de elite, sem traumas e rupturas reais, Darcy propõe um "claro projeto alternativo de ordenação social, lucidamente formulado, que seja apoiado e adotado como seu pelas grandes maiorias".[13] E aqui, mais uma vez, flagra-se Darcy na contramão, na medida em que sua estratégia política atribui um papel preponderante a uma liderança que terá como tarefa a condução do projeto revolucionário. Tarefa para um político populista ou nacionalista, o que, nas palavras de Carlos Guilherme Mota, constitui uma inversão do movimento da "História contemporânea, em que as bases elaboram seus projetos e definem – elas definem – suas bases e seus representantes".[14]

Quanto à interrogação que preside *O povo brasileiro*, a resposta que ali se esboça aparece decididamente articulada em outro lugar. Refiro-me a *Utopia selvagem*, em que Darcy formula o sonho da felicidade mestiça, indicando que o país encontrará seu caminho quando aceitar sua mestiçagem. Nesse momento, poderá assumir o papel que Darcy lhe destina no contexto latino-americano: assumir a sua neolatinidade e se constituir numa nova civilização, que ele vê como uma nova Roma. Por que essa comparação com Roma, berço de uma civilização, mas também sede de um poder imperial que se alastrou, dominou e destruiu, no seu processo de expansão? Outra contradição de Darcy, talvez.

---

12 Darcy Ribeiro. *Os brasileiros – teoria do Brasil*, op. cit., p. 96.
13 Darcy Ribeiro. *O povo brasileiro*, op. cit., p. 26.
14 Carlos Guilherme Mota. op. cit.

Sandra Guardini T. Vasconcelos

A crença nas potencialidades do Brasil levou Darcy Ribeiro a uma militância febril, traduzida em ações sempre bem-intencionadas ainda que nem sempre acertadas (veja-se o caso do projeto de Lei de Diretrizes e Bases da Educação Nacional). A opção pela intervenção permanente, seja no campo intelectual, seja no terreno político, pode ser vista como a estratégia que ele elegeu para manter vivo o debate, uma espécie de ensarilhar de armas (neste caso, a pena e a palavra) enquanto a "revolução social necessária" não vem. Pode-se discordar de Darcy. Pode-se criticá-lo por posições equivocadas; pode-se criticá-lo por falta de profundidade ou por suas contradições; mas não se poderá jamais acusá-lo de indiferença ou inação. Sua politização da antropologia, sua luta pela constituição de um "saber brasileiro", construído a partir da herança e transmissão de um patrimônio cultural próprio, o uso que ele fez da ciência como arma de enfrentamento dos desafios históricos fizeram dele, nas palavras de Carlos Drummond de Andrade, "um ser de esperança e combate".[15]

Para Darcy, habitamos a "província mais privilegiada da Terra" e temos, como tarefa, "reedificar o humano".[16] Não é modesto o destino que nos cabe. É por tudo isso que, para ele, o Brasil não é o país do passado. Continua a ser o país do futuro.

---
[15] Darcy Ribeiro. *Testemunho*, op. cit., p. 253.
[16] Darcy Ribeiro. *Ensaios insólitos*. Porto Alegre: L&PM, 1979, p. 36.

O CONCEITO DE MESTIÇAGEM DE DARCY RIBEIRO: O QUE PERMANECE*

Ulrich Fleischmann

"Vocês são uns índios" – essa designação foi o maior elogio que Darcy Ribeiro, como governador, pôde atribuir aos seus subalternos. Para ele, colaborador do Serviço de Proteção dos Índios, a categoria "índio" significava uma mistura de estereótipos e qualidades positivas que também forneciam a base para os seus romances indigenistas, especialmente para Maíra: uma vida em harmonia com a natureza, com uma espiritualidade natural, uma sinceridade no trato, mas também com uma sensualidade, ou seja: eram qualidades que ele atribuía – ou que gostaria de atribuir – a todos os brasileiros. Os índios – aqui estamos falando dos índios autênticos nas reservas indígenas – figuram como uma parte, isto é, como a melhor parte da identidade brasileira, apesar de pertencerem à uma "feliz" pré-história brasileira. O seu discurso em torno dos índios é, sobretudo, um discurso sobre o Brasil. Darcy Ribeiro não quer defender apenas a população indígena americana em si; trata-se também dos índios como parte da história do pensamento, da história da literatura, e também da história da ideologia.

Para ele, os índios significam exatamente aquilo que a população negra brasileira significava para Gilberto Freyre: a justificação de uma peculiaridade brasileira em relação aos outros povos dessa terra. A diferenciação entre esses símbolos de identificação também constitui imagens diferentes do Brasil referentes a várias épocas históricas e a diferentes regiões do país. Aqui não cabe uma profunda análise de tais discursos, mas é necessário perceber que Darcy Ribeiro, com o seu não-conformismo e originalidade, também segue as idealizações históricas do índio, como o "bon sauvage" e o índio romântico de Gonçalves Dias e Alencar. É exatamente esse romantismo indígena que pode ser entendido

---

* Tradução do alemão por Ute Hermanns

Urich Fleischmann

em toda a América Latina como busca dos mitos de criação da nação. As referências intertextuais que vinculam o romance *Maíra* a *Iracema*, o romance de Alencar, (e com isso indiretamente a outros romances, por exemplo, *Macunaíma*) indicam também que a imagem do índio de Darcy Ribeiro relaciona-se com esses mitos nacionais, apesar de *Maíra* ser menos afirmativo e mais problemático.

O discurso de Darcy Ribeiro sobre a identidade não deixa de ser contraditório: Ao indianismo poético, corre paralelo um discurso científico, cuja origem é um evolucionismo iluminista e um discurso civilizatório correspondente.

O pano de fundo ideológico encontra-se numa analogia total com a sua época: a busca de um modelo alternativo para a modernização e a industrialização, que liberte o país tanto da esfera do imperialismo norte-americano, quanto da hegemonia das grandes potências econômicas.

Como origem ideológica dessas teorias podem ser destacados, sem maiores dificuldades, os chamados discursos do Terceiro Mundo, o anti-imperialismo correspondente ou a teoria da dependência. As teorias globalizantes também são modificadas por conceitos talhados especialmente para o Brasil: no lugar da contradição das classes sociais, emerge a contradição entre os grupos étnicos, ou seja: mais uma vez Darcy introduz um princípio global num contexto especificamente brasileiro: o conceito de uma etnicidade múltipla, que parcialmente é vista como conflituosa, isto é, no sentido de guerras étnicas e revoluções, mas também como uma harmonização e um equilíbrio. O final feliz das lutas históricas é o mestiço, o novo "algo" que caracteriza o Brasil, e com esse "algo" Darcy Ribeiro se identifica completamente.

Como a imagem do índio e o elogio do mestiço também se inserem nos discursos históricos da identidade brasileira; o mais célebre predecessor de Darcy Ribeiro, e o seu ponto de referência mais importante, é Gilberto Freyre com o conceito do Lusotropicalismo. Eu gostaria, no entanto, de retroceder um passo para trás: quero chegar nos conceitos da cultura tropical, e da nação tropical que já na segunda metade do século XIX surgiram no Brasil. Como se sabe, naquela época formava-se na Europa – e como extensão também na América Latina – um novo conceito do Estado Nacional, marcado pela conjunção de um postulado de progresso evolucionário e uma tentativa de definir os limites dos territórios nacionais e seus habitantes. Não preciso especificar que tais idéias de modernidade foram integradas pelos novos Estados da América Latina, embora, a longo prazo, pouco compatíveis com as realidades locais: as nações latino-americanas não se diferenciavam entre si e, portanto, não podiam representar um "Staatsvolk", ou seja, um "povo de Estado" o que significa o grupo culturalmente dominante no sentido europeu.

Muito embora portando em sua bandeira nacional o lema "Ordem e Progresso", o Brasil distinguia-se ainda mais explicitamente das nações européias: com seu território imenso ainda inexplorado, formava um mundo específico, onde conviviam vários povos e raças.

Nas teorias raciais do século XIX, o mestiço era considerado o inimigo do progresso e do seu portador, a nação. Era um homem sem pátria e sem lugar social; ele foi o incalculável, o traidor, a podridão de toda base genética. Porém, para os representantes da "nação tropical", ele tornou-se o representante de um país que não se definia pela infra-estrutura e organização de um território estatal, mas sim por uma natureza distante e não organizada, por muitas zonas climáticas, por uma natureza onde convivem e se mesclam inúmeras espécies e tipos humanos.

Nesse sentido, o termo da natureza tropical significa a tentativa de combinar aquilo que, por definição é incompatível. Em primeiro lugar, é um contraponto dialético ao conceito de nação dos séculos XIX e XX. Isso significa representar algo novo mas ainda contendo elementos do antigo. Por isso, contém no seu significado histórico uma contradição aberta: na ótica do século XIX, uma nação não pode ser mestiça, porque condições essenciais faltarão: o mito da origem conjunta, da homogeneidade, do controle da domesticação e da exploração civilizatória do território habitado. Nesse sentido, a idéia da nação tropical rompe o conceito em si sem o negar. Podemos dizer que este é, de fato, um conceito sabotador, na medida em que contorna o antigo discurso científico progressista e o substitui por um discurso poético.

Voltemos a Darcy Ribeiro: o mais importante da sua obra é o fato de ela refletir e representar, nitidamente e mais uma vez, o conceito da nação tropical com suas contradições inerentes. A parte poética dessa obra, os romances indigenistas, e *Maíra* em especial, retoma o discurso tradicional da nação tropical: não é apenas um romance sobre minorias indígenas, mas é também um romance sobre uma natureza não domesticada e aparentemente infinita que abriga muitos espécimes, homens e culturas. Nessa natureza, agora se insere a natureza moderna – que quase não é tropical – conquistando-a, subjugando-a e lentamente domando-a.

"O Brasil vem vindo incorporando este rio" (*Maíra*, p. 404). Quase simultaneamente ele apresenta na sua obra científica – pensemos nos textos *As Américas e a civilização* e *Teoria do Brasil* – um discurso científico e tendencialmente evolucionário que aparentemente anula o discurso idealizante. Mas ele realmente faz isso? Nos seus ensaios, o artifício de Darcy consiste em modificar o problemático espaço histórico do mestiço no século XIX para representá-lo como protagonista do discurso progressista: é o homem novo que trará uma nova civilização, alternativa e brasileira, porque não só representa o futuro e a fé no futuro, um momento decisivo do discurso de Darcy, mas também uma pré-história indígena idealizada. O mestiço é o novo homem, que dissolve a contradição entre nação tropical e civilização. Ele é – mesmo que Darcy ironize esse termo – o brasileiro *par excellence* e também é Darcy Ribeiro, que se insere explicitamente nessa visão do futuro:

> Eu não sou europeu, felizmente. Sou esta estranha coisa perplexa que o europeu desgarrado da Europa gerou, mesclando-se com indígenas e negros. E um pouco mais adiante: nossos povos morenos, nossos países ensolarados, revelam-se de repente, para nós, como a gente melhor e como a província mais privilegiada da Terra para aqui reedificar o humano (*Ensaios insólitos*, p. 36).

É óbvio que essa dissolução artística do paradoxo brasileiro da nação tropical e do processo civilizatório tem um lugar histórico: o Brasil e o mundo dos anos 70 e 80. E assim, finalmente, perguntamos, conforme o título deste artigo: O que permanece?

Nos anos seguintes aconteceram mudanças dramáticas nas perspectivas relacionadas às visões de futuro estabelecidas por Darcy Ribeiro. Temos em primeiro lugar os conceitos da "evolução" e do "processo civilizatório" com os quais Darcy ainda continua radicado no iluminismo. Hoje em dia não só se assume uma atitude mais crítica perante a idéia de um desenvolvimento linear quase monolítico, mas torna-se cada vez mais nítida a impossibilidade de rumos nacionais autônomos. Os processos determinantes que desde então se evidenciaram ocorrem nos âmbitos da indústria e da tecnologia, que não são mais definidos por formações regionais e sociais. A globalização contínua significa que as diferenças entre as metrópoles e as periferias se tornam cada vez menos rígidas; não são mais as nações que dirigem os desenvolvimentos, mas são as empresas multinacionais, as bolsas e os especuladores agindo no terreno internacional. A utopia do caminho evolutivo mestiço não pode ser justificado, mesmo num país que representa um mundo por si mesmo.

Assim, o conceito de mestiçagem mudou tanto as suas dimensões quanto a sua função. Darcy o construiu como contraponto à idéia de nação tradicional com uma auto-imagem homogênea; mas, ao mesmo tempo, o religa a este termo de nação tradicional ao criar o mestiço como tipo nacional, como tipo do Brasil. Para exemplificar a diferença entre as perspectivas, gostaria de mencionar brevemente o filósofo caribenho Edouard Glissant. Ele parte do pressuposto de que já na época da colonização da América iniciou-se uma nova era, que hoje se reafirma claramente: foi o fim do mito do único, isto é, o fim do distinto, do homogêneo, do isolado. Em seu lugar, apresenta-se uma nova convergência mundial, e aqui é correto e importante que o conceito de mestiço seja isolado do âmbito do biológico e do racial e que seja inserido agora na área cultural. Além da sua obra filosófica, como indivíduo com uma biografia particular, Glissant também revela a nova dimensão da mestiçagem. Ele nasceu na Martinica, que não é muito diferente do Nordeste brasileiro, sendo ambas as regiões marcadas pela escravidão e pelas plantações de cana-de-açúcar. Essa ilha nunca foi descolonizada e, portanto, por conseqüência, hoje faz parte da comunidade européia, assim como as outras ilhas e o território continental da Guiana francesa. Isso significa que Glissant não é apenas descendente de escravos africanos e um intelectual americano mas ainda cidadão europeu. Deveríamos estar conscientes de que hoje existe uma fronteira territorial entre a Europa e o Brasil através da floresta amazônica onde moram os índios de Darcy Ribeiro. Diante dos novos fatos geopolíticos, toda busca de um tipo especialmente nacional se torna obsoleta. Darcy Ribeiro tinha razão ao traçar o mestiço como "novo homem", mas hoje é preciso acrescentar que todos nós somos mestiços. A designação mudou de uma categoria descritiva para uma categoria cognitiva, que apresenta o mundo como um todo e não apenas como um mundo especialmente brasileiro.

ENTRE TODOS: DARCY RIBEIRO EM CUBA[1]

Diony Durán

No número 207 da revista *Casa de las Américas*, apareceu uma das significativas "Flechas" da revista cubana. Trata-se de uma seção principal que inicia a publicação, e ela aparece somente em situações muito especiais, como um envio, um lançamento sideral de mensagem até um horizonte desmedido, onde todos possam recebê-la. Aí, sob o título de "As bandeiras de Darcy Ribeiro", aparece o texto de Antonio Candido, "As três bandeiras", pelo qual dava conta da morte do amigo, ocorrida em 17 de fevereiro de 1997.

Casa usava, assim, mais do que palavras rituais próprias, um discurso de outro para o discurso dela mesma. Era uma delicada apropriação que reafirmava aquelas palavras de Candido, permitindo-se apenas uma pequena mudança de título, que apontava mais para a ampliação de sentido que para a ambigüidade, como se a militância do brasileiro se tivesse manifestado em muito mais do que três bandeiras.

Por isso, quando agradeci à professora Ligia Chiappini o convite para escrever este texto, me senti sobretudo na situação de uma testemunha que tinha recebido as "flechas", da *Casa de las Américas* e as de Darcy Ribeiro, e o sentia, pela obra e pela vida, em febril criação entre todos.

Possivelmente foi em fins da década de 60 e princípio dos anos 70 que, em Cuba, começou-se a conhecer a Darcy Ribeiro, em meio à busca de um pensamento latino-americanista nas Ciências Sociais. Naqueles épicos e românticos anos, foi a revista *Pensamento Crítico* – dirigida por Fernando Martínez –, a que publicou um artigo sobre sua obra em nome de Ramón de Armas, jovem estudioso das Ciências Sociais naquele momento, que logo depois seria um destacado investigador da obra de José Martí. Essa revista era, então, um sucesso na transmissão de pensadores e "pensamentos"diversos e sua capacidade de comunicação converteu-a numa das mais apreciadas da época.

---

[*] Tradução do espanhol por Ligia Chiappini.

Significativamente, Ribeiro tomou conhecimento desse artigo sobre sua obra, conforme dados que generosamente me ofereceu minha colega da Universidade de Havana, a dra. Ana Cairo Ballester, e fê-lo incluir numa edição mexicana de artigos seus e de outros com análises críticas dos seus textos.

Parece-me promissor que este encontro entre a obra do antropólogo, político, educador brasileiro e a jovem intelectualidade cubana tenha ocorrido precisamente naqueles anos de intenso americanismo em que, em Cuba, era uma festa estudar e ler livros publicados a preços ínfimos. Era uma corrida em direção à utopia, em direção ao destino militante da unidade latino-americana, e Ribeiro, a partir do exílio, precisamente pela sua militância política, por sua gestão no governo de Goulart, como ele mesmo reconheceu na sua "Autobiografia demagógica", encontrava-se com a América Hispânica, rompendo desse modo um cerco mais intenso que o do idioma e das especificidades culturais, entre o mundo brasileiro e o espanhol.

Ele se encontrava com a obra de Leopoldo Zea e outros pensadores hispano-americanos; em Cuba, em uníssono, a jovem intelectualidade se encontrava também com eles e com Darcy Ribeiro, bem como com o desejo e a necessidade de concretizar um imaginário de bases científicas sobre o mundo ao qual pertencíamos e ao qual também febrilmente, como o brasileiro, tentávamos transformar.

Diversos artigos seus apareceram na revista *Casa* e possivelmente foram lidos em meio às coordenadas discursivas da época, com textos de Frantz Fanon, Celso Furtado, Andre Gunder Frank, Althusser, Gramsci, Marx, Lenin, Marcuse, Mario de Michelli, Joyce, os filmes de Buñuel e a impressionante narrativa de "Antonio das Mortes", no cinema brasileiro.

Eram precisamente os anos em que a antropologia revivia, sob o impulso de *Tristes Trópicos* (1955) e *A Antropologia estrutural* (1958), de Claude Lévi-Strauss, enquanto em Cuba se dimensionava realmente a obra do antropólogo cubano Fernando Ortiz e sua contribuição à teoria da "transculturação" (1958), lia-se *Os filhos de Sánchez*, de Oscar Lewis, e assistia-se ao encontro entre antropologia e literatura na *Biografia de um Cimarrón*, livro com o qual Miguel Barnet, discípulo de Ortiz, colaborava decisivamente para o incremento de uma poética testemunhal e interdiscursiva na América Hispânica.

Nesse âmbito *As Américas e a civilização* (1967, 1972 em espanhol) oferece esse conjunto que o título adverte ao incluir todas as Américas, criando a partir da seleção um discurso integrador que reabilita o imaginário continental. Um discurso com a vontade de unir pela reflexão as fronteiras tenazmente distanciadas de um vasto continente e de traçar,

Diony Durán

sob semelhantes coordenadas, a visão traumática e ao mesmo tempo prudente de cada um dos países.

Não é de estranhar que esse livro possa ser lido como um mapa de época, inclusive na sua extensa e erudita bibliografia, seguramente racionalizada e categorizada com visão de especialista, em que aparecem os títulos de um discurso científico, ideológico, político e cultural que recolhem a tradição do pensamento latino-americano e, ao mesmo tempo, integram-se com o mais novo de sua contemporaneidade. Pareceu-me revelador que Darcy incluísse aí a referência bibliográfica à obra de historiografia cultural de Pedro Henríquez Ureña, por estabelecer coordenadas culturais conjuntas entre o hispânico e o brasileiro.

As Américas e a civilização é um livro globalizador e interdisciplinar, no sentido de que seu ponto de vista quer reembasar os estudos de caso e, ao mesmo tempo, os extremamente teóricos: nem as interpretações limitativas do que ele chamou "a sociologia e a antropologia acadêmicas", nem "o marxismo dogmático", pois, como também deixou expresso, não queria ser um "repetidor" do marxismo, mas seguir o ímpeto e a paixão de Marx como cientista e político.

Nessa ordem, propõe a integração de várias disciplinas com a antropologia, criando um discurso também nesse sentido integrador, que quer apanhar a peculiaridade de cada país e seu perfil supra-regional, com a vontade ideológica e política de influir nas mudanças que via acontecer na situação latino-americana imediata.

Suas profissões de fé para estabelecer um discurso a partir de claras posições científicas e políticas, amplas, problematizadoras e honestas, lembram as de José Carlos Mariátegui num horizonte temporal em que o pensamento marxista estava em fase inaugural na América Hispânica. Quando Ribeiro escreve não era menos difícil o debate nem mais fácil fazer uma aplicação criativa dos postulados marxistas no Novo Mundo. Nesse sentido, Darcy Ribeiro se inscreve numa linha de pensamento criador, que reconstrói discursivamente o mundo latino-americano, como um todo, utilizando técnicas e teorias diversas e reajustando-as a uma observação que respeita sobretudo sua peculiaridade. Com isso, segue as estratégias mais enraizadas do melhor pensamento latino-americano que, desde o século XIX, com Echeverria, Alberdi, José Martí ou Mariátegui, entre outros, tentou subverter a ordem, traçando uma rota vantajosa; tentou olhar longe, com o sentido ucrônico da realização – na medida em que as condições do tempo o fizessem possível – de um projeto sociocultural liberador, tematizado amplamente como utopia ao longo de nossa história.

O livro que tomo como exemplo, porque foi um dos que se publicaram em Cuba, é expressivo dessa posição e desse desejo e, ao mesmo tempo,

Entre todos: Darcy Ribeiro em Cuba

foi crescendo na medida em que os processos como o vivido pelo Chile obrigaram-no a reformular sua análise. Darcy mesmo chamou a sua perspectiva de uma "antropologia dialética", que não renunciava aos pressupostos do marxismo, que havia selecionado no corpo de sua indagação, nem à sua posição na esquerda brasileira e latino-americana, mas tampouco à sua capacidade eletiva e ao seu critério pessoal.

O livro reúne muitos méritos, mas entre todos eles o que me parece mais significativo é sua honestidade e qualificação, valores fundamentais que ainda o sustentam. Isso fica mais evidente se esses valores se situam na época convulsa de fins dos anos 60 e seguintes, quando muitos escritos levantaram fácil e superficialmente as bandeiras vermelhas, onde estas já haviam triunfado ou onde o ambiente era propício aos critérios insurgentes e ao debate, tanto do ponto de vista da esquerda, como de seus detratores.

Um livro de tal autoridade, que incluía Cuba, sob o título entusiasta de "América socialista", contribuiu notavelmente para a difusão do modelo socialista cubano e para a análise de suas dificuldades. É nessa direção que aponta ao afirmar, fechando o capítulo relativo a Cuba:

> De acordo com as expectativas dos cubanos, dentro de alguns anos seu país será o jardim das Antilhas e, nesse caso, seu exemplo exporá a todos os latino-americanos, na linguagem dos fatos observáveis, qual é o regime capaz de proporcionar abundância, de dar oportunidade ao desenvolvimento cultural e fundamentar uma verdadeira democracia. As enormes possibilidades de concretizar-se essa aspiração são as que provocam tantas preocupações e suscitam tanto ódio anticubano.[2]

Este foi o livro editado em Cuba, no ano de 1992, pela Editora Casa de las Américas; pouco tempo depois, saía *O processo civilizatório*, pela editora cubana Ciencias Sociales. Até então, Darcy Ribeiro havia sido lido por outras vias, em outras edições.

Casa de las Américas já havia mostrado, por suas publicações e por seu famoso prêmio, o vasto mundo brasileiro, do qual, surpreendentemente, vivíamos mais distantes do que imaginávamos. Aproximar-nos foi uma empresa também mais lenta do que imaginávamos e se produziu por um movimento de ambos os lados.

---

[2] Na edição Casa de Las Américas, de 1992, p. 298: "De acuerdo con las expectativas de los cubanos, dentro de algunos años su país será el jardín de las Antillas, y en ese caso, su ejemplo expondrá a todos los latinoamericanos en el lenguaje de los hechos observables, cuál es el régimen capaz de proporcionar abundancia, de dar oportunidad al desarrollo cultural y fundamentar una verdadera democracia. Las enormes posibilidades de concretarse esta aspiración son las que provocan tantas preocupaciones y suscitan tanto odio anticubano."

Diony Durán

Na Universidade de Havana, no final dos anos 80, rebatizamos nossa cátedra de Literatura Hispano-americana como Latino-americana, incluindo Brasil com uma autoridade maior que a simples referência. Nisso contamos com o apoio das universidades brasileiras, especialmente de São Paulo e do Rio de Janeiro, ou melhor dizendo, com a ajuda de amigos daquelas universidades, que nos deram acesso à informação e ao conhecimento no próprio país. Com eles aprendemos a dimensionar a literatura brasileira dentro da sua diferença e abundância de matizes.

Nesse caso, o trabalho de Darcy Ribeiro também funcionou a favor da rede comunicativa que aproximava os dois países, não só por meio de seus textos, mas também por suas declarações e referências à universidade cubana e ao seu papel nos estudos superiores latino-americanos, critérios que expôs na imprensa brasileira e em reuniões nas quais sua autoridade era muito bem reconhecida, pelo seu próprio trajeto universitário. Disse ele então:

> Nessa luta os universitários latino-americanos estão sós, porque devem enfrentar a necessidade imperiosa de elevar os níveis de saber, condicionados à aceitação da América do Norte, como o núcleo formador central no nível da pós-graduação.

Nesse momento somente Cuba pode enfrentar uma tarefa imensa de criar a Universidade Latino-americana. Por outro lado, Darcy Ribeiro manteve um contato freqüente com Cuba. Em 1979 havia oferecido ministrar na Casa de las Américas um curso sobre "O processo da revolução na América Latina". Esteve presente também no Prêmio Casa de las Américas, como jurado e, quando o Conselho de Estado Cubano criou a medalha Haydée Santamaría, por ocasião do 30º aniversário de criação da Casa, Darcy Ribeiro foi um dos intelectuais latino-americanos convidados a receber essa honraria, que levava o nome da fundadora da Instituição, mulher de nobreza e amizade, que fez dessa Casa um lugar de intercâmbio e de afeto para os latino-americanos.

Nesse momento se reconheceu a obra latino-americanista de Darcy e sua grande amizade por Cuba, seu apoio e solidariedade. Roberto Fernández Retamar, diretor da Casa de las Américas, explicou detidamente essas relações num artigo que foi publicado depois nos *Cuadernos Americanos*, em um número de homenagem a Darcy.

Quando *As Américas e a civilização* saiu em Cuba, em 1992, Darcy assistiu à apresentação do seu livro e ao encontro "Nossa América frente ao quinto centenário", que reuniu em Havana muitos intelectuais e trabalhadores da cultura. O livro teve rápida e larga recepção, figurando na bibliografia especializada dos estudos latino-americanistas, agora no âmbito de um novo horizonte, para o qual também acredito que Darcy

Entre todos: Darcy Ribeiro em Cuba

Ribeiro colaborou, com sua perspectiva ampla, livre de preconceitos e científica, tão adequada à indagação sobre o mundo latino-americano.

Depois de mais de dez anos de fechamento das especialidades de sociologia e antropologia nas universidades cubanas, elas foram reabertas nos primeiros anos da década de 90, numa tentativa de resgatar essas disciplinas e outorgar-lhes um estatuto de autoridade na análise social. Certamente, essas ciências operavam a partir de centros de estudos especializados em folclore, cultura afro-cubana, música, urbanismo, entre outros, porém seu desenvolvimento como disciplina se havia interrompido, como também a formação de novos cientistas sociais que, em todo caso, haviam emergido, sobre bases autodidatas, a partir de outras especialidades como história, filosofia, psicologia e, até mesmo, literatura.

Data também dos fins dos anos 80 uma reflexão muito ativa sobre as Ciências Sociais, de tal modo que, no ano de 1994, realizaram-se mais de 90 eventos científicos de ou sobre essas ciências e, em 1995, uns 86. Tais dados são muito eloqüentes sobre o processo de análise e debate que se veio desenvolvendo em Cuba e que não deve ter comparação com outro país na bacia do Caribe.

A reordenação e a reflexão que a década de 90 trouxe, com suas súbitas mudanças mundiais e especialmente as que se operaram em Cuba, em todos os níveis da sociedade, intensificaram um processo de atenção às ciências sociais, que mostravam sua complexidade e, ao mesmo tempo, sua capacidade operacional sobre as hierarquias sociais, o que havia sido, em grande parte e por muitos anos, substituído por um olhar autosuficiente dos métodos do marxismo e da sua realização nas políticas estruturadoras do país, como também por um ensino doutrinário do marxismo, que dogmatizara o aprendizado e a aplicação dessa filosofia.

Nessa nova situação, os textos de Darcy Ribeiro, que já tinham mais de 20 anos de idade, circularam no horizonte de uma releitura das bases e pressupostos teóricos de uma disciplina que se reestruturava. Esses textos foram incorporados, de um lado, como parte de sua história clássica na América Latina, de outro, como enfoques científicos de reconhecida qualidade antropológica – *O processo civilizatório* – e de criatividade discursiva – *As Américas e a civilização*. Eles permitiam agora recuperar uma nova qualidade, em meio aos debates atuais sobre os Estudos Culturais e os enfoques interdisciplinares. Sobretudo, a argumentação teórica escolhida do brasileiro, que, servindo-se ampla e rigorosamente de todas as teorias, sustenta um enfoque ideológico, político e científico, capaz de apanhar a peculiaridade do nosso mundo e atuar sobre ela com honesta e aguda conseqüência.

Como nos fins da década de 60, em 90 os livros de Darcy Ribeiro se inserem em fortes debates sobre a realidade cubana e latino-americana dos últimos anos e compartilham um espaço importante com publicações cubanas renovadas, de caráter polêmico, como *Contra corriente*, *Debates Americanos* ou *Temas*. Também foram lidos em meio às polêmicas sobre "o fim da história", os conceitos de Fukuyama ou (antes) de Lyotard e/ou em meio à torrente especulativa que levantou o discurso da pós-modernidade e o tema da globalização. Seus livros dialogam especialmente com um debate que quer passar à confrontação de idéias, à releitura dos textos clássicos do marxismo, sob um enfoque de flexibilidade, conforme expressou Juan Luis Marín, sociólogo cubano, num dos acirrados debates da revista *Temas:*

> É necessário desenvolver nossos paradigmas, incorporando-lhes os problemas contemporâneos, esclarecendo o que aconteceu e por quê, articulando razão e ética.[3]

Precisamente nesse sentido, a obra teórica e prática de Darcy Ribeiro oferece vias de razão e ética, como substâncias primárias, como ponto de vista, permanecendo presente numa reflexão problematizadora do mundo cubano, que seguramente continuará lhe agradecendo.

---

[3] *Temas*, 9/97, p. 80.

PROJETOS E PROJEÇÕES DA NAÇÃO BRASILEIRA

Stefan Zweig, Darcy Ribeiro e Oliveira Viana:
pontos de contato e contrastes

Maria Stella Bresciani

Dois autores, dois livros: Stefan Zweig – *Brasil, país do futuro* e Darcy Ribeiro – *O povo brasileiro – a formação e o sentido do Brasil*. Mais de quatro décadas separam as duas obras. Zweig, austríaco, esteve pela segunda vez no país em 1940. Seu livro é publicado em 1941. A segunda guerra avançara o suficiente para assumir a dimensão de um conflito de grandes proporções; a eugenia se tornara bandeira de guerra e justificativa para a política de "higienização do mundo" e a prática do genocídio. Um ano depois, o autor se suicida em terras brasileiras. Darcy, que viveu no exterior vários anos, escreve nos anos 90, ou melhor, reescreve seu último livro, um livro-testamento, pressionado pela urgência do avanço de uma doença mortal. Os autores se diferenciam e se aproximam em outros aspectos: Zweig, literato e ensaísta, observador estrangeiro no Brasil, escolhe a forma do relato histórico para propor e defender um modo de vida que considerou mais humano; um libelo contra a violência que tomava conta da velha Europa. Darcy, brasileiro, antropólogo e literato, opta confessadamente pela redação de um libelo de militância política em defesa do Brasil contra a espoliação estrangeira. Os livros se caracterizam pela forma de ensaio, desigual no tratamento dos itens e temas, e pela escrita apaixonada e sedutora, confirmada pela ampla aceitação de público (edições em seis línguas, o de Zweig, segundo Afrânio Peixoto em seu Prefácio de 1941, e o de Darcy, publicado em 1995, e já na 4ª reimpressão da 2ª edição de 1996, a que utilizei). Aproxima os dois autores, a visão otimista do país, embora diversa em seu otimismo, mais externo e "ingênuo" o de Zweig, mais sofrido e resultado de uma experiência de vida, o de Darcy.

Em Zweig não há um projeto para o país, somente a projeção do Brasil como país do futuro. Em uma avaliação, com laivos da imagem rousseauniana do bom selvagem, valoriza a natureza quase intocada e a população pouco corrompida pela civilização. Um paraíso tropical, onde vê diferentes raças se aclimatarem e viverem em harmonia; e, onde a despeito de uma parcela da população encontrar-se em condições inferiores à da pobreza européia, vigora a absoluta igualdade dos cidadãos na vida pública e a ausência de discriminação racial na sociedade civil. Em seu texto quase não há tensão aparente; a narrativa parece seguir seu fluxo sempre orientada pela noção de progresso material aliado a uma forma de viver mais humana inscrita num "processo inevitável, porque orgânico" (p. 181-182). Contudo, a impossível convivência do progresso com a condição paradisíaca, utópica e estacionária, se infiltra de várias maneiras em sua avaliação do país. Identifica, por exemplo, no precário estado de saúde da população, o obstáculo maior para "a completa manifestação de suas energias", discorre também longamente sobre outras dificuldades para o aproveitamento do solo e das riquezas do país, sublinhando a importância de se incorporar produtivamente toda sua população, inclusive a "massa inatingível de gente das florestas" (p. 166-168).

Em Darcy Ribeiro, por sua vez, há um projeto de ordenação social alternativo ao atual sugerido na forma de uma projeção desejável, o "país novo" e o "povo novo" vivendo para si mesmo no imenso espaço geográfico, ocupado por uma população que configura uma "unidade nacional e étnica nova", não ameaçada por qualquer reivindicação séria de autonomia regional e sem apego ao passado: "estamos abertos é para o futuro", afirma. Entretanto seu texto apresenta-se pleno de tensões, pois seu otimismo ante a façanha da unidade étnica não minimiza a mentira de alardearmos uma falsa democracia racial, o contraste com as enormes e quase inexpugnáveis distâncias de classe e o reconhecimento de estarmos vivendo há cinco séculos para outros que não nós mesmos. Porém há em seu texto ainda outro tipo de tensão: em uma possível projeção futura, defende a preservação de culturas arcaicas minoritárias, as indígenas em especial, além das diversas culturas populares, rudes e subordinadas, mas prevendo simultaneamente a adoção e "domínio da tecnologia para [o país] se fazer uma potência econômica, de progresso auto-sustentado".

Aproxima, contudo, os dois livros o viés de análise: a opção pela *narrativa histórica*, reservando atenção especial a observação dos *usos e costumes*, da cultura, o modo de vida da população, enfim. Como resultado, as narrativas de Zweig e Ribeiro constroem *representações de grande força plástica*. O recurso dos autores à elaboração de quadros, nos quais imagens do "homem contingente e as contingências de seu *habitat*"[1] dão lugar a

---

[1] J. Guinsburg, em *O Romantismo* (Perspectiva, 1978), indica como o pensamento romântico dos séculos XVIII e XIX desloca a narrativa histórica dos feitos dos grandes homens para as "medianas", inserindo o homem comum e mesmo os heróis e suas motivações num ser ou organismo coletivo. p. 15-16.

imagens de forte apelo emocional; estabelece também liames muitos claros com concepções estéticas (re)interpretadas desde meados do século XVIII, que colocavam no plano da imaginação e dos sentimentos, escapando pois, ou ao menos antecedendo, o âmbito da razão e do raciocínio, a recepção pelos sentidos dos estímulos externos ao cérebro humano: Edmund Burke (1756), analisando o impacto emocional provocado por palavras, objetos e coisas do mundo natural sobre as mentes humanas, menos racionais ou mais racionais por que instruídas; e Emmanuel Kant (1764), tecendo íntima relação entre as características estéticas e psicológicas das raças/povos (caracteriologia) e suas aptidões intelectuais e práticas. É exatamente esse viés, chamemos romântico/culturalista, que nos levou a pensar a possibilidade de fazer uma leitura desses textos, considerando o recurso de seus autores a concepções estéticas, mais precisamente as que relacionam de forma determinística o grau de instrução ou então o meio ambiente e a raça ao desempenho histórico de populações diferentes. Há mesmo em Kant uma afirmação definitiva da diferença de temperamentos em cada povo-raça, uma alteridade. Não que Zweig e Ribeiro recorram em seus textos de modo explícito a teorias estéticas. Quero entretanto indicar o quanto elas foram difundidas e popularizadas no decorrer do século XIX, em várias e sucessivas avaliações intelectuais sobre o lugar diferenciado ocupado pelos diferentes países na escala da civilização, de acordo com o ideário liberal, ou ainda, sobre as "origens/matrizes" diferenciadas de cada povo-nação, segundo o pensamento romântico/culturalista.

    Impossível deixar de anotar idêntico procedimento na extensa produção "sociológica" de Oliveira Viana. A mesma trilha de uma cronologia política – Brasil Colônia, Império e República – serve de eixo para uma avaliação histórica de usos e costumes, tanto nos primeiros textos de crítica às instituições liberais republicanas instauradas com a Constituição de 1891, das décadas de 1910 e 1920, como nos seus escritos posteriores à sua colaboração no Ministério do Trabalho do governo do Estado Novo. A afirmação do caráter inédito, novo, da população brasileira assume neste autor uma forma radical, expressa em uma cronologia que considera o século XVI como século I da história do Brasil; rompimento, pois, com as raízes das populações fundadoras e alteridade irredutível de nossa "evolução histórica".[2] Daí, para ele, o descompasso das instituições e leis escritas com o direito costumeiro, inscrito nos usos e costumes dos diversos grupos populacionais.

---

[2] Poderia ter recorrido aqui a outros autores, entre eles, o historiador Sérgio Buarque de Holanda e o sociólogo Gilberto Freyre, que também fizeram dos usos e costumes elemento importante para suas análises do Brasil.

Maria Stella Bresciani

Diferentemente de Zweig e Ribeiro, que identificam no país um povo em formação, Viana expressa "uma convicção contrária ao preconceito da uniformidade atual de nosso povo". Essa convicção expressa em 1918, ele a mantém ainda nos seus últimos livros publicados após a Segunda Guerra Mundial e o fim do Estado Novo. Para ele, nos textos das décadas de 1910 e 1920, a população brasileira constitui um conglomerado ganglionar, bloqueado em sua formação unitária pelas instituições liberais de "caráter dispersivo" (o modelo federativo da república), a exigir um projeto político próprio que lhe assegure a unidade futura. Em Oliveira Viana, a afirmação de que nosso modo de vida contrasta e nega nossas instituições políticas importadas de países com outros *mores* o faz se aliar à corrente de autores da época que pregavam a necessidade de o brasileiro voltar as costas para o Atlântico e o estrangeiro e dirigir seu olhar para o interior, onde residiria o verdadeiro Brasil. Nesse descompasso de uma prática rude conjugada ao direito costumeiro diante da ambição de nossa intelectualidade urbana, acadêmica e política, de parecermos iguais às nações civilizadas reside, para o autor, o desencontro do país consigo mesmo. Persiste ainda em *Instituições políticas brasileiras* (1949) sua crítica à falta de atenção por parte da "elite" e dos "juristas" brasileiros relativa à "cultura real e viva do nosso povo massa", "cultura no seu sentido etnográfico", o que impedia a concordância necessária entre o "direito costume" e o direito escrito, aquele "consubstanciado na lei e nos Códigos"[3] (p. 22-26).

Importa reter, para este trabalho, a persistência de uma interpretação da "formação histórica brasileira" que recorre ao recorte nacional, romântico, no qual a propensão historicizante aglutina, segundo Guinsburg, "as sociedades em mundos, comunidades, nações, raças que têm antes culturas que civilizações, que secretam uma individualidade peculiar, uma identidade não de cada indivíduo mas do grupo específico, diferenciado de quaisquer outros".[4] Opção teórica e metodológica que, no limite, conduz os autores a identificar um descompasso entre "a realidade social" e as formas de pensamento instituidoras dos códigos escritos de convivência

---

[3] Utilizei aqui referências de vários livros seus, mas as citações referem-se a *Populações Meridionais do Brasil* (1920) Record, 1974, e *Instituições políticas brasileiras*, Record, 1974.

[4] O apoio teórico de matriz romântica remete, em Zweig assim como em Oliveira Viana, a Hypollite Taine: o primeiro consagra sua tese ao historiador francês e incorpora a partir dele a teoria da influência do meio. (Cf. Isabelle Hausser em nota do artigo de Zweig sobre Balzac em *Trois Maîtres* (Balzac, Dickens e Dostoïevski) coletânea publicada em 1908. In: Stefan Zweig, *III Essais*, La Pochothèque, 1996, p. 57). O sociólogo brasileiro partilha também a adesão a essa teoria e a ela recorre como noção explicativa em seus estudos.

social e política, por que não gestadas em solo brasileiro. Idéias exógenas, importadas, espúrias, fora do lugar em suma, na acepção largamente difundida no amplo domínio das ciências humanas, a área de crítica literária incluída.

Tão difundida que, tanto um autor menos preocupado com metodologia acadêmica como Zweig, quanto Ribeiro, militante de "esquerda" e por anos dedicado a pesquisas antropológicas especializadas, convergem na forma de enquadrar suas análises no viés romântico adotado por Oliveira Viana, pensador de confessada tendência autoritária de "direita", e preocupado em enfatizar o caráter de rigor estritamente científico de suas pesquisas. Inscrevem-se os três em uma série longa de escritos, que vão da produção acadêmica, a ensaios e ficções literárias e estabelecem uma conclusão *a priori* de que no Brasil nada dá certo porque não logramos transpor essa característica mimética de pensarmos e agirmos pela cabeça dos outros, ou melhor, de nos deixarmos guiar – governar por uma elite não sintonizada com as nossas aspirações.

Pode-se encontrar, entretanto, diferenças e contrapontos: Zweig e Ribeiro assumem a condição militante em seus textos; já em Oliveira Viana, a posição militante esbarra contraditoriamente na declaração de intenção de objetividade e isenção política. Ao contrário de Zweig e Ribeiro, há, além de projeções futuras para o país, um projeto político de caráter ditatorial autoritário claramente definido em todos os escritos deste autor. Une os três contudo a maneira como estruturam seus argumentos, recorrendo a avaliações histórico-socioantropológicas saturadas de fatores determinantes e representações estéticas. Em suas conclusões convergem sempre quando consideram os componentes da cultura e/ou civilização brasileira: todos afirmam o caráter exógeno deles. Zweig diz que "são, na totalidade, importados da Europa". Que "tanto a religião e os costumes como o modo de viver desses milhões e milhões de habitantes do Brasil, pouco devem ou verdadeiramente nada devem ao seu solo". Ausente uma tradição própria, diz, o que se presencia é a "transformação fecunda do que era europeu". E reafirma categoricamente:

> Todos os valores da civilização foram trazidos do estrangeiro por navios de toda a espécie. [Ou seja,] nada é tão típico no brasileiro como o fato de ele ser um ente humano sem história (p. 179).

Ribeiro, por sua vez, afirma nossa dependência econômica e o caráter "espúrio da cultura". Considera que "a camada senhorial, integrada pelo empresários e pelo patriciado de clérigos e burocratas civis e militares, todos eles urbanos, integra a sociedade total como um de seus elementos constitutivos, mas opera como uma parcela diferenciada no plano cultural, tanto da cultura vulgar da cidade como do campo". Porém, diz, esse pequeno círculo fecha-se no convívio eurocêntrico, sendo suas produções artísticas e materiais, tais como a arquitetura, "implantações ultramarinas da civilização européia". Mesmo aceitando haver "uma reação brasileira no plano erudito", com Niemeyer, Villa-Lobos e Portinari, considera suas obras como "criações, conquistas do gênero humano" que poderiam ter surgido em qualquer parte do mundo. Mesmo a cultura popular "unificada em seus componentes rurais e urbanos em valores e tradições de que todos participavam e que se expressavam no folclore, crenças, artesanato, costumes e instituições que regulavam a convivência e o trabalho", ele a considera espúria, fruto de "nosso ser de encarnação ultramarina e tropical da civilização ocidental" (p. 262-264).

Tudo se passa como se a cultura ou a civilização constituísse uma camada descolada do ser brasileiro, embora dele constitutiva; uma espécie de cenário de segunda mão, tomado de empréstimo por carência total de criatividade própria desses seres, desenraizados, uns e outros, de suas terras e de suas culturas originárias. Uma espécie de degradação determinada pelos ares tropicais: a beleza paradisíaca amolecendo os temperamentos, escondendo a morte.

No mesmo diapasão deles, Oliveira Viana proclama vivermos uma "cultura de transplante", aprendida nos livros trazidos da Europa nos porões dos navios, no século XVIII, e na cabeça transtornada dos imigrantes europeus do século XIX, tangidos pela fome e aliciados por agentes políticos. Nos dois casos, "idéias exóticas", que, como nossas leis e instituições, não se coadunavam com a "realidade social" do país; só tinham vida nas cabeças pensantes e idealistas dos dirigentes políticos liberais e positivistas, de um lado, anarquistas, socialistas e comunistas, de outro. Oliveira Viana, porém, vê parcela significativa desse erro na forma recorrente como os intelectuais nativos teimavam em voltar seus olhos para além-mar – os países europeus e os Estados Unidos da América do Norte –, recusando-se a conhecer a "realidade brasileira" presente nas áreas mais afastadas da costa atlântica. Na tradição do lume e do pão de Minas Gerais diz residir uma forma de ser brasileiro pouco contaminada por culturas exógenas. Há, portanto para ele, usos e costumes dignos de serem vistos; há regras de convivência que constituem um direito costumeiro que emana da tradição, tal como o direito escrito inglês traduz em palavras formas vigentes e aceitas de convivência. Com essa intenção dedica-se ao estudo das populações das diversas regiões do país, estabelece seus perfis psicológicos e afirma, tanto o "rudimentarismo da cultura política do nosso próprio povo", como a impossibilidade de "homens excepcionais" fazerem alguma coisa, "dadas as deficiências

Projetos e projeções da nação brasileira

de nosso próprio meio". Um painel de cores e formas diferenciadas regionalmente compõe o resultado de suas indagações.[5]

Assim, neste trabalho busquei localizar e avaliar a força sugestiva e persuasiva das imagens construídas pela narrativa de Zweig e Ribeiro, sugerindo inspiração anterior semelhante na obra de Oliveira Viana e de outros autores que também utilizaram recorrentemente esse mesmo procedimento. Eles deslocam suas análises num tempo aprisionado a um paradigma explicativo cultural na intenção de identificar e justificar as diferenças nacionais e os respectivos avanço ou atraso em relação a um ideal de progresso e civilização, nem sempre bem definido em sua configuração idealizada.

A(s) história(s) explicando o presente

Como enfrentar a tarefa de avaliar *O povo brasileiro – a formação e o sentido do Brasil*, de Darcy Ribeiro, superando o desconcerto da leitura de um texto tão provocador, muitas vezes bem-humorado, otimista até em seus momentos de pior pessimismo, e tão desigual? De que maneira avaliar perspectivas de análise tão diferentes? Em muitas Darcy insiste no lugar-comum e na forma mais tradicional de pensar espaço e tempo no recorte circunscrito do país Brasil, com uma trajetória que, subordinando-se à seqüência Colônia, Império e República, teima em desviar-se de um destino grandioso que sua dimensão e população merecem, aceitando subordinar-se a potências estrangeiras que sugam e esgotam suas riquezas naturais, desgastam e estiolam a população. Em outros momentos, principalmente quando o foco volta-se para a população autóctone, seu tema de estudo apaixonado como antropólogo, a riqueza dos dados e da avaliação das conseqüências de sucessivas "invasões" das terras indígenas pelos europeus, envolvem o leitor e o remetem para o "paraíso perdido" da época em que a população original se contava aos milhões e vivia em perfeita adaptação com o ambiente tropical. Também seus percursos pela Amazônia, de ontem, com a exploração da borracha, e a de hoje, submetida à mineração predatória, responsável pelo envenenamento das águas de inúmeros rios, sujeita a floresta a devastação pelas empresas de exportação de madeiras nobres, são vívidos quadros analíticos que seduzem o leitor. Nessas passagens, sua escrita direta e explicitamente

---

[5] Essas observações de Oliveira Viana foram compostas a partir da leituras de vários livros seus, em especial os já citados, e mais *Problemas de política objetiva*. 3ª ed., Record, 1974 (1ª ed. 1930) e *Pequenos estudos de psychologia social*. 3ª ed. Companhia Editora Nacional, 1943 (1ª ed. 1921).

militante fascina, diminuindo o aborrecimento da leitura de longas páginas de repetição de uma "história crítica" do Brasil já tão nossa conhecida.

Por que Darcy Ribeiro se obriga a recuar para o marco inicial da "invasão", "descoberta" ou "conquista" da costa leste da América do Sul até quase a embocadura do rio da Prata, se o que se propõe desde o início é pensar e compartilhar uma questão atual, o "desafio que o Brasil enfrenta de alcançar a necessária lucidez para concatenar essas energias [as do povo sempre submetido interna e externamente] e orientá-las politicamente, com clara consciência dos riscos de retrocesso e das possibilidades de liberação que elas ensejam"; de pensar "a possibilidade, muitíssimo improvável, de que a ordenação social se faça [aqui] sem convulsão social, por via do reformismo democrático"? (p. 25). Propósito que reafirma ao longo do livro em frases como esta: "torna-se imperativa a tarefa de alcançar o máximo de lucidez para intervir eficazmente na história a fim de reverter sua tendência secular" (p. 248). A resposta encontra-se no prefácio, quando afirma: "Escrever este livro foi o desafio maior que me propus", e explica a razão de tanto esforço: "Meu sentimento era de que nos faltava uma teoria geral cuja luz nos tornasse explicáveis em seus próprios termos, fundada em nossa experiência histórica. As teorizações oriundas de outros contextos eram todas elas eurocêntricas demais e, por isso mesmo, impotentes para nos fazer inteligíveis".

Sua conclusão entretanto não apresenta um projeto de reforma social, política e econômica; apenas sugere com ênfase que o Brasil "precisa agora sê-lo [a maior das nações neolatinas] no domínio da tecnologia, da futura civilização, para se fazer uma potência econômica, de progresso auto-sustentado". Permeia sua aposta em um Brasil forte o apelo para que aceitemos nossa condição peculiar de "povos novos ainda na luta de fazermos a nós mesmos como um gênero humano novo que nunca existiu antes". "Estamos abertos para o futuro", proclama. Somos um "povo novo" pelo "modelo de estruturação societária", "pela etnia nacional diferenciada de suas matrizes formadoras", "novo, pela inverossímil alegria e espantosa vontade de felicidade, num povo tão sacrificado". Condição dupla, entretanto, dado sermos também um "povo velho", ou seja, um implante ultramarino da expansão européia que não existe para si mesmo, um proletariado externo". É exatamente essa nossa condição *sui generis* que exige, segundo ele, um estudo histórico capaz de explicar o fato de não ser o Brasil dilacerado por conflitos interétnicos, de sermos "uma etnia nacional, um povo-nação, um Estado uni-étnico". Unidade étnica que, contudo, explica o autor, não significa uniformidade, nem a propalada "democracia racial", já que a despeito das mesmas matrizes portuguesas, africanas e indígenas, "três forças diversificadoras" atuaram para "plasmar diversos modos rústicos de ser dos brasileiros". Assim,

Projetos e projeções da nação brasileira

Ribeiro encaminha sua análise demonstrando que, além das três matrizes raciais, as condições ambientais, as formas diferenciadas de produção econômica, a industrialização com a decorrente "urbanização caótica", e as levas de imigrantes conformaram as diferenças regionais, ou, em suas palavras, esboçaram "os cenários regionais" que modelaram "a vida social e cultural das ilhas-Brasil": o Brasil crioulo, o caboclo, o sertanejo, o caipira e o Brasil sulino (p. 270).

Sua proposta de percurso pelo passado do país justifica-se pelo que considera ser a ausência de "uma clara compreensão da história vivida, como necessária nas circunstâncias em que ocorreu", único caminho para se formular, pensa ele, "um claro projeto alternativo de ordenação social", invertendo o predomínio do "apelo à violência pela classe dominante como arma fundamental da construção da história" (p. 26).

Em Oliveira Viana, o percurso proposto vai do "sonho-utopia" à "realidade nacional-regional". Nas suas análises ponteia recorrentemente uma acusação à "elite brasileira" pela má administração do país em todos os aspectos. "Há um século (desde a Independência de Portugal em 1822) vivemos politicamente em pleno sonho (...) como os fumadores de ópio, no meio de raças ativas, audazes e progressivas", afirma considerando submeterem-se nossos "dirigentes, políticos, estadistas, legisladores, publicistas, a uma fascinação magnética" pelas idéias e regimes francês, inglês e americano. O recurso à "ciência histórica" permitiria, segundo ele, "o estudo da nossa formação nacional, a caracterização do nosso povo, tão aproximada da realidade o quanto possível, de modo a ressaltar quanto somos distintos dos outros povos". Soma-se a essa alteridade nacional as diferenças regionais, ou seja, "as três histórias diferentes: a do norte, a do centro-sul, a do extremo-sul", que, diz ainda, "geram três sociedades diferentes: a dos sertões, a das matas, a dos pampas, com os seus três tipos: o sertanejo, o matuto, o gaúcho". Insiste sobre o quanto devemos buscar "no nosso povo-massa, as matrizes do nosso direito público costumeiro cultural, que estamos organizando há 400 anos", ou seja, o quanto "a 'cultura' e sua influência é uma força determinante nos comportamentos individuais", em 1947. Há portanto uma história.

Stefan Zweig também refaz o percurso da história do Brasil para explicar a singularidade de seu povo, sua forma de vida, os contrastes entre regiões. A justificativa pode ser encontrada logo no início do livro, quando menciona o desconhecimento do país por parte dos europeus e norte-americanos, ainda que tenham razoável nível de instrução. "O Brasil, no sentido cultural, ainda hoje é uma terra incógnita..." Quer dá-lo a conhecer, já que considera o país, "destinado a ser um dos mais importantes fatores do desenvolvimento futuro do mundo" (p. 12). Estabelece um nítido contraste entre o "país em desenvolvimento rápido", que lhe proporcionava "a sensação de viver no que se está desenvolvendo, no porvir, no futuro" e a velha "Europa suicida" (p. 14-15). Sua atenção tem um foco definido: "como poderá conseguir-se, no mundo, viverem os entes humanos pacificamente uns ao lado dos outros, não obstante todas as diferenças de raça, classes, pigmentos, crenças e opiniões?" Sua resposta é imediata:

> A nenhum país esse problema, por uma constelação particularmente complicada, se apresenta mais perigoso do que ao Brasil, e nenhum o resolveu de nenhuma maneira mais feliz e mais exemplar do que aquela por que este o fez (p. 18).

Em obediência a essa indagação, Zweig define seu campo privilegiado de observação:

> Do grande número de aspectos quero salientar principalmente um (...), o que respeita ao espírito e a moral.

Usos e costumes: uma estética dos temperamentos e dos *mores*

Assim, o recuo no tempo, ou o recurso à história, se faz necessário para Zweig, também como procedimento metodológico para dar consistência a uma indagação elaborada a partir de evidências observadas. Quais? Primeira, a "estrutura etnológica" – já que "são nitidamente reconhecíveis, nas ruas, as diversas raças e sub-raças, de que é constituída sua população". Descendentes de portugueses, dos aborígenes e dos milhões de africanos, milhões de estrangeiros recém-chegados, portugueses, italianos, alemães, japoneses. Segunda evidência, o fato de que "todas essas raças (...) vivem em perfeito acordo entre si, e, apesar da sua origem diferente, porfiam apenas no empenho de anular as diversidades, a fim de se tornarem brasileiras, constituindo nação nova e homogênea". Terceira evidência, "de que há séculos a nação brasileira assenta no princípio da mescla livre e sem estorvo da completa equiparação do preto, branco, vermelho e amarelo". Uma quarta evidência, "o que em outros países, está teoricamente estabelecido apenas no papel e no pergaminho, a absoluta igualdade dos cidadãos na vida pública, bem como na vida privada, aqui existe de fato, na escola, nos empregos, nas igrejas, nas profissões, na vida militar, nas universidades, nas cátedras" (p. 19). A quinta evidência resume uma situação *sui generis*, porém auto-explicativa, na qual, se "o vocabulário brasileiro não encerra um único termo depreciativo para o preto e para o crioulo", isto se deve a outra evidência, contida na pergunta: "quem [aqui] poderia se jactar de ser raça pura?" Confirmada pela afirmação: "o legítimo, o verdadeiro brasileiro tem a certeza de ter no seu sangue algumas gotas de sangue indígena" (p. 20). A sexta estabelece nossa peculiaridade: "há 400 anos uma nação e – fato milagroso – (...)" produzindo um padrão humano fisicamente menor e absolutamente próprio: "certa brandura e suave melancolia criam aqui um tipo muito próprio e oposto ao do norte-americano, que é mais enérgico e mais ativo". O próprio tipo físico menor o distingue e identifica traduzindo pela aparência sua própria índole: "do ponto de vista físico e psíquico caracteriza o brasileiro [sua] compleição mais delicada do que o europeu e o norte-americano (...) indivíduo calmo, pensativo e sentimental, às vezes, [acrescenta] até com um ligeiro laivo de melancolia". Traço esse, aliás, já "sentido na atmosfera", diz ele, por Anchieta e pelo padre Cardim em pleno século XVI. Temperamento que o caracteriza por "maneiras moderadas no trato externo", mantidas "mesmo quando se divertem em massa" (p. 182-183). Isso porque, diz Zweig, "O que aqui 'se destrói' são apenas os contrastes fortes e perigosos. Essa dissolução sistemática dos grupos mais 'nacionais' que 'raciais', que aqui são unidos (...) facilitou a criação de uma consciência nacional única (...) em geral, o filho de estrangeiro é nacionalista" (p. 21). A sétima evidência a desenhar "uma personalidade étnica" explica-se pelo fato de o "brasileiro ser um ente humano sem história, ou com uma história curta". Justifica essa ausência de passado, "nossa civilização não se assenta, como a dos povos europeus, em tradições remotas que datam dos tempos míticos (...); todos os valores da civilização foram trazidos do estrangeiro por navios de toda a espécie (...) e mesmo o mais patriótico e mais ambicioso empenho não pode até agora achar ou inventar uma contribuição importante dos aborígenes para a civilização brasileira". E vai mais longe em suas observações dizendo que "quem quer que, na História, aqui pretenda recuar além do dia em que os primeiros europeus aportaram a esta terra, cairá no vácuo, no nada" (p. 179).

Afinal, Zweig já havia dito ao narrar a história da chegada dos europeus às novas terras sul-americanas que portugueses e jesuítas nelas encontram "aborígenes no mais baixo grau de época nômada (...) selvagens vivendo ainda fora de toda noção de civilização ou de moral (...) criaturas nuas [que] não possuem idéias religiosas ou morais" (p. 48-49). Portanto, não causa estranheza sua afirmação, profundamente vincada por um determinismo mesológico e racial, de que "tudo o que hoje denominamos brasileiro (...) [só] é possível explicá-lo por meio de uma transformação fecunda do que era europeu, operada pelo clima, pela terra e pelos habitantes dela" (p. 180).

A esse quadro de harmoniosa convivência de raças diferentes, mesclando-se sem preconceitos e formando uma etnia própria, isto é, um tipo físico e uma cultura, sucedem-se as observações acrescentando traços e cores ao quadro: "o brasileiro conserva sempre a sua natural delicadeza e boa índole. As mais diversas classes tratam-se mutuamente com uma polidez e cordialidade (...) que a nós causam admiração":

> O abraço entre os brasileiros é uma praxe absolutamente trivial, uma expansão de cordialidade. A polidez é aqui a forma básica natural das relações humanas (...) não é apenas formalidade essa convivência boa, amistosa, sem visível ódio e inveja, entre raças e classes, não é mera ilusão ótica (p. 185).

Até a experiência de visitar uma favela confirma suas observações sobre a boa índole do povo: "quando curioso eu ia ver as 'favelas', essas pitorescas zonas de pretos que ocupam as encostas dos morros situados em plena cidade do Rio de Janeiro (...) para ver um nível mais baixo de vida e observar em casebre de bambu (...) indivíduos no estado mais primitivo, espiar para dentro das suas casas e indagar de sua vida mais íntima (...) encontrava a mesma cordialidade" (p. 186-187).

Essa "delicadeza do sentimento" característica do brasileiro, Zweig aproxima da admiração manifestada por Goethe em sua primeira viagem à Itália: "ao fato [de os povos meridionais] não buscarem constantemente finalidades materiais, mas de procurarem regozijar-se com a vida em si, de uma forma calma e muitas vezes indolente". Nada da "sofreguidão européia ou norte-americana de, por meio do esforço dobrado, progredir na vida mais depressa" (p. 190-191). Sua conclusão aponta para uma qualidade entendida como inerente aos que vivem nas zonas tropicais, qualidade determinada pelo meio – solo e clima: "como sempre nos países em que o mundo é belo, em que a natureza oferece tudo o que se precisa para viver, em que os frutos em torno da casa, por assim dizer, caem nas mãos dos indivíduos e estes não precisam de tomar medidas de previsão para um inverno rigoroso, estabelece-se certa indiferença quanto a ganhar e poupar (...), quanto à pontualidade. (...) Aqui, a vida em si é mais importante do que o tempo" (p. 192), conclui.

Impossível recusar certo parentesco entre essas observações carregadas de determinismo mesológico e a de autores do século XIX, que, aceitando essa determinação explicaram as diferenças de caráter e de cultura de povos diversos. Entre numerosos autores, podemos citar Alexis de Tocqueville, que não resistiu ao apelo estético de uma descrição da natureza tropical e de seus efeitos sobre o físico e a moral humana.[6] No

---

[6] Lembro, a título de exemplo, alguns autores notáveis pelas descrições minuciosas que fizeram dos usos e costumes, das condições de vida da população de diversos países, relacionando alguns que no século XIX fizeram da Inglaterra seu campo privilegiado de observação: F. Engels, Flora Ristan, Eugéne Buret, A. de Tocqueville, H. Taine e Francis Wey.

primeiro capítulo de *A democracia na América*[7] o autor contrapõe as condições naturais adversas encontradas pelos povoadores da América do Norte ao paraíso terrestre das praias das Antilhas e da América do Sul. O que à primeira vista apareceria como um elemento positivo – a beleza das terras tropicais, a opulência e generosidade de sua natureza, mostra seu lado negativo ao esconder a morte. Morte nos perigos que oculta por sob a beleza, morte também pelo efeito negativo dessa natureza dadivosa que tirava aos homens a preocupação para com o futuro e debilitava suas forças. Contraste que se define como molde formador do caráter rijo e combativo dos americanos do norte impelidos ao trabalho árduo de domínio de uma natureza difícil (p. 25 e 26). Na forja do meio hostil formavam-se "os verdadeiros elementos do grande povo ao qual pertence, sem dúvida, o futuro do continente".

O contraste se desdobra na oposição entre razão e sentimento ou imaginação: "A América do Norte apareceu sob outro aspecto: ali tudo era grave e solene; dissera-se que fora criada para se tornar província da inteligência, enquanto a outra era a morada dos sentidos", conclui Tocqueville.

Opondo-se ao belo da natureza tropical, o meio ambiente das costas norte-americanas desvendavam-se na plenitude do sublime. Nada em sua natureza convidava à comtemplação tranqüila; tudo obrigava os homens ao confronto com forças de dimensões assustadoras.

A separação dos dois domínios de nossa percepção do mundo – os sentidos, como morada da imaginação, e o intelecto, como o lugar do entendimento, da inteligência, da razão e do conhecimento racional – já presente, pelo menos desde os escritos de John Locke (*On Human Understandig*, 1690), é retomada de forma sistemática, entre os pensadores ingleses do século XVIII, por Edmund Burke, em especial, em *A Philosophical Inquiry into the Origin of our Ideas of the Sublime and Beautiful* (1756), como teoria estética referente à retórica, às artes e à arquitetura. Partindo do que o autor considera ser "o padrão comum da razão e do gosto em todos os seres humanos", a despeito da "aparente diferença dos gostos entre as pessoas" faz observações sobre o impacto diferenciado do mundo sensível sobre os sentidos/imaginação ou razão/intelecto humano, num espectro que varia da sensação do belo causada por alguma qualidade dos corpos que age mecanicamente sobre o espírito

---

[7] Na edição histórico-crítica de *De La Démocratie en Amérique*, revista e aumentada por Eduardo Nolla (J. Vrin, 1990), há uma observação sobre a hesitação de Tocqueville de incluir esse trecho no 1º capítulo do livro, por não ser opinião sua formada sobre a observação direta, p. 21. Para este trabalho utilizei a edição brasileira da Itatiaia/Edusp, 1977.

humano, mediante a intervenção dos sentidos, ao impacto sublime, estimulado pelos elementos da natureza ou de fabricação humana capazes de, pelo terror, paralisar o raciocínio, Burke explica a diferença de sensibilidade observável entre pessoas diferentes, pelas experiências recolhidas e armazenadas no cérebro das pessoas. Uma diferença que poderíamos atribuir às chances de acesso à instrução relacionadas à respectiva condição social.

Poucos anos depois, em 1764, Emmanuel Kant coloca a mesma questão estética do sublime e do belo a partir de um ponto de vista que inverte os termos do problema, afirmando que as diferentes sensações de prazer ou desprazer são provocadas, menos pelas qualidades inerentes às coisas do que pela capacidade particular de cada ser humano.[8] Destaca-se em seu ensaio a preocupação em estabelecer uma correlação entre as qualidades morais diferenciadas na natureza humana com o prazer do sublime, um prazer mesclado de terror, e o do belo, um prazer alegre e risonho, de forma a estabelecer um quadro classificatório dos diversos temperamentos observáveis; do diferenciado sentimento do belo e do sublime inerente aos dois sexos; e mais, o sentimento diferenciado como marca distintiva do caráter nacional dos diferentes povos. Encontram-se já em Kant observações que se tornam lugar-comum no século XIX, entre elas, a de que se o inglês carrega predominantemente as características do sublime, o italiano e o francês se caracterizam pelo sentimento do belo.[9] Penso, assim, a importância de sublinhar nos escritos de vários pensadores da ética-estética a tendência a estabelecer diferenças qualitativas e hierarquizantes entre populações diferentes.

Mas é exatamente esse mesmo procedimento, tão corrente nos textos de moralistas, viajantes, filantropos e literatos do século XIX, utilizado de modo pouco teorizado por Zweig, o método de análise adotado por Darcy Ribeiro para o "povo brasileiro".

Apoiado em um quadro cronológico que serve de eixo para sua narrativa, Ribeiro marca dois momentos importantes na curta história do Brasil: o descobrimento ou invasão possibilitado pela revolução mercantil

---

[8] Usei a versão francesa "Observations sur le sentiment du Beau et du Sublime" das *Oeuvres Philosophiques* vol. 1, Bibliothèque de la Pléiade, Gallimard, 1980, p. 453-509.

[9] Podem-se lembrar aqui as palavras de Voltaire, em 1744, anunciando a um amigo estar trabalhando em uma obra na qual, diz: "Je me suis attaché à faire, autant que je l'ai pu, l'histoire des moeurs, des sciences, des lois, des usages, des superstitions. Je ne vois presque que des histoires de rois; je veux celle des hommes". Apud Jacquelique Marchand, na Introdução à *Essai sur les Moeurs*. Editions Sociales, 1975, p. 22.

Projetos e projeções da nação brasileira

e a tecnologia usada na navegação oceânica dos europeus, e a posterior revolução industrial, que, com sua fome de matérias-primas, confirmou a condição de primários exportadores para diversos países de formação colonial.

Para ele, os iberos realizam dois movimentos: num primeiro se livram da "secular ocupação árabe, no segundo, apoderando-se da tecnologia dos antigos senhores, estabelecem nas terras de ultramar "os fundamentos do primeiro sistema econômico mundial, interrompendo o desenvolvimento das grandes civilizações americanas" (p. 64-65). Esse duplo movimento deslancha, diz Ribeiro, o "processo civilizatório" e extermina "povos que antes viviam em prosperidade e alegria, espalhados por toda a terra com suas línguas e com suas culturas originais". Na sua avaliação, a formação dos "impérios mercantis salvacionistas" ibéricos, e em especial a obra colonial de Portugal, teria sido a produção de "um povo-nação" mestiço, facilitada pela condição mestiçada da própria população portuguesa, que com rapidez assimilou o costume indígena do "cunhadismo" (p. 81). Tem início assim, segundo ele, um procedimento tão ou mais nocivo do que o *apartheid* dos colonizadores anglo-saxões; qual seja, a incorporação, tanto do indígena no plano biológico da gestação dos mamelucos, responsável pela perda da identidade cultural das diversas populações aborígenes (p. 74, 146, 236), quanto a das tribos africanas para cá transladadas (p. 114-117). Temos então a característica primeira do brasileiro, algoz e vítima ao mesmo tempo: "Todos nós, brasileiros, somos carne da carne daqueles pretos e índios supliciados. Todos nós brasileiros somos, por igual, a mão possessa que os supliciou", sentencia Ribeiro (p. 120).

Essa é a façanha maior dos portugueses e resultado fundamental dos três séculos de colonização – "a constituição de uma população de 5 milhões de habitantes com a simultânea deculturação e transfiguração étnica das suas diversas matrizes constitutivas (...), uma nacionalidade étnica e economicamente integrada". Assim, prossegue Ribeiro, no início do século XIX, a Independência se dá num país com uma rede comercial interna mais importante do que o comércio externo, abrindo "aos brasileiros a oportunidade de se estruturarem como um povo que existisse para si mesmo". Contudo, essa possibilidade logo se desfaz com a chegada do café, mantendo o Brasil na condição de "um componente marginal e dependente da civilização agrário-mercantil em vias de se industrializar" (p. 159-160). Perpetuava-se pela economia cafeeira a mesma situação de "mão-de-obra servil", que a ação "empresarial-burocrática-eclesiástica" fizera de nós desde o século XVI.

Em sua proposta de "estudar as populações brasileiras do Norte e do Sul, na sua história, na sua organização e na sua psicologia"; de "ver claro o que se passa dentro de nós e em torno de nós", Oliveira Viana segue por opção metodológica o caminho do estudo da vida e dos costumes (P.M.B. p. 29). A incursão histórica é em Oliveira Viana uma forma de dar a conhecer aos brasileiros sua própria "identidade moral". Atributos varonis, marcados por 300 anos de nossa formação, os bandeirantes do sul e os pastores do norte "dizem e demonstram que o brasileiro, entregue aos seus próprios pendores e instintos, é antes de tudo um homem do campo". (P.E.P.S. p. 15-19). "O meio rural, [afirma convictamente], é um admirável conformador de almas. Dá-lhes a têmpera das grandes virtudes e as modela nas formas mais puras da moralidade. (...) Contrasta, de maneira inequívoca, com o dos tipos formados nas grandes cidades". (P.M.B. p. 51-54) Diferenciado do "tumulto vertiginoso do viver urbano", com mentalidade diferente da do homem da cidade, as quatro qualidades distintivas do "patriciado rural" são o "respeito à palavra dada", "o sentimento de probidade", "a respeitabilidade" e "a independência". Mantendo-se coerente com sua percepção das diferenças regionais, Viana descreve as características próprias desses homens nos três centros formadores: Minas Gerais, São Paulo e Rio de Janeiro. Os paulistas conservam antigos pundonores aristocráticos e preocupação com a pureza do sangue; em Minas, os campônios do Douro, do Minho e das Beiras, sérios, sóbrios, honrados, de feitura patriarcal e índole plácida e pobres, caldeando o primitivo sangue bandeirante, imprimem à população um temperamento democrático; os fluminenses, enfim, ficam no meio dos dois anteriores, sem o orgulho paulista e sem o democratismo mineiro, sendo, contudo, mais finos, mais polidos. Mais socialmente cultos pela proximidade da Corte.

Oliveira Viana identifica também o lado perverso da "ação do meio cósmico" sobre a sociedade: "sob a amenidade dos nossos climas tropicais a vida se torna empresa fácil. Como os gregos, todos nós podemos viver ao sol e às estrelas: cantando". E continua sua descrição da brandura do clima tornando habitável a choça de sapé, do banquete permanente como dádiva da natureza, da abundância da terra e da facilidade da emigração, levando porém à ausência de relações de solidariedade consistente e forte e ao espírito de clã que resultam na insolidariedade evidente de nossa sociedade no seu quarto século. Nossa solidariedade voluntária só aparece sob a ação empolgante dos grandes entusiasmos coletivos; partidos políticos têm vida artificial; o círculo da nossa simpatia ativa não vai, afirma, "além da solidariedade de clã; é a única que realmente sentimos e praticamos" (p. 119-131 e 155-163).

Para a descrição dos sucessos e fracassos da empresa colonial portuguesa nos seus começos, Darcy Ribeiro recorre aos *Tratados da terra e gente do Brasil* (1584) do padre Cardim narrando suas viagens de

Projetos e projeções da nação brasileira

inspeção às missões jesuíticas, sem duvidar da veracidade dos relatos, já que considera manter esse autor "uma extraordinária objetividade" no balanço crítico da obra da Companhia de Jesus confrontada pela opinião dos colonos. Após ele retirar informações para uma avaliação sobre a deculturação e o extermínio dos índios, Ribeiro repete o procedimento já amplamente utilizado na descrição dos modos de vida indígena, antes e depois de apresados e mestiçados, expondo uma série de quadros de usos e costumes determinados pela situação geográfica e econômica da população das áreas colonizadas (p. 180-192). Detendo-se nas descrições da boa acolhida dos indígenas das aldeias e reduções ao "visitador principal da Companhia", sempre o surpreendendo pelas manifestações festivas e boa índole, Ribeiro anota o contraste impressionante "entre esse panorama de pobreza e humilhação das aldeias jesuíticas e a glória e suntuosidade dos engenhos que alcançavam plena prosperidade", como os da Bahia e Pernambuco. Nas ricas casas dos senhores, Cardim se "maravilha" com a "grande facilidade que têm em agasalhar hóspedes, porque a qualquer hora da noite ou do dia que chegávamos em brevíssimo espaço nos davam de comer todas as variedades de carnes, galinhas, perus, patos, leitões, cabritos, e outras castas e tudo têm de sua criação.... (...) e de tudo têm a casa tão cheia que na fartura parecem uns condes, e gastam muito" (p. 186-188).

Contudo, o encantamento do visitador da Companhia "com a terra brasílica atinge o auge" ao chegar ao Rio de Janeiro:

> A cidade está situada em um monte de boa vista para o mar, e dentro da barra tem uma baía que bem parece que a pintou o supremo pintor e arquiteto do mundo do Deus Nosso Senhor, e assim é coisa formosíssima e a mais aprazível que há em todo o Brasil, nem lhe chega a vista do Mondego e Tejo (p. 189).

Talvez, o padre jesuíta seja o autor de uma das primeiras narrativas sobre o impacto causado aos sentidos pela posição privilegiada da cidade do Rio de Janeiro. Já Ribeiro recorre ao relato jesuítico para descrever o impacto da beleza natural dessa cidade, como opção por uma documentação histórica. Zweig, por sua vez, faz um duplo relato das próprias impressões, quando da chegada de navio e pelas asas de um avião:

> Deu-se então a minha chegada ao Rio, que me causou uma das mais fortes impressões da minha vida. Fiquei fascinado e, ao mesmo tempo, comovido, pois se me deparou não só uma das mais magníficas paisagens do mundo, nesta combinação sem igual de mar e montanha, cidade e natureza tropical, mas também uma espécie completamente nova de civilização. Aqui havia, inteiramente contra a minha expectativa, um aspecto absolutamente próprio,

> com ordem e perfeição na arquitetura e no traçado da cidade, aqui havia arrojo e grandiosidade em todas as coisas novas e, ao mesmo tempo, uma civilização antiga ainda conservada de modo muito feliz, graças à distância. Aqui havia colorido e movimento; os olhos não se cansavam de olhar e, para onde quer que os dirigisse, sentia-me feliz. Apoderou-se de mim uma ebriedade de beleza e de gozo que excitava os sentidos, estimulava os nervos, dilatava o coração e, por mais que eu visse, ainda queria ver mais.

Com essas observações de grande significado estético, Zweig expressa a reversão de suas expectativas em relação ao país que visitava pela primeira vez. O contraste é grande: esperava encontrar "uma república qualquer das da América do Sul (...) com clima quente, insalubre, conduções políticas de intranqüilidade e finanças arruinadas, mal administrada e só parcialmente civilizada nas cidades marítimas (...) com bela paisagem [mas] de modo nenhum [um] país do qual se pudesse esperar estímulo para o espírito". A razão do pessimismo inicial, ele confessa ser o resultado do preconceito corrente entre europeus e norte-americanos. Uma nítida questão de desconhecimento que ele busca sanar.

Ele retorna à elaboração de uma representação estética da cidade quando descreve detalhadamente a entrada no porto, "esse magnífico espetáculo", precedido, antes mesmo de se avistar terra no horizonte, "pelo odor vago, produzido no interior das gigantescas florestas pelo hálito dos vegetais, pelas corolas das flores e pela exaltação indescritível e quente dos trópicos, que, de maneira suave, embriaga e cansa". O relato da entrada na baía ganha os contornos de uma experiência com a pureza do belo: uma "paisagem [que], com efeito, quase não se pode reproduzir nem pela palavra, nem pela fotografia, porque é demasiado variada, demasiado heterogênea e inesgotável". Sua aura, inapreensível até mesmo para o pintor..." (p. 217-218).

A descrição com contornos pitorescos da impressão a ele causada pela cidade do Rio de Janeiro repete uma avaliação corrente da beleza da baía de Guanabara e da cidade mesclada à natureza grandiosa, os verdes da floresta tropical emoldurados pelas montanhas da serra do Mar. Repete também a avaliação de que tudo aí foi mais fácil, mais acomodado, moldando assim também o temperamento de sua população. É por isso que, embora projetem modelos diferentes de "desenvolvimento" para o Brasil, Zweig, Ribeiro e Viana convergem na indicação de onde está a força propulsora da nação, repetindo aqui, as características, já assinaladas por Tocqueville, dos efeitos do meio ecológico sobre a população que o habita.

A força propulsora do progresso, uma estética da bravura e dos bravios

Tal como Darcy Ribeiro, Zweig também faz um percurso descritivo das regiões e cidades pelas quais passou. Se o Rio de Janeiro fascina pela harmonia dos contrastes e pela beleza indescritível de sua paisagem; se Minas Gerais guarda no envólucro de suas montanhas as velhas cidades do ciclo do ouro como a Toledo, a Veneza, a Salzburgo do Brasil (p. 311); se Salvador tem a aura de uma rainha viúva, conservadora e grandiosa como as peças de Shakespeare (p. 323-324); se em Pernambuco, as autoridades insistem em destruir os mocambos que dão um ar pitoresco e singular à paisagem; se Belém guarda ainda os sinais de sua passada pretensão a se tornar uma metrópole moderna, graças à alta da borracha; é São Paulo que guarda "os verdadeiros portadores da energia nacional" (p. 276).

Essa cidade reverte, em termos estéticos, o quadro pitoresco das outras; nada nela se oferece ao prazer do olhar, é o trabalho que a caracteriza (p. 273-281). Zweig diz mesmo: "Quem espera ter da cidade de São Paulo impressões estéticas, sentimentais ou pitorescas, fique sabendo que é uma cidade que cresce para o futuro". Para descrevê-la, diz, seria preciso "ser estatístico ou economista". "E não se dá por acaso o movimento constante de construção, arrasando com rapidez tudo o que é histórico, ampliando-a e transformando-a, sua marca característica constitui essa atividade constante." Esse impulso à ação transformadora, Zweig atribui à localização geográfica e climática da cidade, estabelecida sobre um planalto a 800 metros de altitude e a uma distância razoável da costa marítima, de modo que "nunca exerce sobre a atividade humana a mesma ação debilitadora que exerce nas zonas tropicais e nas cidades marítimas". A boa intuição de Nóbrega ao "escolher o local, com seu clima temperado, como o mais apropriado para uma expansão eficiente e rápida" (p. 59, 275), fora confirmada, ainda no século XVII, com o "tipo paulista" se desenvolvendo "com um espírito mais enérgico, mais ativo", com o "gosto por empreendimentos ousados e esse desejo de progredir e expandir-se, transmitindo-se nos séculos posteriores, ao comércio e à indústria". Todo esse ímpeto progressista se vê ainda acrescido pelos imigrantes do século XIX, ao escolherem esse estado na busca de "condições de vida e clima que correspondam aos de sua própria pátria", e trazendo "o verdadeiro impulso para o progresso".

Com essas observações, Zweig aproxima São Paulo das "cidades norte-americanas e européias pela sua organização intensiva"; nada nela leva "à contemplação e ao belo ócio". O sentimento sublime não provém do meio ambiente, mas da prodigiosa atividade humana. A velocidade impera nesse centro, onde "o clima menos quente não diminui a atividade dos imigrantes europeus". Sua dinâmica diferencia-se da observada no Rio de Janeiro: "a harmonia musical que paira sobre a baía de Guanabara, é em São Paulo substituída por um ritmo, um ritmo célere, intenso, como a pulsação cardíaca de um corredor (...) que (...) se inebria com a sua própria velocidade" (p. 182). Repete ao avaliar a importância do "paulista" para o Brasil moderno, o mesmo entusiasmo da descrição feita nas páginas anteriores relatando os feitos dos bandeirantes em suas entradas. A eles atribui o "mérito de realizar a obra civilizadora da construção do Brasil" que, para o bem e para o mal, fizera do país (na época) o maior das três Américas em dimensões territoriais. Mesmo reconhecendo ser o sentimento da cobiça, "em si desprezível, o pior dos instintos"; e ser esse o principal móvel desses homens, nela reconhece o ímpeto que "obrigou a humanidade a sair da estagnação e das comodidades"[10] (p. 80-81).

Ora, numa mesma seqüência narrativa, embora em outra tonalidade, Oliveira Viana identifica no movimento de entradas o capítulo heróico da história dos latifúndios. Considerando insuficiente ressaltar os feitos heróicos e temerários desse movimento, como diz fazerem nossos historiadores, vai em busca de suas "causas íntimas" e as encontra, não só no fascínio da legenda da Serra das Esmeraldas, mas no "meio físico, no meio econômico, no meio social e no meio histórico". E a força formadora do território se faz porque "o domínio rural se translada sob a forma de bandeira, integralmente, para as novas terras descobertas", num movimento que "se intensifica em meados do II século e vai [em três períodos diferentes] até aos começos do século IV". (P.M.B. p. 83-87) Em entrevista concedida ao jornal *O Estado de São Paulo*, em 1924, Oliveira Viana persiste em sua afirmação do caráter desbravador do paulista. Apesar de falar sobre a cidade onde "tudo me parece limpo, novo, claro", daí, diz ele, "minha admiração ante o esplendor architectonico do centro e dos arrabaldes aristocráticos", considera que, simultaneamente ao florescimento das grandes indústrias e da vida comercial, é o desbravamento dos vastos sertões do noroeste e do Paranapanema a clara demonstração do centripetismo urbano do paulista.

Em Ribeiro, encontra-se descrição semelhante. Novamente, busca-se o testemunho do padre Cardim. São Vicente é descrita em sua decadência como "situada em lugar baixo manencolisado e soturno"; já "Piratininga (...) está do mar pelo sertão dentro doze léguas; é terra muito sadia, há

---

[10] A franca adesão à força dos que se organizam para a realização de grandes feitos aparece em artigo do autor elogiando a superioridade da organização alemã, escrito em 1914, às vésperas da Primeira Guerra Mundial. Ver "Parole d'Allemagne", in: Stefan Zweig. *Essais III*, Paris: La Pochothèque, 1996.

nela grandes frios e geadas e boas calmas..." (p. 191) Porém é aí, nessa área, onde a pobreza dos seus arraiais de taipa ou adobe, cobertos de palha, fazia um nítido contraste com a riqueza das áreas açucareiras do nordeste, que se formam "os hábitos e o caráter do paulista antigo (...) um bando de aventureiros sempre disponível para qualquer tarefa desesperada, sempre mais predispostos ao saqueio que à produção". A tarefa de dirigir as bandeiras de apresamento de índios e devassamento dos sertões em busca de pedras preciosas e ouro eram assumidas pelos "homens bons que integravam a Câmara". Falando a "língua geral", seus luxos, afirma Ribeiro, "em relação à vida tribal estavam no uso de roupas simples, do sal, do toucinho de porco e numa culinária mais fina; na candeia de óleo para alumiar, nalguma guloseima, como a rapadura, e na pinga de cana que sempre destilou; além da atitude sempre arrogante".

O autor também indica que em suas andanças, o movimento bandeirante, como "uma vasta cidade móvel", esse "implante da civilização européia", vai formando fazendas, fixando-se como criadores de gado ou lavradores, formando uma sociedade pobre, mas mais igualitária, com famílias de estrutura patricêntrica e poligínica, conclui. Nas zonas de mineração, realizam a primeira atividade integradora da sociedade nacional, "assegurando o requisito fundamental da unidade nacional brasileira sobre a vastidão do território já devassado". Esse desdobramento do "tronco paulista" incorpora outros brasileiros e europeus recém-chegados, inaugurando o fausto da vida urbana no interior do país, com seu séquito de "ourives, pedreiros, carpinteiros, entalhadores, ferreiros, artistas, escultores, pintores e outros artífices". A sociedade tornava-se mais complexa com a formação de "uma camada intermediária entre cidadãos ricos e os pobres trabalhadores". É lá que, em 1789, surge, diz, "um projeto alternativo ao colonial de reordenação da sociedade" nos moldes da república norte-americana. Exploração aurífera tragada pela voracidade dos banqueiros londrinos; esgotamento das minas e regressão à rusticidade impedida por certo grau de "erudição livresca", e o equilíbrio evitando a pobreza encontrado na economia de subsistência. Configura-se uma "vasta região de cultura caipira", sua população dispersa e desarticulada, "feudalizada" (aspas do autor), "abandonada ao desleixo da existência caipira (...), condição de vida revelada por Lobato às camadas cultas do país, na figura do Jeca Tatu".

É nessa região de cultura caipira que se dá novo auge econômico com as lavouras de café, em Minas e no interior do Rio de Janeiro, como empresa escravocrata-mercantil, depois em São Paulo onde foi se incorporando o imigrante europeu, "mão-de-obra mais barata que os escravos", afirma Ribeiro. Novamente uma vaga de ocupação se desloca para o norte do Paraná, na forma de pequenas propriedades, menos monopolística do que o latifúndio. Contrariamente a Zweig, Ribeiro não tece loas aos feitos paulistas, exceção feita à ocupação do território que prossegue no capítulo seguinte com os avanços desses bravos/bravios por terras sulinas formando o tronco brasileiro dos "gaúchos". Diz só que, "o que não aconteceu com o Brasil aconteceu em São Paulo, que se viu avassalado pela massa desproporcional de gringos que caiu sobre os paulistanos". Reitera essa observação afirmando que "em 1950, os estrangeiros, principalmente italianos e seus descendentes, eram mais numerosos do que os paulistas antigos". E, conseqüência inevitável, "a esse soterramento demográfico corresponde uma europeização da mentalidade e dos hábitos". O caráter espúrio da cultura acentua-se manifestando-se, por exemplo, na Semana de Arte Moderna, mas "essa gente quase toda acabou se abrasileirando belamente", conclui Ribeiro nos lembrando ser a incorporação uma característica do brasileiro, sua espantosa capacidade de "transfiguração cultural" (p. 364-407).

Reside porém aí a tensão no texto de *A formação do povo brasileiro*: o impulso vindo do exterior fez o país, no seu momento primeiro e nas correntes imigratórias dos séculos XIX e XX. A grande façanha desse grande país e de sua unidade territorial e étnica é resultado de demandas externas; fomos uma "feitoria exportadora", e dela recebemos a herança da primazia do lucro em detrimento do "conceito de povo, englobando todos os trabalhadores e atribuindo-lhes direitos". Há a estratificação de classes separando os brasileiros, reafirma Ribeiro, mas há também, acrescenta criticando, uma atribuição de características ao povo, de origem variada e de tal modo fixadas nas mentes cultas do país que nos levam a considerar o índio somente do ponto de vista da mão-de-obra necessária ao "progresso e à civilização", como no caso do "sábio alemão Hermann von Ihering"; ou a encontrar qualidades e defeitos por nós herdados dos povos ibéricos, como faz, diz, o historiador Sérgio Buarque de Holanda, que se levados às últimas conseqüências "nos teriam tirado a criatividade do aventureiro, a adaptabilidade de quem não é rígido mas flexível, a vitalidade de quem enfrenta, ousado, azares e fortunas, a originalidade dos indisciplinados". Assim, dirige suas observações críticas mais acirradas na direção de "uma minoria dominante, espantosamente eficaz na formulação e manutenção de seu próprio projeto de prosperidade", propondo a inversão do modelo, ao exigir espaço para um povo que "nunca foi livre, regendo seu destino na busca de sua própria prosperidade" (p. 447-453).

A inspiração romântica de sua análise traça um paralelo entre a reprodução "no além-mar do mundo insosso europeu", tarefa realizada pelos Estados Unidos, Canadá, Argentina e Uruguai, e a que deveríamos nós realizar, "infinitamente mais complexa (...) de reinventar o humano, criando um novo gênero de gentes, diferentes de quantas haja". Somos, diz ele, "um povo em ser, impedido de sê-lo", massa de nativos oriundos da mestiçagem [vivendo] por séculos sem consciência de si, afundada na ninguendade". Assim, Ribeiro coloca toda sua esperança na memória coletiva conscientemente vivenciada, uma memória afetiva reconstruída intelectualmente, no caso, por ele. Seu livro termina na afirmação paradoxal, que permeia sugestivamente seu texto em vários pontos, de que "somos a nova Roma. Uma Roma tardia e tropical." E acrescenta num arroubo de patriotismo:

> O Brasil é já a maior das nações neolatinas, pela magnitude populacional, e começa a sê-lo também por sua criatividade artística e cultural. Precisa agora sê-lo no domínio da tecnologia da futura civilização, para se fazer uma potência econômica, de progresso auto-sustentado (...) uma nova civilização. Mestiça e tropical, orgulhosa de si mesma.

Sem buscar um fecho conclusivo, pode-se indagar o quanto da permanência desse recorte romântico, nacionalista radical, partilhado por três autores bastante diferentes, encontra fundamento em sua própria força explicativa. Ou, colocando a questão em outro registro: teria essa imagem de alteridade, de uma particular identidade nacional, o poder de fascinar e persuadir por meio do apelo estético da representação de um povo brasileiro e sua cultura singular, imerso na tropicalidade, aceitando e convivendo com um perfil caracteriológico próprio, moldado pela prevalência dos sentidos sobre a razão, ou ainda, fazendo disso um trunfo, um dado positivo, mesmo que não plenamente realizado no tempo do presente?

PARTE III

PAULO FRANCIS, PAULO FREIRE, HERBERT DE SOUZA ("BETINHO")

PAULO FRANCIS:

Não somos sérios o bastante para ter passado ou futuro.
(*Cabeça de papel*)

REPENSANDO 1964, DESTRUINDO 1964[1]

Sedi Hirano

Franz Paulo Trannin da Matta Heilborn, polêmico e contraditório jornalista e escritor Paulo Francis, reconstrói os anos 60 no livro *Trinta anos esta noite – 1964 – O que vi e vivi.*

É uma reconstrução ideológica e politicamente orientada que *recria* o visto e o vivido a partir da ótica neoliberal contemporânea. Esta visão, que crê nos valores que privilegiam a liberdade de mercado e a democracia representativa, é alimentada pelo antiestatismo, que abre as portas à iniciativa privada dominada pelas corporações transnacionais.

Metodologicamente, esta reconstrução representa uma metamorfose político-ideológica de Paulo Francis, demarcando uma mudança na forma de ver e interpretar a realidade brasileira e latino-americana.

Nos anos 60, Francis via e vivia o mundo, no contexto da Guerra Fria, orientado pelos valores de uma parte da esquerda radical brasileira que sonhou com as utopias libertárias e revolucionárias. Para esta esquerda, no balanço que ele faz do "1º aniversário do golpe: quem deu, quem levou, reações possíveis", não há dúvida, houve *golpe de Estado* no Brasil, alimentado pela *Doutrina Mann*, que preconizava as vantagens da estabilidade sobre a democracia.

Para Paulo Francis, no referido artigo publicado na *Revista Civilização Brasileira,* de maio de 1965, "o golpe na América Latina, ao contrário da revolução, é instrumento da classe dominante". Esta, segundo Francis, "apesar de antagonismos setoriais, depende, para a sua sobrevivência, da cobertura do poder americano; o que se estende às instituições que a mantêm como classe dominante, como as Forças Armadas".

---

1 Revisão dos originais por Ana Carolina Yoshida Hirano e Jaime Kitawara Wada.

Sedi Hirano

O objetivo central do golpe foi subordinar a economia do país a interesses privados americanos, não encontrando qualquer resistência por parte dos políticos e da imprensa. Dos políticos, nada se podia esperar, pois, antes do golpe, "o IBAD já trazia sob coleira o grosso dos parlamentares". Em relação à chamada grande imprensa, entendia Paulo Francis, em 1965, que ela dependia, "para a sua sobrevivência, do anunciante estrangeiro e teleguiados, em 60 por cento ou mais de sua renda", logo, não defendia uma posição nacionalista, pois tal posição "significa[va] boicote [econômico-financeiro] certo" e "insolvência provável". Ademais, o mal. Castelo identificava, como afirmou num discurso, segundo Paulo Francis, ecoando o Pentágono, o nacionalismo com o comunismo.

Francis entende que o nacionalismo na América Latina somente prosperaria se ele se emancipasse da economia norte-americana. Por isso, o Governo do mal. Castelo vai às últimas conseqüências, vetando "o enfraquecimento da economia dos EUA", reforçando-a, com o enfeudamento do Brasil às suas diretrizes e interesses, ampliando desse modo o espaço de atuação do imperialismo americano. Segundo Francis, "quem seleciona os investimentos são os próprios inversores, ou os *quisling* das nações onde se instalam", tomando os setores vitais da economia: "É da essência do imperialismo o controle dos meios financeiros onde opera" (Paulo Francis. op. cit., maio de 1965, p. 61-70).

Num outro artigo escrito para a mesma revista, em julho de 1965, intitulado "A Invasão da América Latina", Paulo Francis, ao analisar a invasão da República Dominicana por tropas regulares dos Estados Unidos da América, afirma que a política do *big stick* retorna, revitalizando o seu poder "para assegurar o domínio econômico, militar e político [dos americanos] na América Latina". Com isso "selou *a aliança para o retrocesso*" entre "*as oligarquias feudais* da região e o capitalismo americano". Conseqüentemente, o golpe militar desencadeado externamente para manter o espaço de exploração em benefício do imperialismo norte-americano, em 1964, revitalizou o passado, provocando o enfeudamento do Brasil em relação aos EUA, beneficiando o grande capital e as oligarquias feudais agrícolas rentistas brasileiras: "o feudalismo continuava intocado".

Nesse sentido, para Paulo Francis, há uma convergência entre economia e militarismo, no plano político, por meio de mitos e de uma demonologia. "Esta identifica nacionalismo com comunismo, *estatismo com ineficiência*, socialismo com dominação soviética...". Entre os mitos, o mais pitoresco "é o de laço de amizade entre os EUA e América Latina". Tanto é que Haya de la Torre, um proeminente político e estadista latino-americano, dizia: "El panamericanismo es el pan que los americanos comen", o que significa que o mito da amizade, na verdade, é um mito de benefício unilateral que não envolve a reciprocidade de interesses. Como corolário da afirmação de Haya de la Torre, expressões tais como *our own backyard* (no nosso quintal) e *walk softly and carry a big stick* etc. tornaram-se usuais.

Voltando para a realidade brasileira de 1964, o golpe de abril significou a conquista do Brasil pelo imperialismo norte-americano, para a retomada das grandes empresas em seus investimentos. Para Francis, antes da intervenção norte-americana no Brasil, "aos trancos, tentava-se o desenvolvimento econômico, onde a redistribuição da riqueza acompanha a criação de riqueza. Esse caminho levava à politização popular dentro do processo democrático e, portanto, foi barrado". No entanto, verificamos que isto de fato não ocorria, pois o desenvolvimento econômico era empreendido por capitalistas "rentistas" sem nenhum projeto social de redistribuição de renda.

Mesmo quanto à idéia de politização popular tal asserção é discutível, posto que a grande mobilização de massas nem sempre conscientiza a população sobre seus direitos sociais. Além disso, essa politização popular me pareceu, como participante daqueles movimentos, em vários momentos, estatalmente orientada e regulada. Era nesse sentido uma politização regulada por interesses conjunturais dos que detinham os postos de comando político.

Finalmente, no artigo "A invasão da América Latina", Paulo Francis afirma a sua inserção no quadro de pensamento de esquerda, colocando a *revolução popular* como inevitável:

> A Filosofia do crescimento econômico sob comando externo sempre leva as massas ao desespero. Teremos então a longa noite do *militarismo* ou a *revolução popular. Ambas são previsíveis e a última inevitável* (Paulo Francis. "A invasão da América Latina", in: *Revista Civilização Brasileira*, julho de 1965, p. 76).

Mas afinal de contas, *naqueles anos de chumbo*, quem carrega a chama de *Revolução Permanente?* Certamente, não é a URSS. O *élan* revolucionário migrou, no entendimento de Francis, para a China: "Os chineses adotaram com variações, embora neguem em público, a teoria da revolução permanente de Trotsky".

Reportando-se ao artigo escrito em maio de 1966, publicado na *Revista Civilização Brasileira*, denominado "Tempos de Goulart", Paulo Francis afirma o seguinte:

> A eficácia da ação individual na sociedade está, por certo, sujeita a condicionamento que transcende a mera vontade humana, mas há gradações nessa inter-relação onde o fator pessoal tem peso próprio e decisório,

embora não consiga, em última análise, prevalecer sobre um todo de circunstâncias. Há o problema de autenticidade. Assim, *Castelo Branco é uma expressão legítima do neocolonialismo norte-americano para a América Latina, enquanto João Goulart de maneira nenhuma representava o espírito de revolta das camadas populares do País*.

Um Fidel Castro brasileiro não chegaria ao poder pelo parlamentarismo de 1961. Goulart, na época, recusou a liderança revolucionária, compondo-se com as oligarquias tradicionais a fim de evitar a ascensão popular. Esta, bem entendido, poderia ser sustada a meio do caminho pela contra-revolução, mas o significativo no episódio foi a opção de Goulart, a qual, em 1964, ele bisou, preferindo a fuga ao engajamento na luta. O leitor perguntará se existiam condições para o que propus como alternativa, se o presidente, em ambas as oportunidades, não teria feito um exame realista da situação e concluído pelo *arreglo* e retirada, respectivamente. As opiniões aqui divergem até o bizantinismo, mas uma coisa é certa: nada no passado de Goulart o credenciava para o papel de revolucionário; e o seu triste desempenho exige uma crítica em profundidade se não quisermos perseverar no erro. *Revista Civilização Brasileira*, maio de 1966, p. 75-91).

Nesta longa digressão ao passado, encontra-se no pensamento político ideológico de Paulo Francis a idéia radical da *inevitabilidade da revolução social no Brasil*, para a qual, em certo sentido, havia condições, embora João Goulart não encarnasse a figura do ator político capaz de empreender um projeto revolucionário que canalizasse o espírito de revolta das camadas populares. Tanto que se associou, no entendimento de Paulo Francis, às oligarquias tradicionais rurais e urbanas. Nem o PC (Partido Comunista), com a sua tradição de luta e um programa básico notório escapou, segundo Francis, do ziguezague tático:

Em vez da revolução permanente, tínhamos a confusão permanente (op. cit., p. 81).

A crítica mais radical de Paulo Francis à esquerda é dirigida ao Partido Comunista Brasileiro, que ao juízo dele, creio eu correto, se comportava próximo ao poder, "quando em verdade só tinha acesso verbal ao poder". Para ele, as esquerdas "eram o espantalho usado pelo presidente contra os conservadores [inimigos seria a palavra exata]". Prossegue afirmando que Goulart "nunca deu um posto-chave que lhes permitisse uma ação independente em caso de guerra revolucionária. O espantalho é, por definição, assustador e inócuo. E como tal foi malhado, sem condições de resistir, depois do 1º de abril" (op. cit., p. 82).

Repensando 1964, destruindo 1964

De certo modo, esta esquerda era uma esquerda oficial, chapa branca, que só dialogava com a cúpula sem se preocupar com as bases populares. A esta esquerda, anexa ao poder, fisiológica, Francis dirigia a sua crítica. Porém, ao criticá-la, introduz uma sutil e significativa mudança em sua linha política e ideológica. Vejamos como ele se expressa:

> O caminho mais viável das esquerdas seria a constituição de um partido democrático capaz de harmonizar suas tendências. Ou isto, ou a revolução. Esta, porém, como todo mundo diz e todo mundo está certo, não se fabrica, pois depende de um complexo de condições históricas que só podem ser exploradas no seu tempo exato de amadurecimento;
>
> As esquerdas restantes nunca se convenceram da predestinação do PCB e rejeitam a sua tutela. Não podem, aparentemente, prescindir do auxílio e da experiência dos comunistas;
>
> Sem uma organização revolucionária ou legal, o futuro das esquerdas é mais negro do que a asa da graúna;
>
> Algumas verdades, entretanto, parecem-me auto-evidentes. O socialismo é impraticável no Brasil a curto e médio prazo. Não só teríamos de arcar com os problemas de uma economia subdesenvolvida, ou seja, submeteríamos o povo a sacrifícios maiores do que já padece sob a economia capitalista, como há a questão do apoio e do inimigo externos. No nosso estágio de desenvolvimento, se saíssemos da órbita norte-americana, cairíamos fatalmente na soviética. Não seríamos bem recebidos, por dois motivos: a) a URSS carece de recursos para auxiliar uma Cuba de 8,5 milhões de quilômetros quadrados; b) a URSS dificilmente correria o risco de um confronto militar com os EUA por causa do Brasil;
>
> Nesta condição contaríamos com os bons ofícios soviéticos para fazer um governo nacionalista, reformista, etc., mas sem ônus do socialismo;
>
> A solução legal para nós, portanto, estaria num partido que unisse as esquerdas em torno de uma plataforma comum e provisória. Se no momento é impossível pensar nisso, nada nos impede de criar as bases de uma estrutura a ser utilizada quando a ditadura militarista for derrubada;
>
> A participação das esquerdas no processo democrático não exclui a alternativa revolucionária. Acredito que esta nos será forçada se a política dos EUA na América Latina permanecer inalterada. (op. cit., p. 87-90.)

A partir do artigo "Tempos de Goulart", a idéia de revolução é postergada, aparecendo em seu lugar a de democracia.

O referido artigo ressalta que a luta pela democracia na América Latina e, principalmente, no Brasil torna-se a palavra de ordem fundamental, deslocando a idéia de revolução para um horizonte futuro mais distante, pois as condições para realizá-la dependem de "um complexo de condições históricas", incluindo a construção de uma organização revolucionária.

Em vista disso, o imperialismo norte-americano como inimigo mais próximo a ser combatido, segundo o PC e outros partidos de esquerda, perde espaço no discurso político-ideológico de Paulo Francis.

A questão da democracia conduz a análise de Francis a uma posição mais neutra em relação à Guerra Fria, o que resultaria no apoio, tanto dos EUA quanto da URSS. Passa a preconizar uma orientação de um governo democrático, nacionalista e, portanto, reformista. A palavra *revolução*, repetida várias vezes no texto de maio de 1966, serve apenas para *grifar* uma certa consciência política culposa pela descrença em sua viabilidade, pois a democracia deverá ser construída pela mobilização das várias correntes de esquerda, na medida em que o socialismo torna-se impraticável no Brasil.

Os primeiros sinais de mutação político-ideológica estão delineados. Ela se completa, cabalmente, na obra *Trinta anos esta noite – 1964 – O que vi e vivi*. Nela, a metamorfose político-ideológica é completa. Francis diz em 1994: "Morri bastante em 1964. Ou, digamos, parte da minha tessitura ficou afônica, necrosada. Alguma coisa restou. E até minha cabeça me parece mais limpa de ilusões" (São Paulo: Companhia das Letras, 1994, p. 8). Será que o cérebro de Paulo Francis ficou mais limpo de ilusões?

No artigo de maio de 1966, *o elemento premonitório mais importante* é ter reconhecido com extrema lucidez que a luta básica e, portanto, prioritária era pela democracia. Mas, em 1994, de uma forma contraditória e extremamente paradoxal, nos esclarece, ou melhor, confunde:

> Dizer, por exemplo, que houve vinte anos da ditadura, de 1964 a 1984, talvez seja legalmente correto, mas é *falsificação histórica*. Entre 1964 e 1968 houve muita liberdade, faltou, certamente, democracia, mas veio uma politização nunca vista no meu tempo de vida (idem, ibidem).

Segundo os grandes teóricos que escreveram sobre a democracia, a *liberdade* é um dos seus princípios básicos. Pode-se dizer que a *liberdade* é inerente ao conceito de democracia. Uma é pressuposto lógico da outra. Na ordem política democrática, o primado da liberdade fecunda toda a discussão sobre democracia que é construída por eleições livres dos cidadãos e que, em última instância, consubstancia a doutrina do Estado fundado sobre o consenso e sobre a participação de todos na produção das leis e na construção do ideal igualitário. Portanto, a afirmação de que *no Brasil de 64 a 68 houve muita liberdade mas faltou democracia é paradoxal*.

A afirmação de que neste mesmo período ocorreu uma intensa politização não implica a existência de ampla liberdade, posto que esta é premissa da democracia e, assim sendo, se não houve democracia, não houve liberdade, mas sim um cerceamento considerável de liberdade.

Na obra de 1994, na verdade, ocorre a destruição do pensamento político-ideológico de Paulo Francis dos anos 60. Ao repensar, 30 anos depois, o que viu e viveu naqueles anos, quem se transformou foi Paulo Francis, não as suas análises que permanecem como documentos escritos.

Nesse sentido, para o Paulo Francis neoliberal, com uma posição de centro-direita, 1964 representa a falência das elites político-econômicas brasileiras:

> As lideranças civis entraram em falência. Todas. De inevitável, só acredito nos impostos e na morte. Se fosse feito um esforço conjunto de Juscelino e Lacerda para eleger Dutra presidente, o Marechal restabelecia a ordem nos quartéis, colocaria a Linha Dura no lugar e, ainda que houvesse expurgos de alguns esquerdistas, a ordem democrática perduraria sem todo esse hiato que, se trouxe benefícios materiais, nos desmoralizou como sociedade e nos fez regredir politicamente. Reina imbecilidade no Brasil. O 1964, porque tolheu nossa já exígua vida cultural, tem culpa no cartório (op. cit., p. 103).

Logo, houve uma regressão política, tolhendo a vida cultural. Tudo isso ocorreu por falta de liberdades democráticas.

Para o Paulo Francis de 64 e 65, não havia nenhuma dúvida: 1964 foi um golpe militar e aconteceu em 1º de abril. No entanto, em 1994, ele demarca duas datas: o dia 1º de abril passa a ser o dia mundial dos bobos e, 31 de março, a data eleita pela direita revolucionária aliada aos grupos militares. Em 1964, Francis atacava toda política externa de alinhamento à hegemonia de Washington. Hoje (em 1994), diz ele, "notem, eu apoiaria esse arranjo, que acho um toma-lá-dá-cá digno do mestre Getúlio Vargas" (idem, p. 28).

Marechal Castelo Branco, de legítimo representante do "neocolonialismo americano para a América Latina", se metamorfoseia em modernizador do Brasil: "na minha opinião, modernizar o Brasil economicamente era o que mais lhe interessava, estando disposto a quaisquer sacrifícios para isso, o que inclui assinar punições arbitrárias, de generais a políticos civis, cujo único crime era ter opinião populista" (idem, p. 44).

Se havia punições arbitrárias para as pessoas que expressavam opiniões populistas, onde se encontravam as muitas liberdades existentes no Brasil de 1964 a 1968, como afirmou Francis no início dessa obra?

Idéias de reforma ele somente aceita da social-democracia. Daí, Roberto Campos que era, para Paulo Francis da "revolução permanente", um estafeta do imperialismo norte-americano; nos anos 90, para o Francis neoliberal "é, como Vargas, um dos inventores do Brasil moderno"(op. cit., p. 51).

Francis esquerdista dizia "se os planos de Roberto Campos dessem certo, o Brasil se converteria numa rica colônia dos Estados Unidos, a exemplo do Canadá" (maio de 1965, op. cit., p. 67).

Em 1994, a sociedade possível é a neoliberal: "Hoje me convenci de que a sociedade liberal é a única potável. É imperfeita, sim, mas o que não é na vida? Fico no centro, com soluções favoráveis à iniciativa privada, porque é a única que cria prosperidade, empregos e diversidade (infinita) de produtos, e sou socialmente liberal em costumes" (idem, p. 65).

A crença do Francis da revolução permanente evapora-se diante do Francis social-democrata em relação à política do *big stick*:

> Muita gente boa está convencida de que o governo dos EUA participou, direta ou indiretamente, de 1964. Há documentos que sugerem isso ou aquilo. Não é o que acredito (...); os EUA, como poder hegemônico das Américas, se reservam o direito de decidir o formato, digamos assim, dos regimes da região;
>
> Mas, em 1964? Falei com todo mundo. Thomas Mann (não é parente do grande escritor homônimo) o subsecretário para assuntos interamericanos, quando houve 1964, me disse enfaticamente ao telefone que nada teve a ver com o assunto;
>
> O general Vernon Walters se queixou das lascadas que tirei dele e me jurou de pés juntos que, no máximo, como observador do Pentágono, acompanhou as conversas dos generais anti-Jango, que não lhe dariam, mero coronel que era;
>
> Vance riu. Não negou que o Pentágono acompanhasse os acontecimentos do Brasil com interesse. Mas negou os preparativos para a intervenção, ou que houvesse já algo preparado, porta-aviões circulando em nossas águas, etc.;
>
> Acredito que houvesse, haja, um plano de contingência no Pentágono para invadir o Brasil. O normal.

Enfim, para o Francis de centro-direita, não houve intervenção dos EUA na derrubada de João Goulart. O que houve não seria "mais do que um OK à derrubada de Jango e promessa de auxílio para modernização capitalista do país" (idem, p. 91 a 100: "Intervenção estrangeira").

Em suma, o Paulo Francis da direita nega, desmente, destrói o Paulo Francis da revolução permanente, tornando esta, de inevitável, em impossível até mesmo como utopia revolucionária.

Homens como Roberto Campos, Delfim Netto e Mário Simonsen, transformam-se em patriotas realistas, "que só poderiam fazê-lo *manu militari*, a pau, porque, num regime democrático, os interesses criados à custa da miséria de mais de 100 milhões de brasileiros, do Estado corporativo e do cartório familiar, impediriam o estabelecimento de uma economia de mercado" (idem, p. 164).

Os personagens econômicos considerados retrógrados, associados com as oligarquias feudais, transformam-se nos gigantes da reforma racional e moderna. Em vista disso, não há mais esquerda no Brasil, "apesar do estardalhaço do PT, estudantes, sindicatos e quejandos". Nem no tempo de Jango houve, para Francis, que passou a ver o Brasil dos EUA, ao lado da Estátua da Liberdade, organizações revolucionárias (idem, p.184-190).

A liberdade, conforme ensinou o espírito da estátua americana, existia no Brasil de Castelo, "exceto para os carbonários". A falta de democracia serviu para o Francis neo-americano livrar o povo do fetiche de demagogos da oligarquia de o instrumentalizar para sonhos e utopias falsas e irreais. O Paulo Francis de 1994, ao destruir o Paulo Francis de 1964, transferiu os valores que informavam as suas análises da realidade brasileira dos trópicos da periferia do capitalismo para o próprio centro produtor do capital e do conhecimento: de colonizado, passou a ser um colonizador de uma nova mentalidade na era do capitalismo global, afirmando que apenas a morte e o imposto de renda são inevitáveis.

Referências Bibliográficas

Francis, Paulo. *Trinta anos esta noite – 1964 – O que vi e vivi*. São Paulo: Companhia das Letras, 1994.

Francis, Paulo. *Cabeça de papel*. São Paulo: Círculo do Livro S/A, sd. p. 197-198.

Francis, Paulo. "1º aniversário do golpe: quem deu, quem levou, reações possíveis". In: *Revista Civilização Brasileira*, ano I, nº 2, Rio de Janeiro: maio, 1965.

Francis, Paulo. "A invasão da América Latina". In: *Revista Civilização Brasileira*, ano I, nº 3, Rio de Janeiro: julho, 1965.

Francis, Paulo. "Tempos de Goulart". In: *Revista Civilização Brasileira*, ano I, nº 7, Rio de Janeiro: maio, 1966.

DE OLHOS POSTOS NA AMÉRICA – PAULO FRANCIS N'*O PASQUIM*

Isabel Lustosa

Escrever sobre Paulo Francis representa um desafio, porque o jornalista, faz parte de um período da história da nossa imprensa que eu não pretendia contemplar agora, mal saída que estou de um longo convívio com o jornalismo da Independência, tema de minha tese de doutorado. Jornalismo cuja marca foi um polemismo ainda mais agressivo do que o praticado por Francis, porque totalmente sem peias pois se fazia em meio a um cenário hobbesiano, de total indefinição institucional, num Brasil que navegava sem lei, nem rei, definindo ainda o seu destino de Nação.

O Pasquim

Mas o tema representou também a possibilidade de um reencontro que se revelou muito prazeroso. Eu estava na quarta série do ginásio, no colégio das Irmãs Dorotéias, quando apareceu *O Pasquim*. Para as meninas da minha turma, *O Pasquim* e a revista *Realidade* foram os grandes acontecimentos daquele ano de 1969. *O Pasquim*, por seu caráter mais descompromissado, humorístico, boêmio... se fixaria como a leitura preferencial, influindo diretamente sobre o nosso modo de falar, de se comportar, enfim, contribuindo para a adoção de novas atitudes culturais.

A geração d'*O Pasquim* mudou a maneira de fazer jornalismo no Brasil. Surgido em junho de 1969, *O Pasquim* congregou uma equipe de jornalistas, escritores, humoristas e caricaturistas que revolucionaram não só a linguagem da imprensa mas também muitos dos costumes da sociedade brasileira. Absolutamente plural, o jornal reunia desde especialistas no que havia de mais tradicional na música popular brasileira, como Sérgio Cabral a Luís Carlos Maciel, falando abertamente sobre os paraísos artificiais, o universo *hippie*, alternativo e místico.

De olhos postos na América – Paulo Francis n'*O Pasquim*

Ao humor ácido, radical e sofisticado de Millôr Fernandes, seguia-se a turma do *Chopinics*, de Jaguar com seu humor mais ameno e descompromissado de turma de botequim de Ipanema. O personagem-símbolo d'*O Pasquim* era Sig, o rato Sigmundo Freud, criado por Jaguar, que também pontificaria na página final com os *Chopinics*. Também original e único era o trabalho de Henfil, com os seus *Fradinhos*, com eles a crítica social vinha vazada em humor negro, quase perverso; e o traço definido e definitivo do grande artista gráfico e criador de tipos, Ziraldo.

Uma nova elite cultural brasileira que, a partir de então, se imporia, freqüentou as páginas d'*O Pasquim*. *O Pasquim* foi também o espaço onde explodiu o fenômeno Leila Diniz, seus redatores fizeram da bela, ousada e irreverente atriz a musa do jornal, contribuindo para a fixação deste ícone dos anos 60 e 70. A linguagem radicalmente coloquial d'*O Pasquim*, com o permanente debate entre os próprios redatores que tinham opiniões diversas, muitas vezes antagônicas, convidava ao uso de uma retórica também mais coloquial, mesmo quando se tratava de atacar temas mais sisudos.

O lugar de Paulo Francis n'*O Pasquim*

Neste contexto, que lugar cabia aos densos, por vezes áridos, comentários de Paulo Francis sobre a política e a cultura internacionais? Paulo Francis e seu estilo pessoal, que se tornaria uma marca, já era conhecido no meio cultural do país.

Franz Paulo Trannin da Matta Heilborn, seu verdadeiro nome, nascera no Rio de Janeiro, a 3 de setembro de 1930, numa família de origem germânica, de alta classe média. Estudou em bons colégios católicos mas não freqüentou a universidade. Levou uma vida de total irresponsabilidade até o início dos anos 50, quando resolveu tentar a sorte como ator no Teatro do Estudante, companhia criada por Paschoal Carlos Magno.

A grande contribuição que a vida de ator amador deu ao jornalista e intelectual Paulo Francis foi o nome, criado por Paschoal Carlos Magno. Mas seu desempenho, nas cinco vezes em que subiu ao palco, não deixou grande impressão. Talvez por isso Francis tenha se aventurado, a seguir, na direção. Sua companhia, o Teatro do Leme, chegou a encenar seis peças, entre 1957 e 1958.

O fracasso no palco o empurrou para a crítica teatral, na qual, em 1957, pelas páginas da *Revista da Semana*, começaria uma trajetória de jornalista polêmico, agressivo, sem papas na língua que o caracterizaria definitivamente. Segundo levantamento feito por George Moura para o livro *Paulo Francis, o soldado fanfarrão*, Francis publicou 1.236 artigos que ajudaram a mudar o panorama teatral e que contribuíram para construir a fama de polêmico que o acompanharia por toda a vida.

O homem de esquerda, o trotskista, adepto da idéia de que não é possível fazer a revolução socialista num só país, nascera a partir da forte impressão que lhe deixara a miséria brasileira, na figura do flagelado nordestino, com que fizera contato durante excursão do grupo de Paschoal ao Ceará. "Voltei para o Rio de Janeiro certo de que era preciso fazer uma revolução social", disse. Seria este o Francis que freqüentaria as páginas d'*O Pasquim*.

Durante os anos 60, antes de se tornar colaborador d'*O Pasquim*, Francis já se tornara um nome importante do jornalismo brasileiro, tendo atuado nas redações do *Correio da Manhã*, da *Tribuna da Imprensa*, do *Diário Carioca*, do *Diário de Notícias* e da *Última Hora*. Foi também editor da sofisticada revista *Senhor*.

Extremamente pedante no estilo, com a empáfia que é também a marca de alguns dos jornalistas de sua geração, Paulo Francis logo se tornaria o alvo fácil do humorismo ligeiro da turma d'*O Pasquim*. Seria com freqüência representado em histórias de quadrinhos de Millôr e Jaguar. Cria-se, a partir daí, a imagem do Paulo Francis "homem de inteligência" nos moldes da tradição brasileira, tal como a percebeu Antonio Candido: o homem culto, que fala vários idiomas (cujo maior exemplo, já incorporado ao folclore nacional, é o de Rui Barbosa naquela cena clássica, em Haia, que na nossa cosmologia infantil se confunde com a do Menino Jesus falando aos doutores do templo).

Outra característica desse homem inteligente nacional seria o uso retórico do argumento de autoridade, o hábito de citar desbragadamente a referência constante a autores estrangeiros que pouca gente ou ninguém conhece. Some-se a isto a suposição corrente de que o homem que sabe tem que saber de tudo, ser o dono de uma cultura universalista, enciclopédia. Antonio Candido chama a atenção também para o efeito dessa perspectiva sobre a visão exagerada que aquele tipo de intelectual passa a ter de seu próprio valor. No caso de Paulo Francis, esta era reforçada pela atitude arrogante, a fanfarronice que tem por objetivo reforçar a lenda do homem que tem todas as respostas. No esforço de fazer jus à fama, uma tarefa impossível, mesmo para o homem de cultura ampla e variada que ele de fato era, tem de recorrer ao blefe, à impostura e atuar no estado de pânico de que a qualquer momento os claros, os espaços em branco serão percebidos pelos antagonistas ou pelo público.

É evidente, por exemplo, o desconhecimento de Paulo Francis da literatura de ficção e de pensamento brasileiras. Nem por isso o autor deixa de se propor a fazer-lhe o julgamento crítico.

N'*O Pasquim*, Francis é reconhecido, até mesmo por Millôr Fernandes, como o mais intelectualizado dos seus colaboradores, tornando-se, a partir da popularidade alcançada rapidamente pelo jornal, o intelectual típico do momento. Sig, o rato, por exemplo, se refere, numa das tiras do *Chopinics* a alguém tão culto que já teria lido todo o Marcuse e conheceria "pelo menos de nome todos os autores citados por Paulo Francis". Cunham-se mesmo expressões para definir seu estilo. A seu respeito, Millôr produziu a história em quadrinhos:

> Um dia na vida do homem que "raciocina em bloco", que "fala conceituando".

A relação bem-humorada com a crítica faz a diferença entre os eruditos do passado e o jornalista que aceitava e estimulava esse tipo de sátira. Também diferente é o estilo em que é apresentada sua erudição: seus artigos, apesar de densos, analíticos, cheios de informação, são irreverentes, coloquiais e, freqüentemente, têm o caráter de depoimento pessoal e mesmo de diário íntimo. Exemplar disto é o pequeno texto publicado na seção Dicas, do nº 39 do jornal, em que ele fala sobre algumas, teses de Freud:

> No momento em que a gente começa a se indagar sobre o sentido da vida estamos doentes, porque objetivamente, essas duas coisas não existem. Indagando, revelamos em nós mesmos um excesso de libido insatisfeita e então algo diferente tem de nos acontecer, uma espécie de fermentação que leva ao sofrimento e à depressão. Essas explicações minhas são pobres, talvez porque sou muito pessimista.

Esse tipo de auto-exposição, tão desconcertante num personagem cuja marca maior foi a violência com que atacou pessoas, idéias e instituições, é também característica e recorrente na trajetória do jornalista. Estará na maneira com que fala de sua depressão crônica em entrevista à revista *Status* em 1978 e é a essência de seu melhor livro *O afeto que se encerra*, memórias que vieram à luz em 1980 e representam o fim de uma fase na vida do jornalista e escritor. Pois foi justamente nos anos 80 que o Francis de esquerda, que é ainda o autor desse livro, o Francis que atacava violentamente ao ministro da Fazenda do regime militar, Roberto Campos, deu lugar ao Francis que morreu em 1997, tão amigo do ex-ministro que lhe mereceu choroso necrológio.

Isabel Lustosa

Francis e os EUA

A já mencionada história criada por Millôr, "um dia na vida do homem que raciocina em bloco", acompanha Francis num passeio pelo centro do Rio de Janeiro de 1970: Francis visita entre outros lugares e pessoas a Eletrobrás, o editor Ênio Silveira, na Civilização Brasileira e o conselheiro da embaixada dos EUA, John Mowinkle. Millôr cria um fictício diálogo em inglês entre o jornalista e o diplomata, em que Francis diz que ele e outros escritores brasileiros que eram muito violentos na crítica à política externa dos EUA poderiam "take the horse out the rain" se pudessem morar em Nova Iorque. Era claramente uma provocação ao jornalista que mais escrevia contra os EUA no Brasil daquele momento.

Mas fazia um certo sentido porque, naquele caldeirão que foi *O Pasquim*, Francis vivia já uma divisão entre seu enorme fascínio pela América e suas idéias de homem de esquerda, de trotskista, que recomendava com entusiasmo a leitura da biografia de Trostki, os livros de Isaac Deutscher. Partiram de Francis as denúncias dos maiores crimes perpetrados pelas forças americanas no Vietnã. Também são dele as críticas mais veementes à política do jovem Estado de Israel contra os palestinos e é ele quem chama a atenção dos brasileiros para o drama de Biafra.

Ao comentar o fracasso da missão Apolo XII em artigo publicado em maio de 1970, ele diz que o governo dos EUA não iria perder a "oportunidade de manter o público mundial de histórias em quadrinhos, humanizando o acontecimento. Numa época em que os EUA representam o símbolo supremo da desumanidade, o golpe de relações públicas foi espetacular".

Ao mesmo tempo, fica claro quando se analisa a coleção desses artigos o quanto o jornalista vivia antenado nos EUA. Suas referências evidenciam a constante e quase exclusiva leitura de periódicos americanos, o "deu no New York Times" tão recorrente que acabou se fixando como título de coluna, abre de fato vários de seus artigos desta fase. Francis vive de olhos postos na América, analisa detidamente, por exemplo, as reações do povo e da imprensa americana ao acidente envolvendo Ted Kennedy e sua secretária; o protesto dos judeus americanos contra a declaração de Nixon de que a ida do homem à Lua foi o maior acontecimento desde a Criação, e esmiúça as divisões internas da então chamada *New Left* americana.

Entre 1969 e 1970, Paulo Francis foi preso quatro vezes por causa do que escrevia n'*O Pasquim*. Ao todo, ficou oito meses encarcerado. No entanto, seu violento antiamericanismo não impediu que a Fundação Ford lhe concedesse a bolsa de estudos que permitiu sua mudança para Nova Iorque, em 1971. Nos Estados Unidos, Francis continuou esquerdista e colaborador de O Pasquim. Só em 1977, convidado por Cláudio Abramo, transferiu-se para a grande imprensa, virando correspondente da Folha de S.Paulo, onde continuou escrevendo sobre política internacional.

Francis já estivera nos EUA, entre 1954 e 1957, quando se propusera a fazer o mestrado em Teatro na Universidade de Colúmbia, sob orientação de Eric Bentley. Achara extremamente tediosa a vida acadêmica, mas intensificara a partir dali suas relações com a cultura e a sociedade norte-americanas. Como ele mesmo diria na já mencionada entrevista à revista Status em 1978, a sua era a primeira geração de brasileiros cuja mentalidade fora formada durante e no pós-guerra, sob a radical influência dos EUA.

> Na minha infância, diz Francis, começou a enxurrada cultural americana sobre nós, principalmente em cinema e música. Perdemos contato com a Europa Ocidental durante a guerra. Víamos o mundo pelo prisma de Hollywood, dos Sinatras e Bing Crosby.

O lugar dos EUA na tradição cultural brasileira

As conseqüências da maciça influência norte-americana mencionada por Paulo Francis sobre sua geração são comprovadas pela grande pesquisa realizada por Ruy Castro para escrever seu livro Chega de saudade. Pois a bossa nova foi, na música popular, o produto mais acabado desse sincretismo cultural. Talvez um estudo mais aprofundado da intensificação das relações culturais Brasil/América durante as décadas de 40 a 50 nos possa fornecer a resposta às perguntas: em que momento começamos a nos americanizar? A partir de quando foram suplantadas no nosso imaginário as imagens que ilustravam os livros de Lobato pelos personagens de Walt Disney?

Essas perguntas evidenciam sua razão de ser quando se constata o contraste radical entre a atitude da geração d'O Pasquim com relação aos produtos culturais dos EUA com a da geração de boêmios e jornalistas da virada do século. Do grupo liderado pelo poeta Olavo Bilac, que movimentava a Confeitaria Colombo, cortejava a França e almejava para o Brasil, seu aplauso e reconhecimento. Exemplo desse espírito é o comentário do poeta Olavo Bilac à boa acolhida do público da terra ao político francês, Paul Doumer, em 1907.

> Este auditório familiarizado com a língua francesa escuta o Sr. Paul Doumer com uma simpatia que não seria obtida por um conferencista de outra

nacionalidade. O nosso espírito é, e creio que será sempre, um prolongamento do espírito francês. (Skidmore, 1976, p. 110)

O fascínio pela França clássica em contraste com a aversão ao pragmatismo *yankee* marca as atitudes de muitos dos homens cultos do período. Em 1906, Bastos Tigre, em carta a Emílio de Meneses, expressa o seu desprezo por aquela sociedade dizendo que os EUA são:

> O país do mercantilismo, do interesse, do egoísmo brutal. Os maiores nomes desta terra, os mais conhecidos, lisonjeados e amados, são Rockefeller, que é o campeão do dólar, e o Jeffries, que é o campeão do soco! (...) Povo utilitário e mercantil como este, bem se pode aquilatar o quão longe está a arte de suas cogitações. (Meneses, 1949, p. 81)

A reação de Bastos Tigre, naquele longínquo começo de século, transplantado que fora por ordem do pai comerciante da vida de poeta e jornalista pândego da rua do Ouvidor para a dura rotina de uma fábrica em Nova Iorque, encontra eco nas crônicas do amigo Mendes Fradique nos anos 20, época em que a influência americana toma conta dos hábitos e costumes das elites e da classe média brasileiras.

O cinema americano, que começou a penetrar no Brasil a partir da Primeira Grande Guerra, influiu consideravelmente nessa mudança de atitude. Ao preconceito contra o burguês, trabalhando e amealhando dinheiro, e ao desprezo pelo modelo norte-americano de sociedade que sustentaram os literatos, sucedeu, no pós-guerra, uma mudança de mentalidade que elegeria justamente o padrão do *self-made-man*, como modelo ideal a ser seguido. A partir da década de 10, o tipo do dândi, de negras melenas ao vento, magro, pálido, sempre ameaçado pela tísica, vai sendo gradativamente substituído pelo tipo do *sportsman*, jovial e dinâmico, trajando roupas práticas, alegres e confortáveis, pilotando seu automóvel, remando em Botafogo ou no Flamengo, jogando futebol no Fluminense (Carvalho, 1990).

A crescente influência norte-americana sobre os costumes não encontrará correspondência no universo cultural das elites. Os últimos herdeiros da tradição da boêmia literária da *Belle Époque* reagirão contra a influência do estilo de vida americano sobre os nossos costumes. Na década de 20, o jornalista e humorista Mendes Fradique, em seus artigos n'*O Jornal* e na *Gazeta de Notícias*, atacaria violentamente ao *jazz*, ao modelo de democracia americano e ao fordismo. O modernismo brasileiro, por sua vez, desconheceria totalmente os EUA como signo de modernidade.

Quando o modernismo acontecia no Brasil dos anos 20, a América do Norte vivia uma efervescente onda de renovação cultural e de progresso.

De olhos postos na América – Paulo Francis n'*O Pasquim*

Música, cinema, arquitetura, a imprensa, o rádio, tudo se transformava na capital cultural dos EUA, Nova Iorque. Nada disso despertava o interesse dos escritores e artistas brasileiros. Oswald e Mário de Andrade, arautos do movimento modernista, continuaram a buscar na Europa as respostas para as questões culturais brasileiras.

Pode-se dizer que a estética modernista desconheceu os EUA e o significado verdadeiramente revolucionário para a mentalidade e os costumes do povo brasileiro da penetração gradativa das manifestações culturais americanas mais elementares. O cinema, a música, o modo de vestir, de falar e de se comportar dos americanos, foram tomando conta não só do Brasil como também do Velho Mundo. A intensificação da política cultural americana para o cone sul durante e após a Segunda Guerra Mundial, simultaneamente com a penosa recuperação européia, fecharam o ciclo. Nos anos 60, ninguém mais se queixaria de que Carmen voltara americanizada.

A geração que fez *O Pasquim* é a mesma que fez a *bossa nova* e, logo a seguir, no segmento mais popular e culturalmente menos sofisticado, o *iê-iê-iê*, o rock brasileiro da Jovem Guarda. O modo de ser, de se comportar, de fazer imprensa dessa geração será o produto da soma da presença cultural americana com as matrizes básicas da cultura brasileira, e com as peculiaridades do momento político que se vivia, em que predominava, entre boa parte dos jovens de classe média de famílias mais ilustradas, um ideário de base marxista.

Foi a partir da Segunda Guerra Mundial que a corrente de inspiração que nos vinha da Europa foi finalmente suplantada pela que nos vinha dos Estados Unidos. *O Pasquim* foi o produto mais original dessa convulsão cultural e Paulo Francis, na fase em que nele atuou, levou ao paroxismo, à contradição sentimental que nos empurrava para os braços das estrelas de Hollywood e, ao mesmo tempo, nos fazia rejeitar o caráter desumano, imperialista e neocolonial da política externa norte-americana.

De salvador da pátria a perverso saltimbanco

A profunda contradição íntima de Francis não se desfez no final de sua trajetória. Totalmente integrado a Nova Iorque ele passou a escrever de lá o *Diário da Corte*. A *Corte* onde sempre sonhara estar. De lá é que realizaria outro projeto frustrado no início de sua trajetória. Na televisão ele se fez ator, o criador de um tipo único, de empostação caricata, veiculador de um texto provocativo, arengueiro, no qual negava os sentimentos de humanidade que marcaram sua passagem por *O Pasquim*. Como ele mesmo diria, havia algo de gratuito, de espetacular em sua performance televisiva:

> Há em mim um resíduo de saltimbanco. Gosto de uma platéia, quero mantê-la cativa, afinal vivo disso há 40 anos.

A América, por mais que tenha se esforçado, não correspondeu ao seu amor. Nunca encontrou espaço na mídia norte-americana. Escrevia de lá exaltando as qualidades, o estilo de vida do país, ressentido com a invasão de outros imigrantes como ele. Outros que, de maneira menos elaborada, também representavam uma nova versão do permanente complexo de inferioridade nacional. O mesmo que fazia Bilac exaltar a França, que fazia Mendes Fradique queixar-se do descaso com que os franceses tratavam os "valores" culturais do nosso país, o descaso pelo enorme esforço que fazíamos para nos tornarmos brancos e europeus, para negar a África que estava irremediavelmente em nós.

O rancor com que o Francis da última fase se referia aos negros e aos nordestinos brasileiros era a inversão radical de sua atitude nos anos 70. Cansara de tentar aceitar, salvar a pátria do naufrágio no Terceiro Mundo. Preferira salvar antes a própria pele. Perdera a capacidade de acreditar que o Rio de Janeiro ia um dia ser Nova Iorque. Fizera sua opção: preferiu ser o último na Corte a ser o primeiro na província. Culpava o Brasil pelo seu destino.

Referências Bibliográficas

Francis, Paulo. *Cabeça de papel*. Rio de Janeiro: Civilização Brasileira, 1977.

———. *Certezas da dúvida*. 2ª ed. Rio de Janeiro: Paz e Terra, 1979.

———. *Paulo Francis: uma coletânea de seus melhores textos já publicados*. São Paulo: Três, 1978.

———. *Nixon x McGovern, as duas Américas*. Rio de Janeiro: Francisco Alves, 1972.

———. *Opinião pessoal* (Cultura e Política). Rio de Janeiro: Civilização Brasileira, 1966.

———. *Paulo Francis nu e cru*. Rio de Janeiro: Codecri, 1976.

———. *As filhas do segundo sexo*. Rio de Janeiro: Civilização Brasileira, 1982.

———. *O Brasil no mundo: uma análise política do autoritarismo desde as suas origens*. Rio de Janeiro: Zahar, 1985.

_____. *Trinta anos esta noite: 1964, O que vi e vivi*. São Paulo: Companhia. das Letras, 1994.

_____. *Waal: O dicionário da corte de Paulo Francis*. Organização: Daniel Piza. São Paulo: Companhia. Das Letras, 1996.

_____. *Cabeça de negro*. Rio de Janeiro: Nova Fronteira, 1979.

_____. *O afeto que se encerra: memórias*. Rio de Janeiro: Civilização Brasileira, 1980.

Braga, José Luiz. *O Pasquim e os anos 70: mais pra epa que pra oba...* Brasília, DF: Editora Universidade de Brasília, 1991.

Candido, Antonio. *Formação da literatura brasileira (momentos decisivos)* 2 vol., 2ª ed., revista. São Paulo: Martins, 1962.

Carvalho, José Murilo de. *História intelectual: alguns problemas metodológicos*. Trabalho apresentado ao Primer Encuentro del Centro de Historia y Análisis Cultura, Buenos Aires, 9/10 out., 1997.

_____ et alii. *Sobre o pré-modernismo*. Rio de Janeiro: Fundação Casa de Rui Barbosa, 1988.

Kucinski, Bernardo. *Jornalistas e revolucionários: nos tempos da imprensa alternativa*. São Paulo: Editora Página Aberta, 1991.

Lustosa, Isabel. *Brasil pelo método confuso: humor e boemia em Mendes Fradique*. Rio de Janeiro: Bertrand Brasil, 1993.

_____. *A descoberta da América – o lugar dos EUA no Modernismo brasileiro*. Papéis Avulsos, nº 21, Fundação Casa de Rui Barbosa, 1995.

Meneses, Raimundo de. *Emílio de Meneses: o último boêmio*. São Paulo: Saraiva, 1949.

Rego, Norma Pereira. *Pasquim: gargalhantes pelejas*. Rio de Janeiro: Relume-Dumará: Prefeitura, 1996.

Skidmore, Thomas E. *Preto no branco: raça e nacionalidade no pensamento brasileiro*. Rio de Janeiro: Paz e Terra, 1976.

Wilson, Edmund. *Onze ensaios: Literatura, Política e História*. Paulo Francis (org.). Tradução de José Paulo Paes. São Paulo: Companhia das Letras, 1991. Loc.: II-124,5,26.

O Pasquim, Rio de Janeiro. Coleção correspondente ao período de 1969 a 1973.

http:www.infolink.com.br/~paulofrancis (Internet)

O MÉTODO PAULO FRANCIS

Bernardo Kucinski

Talvez o Brasil já tenha acabado e a gente não se dê conta disso.

(Paulo Francis, in: *Soares' list of Brazilian quotations*)

O simulacro

Quando Paulo Francis morreu, em 4 de fevereiro de 1997, era o jornalista mais bem pago desse país que ele suspeitava já tivesse acabado.[1] Comutava entre Nova Iorque e Paris de supersônico e só freqüentava restaurantes grã-finos. De todos os jornalistas "griffe", esses que fazem a fama na TV e depois vendem suas colunas a vários jornais ao mesmo tempo, era o mais contundente. Mas cometia erros de português, trocava datas e nomes, e, principalmente, insistia em insultar pessoas de modo vil, tanto por escrito como na televisão. Com se explica que fosse o mais bem pago? O que os leitores viam nesse jornalista que desprezava as regras elementares da decência? Além do sucesso de público, o que mais explica que textos de tão baixo nível estilístico e ético, tão antijornalísticos, tenham sido aquinhoados com espaços tão grandes em jornais respeitáveis, como *Folha de S.Paulo* e *O Estado de S. Paulo*? Suas colunas galhofeiras na *Folha* (1976-1990), depois em *O Estado* (1990-1997), chegaram a ocupar página inteira.

Numa sociedade que em princípio identifica *O Estado* como o inimigo, a linguagem da galhofa, como a de Francis, é a mais apropriada para desfazer do governo. E foi assim que ela se instalou no jornalismo brasileiro, a partir dos pasquins irreverentes do Império. Depois, foi sendo

---

[1] Entrevista a Ivan Lessa, Londres, 1996.

O método Paulo Francis

aplicada a todo e qualquer "outro" aquele de quem se diverge, numa cultura que não aceita a divergência. Basta descrever o adversário grotescamente, não sendo preciso discutir o mérito de suas posições. Por isso, também se presta à manipulação da opinião pública; permite desmoralizar ou desqualificar lideranças sem discutir suas idéias. Na linguagem da galhofa não é necessária a informação, muito menos a precisão, o que talvez se coaduna com a displicência, outro traço de nossa matriz cultural. Isso pode explicar a aceitação irrestrita de Paulo Francis pelo gande público.

A infâmia é igualmente comum na nossa imprensa, aparece regularmente, e com mais ênfase nos momentos sinistros, como na Guerra de Canudos, em que os famélicos seguidores de Antônio Conselheiro eram descritos como "malditos saqueadores", ou como "monstros".[2] Ou, quase um século depois, no massacre do Leme, em que a imprensa acusa deputados do PT pelo crime cometido pela Polícia Militar. É tão consolidada a postura infamante de nossa imprensa, que se tornou imune à lei, como mais um dos direitos à impunidade garantidos de fato às elites brasileiras.

Após duas tentativas frustradas no campo da ficção,[3] Paulo Francis fez sucesso no jornalismo dos anos 80 e 90, ao reelaborar a linguagem da galhofa, ampliando seu âmbito, num período de declínio relativo do discurso jornalístico clássico, de exaustão do argumento racional e de fastídio do leitor. A confiabilidade é o que menos importava nesse jornalismo de "fin de siécle", feito mais para divertir, polemizar e chocar.

Paulo Francis inventou um método, que tinha como tática principal atacar personalidades em princípio inatacáveis – provocando tamanha surpresa entre os leitores, que se seguia animada reação em todas as rodinhas, tornando o próprio Francis assunto obrigatório, ponto de referência das rodas de conversa de intelectuais e jornalistas. Nesse processo, também inovou sua linguagem, que já era coloquial. Inventou um jornalismo que se comunicava com o leitor e se propagava com a eficácia e a naturalidade das intrigas de uma cidade pequena. Nessa linguagem, seus solecismos e erros de concordância pareciam naturais. Apesar de muitos tentarem, ninguém conseguiu superar Paulo Francis porque ninguém ousou levar tão longe sua falta de escrúpulos, na arte de injuriar, difamar e caluniar.

---

[2] Walnice Galvão. *No calor da hora*. São Paulo: Ática, 1977.
[3] Paulo Francis. *Cabeça de papel*, e *Cabeça de negro*, Rio de Janeiro: Civilização Brasileira, 1977 e 1979.

Bernardo Kucinski

As origens

Paulo Francis tornou-se crítico de teatro, primeiro na *Revista da Semana*, entre 1956 e 1957, depois, no *Diário Carioca*, *Última Hora* e *O Pasquim*. Desde o princípio, seu estilo se destacava pela crueldade e compulsão ao insulto, apoiado em ataques sucessivos, impiedosos. Escrevia por frases curtas, agressivas. Tornou-se célebre uma longa invectiva contra Tonia Carreiro, no começo de sua carreira de crítico teatral, insinuando que a atriz posou nua para revistas pornográficas e apontando várias vezes o envelhecimento de seu corpo. Paulo Francis acreditava que toda atividade cultural, como a crítica teatral, tinha de ser um "ato de hostilidade".[4] Nos seus textos encontram-se dezenas de ataques, aos mais diferentes personagens ou idéias, no espaço de apenas uma página. O ataque é constitutivo da estrutura de pensamento de Paulo Francis. Ele não conseguia pensar sem ser na forma de um ataque.

As investidas podiam ser explicadas como uma necessidade compulsiva de emitir julgamento sobre tudo. Ia agregando avaliações definitivas ou epítetos, ao longo do texto, mesmo que não tivessem nada a ver com o tema tratado. Podia ser uma estratégia de defesa, de quem se sente vulnerável. Também sentia a necessidade de citar a todo instante pessoas famosas com quem havia conversado ou jantado, ou de alguma forma conhecido, e de demonstrar erudição, mencionando fatos históricos, teorias, livros e autores. Uma memória prodigiosa, mas que o fazia cair nas armadilhas das imprecisões, das trocas de nomes e de dados. O método Paulo Francis de fazer jornalismo prescinde da pesquisa cuidadosa, da checagem dos fatos. É um jornalismo adjetivador e ideológico. No limite, por excesso de generalizações e falta de paciência para uma hierarquização adequada das idéias e dos fatos, torna-se preconceituoso.

Para cada tempo há um método preferencial de jornalismo, favorecido pelos proprietários dos meios de comunicação e seus quadros dirigentes. O jornalismo ideologizado, adjetivador, que dispensa a reportagem e dela até foge, é bom para os períodos de crise política aguda, quando é preciso desqualificar as oposições, fazer guerra ideológica, e, ao mesmo tempo, escamotear os fatos da crise. Paulo Francis foi o jornalista que entendeu esse tempo e o usou em seu benefício, principalmente entre 1990 e 1997, período em que, por duas vezes, a candidatura Lula ameaçou o poder no Brasil. Nas páginas muito apropriadas do mais antipopular jornal brasileiro, o *Estadão*, ele se dedicou furiosamente a desqualificar as oposições.

---

[4] Revista *Senhor*, junho de 1961. Para seus textos de crítica teatral, ver a tese de Goerge Moura, *A crítica teatral de Paulo Francis*, ECA/USP, de onde também foram tiradas algumas citações deste artigo.

Insultos contra a academia e contra a esquerda

Paulo Francis via o mundo muito mais como um intelectual do que como um jornalista, no entanto desprezava o saber acadêmico.[5] Mas só atacava o intelectual brasileiro. Os estrangeiros, citava com prazer, às vezes glosando ligeiramente, mas sem hostilizar. Os brasileiros, insultava sempre que podia. Até intelectuais amigos. Insultou os críticos de formação acadêmica, em especial Antonio Candido, a quem chamou "barão vermelho da crítica literária". E também injuriou autores ou artistas que foram bem recebidos pela crítica. Cacá Diegues, o cineasta de *Bye Bye, Brasil*, filme que tão bem retrata o sentimento de perda de encanto pela pátria, a sensação de que "o Brasil já era", compartilhado desde muito por Paulo Francis, é chamado por ele "Cocô Diegues..." Do sociólogo Helio Jaguaribe disse: "me lembra um cachorro decrépito ou cavalo manco, pedindo que alguém o alivie de sua miséria".

Francis expressava enfado pela academia e por tudo o que fosse rotina e consagração. E sentia também rancor pela crítica acadêmica desfavorável a seus dois romances, *Cabeça de papel* e *Cabeça de negro*, que, além de mal escritos, não conseguiram escapar do espaço real da narrativa jornalística e atingir o mundo imaginário da narrativa literária. Seus personagens e enredos não convencem; os outros conteúdos são filosofados no mesmo estilo desatento de seus textos jornalísticos. Fossem bem escritos, lembrariam vagamente a ficção de Henry Miller, em quem deve ter se inspirado.

Foram os insultos de Paulo Francis dirigidos às lideranças da esquerda brasileira que lhe garantiram o lugar privilegiado na grande imprensa. Insultava-os nominalmente, sem subterfúgios. Paulo Francis foi, para os proprietários da grande mídia, o instrumento ideal para desmoralizar a esquerda sem ter de discutir suas idéias. Bastava desqualificar seus líderes insultando-os. Ninguém melhor que um ex-intelectual-de-esquerda para fazer isso. Teve a ousadia de escrever que "Luiza Erundina era uma anta", que "Lula era um ignorante", e que Eduardo Suplicy "era ...maluco e ...safado". Disse que Vicentinho, o líder sindical do ABC, que é mulato tinha de "ser chicoteado", numa referência clara ao castigo das chibatas da escravatura. Tantas investidas deram origem a um livro com mais de 400 páginas de Fernando Jorge, no qual isso está documentado.[6]

Sua virulência contra a esquerda foi também a forma como trabalhou a crise de suas crenças da juventude: agredindo-as ao extremo. Pois ele

---

5 *O Brasil no mundo*. Rio de Janeiro: Zahar, 1985.
6 Fernando Jorge. *Vida e obra do plagiário Paulo Francis*. São Paulo: Geração Editorial, 1996.

autoproclamou-se trotskista, pelo menos até 1980 quando publicou o pequeno livro de memórias *O afeto que se encerra*.[7] Tratava-se de um trotskismo não militante, estritamente intelectual, adquirido, primeiro, durante um curso de teatro com o norte-americano Eric Bentley, entre 1954 e 1957, quando ficou três anos nos Estados Unidos lendo marxismo em pleno macarthismo. Depois, dialogava com alguns trotskistas eminentes do Rio de Janeiro, como Edmundo Moniz e Mário Pedrosa.

Em *O afeto que se encerra*, uma espécie de despedida do Brasil, ao completar 50 anos de idade, expresso no duplo sentido do verso do hino à bandeira, ainda se derramava em elogios a Marx, e usava um referencial marxista para considerar deficientes os escritores Otto Lara Resende, Dalton Trevisan, Rubem Fonseca. Disse que lhes faltava "a cabeça que norteie a experiência que transforma em arte", que só o marxismo podia propiciar. Nessa crítica, inclui também Guimarães Rosa. "Todos esses autores descrevem 'brilhantemente, às vezes', os acidentes da natureza e do comportamento humano, mas não têm a visão de conjunto que se consegue com o marxismo", diz Paulo Francis. Somente em *Trinta anos esta noite*, escrito em 1994, para analisar o golpe de 1964, Paulo Francis proclama sua conversão ao liberalismo: "hoje me convenci que a sociedade liberal é a única possível".[8]

Seguidores

O estilo de Paulo Francis, feito para chocar e divertir, e não para informar ou analisar, tornou-se dominante no jornalismo brasileiro dos anos 80 e 90, talvez uma versão desse fenômeno mais geral do pós-modernismo, que os cientistas sociais chamam de "simulacro". O macaco Simão é um exemplo notável da influência desse gênero, inclusive pelo recurso ao insulto. Jornalistas consagrados, com uma história de contribuições sérias e originais, e dotados de fontes de informação e do espírito da reportagem, como Élio Gasperi, também recorrem a efeitos de linguagem, a misturar ficção com realidade, a inventar palavras ou fazer montagens fotográficas, e episodicamente a difamar ou insultar pessoas, no esforço de chocar o leitor e provocar interesse.

Na tarefa de desmoralizar as esquerdas, Francis também criou escola. Arnaldo Jabor, da mesma geração e nas mesmas circunstâncias, trabalhou sua crise ideológica agredindo da mesma forma suas crenças do passado, e vilificando os que a elas se mantinham fiéis, especialmente o PT. Ambos

---

7 *O afeto que se encerra*. Rio de Janeiro: Editora Civilização Brasileira, 1980.
8 *Trinta anos esta noite*. São Paulo: Companhia das Letras, 1994.

dialogavam repetidamente em seus artigos, com os textos ou idéias de Marx, para demonstrar que tinham autoridade para desqualificar as esquerdas, ou como se tivessem com o próprio Marx um problema pessoal não resolvido.

Jabor ganhou espaço na mídia assim que começou a difamar o PT e as esquerdas em geral. Com a transferência de Francis da *Folha* para o *Estadão*, Jabor tornou-se o herdeiro presuntivo do seu espaço na *Folha*. Mais ainda depois da morte de Francis, Jabor também inventava, quando não tinha fatos.[9] Também largou o Brasil e foi viver em Nova Iorque. Também se considerava cosmopolita. Tinha, no entanto, sobre Francis, a vantagem do talento literário e do conhecimento do vernáculo.

Um país que não tem lugar para gênios

Paulo Francis cresceu no Rio de Janeiro, no rico período democrático que vai do fim do Estado Novo ao golpe de 64. Trombava numa esquina com Jaguar e na outra com um Jorge Amado, ia tomar cafezinho com Millôr ou com Ênio Silveira. Aprendeu trotskismo com Mário Pedrosa. Fez teatro tendo Niemeyer como cenógrafo. Foi editor-assistente, ainda jovem, da melhor revista produzida no Brasil, *Senhor*, dirigida por Luiz Lobo e Newton Rodrigues, e na qual escreviam os melhores jornalistas e ficcionistas da época.[10] Sua capacidade de trabalho era excepcional, sua memória prodigiosa e suas tiradas cínicas ou críticas freqüentemente geniais, sua independência analítica, total. Pensava claro. Mas toda a cultura de Paulo Francis e toda a sua radicalidade não conseguiam produzir raciocínios profundos, especialmente no campo das artes. Era um "jornalista bem formado... nunca foi um teórico por excelência", diz George Moura, que analisou sua obra de crítico teatral. Deixava-se levar, apesar da clareza analítica, por uma espécie de senso comum formulado por frases de efeito, muitas delas surripiadas de outros autores.

Francis e Jabor pertenceram a uma categoria de gênios dos anos 60, que incluem Glauber Rocha e Geraldo Vandré, com histórias de vida semelhantes, apesar de algumas diferenças significativas. Os quatro abandonaram o Brasil nos anos 70, e todos eles sofreram um processo de deslocamento intelectual, de perda de referências que os levou a graus variados de excitação mental. Vandré também repudiou seu passado e

---

9 Jabor conseguiu a proeza de se autoplagiar: em 21 de abril de 1998, publicou na *Folha de S.Paulo*, com algumas mudanças, um artigo que já havia publicado em 23 de janeiro de 1996.
10 *O afeto...*, op. cit.

exibiu sintomas de esquizofrenia; Glauber comportou-se de forma estranha, ao fazer, num certo momento, o elogio dos generais, em especial de Golbery. É a época em que muitos optaram pelo exílio.

Para esses quase-gênios, o Brasil funcionou como uma pátria maldita, uma restrição ao seu desenvolvimento. Uma pátria que além de pobre, traiu-os em 1964, matando seus ideais de juventude e vários de seus amigos. Um lugar onde não se podia estar. "Eu me sinto sempre numa espécie de exílio pessoal, sou um estrangeiro nato", disse Paulo Francis ao completar 50 anos.[11] "O Brasil não é um país, é um grande acampamento", diria Francis mais tarde, na televisão. Numa sociedade como os Estados Unidos, ou a Grã-Bretanha, haveria muitos Paulo Francis com quem Francis poderia se comparar, competir, se emular. No Brasil, esses gênios se tornam únicos, se descolam da média de seus pares, e começam a ser possuídos pela soberba, até que entram em órbita e se destroem. As duvidosas citações literárias de Paulo Francis, sua erudição estéril e sua recorrência repetida ao plágio de pequenas frases de efeito teriam sido abortadas desde cedo, num jornalismo de nível mais elevado, como o da Grã-Bretanha ou da França.

A maldição de Paulo Francis foi ter nascido no Brasil.

Paulo Francis resistente

Duas contribuições de Paulo Francis resistem ao tempo. Sua extensa obra de crítica teatral no *Diário Carioca*, entre 1957 e 1962, totalizando 1 236 artigos, e suas colaborações para *O Pasquim*, no período da ditadura militar (1968-1972). As críticas de teatro e a coleção de traduções são hoje referência para qualquer estudioso do teatro brasileiro. Paulo Francis rejeitou o padrão auto-indulgente da crítica teatral carioca num gesto consciente, que tinha por objetivo demarcar seu território desde o início. Não compactuava com a corrupção nem com a troca de favores, comuns na crítica teatral daquela época. Essa necessidade explicava também o nível de violência de sua linguagem.

Francis foi um dos gurus de *O Pasquim*, o jornal alternativo que influiu profundamente na mentalidade da juventude brasileira, criando hábitos e um modo crítico de ver o mundo e a ditadura. Paulo Francis escrevia em geral sobre tópicos internacionais, entre os quais a guerra no Vietnã. Algumas de suas crônicas da guerra do Vietnã são antológicas. "A iniciação de Phan Ti Mao na democracia", que relata o estupro planejado de uma

---

11 *O afeto...*, op. cit.

adolescente vietnamita por soldados americanos, é profundamente marcante. "O massacre de Mi Lay" é uma instigante análise do mecanismo pelo qual a denúncia dessa chacina e sua apresentação como uma aberração serviram para encobrir centenas de outras da mesma natureza.

Paulo Francis nessa época fez a cabeça de muitos jovens. Visto em perspectiva, esse parece ter sido o período em que o calor da hora, a aventura alternativa e o companheirismo da resistência coletiva contra a ditadura – e contra a censura prévia – fizeram Paulo Francis crescer como jornalista e como homem. Só então virou, "mensch", um ser ético. Até seu estilo melhorou. Em *O Pasquim*, escrevia ainda com mais vigor e não recorria às muletas do insulto. Os textos eram também mais bem acabados e mais sóbrios. Sua prisão por três meses, durante a ditadura, com a equipe de *O Pasquim,* pode ter contribuído para a sua despedida das idéas de esquerda.

Racismo e preconceito

Paulo Francis tornou-se cada vez mais racista. Essa atitude preconceituosa pode ter nascido, segundo seu pequeno livro de memórias, na viagem pelo Brasil na década de 50, ainda jovem como ator do *Teatro de Estudante*, dirigido por Paschoal Carlos Magno. Foi a experiência de vida que marcou sua passagem pela adolescência, assim como o golpe de 64 marcaria sua passagem para a maturidade[12] e sua visão de um Brasil com o qual não podia se identificar. "Nunca imaginei que existisse algo igual na face da terra. A subnutrição, a miséria, o atraso, a inconsciência quase absoluta do que é bem-estar, do que é uma sociedade civil, o atordoamento do ser humano bestializado por um clima..."[13] Garoto da classe média carioca, depois protegido pelos muros de um colégio de padres, ficou assustado. E enojado. Nunca havia estado perto da miséria, nem mesmo nos subúrbios do Rio, em Bangu ou Bonsucesso. "O mundo da classe média, no Rio, era um mundo fechado."[14]

O racismo de Paulo Francis atingiu povos mediterrâneos, negros e pobres de todos os tipos. Nordestinos. Tinha um forte conteúdo anglo-saxônico, ou talvez calvinista. "Os portugas são mestres do ócio e da burrice", disse dos portugueses. "Raça que ...se não fazia jus a um forno crematório, certamente mereceria uma lixeira."(...) "Deixei (que os

---

12 *Trinta anos...*, op. cit.
13 *O afeto...*, op. cit.
14 Ibidem.

japoneses me apertassem a mão) mas com leve repulsa."(...) "É pouco provável que um filho do Nordeste, região mais pobre do país, vergonha nacional, saiba alguma coisa, pois vive no século XVI". Em junho de 1994, descreveu o senador Ronaldo Aragão como um ...mulato, feijão mulatinho... que parece descender do macaco certo (isto é, não de Lula).[15]

Na descrição do senador e na referência ao forno crematório, a arte de insultar de Paulo Francis sofistica-se: inclui um xingamento dentro de outro. Por ser gratuita, essa inclusão torna o segundo insulto ainda mais ofensivo. Assim é a insinuação de que certos povos podem fazer jus a fornos crematórios, inclusive, talvez os portugueses, certamente os judeus, para quem foram inventados. Lula é chamado de macaco, *en passant*. Esses exemplos, em sua maioria já da década de 90, revelam não apenas um Paulo Francis doentio, mas um país doentio e uma grande imprensa carente de qualquer referencial ético. Os insultos de Paulo Francis eram passíveis de processos na Justiça, inclusive pela implacável lei Afonso Arinos. O fato de que poucas vezes tenha sido processado denota a descrença do brasileiro na Justiça, em especial quando se trata de crimes de impresa, injúria, calúnia e difamação.

Seu anglo-saxonismo levou-o a escrever: "A descoberta do clarinete por Mozart foi uma contribuição maior do que toda a África nos deu até hoje". Essa frase sintetiza o método Paulo Francis. Primeiro, pela displiscência com o idioma, pois ele deveria ter escrito: "maior do que tudo o que a África nos deu", e não "maior do que toda a África nos deu". Segundo, pelo reducionismo de seu "chute" de erudição, pois apesar da indiscutível valoração do clarinete por Mozart, Haydn, antes de Mozart, e Rameau, antes de Haydn, já haviam incluído o clarinete em suas composições.Terceiro, pela depreciação preconceituosa da África, desconhecendo que é do Egito, e portanto da África, o instrumento de sopro considerado precursor do clarinete. Sua frase também não faz justiça ao lugar do clarinete no jazz tocado pelos negros de New Orleans.

A fragilidade do homem Paulo Francis

Ao longo de sua vida, Francis sofreu perdas importantes. Perdeu a mãe, que o amava obsessivamente, quando tinha apenas 14 anos. Uma morte estúpida, de parto malconduzido, por negligência do pai, diz Francis. Sua mãe tinha então 37 anos. Perdeu o irmão mais velho, Fred, num desastre de avião. Perdeu três vezes o teatro. Primeiro quis ser teatrólogo,

---

15 *Vida e obra do plagiário...* op. cit.

O método Paulo Francis

logo tentou ser artista de teatro, mas, apesar de apontado ator revelação pela crítica em 1952, faltou-lhe fôlego e talento para continuar. Teatro sempre foi sua grande paixão. Não ter escrito para teatro, sua maior frustração. Também tentou dirigir, ao retornar de seu curso com Eric Bentley, e chegou a montar cinco peças de teatro, sem, no entanto, conseguir se firmar como diretor. O rapaz tímido tornou-se um homem solitário, frágil e inseguro, segundo os que o conheciam. O Paulo Francis de carne e osso era uma pessoa gentil e educada.

Ao final de sua carreira, com a alma vendida ao neoliberalismo, completou a construção do personagem Paulo Francis, um apresentador de televisão que fazia o gênero do analista impiedoso, de pupilas fechadas e voz arrastada como se estivesse drogado ou bêbado, emitindo frases curtas em *staccato*, definitivas e cínicas. O personagem era a caricatura de si mesmo. Escondia-se atrás desse personagem, para agredir e continuar fazendo sucesso. Tinha virado, finalmente, o ator que sempre quis ser.

Paulo Francis morreu vítima de suas agressões, de seu próprio método. Armadilhas da história. Em fins de 1996, saiu o livro de mais de 400 páginas de Fernando Jorge, listando seus plágios e infâmias. Esse livro o desgastou bastante, segundo alguns amigos.[16] Logo em seguida, foi acionado na Justiça de Nova Iorque por Diretores da Petrobrás, num processo de difamação que poderia lhe custar todas as suas economias. Exigiam US$ 110 milhões como reparação por danos morais. Paulo Francis os havia acusado de manter contas secretas de US$ 50 milhões na Suíça. Acusação repetida no *Manhattan Connection*, transmitido no Brasil pelo canal de TV a cabo GNT.

O processo foi aberto na Justiça de Nova Iorque, exatamente devido ao descrédito na Justiça brasileira em casos de crimes de imprensa. Os juízes brasileiros raramente admitem processos contra jornalistas, sob um pretexto ou outro, ou dirigem o processo contra o diretor-responsável da empresa jornalística, como ocorreu com o processo de Vicentinho contra Francis, transformado pelo juiz num processo contra Júlio de Mesquita Neto, diretor-responsável do *Estadão*.

Processado, teve de contratar advogados, também americanos, a peso de ouro. Passou a temer o empobrecimento súbito, a derrota e a humilhação. Morreu vítima da calúnia que tentou plantar.

---

[16] Alberto Dines. *Correio Popular*, Campinas, 05/02/97.

PAULO FREIRE:

Não pode haver esperança verdadeira naqueles que tentam fazer do futuro a pura repetição de seu presente nem naqueles que vêem o futuro como algo predeterminado. Têm ambos uma noção domesticada da História.

(*Pedagogia do oprimido*)

NOTAS SOBRE ALGUMAS IDÉIAS DE PAULO FREIRE E A GLOBALIZAÇÃO[1]

Antonio Faundez

As idéias de Freire e seu contexto histórico

Os anos 60 na América Latina se caracterizam essencialmente pela luta hegemônica de duas ideologias gerais: o cristianismo e o marxismo. O primeiro chega na América Latina com os Ibéricos, por ocasião da "descoberta" da América e, depois, quando ele exerce uma influência incontestada na história sociocultural desse subcontinente. O cristianismo tem uma história complexa e variada nas diferentes estruturas organizadoras nascidas desde o século XV até hoje, e uma de suas características é a existência de diversas interpretações no que diz respeito à relação entre a religião e a política.

O marxismo chega à América Latina somente no início do século XX, primeiramente por intermédio das organizações operárias e, mais tarde, de alguns intelectuais. Muito tardiamente, o marxismo começa a ser estudado nas instituições universitárias. Como o cristianismo, o marxismo é interpretado de diferentes maneiras, segundo as diversas correntes que nasceram ao longo de sua curta história.

Antes dos anos 60 outras ideologias gerais tiveram influência na América Latina. Podemos citar o positivismo nas suas versões ortodoxa e heterodoxa. Mas será necessário igualmente citar as ideologias menos gerais e mais políticas que tinham tido e teriam um papel importante antes e durante os anos 60. Referimo-nos ao fascismo e a sua doutrina da "segurança nacional", que justifica a tomada do poder político pelos militares na América Latina.

Nos anos 60, tanto o cristianismo (católico) quanto o marxismo tiveram a influência das correntes que provocaram mudanças radicais no que se

---

1 Tradução do francês por Ligia Chiappini.

refere à relação dessas ideologias com a política. O catolicismo latino-americano inspirado pelas encíclicas *Mater et Magistra*, *Pacem Terris*, de João XXIII, quando da conferência dos bispos latino-americanos de Puebla e de Medellín, optou pelos "pobres", portanto por uma teologia ligada ao social. Do lado do marxismo, o livro de Regis Debrét, *Révolution dans la révolution*, postula que é possível que, na América Latina, o motor da transformação revolucionária não seja a classe operária, mas que esse motor retorne às elites revolucionárias que conduzirão os camponeses a se engajar nas mudanças revolucionárias em cada país da América Latina.

Paralelamente a essas vertentes ideológicas e, talvez, também por causa delas, um diálogo se instaura entre os intelectuais marxistas e cristãos para determinar se seria possível nessa luta para vencer as injustiças sociais uma colaboração prática entre as duas concepções de mundo.

As ideologias gerais que apresentamos já tinham inspirado movimentos políticos que conseguiram tomar o poder político no período que nos ocupa. O movimento revolucionário cubano fez cair, pela luta armada, a ditadura Batista e se declara marxista no início dos anos 60. A democracia cristã no Chile obteve apoio da população e ganhou as eleições em 1964 com o *slogan* "fazer uma revolução em liberdade". É evidente que esses dois fatos históricos se tornam os modelos para uma parte importante dos cristãos e dos marxistas, mesmo se essa divisão não é tão drástica. Podem-se notar aqui ou acolá colaborações entre uns e outros.

Os americanos, naturalmente, combateram (e o fazem até hoje) por razões ideológicas, econômicas e políticas a escolha política dos cubanos por construir uma sociedade mais justa e mais humana. Por outro lado, eles sustentaram sem hesitação a escolha reformista da democracia cristã e sua revolução em liberdade, com a Aliança para o progresso, programa destinado a ajudar as soluções não marxistas na América Latina. Veremos mais adiante que Paulo Freire, quando exilado, trabalhará para o governo chileno populista, aplicando e desenvolvendo suas idéias e suas práticas educativas, cujas primeiras manifestações emergem no Brasil durante o governo populista de Goulart. Voltaremos a esse ponto. O pano de fundo dessas mudanças no âmbito das idéias na América Latina era a insatisfação dos grupos populares mais desfavorecidos e a tomada de consciência, por certas camadas intelectuais, da injustiça – no nível social, político, educacional, econômico etc. – que esses grupos desfavorecidos sofriam, sob a pressão dos donos do poder. A sociedade latino-americana era então caracterizada como reificada, desumanizada, alienada, injusta etc.

Notas sobre algumas idéias de Paulo Freire e a globalização

Algumas idéias essenciais de Freire

É nesse contexto político e ideológico que se podem compreender as idéias e as práticas de Paulo Freire. Evidentemente, seria preciso igualmente tomar em consideração a realidade sociopolítica do Brasil que ele caracteriza como uma sociedade em transição. Segundo ele, a sociedade brasileira é desumanizante e desumanizada, pois as oligarquias no poder não consideraram jamais as massas populares como seres humanos, antes trataram-nas sempre como objetos. Essa situação desumanizadora não se inscreve na "natureza" do ser humano. Tal relação entre opressores e oprimidos nunca foi posta em causa, mas teria chegado o tempo de mudar essa situação. Para fazê-lo, seria necessário que os intelectuais conscientes se pusessem do lado dos pobres, para, com eles, humanizar a sociedade brasileira como um todo, não somente os oprimidos, mas igualmente os opressores, os quais, como tal, seriam também desumanizados.

A tarefa de humanização passa necessariamente pela educação. Mas essa educação deveria ser uma nova educação, diferente daquela proposta pelas elites no poder. Seria necessário substituir uma educação que tem como objetivo a dominação por uma educação que aspira à libertação. A educação liberadora, coordenada e não imposta pelos intelectuais engajados, é uma educação cujo método essencial seria o diálogo, pois ela deveria permitir uma relação de horizontalidade e não uma relação de verticalidade. Essa educação liberadora é a única que permite às camadas oprimidas fazer o exercício de encarar o seu cotidiano, para descobrir a "natureza" do homem, tomar consciência da desumanização e compreender a necessidade de agir com vistas à construção de uma sociedade mais humana. Esse processo de desvelamento da realidade social e política e a necessidade de luta para mudar foram conceituados como "conscientização".

Se levarmos em conta que desde 1942 (sob o governo populista de Vargas, admirador de Mussolini) o voto censitário foi abolido e instituída a participação de toda pessoa alfabetizada, considerada cidadã, a alfabetização se torna um objetivo essencial para os intelectuais progressistas. Alfabetizar as massas implicava necessariamente a possibilidade de permitir aos grupos marginais participarem ativamente na política, exercendo o direito de eleger os representantes voltados para uma política destinada a abrir as portas para a construção de uma sociedade democrática e mais justa. Numa palavra: mais humana.

A análise dessa sociedade brasileira em transição concluiu que, para sair da desumanização e permitir a participação dos analfabetos na política do país, seria preciso superar esses dois obstáculos que impediam a

Antonio Faundez

construção de uma sociedade mais humana. Um processo educativo devia ser deslanchado; tal processo teria duas faces que, tal qual uma moeda, não poderiam ser dissociadas. Trata-se da conscientização e da alfabetização.

Entretanto, essa aliança entre conscientização e alfabetização se desfez em certas condições históricas. É o caso do Chile, onde Paulo Freire foi trabalhar, após o golpe militar no Brasil. O Chile tem uma política de luta contra o analfabetismo, desde os anos 40, entre outros motivos, por influência dos positivistas chilenos, política essa que se fazia sentir desde o final do século XIX. Por isso, no momento em que Paulo Freire chega, o analfabetismo não é um problema prioritário para o governo democrata-cristão. Mas trata-se de "conscientizar" as massas rurais e urbanas. Assim, o trabalho de Paulo Freire se realiza essencialmente entre os camponeses, no Instituto de Capacitação e Investigação para a Reforma Agrária (ICIRA), onde ele dirige a campanha de formação/conscientização de camponeses que participam da reforma agrária, pregada pelo governo de Eduardo Frei.[2]

Papel dos intelectuais na transformação da sociedade

Já nos referimos ao apelo que Paulo Freire fez aos intelectuais para que participassem com o "povo" na tomada de consciência de que os seres humanos são criadores de culturas e são responsáveis pela construção da história da sociedade. Essa consciência deveria conduzir à decisão dos grupos sociais pobres de se engajarem na participação ativa na política do país para mudar a sociedade brasileira. Podemos nos perguntar de que camadas sociais provinham esses intelectuais. Parece-nos que Freire pensa que a origem classista dos intelectuais se acha essencialmente nas camadas médias da sociedade brasileira. Apesar da desconfiança que ele manifesta aqui e acolá na inconsistência da vontade política dessas camadas e de seus intelectuais, ele considera que moral-mente elas deveriam aliar-se com os grupos desfavorecidos para criarem juntos uma sociedade mais justa.

A idéia de união das camadas médias e de alguns intelectuais delas provenientes não é nova. No pensamento dos iluministas já se encontra essa idéia, mas é no pensamento marxista que ela se manifesta claramente. No pensamento dos marxistas clássicos encontramo-la freqüentemente, mesmo se há sempre o risco anunciado da fraqueza de

---

[2] Ver, Paulo Freire. *Extensão ou comunicação*. Santiago do Chile, ICIRA.

decisões políticas, devido essencialmente a que os seus interesses flutuam entre os das classes "superiores" e os das classes "inferiores".

As reflexões mais interessantes no que diz respeito à participação dos intelectuais nos movimentos de mudanças radicais da sociedade foram feitas por Gramsci. O conhecimento do pensamento de Gramsci por Freire não é evidente, pois Gramsci começa a ser publicado apenas nos anos 50 na Argentina. Mesmo se Freire e Gramsci consideram que a participação dos intelectuais é essencial na formação do povo para a organização e o engajamento dos grupos populares na transformação da sociedade, há divergências profundas que talvez se expliquem pelas diferentes características da sociedade italiana e da sociedade brasileira. Assim, se confrontarmos certos conceitos utilizados pelos dois pensadores, podemos verificar as diferenças que existem entre eles. Freire opõe a cultura e a educação de dominantes e de dominados de uma forma antagônica e absoluta. Gramsci vê essa questão com mais nuances. Não rejeita a educação hegemônica e a cultura hegemônica, pois nem uma nem outra formam um bloco sem contradições. Elementos de cada uma podem servir para construir uma educação e uma cultura de qualidade, popular e democráticas. Seria necessário, portanto, fazer dialogar essas criações produzidas por uma sociedade histórica e concreta, a fim de encontrar as características independentes das camadas dominantes ou dominadas para propor novos processos educativos e uma nova cultura, criações de um conjunto da própria sociedade na passagem de uma nova e diferente hegemonia.

No que diz respeito à língua e aos dialetos, Gramsci, ao contrário de Freire, pensa que as camadas populares devem chegar a dominar a língua acadêmica para ter acesso aos conhecimentos necessários à participação ativa e eficaz na construção de uma sociedade nova e de uma forma permanente. Para que o povo tenha acesso a uma cultura superior, ele precisa dominar não apenas uma língua acadêmica do país, mas também as ciências, e não somente as ciências "sociais", mas também as ciências naturais e outros conhecimentos racionais. Em suma, para Gramsci, seria necessário que os grupos populares saíssem do seu senso comum para participar realmente na criação da sociedade e para evitar serem manipulados pelas elites, tanto intelectuais quanto políticas.

Marxismo e catolicismo em Freire

Vimos acima que, no contexto histórico e ideológico no qual o pensamento e a prática de Freire emergem, existem duas ideologias hegemônicas. Tratava-se do marxismo e do catolicismo com um caráter de prioridade para o social. No pensamento de Freire, a influência das duas ideologias é evidente, mesmo se encontrarmos nele também outros autores que não podem ser classificados em nenhuma delas. Basta notar o conjunto das obras citadas nos seus livros e as idéias que eles exprimem. Os representantes das duas concepções de mundo aparecem ao longo de seus livros ou de seus artigos. Entretanto, podemos afirmar, estudando suas idéias, que os valores cristãos constituem a base do seu pensamento e de suas práticas. Parece que Paulo Freire se deu conta – como, aliás, outros intelectuais cristãos (não se deve esquecer que a Teologi da Libertação nasceu no mesmo contexto histórico do pensamento de Freire) – que o catolicismo não dispunha de uma metodologia adequada para analisar e compreender a realidade e ele percebeu que, com o materialismo histórico ou alguns dos conceitos do materialismo dialético, poderia fazê-lo. Não havia, pois, antagonismo insuperável para fazer uma aliança teórica com o marxismo. Este foi tomado por nosso pensador antes como uma metodologia de análise social do que como uma nova concepção de mundo. O catolicismo para ele foi a concepção de mundo que ele privilegiou, mas, para mudar esse mundo, era necessário recorrer a uma metodologia de análise marxista da realidade, sem que isso significasse renunciar aos valores cristãos, ao contrário, possibilitava afirmá-los mais.

A globalização e as idéias de Freire

Para demonstrar a injustiça da sociedade brasileira e a má qualidade da educação no contexto dos anos 60, Paulo Freire dá alguns números no seu livro *Educação como prática da liberdade*. Esses números nos dizem que 4 milhões de crianças estão fora da escola e que há 16 milhões de analfabetos com mais de 14 anos no país. Depois do longo período da ditadura militar e alguns anos de "governo democrático", os números não mudaram muito. Segundo recente relatório da Unesco, os analfabetos do Brasil com mais de 15 anos representam 18,3 milhões, mas a enquete foi realizada em 1995. Uma outra, realizada por um professor do Rio de Janeiro, mostra que as crianças sem escola atingem um número de 6 milhões. As provas nacionais para os alunos das escolas secundárias, realizadas pelo Ministério de Educação, demonstraram o estado calamitoso dessa etapa do sistema educativo brasileiro. A média foi, na prova de português, de 10 questões para 30 e, em matemática, de 8 para 30. Diferentes avaliações dos resultados das atividades educativas no país, realizadas pelo governo, demonstram que a educação brasileira, mesmo para os que a ela têm acesso, não responde às exigências de uma educação numa sociedade moderna, democrática e justa.

Notas sobre algumas idéias de Paulo Freire e a globalização

Portanto, apesar da "democracia", os problemas vistos por Freire como indicadores de uma sociedade injusta não apenas continuam mas, pior ainda, se agravam. Será que a democracia deve ser posta em causa por ser incapaz de resolver os problemas do povo brasileiro e especialmente dos grupos populares mais pobres do país, ou é necessário buscar em outro lugar causas e soluções? Nossa opinião é que o pensamento único que se impôs aos homens políticos, certos intelectuais, em particular os economistas, é a causa do aprofundamento das injustiças sociais no Brasil. As injustiças não dizem respeito unicamente à educação, mas, como vimos, a outros indicadores entre os quais os de desemprego, que cresce sem cessar, da deterioração da saúde (segundo a Organização Mundial da Saúde, o Brasil é um dos países que nada fazem para deter o desenvolvimento da tuberculose. Atualmente uma epidemia de dengue se estende sem cessar em vários Estados brasileiros etc...). O pensamento neoliberal reina soberano na equipe dirigente do país que se preocupa antes com a performance econômica do que com os problemas sociais do país. Esse pensamento neoliberal, que penetrou na América pela força (Pinochet), pela traição (Menem, Fujimori nos seus segundos mandatos), assim como pela mistura dessas duas estratégias (Cardoso), é atualmente o único pensamento no poder, e as organizações internacionais, criadas para impor esse pensamento, fazem elogios aos países mais ortodoxos na matéria. Livros apareceram ultimamente para demonstrar a política justa das elites no poder nos países latino-americanos, especialmente no Brasil, catalogado entre outros adjetivos como um poder mundial, o que ele não é mais hoje, em processo de emergência.

O indicador essencial para justificar uma tal afirmação reside em certos resultados econômicos. Mas eles não dizem uma palavra sobre os efeitos perversos da globalização selvagem que está destruindo numerosos povos e a humanidade. Essa destruição continuará se os seres humanos não escolhem democraticamente uma outra política econômica a serviço da vida e não do dinheiro.

A luta de Paulo Freire para contribuir com a mudança do seu país não terminou. Seriam necessárias outras idéias e outras práticas, tanto na educação quanto na política. A democratização do conhecimento continua a ser um desafio necessário, a fim de que os grupos mais desfavorecidos possam participar no desenvolvimento da democracia, esta devendo caracterizar-se como controladora da economia e não como existindo a seu serviço.

Antonio Faundez

Excurso: A concepção do futuro do Brasil em Zweig e Freire

No contexto deste seminário, talvez seja pertinente propor mais algumas notas sobre a concepção de futuro do Brasil que encontramos em Paulo Freire e no autor de *Brasil, país do futuro*.

Tanto Zweig como Freire estão preocupados com o futuro do país e acreditam no seu futuro. Mas essa crença tem bases ideológicas distintas. Analisando o livro de Zweig, constatamos que, apesar das informações históricas que ele utiliza, o futuro do Brasil emerge como um resultado de uma história de tipo natural. O processo histórico do Brasil vai naturalmente desaguar sobre um futuro radioso e isso a despeito das dificuldades que o país encontra, tanto do ponto de vista econômico quanto sociocultural. A ordem do tempo permitirá o desenvolvimento do futuro; a sociedade brasileira terá apenas que esperar a chegada desse tempo desejado.

Paulo Freire crê também no futuro do Brasil, mas, ao contrário de Zweig, o futuro de uma sociedade qualquer, como entidade histórica, não verá sua chegada naturalmente. Freire pensa que os homens (os seres humanos diria ele hoje) fazem a história. Basta que eles tomem consciência de que são criadores da história para que possam participar da sua construção. O futuro, portanto, não é um resultado natural, mas, antes, uma construção humana, essencialmente realizada pelas classes desfavorecidas em aliança com os intelectuais do país.

Entretanto, as análises freirianas são análises abstratas e os conceitos de homem, oprimido, opressor, aparecem como conceitos a-históricos e não como conceitos que representam entidades concretas numa sociedade histórica concreta. Os valores cristãos têm uma pretensão de serem universais, válidos para todas as sociedades passadas, presentes e futuras e, portanto, fora do espaço e do tempo. Essa pretensão ao universal está na base dos fracassos educativos das idéias de Freire em certos países da África. Mesmo a hierarquização do conceito de consciência ingênua tem um caráter absoluto.[3]

A conclusão a que chegamos é de que tanto Zweig quanto Freire se apóiam mais sobre sentimentos que sobre análises sócio-históricas para "crer" no futuro do Brasil, esquecendo que um futuro é marcado pelo passado e pelo presente, sofrendo fortemente o peso destes. Para superar o peso do tempo, portanto, qualquer transformação sociopolítica deve ser colocada sobre a longa duração.

---

[3] Tivemos oportunidade de aprofundar nossa análise crítica desse ponto em outros escritos, principalmente em *A expansão da escrita na África e na América Latina*, Rio de Janeiro: Paz e Terra, 1994 e *O poder de participação*, São Paulo: Cortez, 1993.

A EXPERIÊNCIA DE PAULO FREIRE COMO SECRETÁRIO DE EDUCAÇÃO NA PREFEITURA DE SÃO PAULO

Wivian Weller

Introdução

"A escola pública que desejo é a escola onde tem lugar de destaque a apreensão crítica do conhecimento significativo através da relação dialógica. É a escola que estimula o aluno a perguntar, a criticar, a criar; onde se propõe a construção do conhecimento coletivo, articulando o saber popular e o saber crítico, científico, mediados pelas experiências no mundo" (Freire, 1991: 83).

Em 15 de novembro de 1988 o Partido dos Trabalhadores ganhou as eleições municipais, elegendo Luiza Erundina de Sousa – trabalhadora social de origem nordestina – como prefeita da cidade de São Paulo.

A administração de Luiza Erundina foi norteada por três princípios básicos – *participação, descentralização e autonomia* – e desde o início da gestão petista foram estabelecidos convênios e parcerias com os movimentos populares nas áreas da saúde, habitação e educação.

A nomeação de Paulo Freire para dirigir a Secretaria Municipal de Educação não foi nenhuma surpresa. Além de ter sido um dos membros fundadores do Partido dos Trabalhadores, Paulo Freire também tem sido considerado um dos educadores mais importantes da segunda metade do século XX e nada mais justo do que escolha do "pai da Educação Popular" para viabilizar um trabalho de parceria entre os movimentos populares e a Secretaria Municipal de Educação.

Prioridades da administração de Paulo Freire

Assumir a SME não foi uma tarefa fácil para a nova equipe[1] de Paulo Freire. No início de seu mandato, Freire encontrou 662 escolas municipais, muitas delas em condições precárias, uma educação municipal de pouca qualidade, servindo a 683 mil alunos distribuídos entre educação infantil (4-6 anos) e educação fundamental (Primeiro Grau). Além da péssima situação em que se encontravam muitos prédios escolares e da baixa qualidade de ensino, havia a necessidade de se criarem 350 mil novas vagas para os alunos que se encontravam fora da escola.[2]

Diante dessa situação, a administração de Paulo Freire estabeleceu quatro grandes prioridades:

- Democratização da Gestão;
- Democratização do Acesso;
- Nova qualidade de Ensino (Movimento de Reorientação Curricular e Formação Permanente do Pessoal de Ensino);
- Movimento de Alfabetização de Jovens e Adultos (MOVA-SP).

Democratização da Gestão

A Democratização da Gestão envolveu alunos, funcionários, professores, técnicos e pais de família num planejamento autogestionado, restabelecendo-se para isso os conselhos de escola e os grêmios estudantis. As antigas Delegacias de Ensino foram transformadas em NAEs (Núcleos de Ação Educativa), permitindo uma relação mais direta com a comunidade. Enquanto as Delegacias de Ensino atuavam como órgãos de fiscalização, as NAEs tiveram o objetivo de ampliar o nível de autonomia das escolas, funcionando como unidades de apoio pedagógico, acompanhando, controlando e avaliando o ensino escolar a partir de uma perspectiva regionalizada (Gadotti, 1994: 247).

Democratização do Acesso

A segunda prioridade da gestão Freire foi a ampliação do acesso e permanência dos setores populares na educação pública. Freire dizia que

---

[1] Faziam parte da equipe de trabalho de Paulo Freire na SME entre outros: Mário Sérgio Cortella, Lisete Regina Gomes Arelaro, Ana Maria Saul, Pedro Pontual, Maria Stela Santos Graciani e Moacir Gadotti.
[2] Ver, SME – *Construindo a Educação Pública Popular* (Caderno 22 meses, 1990); Gadotti, 1994: 245.

se não apenas construirmos mais salas de aula mas também as mantivermos bem-cuidadas, zeladas, limpas, alegres, bonitas, cedo ou tarde a própria boniteza do espaço requer outra boniteza: a do ensino competente, a da alegria de aprender, a da imaginação criadora tendo liberdade de exercitar-se, a da aventura de criar (Freire, 1991: 22).

O acesso à escola pública foi ampliado neste período principalmente no ensino supletivo, no qual o número de matrículas aumentou de 35.682 em 1989 para 95.124 em 1992 (Gadotti, 1994: 241).

Nova qualidade de ensino

O programa "nova qualidade de ensino" abrangeu duas áreas específicas:

– O *movimento de reorientação curricular*
– A *formação permanente do pessoal de ensino*

O *movimento de reorientação curricular* teve como objetivo a construção de um currículo interdisciplinar, criado pelos próprios professores a partir das experiências cotidianas do aluno, do professor e da comunidade. Numa primeira fase (primeiro semestre de 1989) algumas escolas realizaram juntamente com pais, alunos, professores e entidades locais um estudo sobre a realidade da escola e da comunidade. A partir da análise dos dados levantados foram lançadas novas propostas para um currículo interdisciplinar. Numa segunda fase (segundo semestre de 1989) iniciou-se um projeto piloto com dez escolas de diferentes regiões da cidade de São Paulo, que consistia numa metodologia interdisciplinar de ensino a partir de temas geradores. Os temas geradores foram escolhidos pelas próprias escolas e tratavam aspectos específicos da realidade local. Essa experiência foi ampliada nos anos subseqüentes e em 1992 existiam 187 escolas trabalhando com a proposta de um currículo interdisciplinar a partir de temas geradores.[3]

A *formação permanente do pessoal de ensino* foi uma das grandes preocupações da gestão Freire. Ele defendia a necessidade de uma formação permanente dos educadores,

> por entender que os educadores necessitam de uma prática político-pedagógica séria e competente que responda à nova fisionomia da escola que se busca construir (Freire, 1991: 80).

e por acreditar que:

---

[3] Esses dados foram levantados em uma entrevista realizada pela autora com um assessor técnico do DOT (Departamento de Orientação Técnica) em 6/11/1992.

1. O educador é o sujeito de sua prática, cumprindo a ele criá-la e recriá-la.
2. A formação do educador deve instrumentalizá-lo para que ele crie e recrie a sua prática através da reflexão sobre o seu cotidiano.
3. A formação do educador deve ser constante, sistematizada, porque a prática se faz e refaz.
4. A prática pedagógica requer a compreensão da própria gênese do conhecimento, ou seja, de como se dá o processo de conhecer.
5. O programa de formação de educadores é condição para o processo de reorientação curricular da escola.

Os aspectos centrais deste programa foram a formação dos educadores no âmbito da própria escola, o acompanhamento da ação-reflexão-ação dos educadores que atuam nas escolas e a criação de núcleos de formação por disciplina ou série escolar com educadores de diferentes escolas.[4]

A *formação permanente do pessoal de ensino* e o *movimento de reorientação curricular* não resolveram todos os problemas de qualidade de ensino nas escolas públicas de São Paulo, mas, segundo vários professores que pude entrevistar no ano de 1992, "a escola ganhou uma nova cara". A prática da interdisciplinaridade e a criação de currículos adaptados à realidade específica das comunidades abriram novas perspectivas no âmbito da educação pública.

Para uma análise específica dos resultados alcançados no programa "nova qualidade de ensino" seria necessário um estudo sistemático das experiências realizadas nas escolas que estiveram envolvidas nesse programa.[5] Também seria necessário uma análise sobre a importância dada à educação multicultural dentro do currículo interdisciplinar, uma vez que a grande maioria das crianças e jovens nas escolas públicas de São Paulo são afro-brasileiras e/ou filhos de migrantes nordestinos.

Movimento de Alfabetização de Jovens e Adultos (MOVA-SP)

A cidade de São Paulo contava no final da década de 80 com 1,5 milhão de analfabetos (9,8%) e 2,5 milhões de jovens e adultos com menos de 4 anos de escolaridade (16,4%), sendo a maioria dessas pessoas migrantes nordestinos.[6]

---

[4] Idem.
[5] Até o momento não conheço nenhuma pesquisa realizada dentro deste enfoque.
[6] Ver SME – *Construindo a Educação Pública Popular* (Caderno 22 meses, 1990: 21).

A experiência de Paulo Freire como secretário de Educação...

Quando Luiza Erundina assume a administração da cidade de São Paulo,

> começa a ser contextualizada uma idéia que vinha na cabeça de algumas pessoas desde a década de 60, ou seja, a idéia de se fazer de fato num partido como o PT um trabalho onde a alfabetização não fosse somente vista no plano das escolas regulares, no plano formal, mas uma alfabetização vista também no conjunto da sociedade civil organizada, preocupada com a alfabetização de jovens e adultos. O MOVA foi a junção de duas vontades políticas: uma vontade política da SME e da administração de Luiza Erundina de fazer um trabalho junto a sociedade civil organizada, e uma vontade dos movimentos populares de fazer um trabalho de alfabetização vinculado com a SME.[7]

Para isso criou-se em abril de 1989 o "Fórum dos movimentos populares de alfabetização da cidade de São Paulo", que juntamente com a Secretaria Municipal de Ensino fundou em outubro de 1989 o "Movimento de Alfabetização do Município de São Paulo (MOVA-SP)", com a intenção de criar 2 mil núcleos de alfabetização que pudessem atender 60 mil pessoas.[8]

A prática da interdisciplinaridade foi também dentro do programa MOVA uma das prioridades principais, sem que tenha sido imposta uma proposta metodológica única, ou seja, sem a imposição do que se costuma chamar "Método Paulo Freire de alfabetização" (Gadotti, 1992: 76). O programa de parceria entre a Secretaria de Educação e os movimentos populares permitiu que as entidades não governamentais pudessem continuar a aprimorar e ampliar as suas atividades no âmbito da educação popular.

Desenvolvimento do MOVA-SP

	Outubro 1990	Fevereiro 1991	Junho 1992
Organizações	62	62	74
Grupos (Núcleos)	626	626	896
Alfabetizadores	624	–	892
Coordenadores	79	–	141
Alfabetizandos	12.185	13.532	18.400

Fontes: 1990: SME (Hg): *Construindo a Educação Pública Popular – Caderno 22 meses*. 1991: SME (Hg): *Construindo a Educação Pública Popular – Diretrizes e Prioridades para 1991*. 1992: SME: *Relatório de Pesquisa Avaliação MOVA-SP – Dados Preliminares*. Dez./1992.

---

7 Entrevista com a equipe central do MOVA em setembro de 1992.
8 Ver Freire, 1991: 69.

Apesar do MOVA-SP não haver alcançado a meta de 2 mil núcleos de alfabetização com 60 mil alfabetizandos e apesar dos conflitos internos e dificuldades administrativas que geraram uma fase de troca de funcionários dentro da equipe central do MOVA em 1991, pode-se dizer que o programa MOVA foi uma contribuição importante para o exercício da democracia e cidadania num país que ainda carregava vestígios de uma ditadura militar. Mais do que um programa de alfabetização, o MOVA foi uma proposta de trabalho conjunto entre governo e entidades populares, em que ambos passaram a tratar-se como parceiros e não mais como "inimigos". Com a mudança da administração do município de São Paulo em 1993 o programa MOVA foi extinto, dificultando ou praticamente extinguindo o trabalho de parceria com os movimentos sociais.

Conclusão

Avaliar a experiência de Paulo Freire na prefeitura de São Paulo sob uma ótica externa (desde Berlim), sem haver estado muitas vezes em São Paulo durante este período, seria uma arrogância de minha parte. No entanto pode-se afirmar que apesar do curto período como Secretário Municipal de Educação (janeiro de 1989 a maio de 1991), a influência de Paulo Freire ainda continua presente em muitos órgãos de ensino do município de São Paulo "à maneira de quem, saindo, fica", como afirma Paulo Freire em seu livro *A educação na cidade* (1991: 143).

Durante uma pesquisa de campo realizada num bairro da zona leste de São Paulo entre março e maio de 1998, pude observar que a prática da interdisciplinaridade continua sendo praticada em muitas escolas e que muitas idéias lançadas por Paulo Freire entre 1989 e 1991 continuam germinando. Pude observar também um grande interesse por parte de professores da rede pública na *formação permanente dos educadores*, sendo que alguns inclusive voltaram às universidades para realização de estudos de mestrado ou doutorado. Nas reuniões dos conselhos de escola em que participei, havia um número significativo de pais, alunos, professores e membros de entidades locais participando e discutindo conjuntamente novas propostas e metodologias de trabalho. Não quero afirmar aqui que esta seja uma situação comum encontrada em todas as escolas, mas acredito que, apesar da pouca relevância dada ao ensino público de qualidade e apesar da pouca valorização e reconhecimento mínimo do trabalho educativo, existem muitos educadores – praticamente desconhecidos e quase sempre sobrecarregados de trabalho – criando alternativas curriculares para melhorar a qualidade de ensino a partir da realidade e das necessidades do educando e da comunidade local.

Referências Bibliográficas

Freire, P. *A educação na cidade*. São Paulo: Cortez, 1991.

Freire, P. *À sombra desta mangueira*. São Paulo: Olho d'Água, 1995.

Gadotti, M. e Torres, C. *Estado e educação popular na América Latina*. Campinas: Papirus/Instituto Paulo Freire, 1992.

Gadotti, M. e Jacobi, P. R. "Participação e descentralização. A experiência educacional do município de São Paulo na gestão Luiza Erundina", in: Freitag, B. (org.): *Anuário de Educação/94*. Rio de Janeiro: Tempo Brasileiro, 1994. p 237-259.

Gadotti, M. e Romão, J. E. (org.): *Educação de jovens e adultos: teoria, prática e proposta*. São Paulo: Cortez/Instituto Paulo Freire, 1995.

Gadotti, M. "A voz do biógrafo brasileiro: A prática à altura do sonho", in: Gadotti, M. (org.) *Paulo Freire – uma biobibliografia*. São Paulo: Cortez/Instituto Paulo Freire/Unesco, 1996, p. 69-115.

Graciani, M. S. "MOVA-SP. Uma experiência tentando esculpir a utopia", in: *Travessia*. São Paulo: Centro de Estudos Migratórios (CEM), nº 12, 1992, p. 39-42.

Janes, R. *Educação popular e burocracia*. Tese de mestrado. Faculdade de Educação da Universidade de São Paulo, 1991.

SME. *O Movimento de Reorientação Curricular na Secretaria Municipal de Educação de São Paulo*. São Paulo: P.M.S.P. 1990.

SME. *Construindo a Educação Pública Popular* – ano 2. São Paulo: P.M.S.P. 1990.

SME. *Construindo a Educação Pública Popular* – Caderno 22 meses. São Paulo: P.M.S.P. 1990.

SME. *Construindo a Educação Pública Popular* – ano 3. São Paulo: P.M.S.P. 1991.

SME. *Construindo a Educação Pública Popular* – ano 4. São Paulo: P.M.S.P. 1992.

SME-MOVA. *MOVA – São Paulo*. São Paulo: P.M.S.P. 1989.

SME-MOVA. *Princípios Político-Pedagógicos do MOVA-SP*. São Paulo: P.M.S.P. 1990.

SME-MOVA. *Construindo o Ciclo Ensino Fundamental I*. São Paulo: P.M.S.P. 1992.

SME-MOVA *Relatório de Pesquisa Avaliação MOVA-SP – Dados Preliminares*. São Paulo: P.M.S.P. 1992.

Torres, C. A. *Democratic, Social Movements and Educacional Policy in Brazil. The Work of Paulo Freire as Secretary of Education in the Municipality of São Paulo*. University of California – Los Angeles. 1991.

Torres, C. A. "A voz do latino-americano: Uma biografia intelectual", in: Gadotti, M. (org.) *Paulo Freire – uma biobibliografia*. São Paulo: Cortez/ Instituto Paulo Freire/Unesco, 1996, p.117-147.

Torres, C. A. e O Cadiz, M. P. "Literacy, Social Movements and Class Consciousness: Paths from Freire and the São Paulo Experience", In: *Anthropology & Education Quarterly*. America Anthropological Association, nº 25, 1994, p. 208-225.

Weller, W. *Analphabetismus von Migranten in brasilianischen Metropolen*. Tese de mestrado. Universidade Livre de Berlim, 1996.

Weller, W. *Die Arbeit Paulo Freires als Sekretär für das Bildungswesen in São Paulo* (artigo não publicado), 1996.

Weller, W. "Relações de gênero e Educação: Mulheres entre o analfabetismo e a formação universitária na América Latina", in: Freitag, Barbara (org.). *Anuário de Educação/1996*. Rio de Janeiro: Tempo Brasileiro, 1996, p. 181-202.

Weller, W. "Frauen und Bildung in Brasilien", in: Briesenmeister, Dietrich e Rouanet, Sergio P. (Hg.): *Brasilien im Umbruch: Akten des Berliner Brasilien-Kolloquiums vom 20.-22. September 1995*. Frankfurt am Main: TFM, 1996, p. 363-375.

BRASIL, UM PAÍS DO FUTURO? UM CONTRAPONTO ENTRE AS PROJEÇÕES DE STEFAN ZWEIG E AS DE PAULO FREIRE. O CONTRAPONTO DA ESPERANÇA.

Dulce C. A. Whitaker

O mais intrigante nas visões que sobre nós desenvolvem os intelectuais do Primeiro Mundo é a busca do exótico, o que absolutamente não parece ter sido o caso de Stefan Zweig.

Mas antes de situar Zweig e fazer o contraponto com Paulo Freire, vejamos alguns exemplos dessa ótica eurocêntrica. Para Jacques Lambert existem dois brasis e para Roger Bastide, somos terra de contraste, como se outras nações não carregassem suas contradições específicas. Em 1997 o jornal *Folha de S.Paulo* publicou um interessante Caderno especial com textos sobre o Brasil, escritos por intelectuais que aqui aportaram nas últimas décadas. O Brasil dos viajantes[1] nos fornece oportunidade para interessantes reflexões sobre o primeiro olhar e as primeiras impressões que acompanharam a chegada desses intelectuais aos "tristes trópicos".

O escritor norte-americano Louis Begley que visitou o Brasil para ambientar um de seus romances, se esforça em seu texto para descrever pessoas e ambientes que poderia encontrar em qualquer parte do mundo. Mas como bom ficcionista, está em busca do exótico.

> Em "O homem que se atrasava", escrevi que à beira da piscina do Hotel Copacabana Palace, meu protagonista tem a impressão de estar "num aviário sem teto com pássaros falando em russo; era esse o som do português dos cariocas"; sim, pássaros belos e gentis. Quando escrevi isso pensava nos moleques do Rio.[2]

---

[1] *O Brasil dos viajantes*. Folha de S.Paulo. Mais! Domingo, 28 de dezembro de 1997.

Dulce C. A. Whitaker

Já o inglês Peter Burke, um especialista em História Cultural, denuncia os preconceitos e a busca de estereótipos que marcam os depoimentos dos principais viajantes em passagem pelo Brasil. Mas concede:

> O desafio do observador é descobrir os mínimos detalhes da vida cotidiana que revelam algo do sistema social ou da cultura, pois contrastam com o modo como as coisas são feitas "em casa".[3]

Burke relata sua surpresa quando procurou uma máquina *self-service* para tirar fotos para uma carteira de identidade e descobriu que não era bem *self-service*, já que havia um empregado para puxar a cortina e espanar a cadeira antes que ele se sentasse. Nosso historiador conclui que ali estavam diferenças profundas entre dois mercados de trabalho. Mas um intelectual brasileiro poderia lhe explicar que ali havia mais do que isso. O empregado talvez estivesse ali para evitar que a máquina fosse depredada pelos excluídos do sistema. Ao puxar a cortina e limpar a cadeira talvez esperasse uma gorjeta. O fato observado expressa, portanto, profundas injustiças e desigualdades dentro do próprio país e nada tem, a meu ver, de exótico.

Já o escritor e brasilianista inglês Kenneth Maxwell escreve um belíssimo artigo no qual todas as "cenas" descritas e todas as motivações que o levaram a estudar o Brasil estão ligadas à busca do exótico. Vejam a poética descrição de sua chegada à Bahia:

> Não tinha idéia de onde ficar na Bahia, e segui alguns passageiros até a Kombi que os levaria à cidade (...). Parecíamos deslizar pela beira de uma praia iluminada pela lua, que se estendia tranqüilamente rumo a um mar púrpura escuro. Grupos de altas palmeiras marcavam os limites da praia (...). Namorados se abraçavam, olhando para o mar. Talvez eu estivesse bêbado. Mas foi uma chegada mágica.[4]

Já o francês Jacques Rancière produz uma análise bem mais complicada, como aliás convém a um filósofo e ainda por cima francês. Para ele, o Brasil é o país dos últimos sociólogos, já que, segundo ele, a Sociologia, tal como pensada por Comte e ensinada por Durkheim é mais do que uma ciência. É a ideologia de uma sociedade que tenta se colocar em ordem rígida pela lei de um passado em progresso. Daí o paradoxo de que o futuro do país esteja no passado, o que talvez nos ajude a compreender melhor a idéia de um "Brasil, país do passado" – tema deste

---

[2] L. Begley. "Abraços, Brazil", op. cit.
[3] P. Burke. "Primeiras impressões de um inglês no Brasil", op. cit.
[4] K. Maxwell. "Encontros iniciais de um viajante", op. cit.

livro. Mas a grande contribuição do artigo de Rancière está em fazer-nos compreender que, para o viajante, o "outro" país sempre funciona como alteridade. Daí a busca da diferença, do exótico. Justifica-se então que ele deva revelar "o bestiário humano e animal e os acessórios vegetais que o tornam conhecido daqueles que nele não puseram nem porão os pés".[5]

É possível pensar, a partir destas duas contribuições de Rancière, que o peso do passado nos faz exóticos e os escritos sobre o Brasil resultam "*exciting*", para deleite de norte-americanos e ingleses. Afinal, uma das teorias "científicas" de maior sucesso internacional sobre o Brasil não é aquela que nos considera a todos como portadores de uma ética da malandragem?

E nesse sentido o texto de Stefan Zweig sobre o país do futuro é um verdadeiro milagre epistemológico que merece ser comemorado, já que sua percepção sobre nós escapa às principais armadilhas impostas pelo encontro com a alteridade. Atraído embora pelo inescapável caráter exótico de algumas situações, Zweig nunca está preocupado exatamente com esse tema. O que o faz se apaixonar pelo Brasil é pensar que estamos produzindo aqui aquela sociedade sonhada pelo mais puro idealismo humanista burguês: um mundo sem preconceitos, sem racismo, sem as perversidades que marcam naquele momento a civilizada Europa. Pode haver enfoque mais universal?

Ao resumir a História do Brasil, Zweig põe em destaque o humanismo dos jesuítas que tentaram construir aqui a comunidade utópica baseada no trabalho e na fraternidade entre iguais – um ideal ao mesmo tempo humilde e grandioso de um cristianismo primitivo a ser praticado a partir da pureza dos indígenas do novo mundo.

Em relação ao momento em que nos visita, descreve a riqueza dos cafezais, mas se cansa com a monotonia e rigidez que acompanham a racionalidade da produção. Encanta-se mais facilmente com o caráter bucólico das bananeiras, que agitam as suas grandes folhas ao vento, rasgando-as muitas vezes numa expressão libertária e anárquica. Assim, um símbolo exótico por excelência – "*yes, nós temos bananas*" – expressa para Zweig aquilo que é universal por excelência – liberdade e autonomia.

Aqui devemos perguntar: e o intelectual nativo, que caminhos trilha para explicar o Brasil? Diríamos que há muitos caminhos. Ele pode se europeizar (hospedar o dominante, como diria Paulo Freire) e destacar

---

[5] J. Rancière. "Viagem ao país dos últimos sociólogos", op. cit.

Dulce C. A. Whitaker

nossos aspectos exóticos – carnaval e malandragem, por exemplo – ignorando olimpicamente que milhões de trabalhadores se levantam às quatro horas da manhã porque devem percorrer distâncias enormes para chegar muito cedo ao trabalho. Ignorando, portanto, um povo que na zona urbana enfrenta ônibus superlotados enquanto na zona rural sobe em caminhões que carregam trabalhadores volantes por longas extensões, antes de chegar a locais de trabalho nos quais a colheita de laranja ou o corte da cana são medidos por toneladas – o que mostra o grau de intensificação do trabalho neste país.

Outro caminho é buscar o exótico e valorizá-lo, saudando nossas peculiaridades culturais como promessas de um mundo melhor, como fez magistralmente Darcy Ribeiro. Pode-se ainda escrever obras intelectuais de erudição absoluta, abrindo os cenários do iluminismo à participação do Brasil nos píncaros filosóficos do pensamento europeu, com cuidadoso distanciamento das nossas mazelas. Historiadores e sociólogos brilhantes se dispuseram também a explicar o Brasil a partir de suas macroestruturas e deram conta do nosso atraso em paradigmas brilhantes definitivamente consagrados. Nessa direção basta lembrar aqui Caio Prado Jr. e Florestan Fernandes, dois expoentes máximos dentro dessa tendência intelectual que captou fenômenos essenciais da nossa macro-história.

Eu diria que Paulo Freire não escolheu nenhum desses caminhos quando tentou, como educador e humanista, compreender o mundo das desigualdades e injustiças do qual foi, em primeiro lugar, uma grande vítima. Seu pensamento parte sempre de categorias universais (existência, consciência, libertação), mas consegue estabelecer contato com uma realidade específica. Essa não é apenas a essência do seu método de alfabetização. É a essência do seu pensar. Ao refletir sobre o Universal, Paulo Freire busca caminhos para a humanização dos homens e acredita nessa possibilidade, o que torna seu pensamento uma filosofia da esperança em relação ao futuro. Obviamente Freire não é ingênuo. Sua obra discute sempre as transformações que devem ocorrer para que não voltemos todos à barbárie – alternativa oposta à sua esperança no futuro da humanidade. Vejamos agora como esta esperança acontece no seu texto mais radical – *A pedagogia do oprimido* – texto que reúne denúncia e esperança – e no qual, por outras vias, se aproxima de Zweig, conforme pretendo demonstrar ao final deste ensaio.

Para Freire, que parte do conceito antropológico de cultura, os seres humanos estão inconclusos. E só por intermédio da cultura, que os produz como humanos, poderão finalmente se humanizar. Para tanto, os oprimidos devem se apropriar da palavra, que lhes tem sido negada, e devem perder o medo da liberdade. Isto lhes permitirá romper a "dualidade existencial dos oprimidos" que introjetaram o opressor hospedando-o, e carregando portanto a dominação em si mesmos, naturalizando-a no seu próprio existir.

Freire desenvolve então uma compreensão profunda dos fenômenos de submissão que outros estudiosos consideravam, sem crítica, como natureza essencial de populações expropriadas.[6]

> Este fanatismo, às vezes, dá a impressão, em análises superficiais, de docilidade, como caráter nacional, o que é um engano. Este fatalismo, alongado em docilidade, é fruto de uma situação histórica e sociológica e não é um traço essencial da forma de ser do povo (Freire, 1977).

Influenciado por grandes teóricos do colonialismo como o foram Fanon e Memmi, Freire constrói uma equação opressor-oprimido que contém todos os dados e toda a tecnologia da dominação, mostrando a profunda recusa de si próprio que marca o cotidiano do oprimido. Seu paradigma é universal. Explica o fenômeno para todo e qualquer país dominado e por isso mesmo se encaixa como uma luva em todos os grupos vulneráveis da sociedade brasileira. Para Freire, tais processos inexoráveis, que transformaram os homens em "coisa", só podem ser rompidos pela luta, da qual pode emergir a consciência pelo qual as "coisas" voltam a ser homens. Mas o processo tem de ser coletivo já que ninguém se liberta sozinho, e ninguém pode ser verdadeiramente libertado pela ação do outro. A exigência aqui é radical. Os homens se libertam em comunhão e essa luta deve começar pelo auto-reconhecimento de "homens destruídos" que se reconstroem por meio de uma pedagogia humanizadora.

Só por este aspecto já se pode observar que o método Paulo Freire de alfabetização jamais poderia ser aplicado no Brasil pós-64 e ainda hoje devemos duvidar quando alguém afirma que o está fazendo, seja em termos de Mobral, seja em termos de educação política. O que se faz muitas vezes, no caso brasileiro, é uma caricatura do seu método, já que, nas atuais condições do país, a filosofia revolucionária da sua proposta radical permanece à sombra.[7]

---

[6] P. Freire. *A pedagogia do oprimido*. Rio de Janeiro: Paz e Terra, 1997.

[7] Obviamente, esta afirmação deve ser relativizada para situações muito específicas, "microssituações" derivadas de movimentos sociais que se apóiam nesse método, ou momentos privilegiados em governos locais conquistados pela oposição. Um bom exemplo é o da Prefeitura de São Paulo, no período 1988-1992, quando o próprio Paulo Freire ocupou a Secretaria da Educação durante algum tempo, sendo substituído por um intelectual da mesma linha de trabalho. Resultados importantes foram produzidos naquele momento, como a reorientação curricular e a diminuição da repetência. Não podemos esquecer, no entanto, que o conservantismo recuperou a Prefeitura, o que promove conseqüências óbvias.

Em momentos revolucionários do Terceiro Mundo, como o da Revolução Sandinista na Nicarágua, esse método realmente alfabetizou os camponeses em poucos dias, porque sua essência revolucionária entrava como ingrediente estimulador por excelência.

Só em momentos "quentes" como esse pode o educador abandonar aquela postura que Freire chama de "educação bancária", necrófila, nutrida do amor à morte e não do amor à vida. Sua proposta de uma educação problematizadora, um "que-fazer humanista" não surge, no entanto, de uma visão ingênua de desalienação carregada de voluntarismo. Ao contrário, a pedagogia do oprimido exige a crítica radical à educação que nega a palavra ao educando e que esvazia da palavra o conteúdo ativo que gera ação. Essa Pedagogia mostra que a educação que trabalha produzindo o silêncio do outro não humaniza, já que, para sermos humanos, temos de pronunciar o mundo.

Não há diálogo se não há um profundo amor ao mundo e aos homens.[8]

Eis a essência de uma educação dialógica na qual os seres humanos se educam mediatizados pelo mundo, uma educação que leva em conta os homens em situação. Essa educação exige que o educador se eduque junto com seus educandos, compreendendo a cultura na qual estão imersos, a visão de mundo pela qual estão envolvidos, expressa em seus temas geradores. Essa é a única forma de promover o encontro entre o Universal proclamado pelo humanismo cristão e as singularidades que nos caracterizam. Dessa perspectiva desaparece o exótico e surgem todas as possibilidades do humano, desculpabilizando-se a vítima pela sua situação.

Paulo Freire compreendeu e aplicou como ninguém os conceitos de consciência possível de Lucien Goldman, e os utiliza magistralmente na compreensão do subdesenvolvimento como situação-limite que nunca deve ser pensada fora da totalidade histórica. "A 'situação-limite' do subdesenvolvimento, ao qual está ligado o problema da dependência, é a principal característica do Terceiro Mundo".[9] Mas os homens são seres em "situação" e devem compreendê-la. Daí o conceito de situacionalidade como ponto de partida para a "emersão" que substitui a "imersão" na "realidade espessa" que os envolve. A conseqüência é a inserção que

---

[8] P. Freire. A *pedagogia do oprimido*, op. cit.
[9] Ibidem.

Freire considera a própria consciência histórica – superação da consciência real pela consciência máxima possível. O que temos em Paulo Freire não é, portanto, simplesmente um método. O método é parte de uma epistemologia que compõe uma verdadeira Filosofia Revolucionária. Sem a compreensão dessa Filosofia, o método não funciona, já que ele não se constitui em técnica de alfabetizar neste ou naquele número de horas.

A pedagogia do oprimido não é um livro sobre o Brasil. No entanto estão claras nele todas as condições que fazem deste país um enorme quintal, cujas elites cada vez mais se distanciam do povo, encastelando-se nas cirandas financeiras globalizadas, e no qual populações vulneráveis da cidade e do campo vão sendo excluídas por processos cada vez mais sofisticados de modernidade alienante. O país do futuro estaria realizando a barbárie e o homem continuaria inconcluso na direção do passado? Não era assim que Freire via o futuro quando escreveu as últimas linhas desse belo texto em 1968.

> Na relativa experiência que temos tido com massas populares, como educador, com uma educação dialógica e problematizante, vimos acumulando um material relativamente rico, que foi capaz de nos desafiar a correr o risco das afirmações que fizemos.
>
> Se nada ficar destas páginas, algo, pelo menos, esperamos que permaneça: nossa confiança no povo. Nossa fé nos homens e na criação de um mundo em que seja menos difícil amar (Freire, 1968. p. 208).

Deste modo, se tomarmos a esperança que se expressa em sua crença numa educação como prática libertadora, o Brasil aparece no pensamento de Freire como país do futuro. Talvez por ser cristão e acima de tudo humanista, ele desenvolveu profunda fé no ser humano. Criado num mocambo de Recife, alfabetizado depois dos 15 anos, Paulo Freire conhecia bem os efeitos do analfabetismo numa sociedade letrada. Não era um ingênuo, portanto, e percebia a humanidade com todas as suas deficiências e opressões. Paulo Freire fazia parte de uma categoria de intelectuais que desenvolveram suas visões de mundo dentro do processo de descolonização da África e do Oriente nos anos 60, observando a resistência do colonialismo em abrir mão da dominação sobre partes consideráveis da África e da Indochina. Esses intelectuais ajudaram a denunciar os horrores da tortura imposta aos colonizados por países europeus supostamente entre os mais civilizados. Para que se compreenda a perplexidade da situação basta que se leia o prefácio de Sartre a um clássico da teoria da opressão – *Os condenados da terra*, de Franz Fanon. Tal como Fanon e Albert Memmi (outro teórico da opressão), Freire desenvolve uma polaridade opressor-oprimido e neste caso como totalidade a ser desmantelada pela pedagogia revolucionária.

Assim, por caminhos diferentes e com pontos de partida diametralmente opostos, Zweig e Freire nos apresentam à esperança: há um país do futuro e há um futuro para o país. O único traço de união entre esses dois intelectuais distantes no tempo e no espaço seria o sofrimento dado pela exclusão. A perseguição aos judeus na Alemanha direciona os olhos do intelectual desesperado para as promessas da paisagem humana diversificada no país tropical enquanto a infância de menino pobre nos mocambos de Recife impulsiona o intelectual brasileiro na busca da compreensão do mundo que o determina.

Quando Freire escreveu *A pedagogia do oprimido* estava no exílio. De início seu livro foi proibido no Brasil (como já o era o de Fanon). Era um momento de fé na transformação revolucionária que elevaria os povos do Terceiro Mundo a condições de dignidade, igualdade, justiça social. Evidentemente, na seqüência, a obra de Paulo Freire nem sempre pode ser considerada tão radical. Em *A pedagogia do oprimido* atingira talvez seu máximo de consciência possível, o que ocorria devido a sua condição de exilado e do momento histórico sobre o qual refletia. Também o livro de Zweig deve ser compreendido dentro das angústias desencadeadas pelo nazismo. Em busca da esperança, seu olhar procurava ignorar nossas mazelas. Também a esperança animaria, décadas depois, o pensamento de Paulo Freire.

De volta ao Brasil, Freire vai suavizando sua crítica radical. Seus últimos escritos são ensaios brilhantes sobre problemas educacionais específicos.

Assisti, em Araraquara, a uma de suas últimas palestras. Com a saúde minada pela doença que atormentou seus últimos anos, pareceu-me cansado, moderado, tímido em suas críticas. Estaria desanimado com os rumos anti-sociais tomados pelos intelectuais no poder? Decepcionado com o fracasso da escola pública? Desiludido com a ausência, no país, de uma verdadeira educação popular?

Recordaria aqui um outro intelectual que tal como Paulo Freire acreditou na educação pública como força democratizadora – processo capaz de promover a "longa revolução" sem violência, a grande transformação da sociedade ocidental. Estou me referindo a Raymond Williams, que pouco antes de morrer declarou sua decepção, em notável conferência pronunciada em Oxford, em 1986, observando que o impulso para uma educação pública majoritária da mais séria qualidade, como parte de uma democratização da

Brasil, um país do futuro? Um contraponto entre as projeções...

cultura e da sociedade, tinha sido primeiramente obstaculizado, e então na contra-revolução do thatcherismo, utilizado pela reação para espalhar desemprego e frustração em toda uma geração.[10]

Contraponto entre "esperanças" dispensa conclusões. Diríamos talvez que a esperança ajuda o intelectual a compreender melhor as alteridades, mas não impede a desesperança como ingrediente ao final de seus dias.

---

10 R. Williams. "The uses of Cultural Theory". In: *158 New left review*, London. july/august – 1986.

PAULO FREIRE NA ALEMANHA*

Ilse Schimpf-Herken

Há duas histórias de Paulo Freire na Alemanha: uma, do seu diálogo com o movimento social alemão e outra, vivida pelos movimentos sociais ou populares que se baseiam no seu pensamento e na sua prática.

Da primeira, quero fornecer somente alguns pontos-chave que esclareçam o papel que ele pessoalmente desempenhou durante os últimos 25 anos na Alemanha. Depois, passarei a caracterizar o trabalho que alguns subgrupos da Associação Paulo Freire da Alemanha estão realizando, e destacar entre outros especialmente o aspecto do diálogo para trabalhar a memória.

Paulo Freire e seu diálogo com o movimento social alemão

Ainda tenho o telegrama de 1972 que confirma a aceitação de Paulo Freire ao convite que lhe foi feito para vir a Hamburgo. Depois de sua fuga do Brasil e de sua cooperação com diferentes instituições no Chile e depois de sua cátedra na Harvard University, Paulo Freire tinha chegado a Genebra, onde trabalhava para o Conselho Mundial das Igrejas. De Genebra, onde estava desde 1970, sua primeira visita à Alemanha o leva a Hamburgo. O professor dr. Gottfried Hausmann, da Cátedra de Educação Comparativa, o havia convidado para que falasse, na Universidade, do papel do diálogo na educação intercultural. Gottfried Hausmann, sendo ele próprio um anarco-sindicalista que passou vários anos depois da Segunda Guerra Mundial na Turquia, apoiando o Movimento das Escolas Rurais para a Democracia, queria possibilitar a seus alunos um diálogo direto com um representante dos povos em luta na América Latina.

---

* Tradução do espanhol por Ligia Chiappini.

Como eu havia conhecido pessoalmente Paulo Freire, num seminário em Cuernavaca (México), no Centro de Informação e Documentação (CIDOC) de Ivan Illich seis meses antes, fui esperar o hóspede para acompanhá-lo ao Instituto de Pedagogia. Lá chegando, encontramo-nos com uma multidão de alunos que nos esperavam, dentro e fora da sala de aula. Tínhamos previsto uma sala para 200 pessoas, mas vieram mais de 2 mil! Enquanto providenciávamos o auditório principal da universidade, Paulo Freire e Gottfried Hausmann aproveitaram o tempo para trocar idéias e se fazerem amigos, uma amizade que durou até a morte do último em 1995.

Esse acontecimento na Universidade de Hamburgo reflete a atração que a "pedagogia da libertação" latino-americana teve para o alunado alemão daquele tempo. Como conseqüência do movimento estudantil de 1968 e da solidariedade com os povos em luta contra o imperialismo, se haviam criado círculos autônomos para reinventar a educação na Alemanha. O segundo livro de Paulo, *A pedagogia do oprimido*, havia sido publicado recentemente pela Kreuz Verlag, uma editora católica, para ser reeditado em *paper-back* um ano depois pela editora bem maior, Rororo. Venderam-se mais de 10 mil livros no primeiro ano. Os temas da educação para a emancipação, o questionamento do papel do intelectual, a luta anticolonial, mobilizavam os estudantes em toda a Alemanha, como em toda a Europa.

Em Hamburgo, no outono de 1972, fundávamos por conseguinte o primeiro Grupo de Paulo Freire. Com esse grupo servíamos de interlocutores para os diferentes projetos sociais que se haviam fundado dentro e fora da universidade, reformulou-se a educação pré-escolar, criaram-se as bases para uma educação liberadora, a partir das culturas dos trabalhadores migrantes na Alemanha, criticou-se profundamente a didática do ensino universitário etc...

Como expressão concreta do trabalho desse primeiro Grupo Paulo Freire, publicou-se um número especial da revista pedagógica *Betrifft: Erziehung* (Referente: Educação), em julho de 1973. Esse número, dedicado à pedagogia da libertação, foi reeditado sete vezes – recorde absoluto na história da revista. Os artigos do número 7/1973 serviam de ponto de partida para muitas discussões de grupos de educação popular nos anos 70 e 80. Éramos uma equipe de sete pessoas, cada colega trazia suas experiências: Ute Desenies, a dela, do Brasil; eu, a minha, do Chile; Erika Fischer-Lichte, uma lingüista, investigava e formulava a relação entre a linguagem e a consciência; Helge Löw e Nabil Kassem trabalhavam o tema intercultural e Heiner Zillmer, o "teatro invisível" de Augusto Boal. Todos juntos formulávamos algumas teses sobre a transferência da metodologia da educação liberadora para o contexto alemão.

Paralelamente às atividades em Hamburgo se haviam formado grupos de base em toda a República Federal da Alemanha, para reformular a educação, a partir de uma perspectiva da emancipação do sujeito. Nas universidades não apenas se liam os textos de Freire, mas também desenvolveu-se todo um currículo da "pedagogia do Terceiro Mundo". Encontrávamos nos textos pedagógicos do Movimento da Reforma dos anos 20 e nos de Paulo Freire muitos pontos em comum. Vários grupos políticos de esquerda, como também do movimento da mulher e das comunidades eclesiásticas, nasceram nesses anos, para reinventar a educação. Especialmente o Movimento Feminista trabalhou muito nos seus grupos de auto-ajuda o conceito do "tirano interno", de como a mulher se faz cúmplice do poder e afirma dessa maneira sua opressão. Foram também as iniciativas e círculos de cultura, na linha de Freire, que formulavam as primeiras bases para uma pedagogia nova, a "pedagogia intercultural", que já não pretendia ensinar aos operários migrantes a cultura dominante, mas buscava, ao contrário, criar um diálogo entre as diferentes sociedades e suas respectivas culturas. Os movimentos anti-racistas, como de grupos terceiro-mundistas, aprenderam muito também com o diálogo, para vencer a "cultura do silêncio". O Weltfriedensdienst e Ação Mundo Solidário (ASW), das organizações da Sociedade para a Reconciliação, trabalhavam nas ex-colônias portuguesas com seus voluntários e colaboraram diretamente com iniciativas de alfabetização ou de desenvolvimento comunal, usando a metodologia chamada "psicossocial" de Freire.

Esse desenvolvimento espontâneo de tantos grupos com uma gama muito ampla criou a necessidade de mais intercâmbio e organização. A Associação de Círculos de Cultura no Setor Social, a chamada AGSpak, com sua sede em Munique, ofereceu-se, entre 1975 e 1985, como rede de enlace para aproximadamente 100 grupos ou indivíduos ativos no campo da "conscientização". Heinz e Trudi Schulze, a partir do seu grupo de trabalho na AGSpak, sozinhos, organizaram mais de 70 seminários em todas as partes da Alemanha naqueles anos. Na editora da AGSpak, publicaram-se cerca de 20 livros sobre a teoria e a práxis da educação liberadora na Alemanha e no mundo. O arquivo mais importante do trabalho de transferência do conceito de conscientização na Alemanha e nos diferentes países europeus até 1985 foi estabelecido por Birgit Wingenroth, em Witzenhausen, perto de Kassel (Alemanha). Essa produtividade e criatividade tão rica desses anos entendia-se como parte do movimento de base e tomou sempre distância da política estatal. A estratégia de aproveitamento dos "espaços livres", ou a marcha pelas instituições, foi adotada somente por uma minoria no Movimento Paulo Freire na Alemanha.

Paulo Freire na Alemanha

O processo de institucionalização do Movimento neste país exigia um intercâmbio mais estreito com movimentos europeus, porque ali se davam experiências muito parecidas. Então, para coordenar melhor as atividades na Europa, fundou-se na Academia da Juventude de Walberberg, perto de Colônia (Alemanha), em 1976, a Associação Européia para a Conscientização (Europäische Vereinigung für Bewusstseinsbildung). Organizações como a Universidade de Paz, de Namurs (Bélgica), Movimento de Animação de Base, em Hasselt (Bélgica), INODEP, de Paris e AGSpak, de Munique, promoveram duas vezes por ano reuniões de intercâmbio e de apoio mútuo.

Paulo Freire acompanhou pessoalmente muitas dessas atividades, viajava freqüentemente à Alemanha, para falar nos Centros Universitários, nas Academias Evangélicas, nos centros de educação de adultos da Igreja e colaborou com a *Max Plank Gesellschaft für Bildungsforschung*, o centro mais importante de pesquisa em educação.

No final de 1985, a pedagogia de Paulo Freire já perdia seu grande poder de atração para os movimentos sociais. Sua frustração sob o governo democrata-cristão e a seqüela nos cortes econômicos neoliberais, especialmente na política social, a luta do movimento pela paz contra a presença do armamento nuclear dos Estados Unidos no território alemão e a unificação da Alemanha, em 9 de novembro de 1989, causaram mudanças profundas em todos os setores da sociedade. Numa verdadeira onda neocolonial, a política da Alemanha Federal se apropria da economia, da vida social e cultural das pessoas da ex-RDA. O sistema educativo do ocidente se impôs aos "Novos Estados Federais". Uma grande parte da oposição da ex-RDA ficou sem se dar conta do caráter autoritário do novo sistema. A voz do povo perdeu seus meios de comunicação, os jornais do sistema anterior se fecharam, os canais de rádio passaram a ser administrados por representantes do novo poder hegemônico.

Para contradizer essa política neocolonial, os amigos e ativistas dos Grupos Paulo Freire juntam-se e tomam a decisão de formar a Associação Paulo Freire, em Frankfurt, em 1994. Heiz Schulze é o primeiro diretor administrativo, apoiado por um conselho de seis pessoas eleitas pelos sócios. Essa associação mais adiante vai publicar uma revista científica *Befreiende Erziehung* (Educação Liberadora), que sai quatro vezes ao ano e organiza periodicamente seminários para fomentar o debate científico da educação liberadora. Cada número pretende trabalhar um tema específico, como, por exemplo, a migração internacional e a educação, o teatro invisível de Augusto Boal, Paulo Freire e o movimento feminista, A alfabetização na África, Cuba, a Teologia da Libertação etc...

Ilse Schimpf-Herken

Uma grande meta que havíamos atribuído à Associação, a de resgatar um diálogo entre os dois sistemas, entre a Alemanha suprimida e a hegemônica, não conseguimos concretizar até hoje. Resgatamos, por intermédio de catedráticos em educação da ex-RDA, como também, de pessoas da oposição eclesiástica, informações sobre o papel que teve a pedagogia da liberação para o discurso científico e soubemos quão difícil foi para os interessados obter textos originais de Paulo Freire. Na sua visita curta a Berlim, a capital da RDA, em 1976, Freire constatou que o seu livro *A pedagogia do oprimido* era proibido e considerado de orientação anarquista. Entretanto, nos altos escalões da política educacional estatal, as obras de Freire eram conhecidas e consideradas como "fundamento pedagógico marxista". O que aparentemente é bom para a elite não o é para a base. Sobre essa contradição, como muitos outros aspectos relacionados ao caráter autoritário do sistema educativo estatal, é muito difícil dialogar ainda hoje, mais de dez anos depois da unificação. Para os cidadãos que perderam sua pátria querida, seu "pequeno país", que vivem hoje submetidos a outro sistema político, econômico, cultural, sua identidade própria se perde na medida em que não se pode pensar um futuro.

Talvez seja um requisito necessário para trabalhar o passado tomar consciência das biografias próprias em meio à mudança alienante. As mulheres de OWEN (Rede de Mulheres do Leste e Oeste) na nossa associação talvez estejam dando o primeiro passo nesse sentido, recuperando as biografias de mulheres nascidas entre 1920 e 1930, que viveram o socialismo desde a perspectiva de suas famílias e lares. Romper o silêncio do passado implica também a disposição de reconhecer o negativo, o negado da própria história. Com esse objetivo vários subgrupos da Associação estão fazendo um grande esforço, como podemos ver adiante.

Do Brasil, para onde Paulo havia regressado em 1989, ele acompanhou pessoalmente os acontecimentos e debates entre o Oeste e o Leste. Esteve seguidas vezes na Alemanha: em 1990, a Colônia, convidado pelo Sindicato dos Professores; em 1992, a Hamburgo, convidado pela Unesco; e em 1994, a Munique, convidado pela recém-formada Associação Paulo Freire. Para o mês de maio de 1997 estava previsto um encontro de Paulo Freire com filósofos alemães e sua participação na Conferência Mundial de Educação de Adultos da Unesco, em Hamburgo. Esses últimos encontros lamentavelmente tivemos que transformar em atos de *In memoriam* a Paulo, pois faleceu em 2 de maio em São Paulo.

Nas suas últimas visitas à Alemanha, Paulo Freire formulava, a cada vez, a importância do diálogo entre os diferentes sistemas, entre o sistema do Leste e do Oeste, entre os intelectuais e os movimentos de base, tornando à essência da sua teoria do diálogo. "Nunca ninguém pode ensinar sem também ele mesmo aprender." No "entremeio" entre o "eu" e o "tu" se realiza a potencialidade, se dá "o novo". Como documento muito profundo da preocupação teórica de Paulo Freire, pode-se citar a conversa longa que ele teve com seu colega, professor Gottfried Hausmann, em Hamburgo, em 1992. Era uma conversa entre três gerações, os dois mestres, três membros do primeiro Grupo de Paulo Freire (de 1972) e 20 alunos do seminário universitário da Universidade Técnica de Berlim, de 1992, em que os dois pedagogos formularam sua filosofia e biografia, como "peregrinos do óbvio".

Paulo Freire e o diálogo com a memória

A "cultura do silêncio" na América Latina dos anos 90 tem uma base muito parecida com o silêncio que predomina na cotidianidade da Alemanha de hoje. O sistema neoliberal, imposto na América Latina pela violência dos sistemas ditatoriais nos anos 70 e 80, tem uma seqüela profunda na cultura dos povos. A impunidade ante os carrascos, a destruição do sistema de valores e a orientação "totalitária"do sistema neoliberal como sistema autodefinido "sem alternativa" causou uma paralisia emocional e de auto-estima em muita gente. A des-solidarização dos grupos sociais, a individualização e a orientação consumista causaram uma forte crise na cultura dos pobres. O chamado "milagre chileno", de auge econômico, criou, apesar de uma crescente polarização entre pobres e ricos, um profundo questionamento do que significa hoje em dia o "desenvolvimento". As mães da Praça de Maio na Argentina, que exigem há mais de 20 anos a "devolução de seus filhos com vida" e o julgamento dos carrascos, vão todas as quintas-feiras à praça para dar voz a um movimento social oprimido e calado. Sua coragem de confrontar-se com o sistema estatal corrupto é uma expressão humana num mar de silêncios, seqüela da violência indiscriminada da ditadura e da impunidade subseqüente.

Na Alemanha, 50 anos depois do fim do sistema totalitário nazista e com o renascimento da Nova Direita e da violência racista, nos perguntamos quais podem ser as razões da nova discriminação do outro e em que consistiria ela. A educação pós-Auschwitz teve um papel importante na criação da nova educação na Alemanha e se manifesta hoje em todo o sistema educacional, no currículo, na metodologia, na preocupação de instituições privadas em oferecer cursos em metodologia não violenta para as aulas etc... Os Centros de Memória, como os campos de concentração, ou os lugares de comemoração da história recente, oferecem hoje em dia uma gama muito ampla de cursos, materiais didáticos, exposições ou seminários para responder aos anseios mais variados de sua "clientela".

Na Associação Paulo Freire, no grupo regional de Berlim, se está realizando ultimamente três atividades que se apóiam no diálogo para a criação de uma base democrática do que se pode chamar uma "nova educação". Essa nova educação tem como ponto de partida o reconhecimento de que uma sociedade que nega a violência sofrida é uma sociedade pessimista. Somente se se toma consciência do passado pode-se assumir a culpa e encarar a responsabilidade. Não há culpabilidade coletiva! Depende do indivíduo tomar consciência do seu compromisso e responsabilidade pessoal com a ditadura e suas seqüelas. Em 1988, estamos realizando três projetos[1] que dizem respeito a isso:

1. Com um grupo de estudantes estamos organizando um congresso internacional com a temática "É possível uma aproximação?". Com "mulheres de negro", de Israel e Palestina e com mulheres da Bósnia e da Sérvia, queremos levar a cabo um diálogo de três dias para tentar compreender os possíveis valores, estratégias ou técnicas de não-violência necessários ao enfrentamento de um sistema todo-poderoso. Por meio do "triálogo", queremos apoiar os grupos de mulheres em suas buscas para uma via, saindo do esquema inimigo/amigo.

2. Conjuntamente com as prestigiosas instituições "Haus der Wannsee-Konferenz" (ali se assinou o convênio do aniquilamento dos judeus na Europa e hoje em dia é um centro de pedagogia da memória) e a Fundação Topografia do Terror, a Associação Paulo Freire está organizando um diálogo ao redor da pedagogia da memória, entre representantes de cinco países: Argentina, Chile, África do Sul, Polônia, ex-RDA e RFA. Como ponto de partida queremos comparar as características das diferentes ditaduras e suas seqüelas na continuidade da "cultura do silêncio" nesses países. Esperamos criar no diálogo entre os representantes dos diferentes movimentos dos Direitos Humanos dos respectivos países um processo de abertura para um reconhecimento público dos fatos ocorridos, como base para um desenvolvimento democrático nesses países e fora deles. Os aspectos jurídicos, como o reconhecimento público das vítimas, o castigo e a rejeição pública dos carrascos, a produção do discurso da "negação", vão ser estudados.

---

[1] As informações são relativas a 1998, quando o texto foi apresentado no simpósio que deu origem a este livro.

3. O terceiro projeto tem uma trajetória mais a longo prazo. O Ministério de Educação do Chile pediu, por intermédio da Fundação Alemã para o Desenvolvimento (DSE), que a Associação Paulo Freire realizasse um programa de integração de conflitos sociais no currículo escolar. Durante dois meses, 20 professores chilenos de escolas em setores de alto risco vêm a Berlim para confrontar-se com metodologias de trabalho em aula "a partir da criança".

Nesse curso se realiza a princípio uma análise da realidade vivida pelos diferentes professores. Com metodologias horizontais, esses professores se apóiam para formular suas expectativas e possíveis propostas para suas escolas no Chile. Numa segunda etapa, eles se confrontam com a realidade pedagógica alemã, conhecendo não apenas a história pedagógica, com um passeio a lugares no velho centro de Berlim, mas também o Centro de Aperfeiçoamento do professorado de Brandenburgo. Ali se aprende algo dos 40 anos do sistema educacional socialista da ex-RDA e o neocolonialismo sofrido pela imposição do sistema educacional ocidental. Ali também se dedica uma tarde à explicação da nova matéria "Modo de viver, ética, religiões" (LER), a qual se está desenvolvendo no Estado Federal de Brandenburgo, como matéria de educação de valores transversais, temas que são de grande prioridade para o magistério chileno, pela reforma educacional em processo.

Depois, passamos dois dias no Centro de Pedagogia da Memória de Wannsee, para compartilhar com os colegas as estratégias e conteúdos de nossa educação pós-Auschwitz. Ali muitos professores estabelecem paralelos entre Alemanha e Chile e, pela primeira vez, longe de sua pátria, conversam sobre a história negada da ditadura dos anos 70 e 80.

Na terceira semana trabalhávamos o tema da discriminação sob diferentes ângulos, a discriminação contra a população migrante, a discriminação contra os descapacitados e a discriminação da mulher na sociedade alemã. Disso se desenvolvem possíveis estratégias de integração e de mediação.

Depois desse período introdutório, os professores passam duas semanas observando a aula e a vida cotidiana nas diferentes escolas de Berlim. No diálogo com as crianças e com os colegas alemães os professores chilenos poderão formar uma visão do que pode ser o trabalho pedagógico "diferenciado", a partir de um plano semanal. Sempre em pequenos grupos de até três pessoas com um tradutor, os professores se aproximam de uma realidade alheia, com estratégias alheias, sempre com o objetivo de criar situações horizontais de diálogo entre os alunos e entre o aluno e a professora ou o professor. Nesse meio novo da escola alemã, muitos dos professores se confrontam pela primeira vez com formas educativas grupais, com modelos de educação intercultural e de orientações não-violentas de resolver conflitos que repercutem profundamente no seu próprio conceito pedagógico. Reconhecem no meio alemão a grande importância que tem a tomada de consciência para o desenvolvimento democrático de uma sociedade.

No último período da estada na Alemanha os professores visitam ainda o campo de concentração de Buchenwald, para conhecer ali o caráter ditatorial dos dois sistemas políticos alemães, visitam vários projetos sociais de tratamento da droga e da prostituição entre os jovens. Num trabalho grupal e individual, analisam o conjunto das experiências adquiridas e desenvolvem a partir daí umas propostas para a Reforma Educacional Chilena. Como se privatizou todo o sistema educacional, as propostas deles servirão como projetos para o futuro financiamento pelo Ministério de Educação ou entidades privadas.

Como se realizou esse curso de incorporação de conflitos sociais no currículo escolar, já pela primeira vez em 1997, pudemos observar 10 meses depois no Chile, uma impressionante repercussão das experiências adquiridas na Alemanha. Fora de múltiplos projetos realizados de diferenciação na aula, de mediação de conflitos violentos, ou de integração de crianças incapacitadas, uma professora do curso do ano anterior apresentou um resultado muito pessoal. A pedagogia da memória a havia impressionado tão profundamente, que viajou a Chacabuco, um dos centros abandonados das *saliteras*, para averiguar a outra história clandestina do lugar. Havia escutado na Alemanha que ali se encontrava no tempo da ditadura um campo de concentração, onde os prisioneiros tinham que se agüentar em pleno sol do deserto de Atacama. Essa mesma professora, que antes tinha ainda muitas dúvidas em relação ao seu próprio passado, entregou-me tempos depois uma documentação de fotografias tiradas em Chacabuco com o comentário: "Estou triste, mas além disso, chocada por ver como os chilenos vão hoje em dia a Chacabuco para fazer seu assado de domingo, negando por completo a outra cara da história".

Graças a esse diálogo com a memória entramos numa relação muito nova com as pessoas em todo o mundo, não é mais o internacionalismo dos que sabem melhor, mas sim dos que estão preocupados em romper o silêncio em favor de uma cultura mais democrática.

HERBERT DE SOUZA ("BETINHO"):

O que importa é alimentar gente, educar gente, empregar gente. História é gente, Brasil é gente. E descobrir e reinventar gente é a grande obra da cultura.

(Ética e cidadania)

BETINHO: A TRAJETÓRIA DO DOGMATISMO À DEMOCRACIA

Maria Nakano

Introdução

Minha intervenção neste livro provavelmente difere das demais porque, em lugar de uma análise do pensamento e prática do Betinho, optei por fazer uma compilação de trechos de depoimentos e artigos publicados por ele, nestes últimos 15 anos, para assinalar a longa trajetória do dogmatismo à democracia do cidadão Herbert José de Souza, o Betinho.

Há pouco tempo, participando de um seminário sobre arquivos pessoais da Fundação Getúlio Vargas, comecei a me indagar sobre o arquivo de Betinho. Dei conta, então, de quão pequeno era esse arquivo, comparado aos acervos de Mário de Andrade, de Darcy Ribeiro e provavelmente dos outros quatro brasileiros, cujos pensamentos e obras são tratados neste livro.

Betinho não escreveu sua biografia. Dizia:

> Não tenho tempo para perder com minha biografia. Quem quiser que tenha o trabalho de pesquisar depois que eu morrer.

Em lugar disto, deixou grandes depoimentos. Não terminou sua tese de doutorado porque o chamado da ação política sempre foi mais forte do que a vida acadêmica. Antes da anistia, chegou mesmo a acreditar que se dedicaria à vida acadêmica quando voltasse ao Brasil. Escreveu poucos livros, mas deixou centenas de artigos, com os quais interveio em debates públicos dos últimos 15 anos da história política brasileira. Participou de milhares de conferências, seminários, cursos, palestras com trabalhadores, camponeses, estudantes, associações de moradores, comunidades de base, sindicatos e igrejas, pelo Brasil afora. Criou o Ibase – Instituto Brasileiro de Análises Sociais e Econômicas, uma organização não-governamental voltada para a produção e o uso do conhecimento e da informação na construção de propostas alternativas de combate à exclusão social e de edificação de uma sociedade democrática.

Acredito que a vida marcada pela presença constante da morte deu a Betinho a consciência do limite de seu tempo. Tempo a ser vivido avidamente enquanto vida houvesse. Dizia:

> Minha vida foi sendo levada a golpes de sorte. Eu nasci para o desastre, mas com sorte.

Nasceu vivo e hemofílico no interior de Minas Gerais. Sobreviveu a uma tuberculose dos 15 aos 18 anos, em um tempo que não havia tratamento. Sobreviveu a uma úlcera, operada em plena clandestinidade. Conviveu com o vírus da Aids por mais de 10 anos, acreditando no dia da cura.

Com freqüência, fui indagada e elogiada por minha coragem em viver com um "hemofílico" e depois "aidético". Não tenho nenhum mérito; Betinho administrava suas enfermidades por conta própria, auxiliado por seus médicos. Aprendi a auxiliá-lo apenas em momentos de crise. Betinho não era hemofílico nem aidético, nunca incorporou essas categorias. Pelo contrário, tratava de se cuidar e de manter a hemofilia e a Aids distantes. Adquiriu um *training* invejável. Aprendeu que sua sobrevivência dependia em primeiro lugar dele mesmo, de sua decisão e de suas atitudes. Conto esta história porque o Betinho, homem público, também guarda esta mesma marca.

Depois de viver um processo de anulação imposto pela clandestinidade, pelo exílio e pelo dogmatismo, Betinho decidiu lutar e pensar pelo que lutava. Dizia:

> Não quero viver obrigado à obediência de nenhuma idéia de nação, pátria, partido, igreja ou grupo. Prefiro morrer a ter que viver novamente esta experiência.

Minha intervenção é um breve recorrido aos caminhos que levaram Betinho a se libertar dessas amarras e a se definir radicalmente pela democracia e pela participação cidadã.

As origens dos dogmas

Até 1962, a trajetória de Betinho é marcada por passagens na Juventude Estudantil Católica (JEC), na Juventude Universitária Católica (JUC), na União Nacional dos Estudantes (UNE), na Juventude Trabalhista e na Ação Popular (AP). Este foi um período de formação, de influência dos padres dominicanos, dos pensadores franceses católicos, de participação intensa no movimento estudantil, das disputas com o Partido Comunista e de viagens políticas por todo o país.

Maria Nakano

Na Ação Católica passou a haver um casamento entre a fundamentação ética cristã com a aspiração de ação política. O cristianismo era incompatível com o lucro, com a exploração do homem pelo homem. A visão cristã era igualitária.

Esse processo levou ao surgimento da Ação Popular, organização revolucionária que tinha como objetivo estabelecer e implantar o socialismo no Brasil.

A Ação Popular tratou de retirar a política do campo da igreja, da subordinação à hierarquia. Nós éramos contra o confessionalismo na política. Sua ideologia não se fundamentaria na fé, o que não implicaria necessariamente adotar a doutrina marxista, até porque ainda estávamos sob forte influência cristã. Digamos, portanto, que usávamos categorias marxistas, com uma postura até mesmo meio anticomunista. Do ponto de vista político achávamos o Partido Comunista meio conservador, e do ponto de vista ideológico a carga antimarxista e anticomunista era enorme na cultura dominante, incluindo as esquerdas. Desta forma começa a nascer a Ação Popular, com uma costela da União Nacional dos Estudantes e outra da Juventude Universitária Católica.

Nesse período a revolução cubana foi a grande novidade, que sinaliza o seguinte: a revolução se faz, ela não acontece. Portanto, quem faz a revolução são os revolucionários, e fazer a revolução é uma tarefa concreta que tem que ser programada, organizada e feita. O que é fazer a revolução? É um grupo revolucionário tomar o poder e mudar tudo. Acabar com a fome, acabar com a miséria, acabar com a exploração do homem pelo homem. Era uma espécie de messianismo político. Nós que já estávamos na Ação Católica, mais uma, menos uma religião não fazia grandes diferenças.

Toda política estudantil dos anos 60 e 70 foi marcada por esse tipo de ação. A nossa proposta podia ser utópica, inviável ou ingênua, mas era sem dúvida a mais bonita, empolgante e radical. Tanto que fomos ganhando o movimento estudantil de norte a sul do país. Começamos com a JUC e continuamos com a AP, conquistando a hegemonia nacional do movimento.

Em menos de dois anos de atividade, a Ação Popular somava mais de 2 mil militantes em todo o país.

O Partido Comunista esforçava-se sempre para auto-afirmar-se como PC. Isto afastava a massa impregnada de pregação anticomunista. Nós dizíamos o que o PC queria dizer, mas sem usar nenhum slogan. Tínhamos uma maneira de falar que se adaptava ao nosso contexto cultural.

Com o surgimento da Ação Popular, o Partido Comunista perdeu sua hegemonia de décadas no movimento estudantil. O quadro político naquele período dava a impressão de que um processo revolucionário estava em curso no país.

Betinho: a trajetória do dogmatismo à democracia

A sensação era de um país em movimento. Sua luta de classes, sua luta política davam a sensação de que algo era possível fazer, que um processo revolucionário estava em curso. Não o socialismo, mas uma democracia mais avançada e um desenvolvimento econômico mais nacionalista.

Com o golpe de 64 Betinho encerra a primeira etapa de sua trajetória política.

Em um primeiro momento, o golpe paralisou, para em seguida desarticular as forças embaladas na mobilização social por um país novo, diferente, mais justo e mais livre. Foi o primeiro golpe absolutamente preventivo contra a liberalização e a democratização da sociedade brasileira.

No dia 31 de março de 1964, Betinho teve a percepção de que o Brasil havia mudado para sempre. Cercado de alguns políticos, lideranças da UNE, alguns dirigentes da AP, militares governistas, acompanhou toda a movimentação das tropas pelo telex e as comunicações de todo o país pelo sistema de rádio no Departamento de Correios e Telégrafos, no centro do Rio de Janeiro. E relata a tragédia vivida:

> Eu vivi os últimos momentos do regime, minuto a minuto. O Arraes dizia que estava cercado no palácio, e, perguntando o que devia fazer, pedia para entrar em contato com o Darcy Ribeiro, chefe de gabinete de Jango. Por sua vez o Darcy informava que Jango já tinha viajado. Brizola no sul. Ninguém comandava ninguém, ninguém dava ordem a ninguém. E a gente escutando o governo desmoronar, o país desmoronar sem nenhuma reação. Nada. Todos nós silenciosos, só escutando. E depois que escutamos tudo e vimos que não havia mais jeito, que ninguém iria reagir mesmo, resolvemos ir embora, meio sem saber para onde. Fomos andando. Quando chegamos perto da praia do Flamengo, vimos de longe o prédio pegando fogo. Nos aproximamos, perplexos. A UNE pegando fogo? Não era possível. Parecia um pesadelo. Ficamos ali, olhando aquelas labaredas... Para mim, aquelas chamas queimavam não apenas o prédio da UNE, mas a possibilidade histórica do Brasil de ingressar em uma fase liberalizante, democrática, altamente construtiva. Faziam cinzas de um processo brilhante e irrecuperável. Do apartamento onde vivia, continuávamos vendo o incêndio, e com ele a euforia da classe média. Caía papel picado das janelas e sacadas. Essa classe média achava que estava salvando o Brasil do comunismo. E nunca o comunismo esteve tão longe do poder.

A clandestinidade e o exílio

Sem dúvida nenhuma esta foi a etapa de vida.

> Era como se um pedaço de história que eu tinha vivido tivesse sido cortado... Agora seria diferente. Minha perspectiva de futuro, meus amigos, meus

hábitos, inclusive meu passado, tudo mudou. Começa aí a história da repressão. Se você era um personagem da história de seu país, de seu povo, a partir desse momento passa a ser caçado, querem a sua destruição.

Nossa geração não tinha a menor experiência de clandestinidade, nunca tinha passado na nossa cabeça que um dia a gente teria que ser clandestino. A clandestinidade política foi a alternativa que muitos militantes de esquerda encontraram para continuar no país, combatendo o regime militar.

Com a clandestinidade veio a busca de alternativas para o confronto com a ditadura. Definições pela luta armada, guerrilha, guerra popular e fundamentações marxistas – leninistas – maoístas. Os exemplos são de Cuba, China, Vietnã. A Ação Popular buscou capacitação em Cuba e na China, capacitação esta que levou a organização a mergulhar em luta interna entre os foquistas, influenciados pelos cubanos e por Regis Debray, e os maoístas, defensores da guerra popular.

A AP opta pelo maoísmo e decide deslocar seus militantes pequeno-burgueses (estudantes, professores, profissionais liberais) para a produção (fábricas e campo), aplicando a máxima de *comer junto, viver junto e lutar junto* com a classe operária e os camponeses.

Depois de viver um ano em Cuba, Betinho regressa ao Brasil em 1968 para passar pelo processo de reeducação ideológica, porque a hora era a da China, do maoísmo. A decisão de integrar-se à produção também passava por sua experiência de prisão em 1966, quando se perguntou:

> Vou morrer por quê? Por quem? Porque na hora de enfrentar a morte a questão não é o que você pensa, mas sim o que você sente. Aí respondi: sentir, não sinto nada, pensar, eu penso tudo! Descobri que havia que me identificar emocionalmente, afetivamente, com a classe oprimida, para ter com o que pagar quando o preço viesse a ser cobrado.

Essa experiência veio em 1968. Ao ser destituído da direção da Ação Popular, Betinho é deslocado para uma área operária. Passa pelo processo de reeducação ideológica e é proibido pela direção nacional da AP de assumir qualquer cargo diretivo. Apesar disto, estava seriamente decidido a integrar-se com os trabalhadores, ser mais um operário; ainda que o operário Francisco, seu codinome de guerra, nem sempre conseguisse ocultar ou anular o Betinho intelectual. Em pouco tempo de *viver junto, comer junto e lutar junto,* já tinha recrutado mais de 50 companheiros. Para escândalo da direção da organização, tomava iniciativas impensáveis para uma organização clandestina. Participava de passeios à praia, encaminhava militantes para tratamentos analíticos e criava instrumentos que melhoravam as condições de trabalho em uma fábrica de métodos artesanais. Era proibido pensar, tudo já estava explicado e decidido.

Sua experiência de proletarização vai até 1970, quando a repressão com prisões, torturas e assassinatos de dezenas de companheiros desarticulou todo o trabalho na área. De seu período de clandestinidade, esta talvez tenha sido a experiência mais dura. Desarticulado o trabalho no ABC paulista, passa quase um ano em completo isolamento, quando começa a tomar consciência de que

> a organização não representava quase nada. Não éramos um partido, não tínhamos condições de sobreviver; a mim, só restava retirar-me. Minha reflexão evitou que eu ficasse louco... Até 1971, eu não havia produzido nada em termos teóricos, em termos de pesquisa, nada que fosse de real importância. Estava paralisado por uma camisa-de-força dogmática. A Ação Popular decidia por mim.
>
> As questões políticas e teóricas já estavam todas resolvidas.
>
> Para muitos de nós havia um sentido de aventura e de trabalho, de engajamento autêntico pela luta. Vi e percebi isto em extraordinários camaradas. Mas nos faltavam numerosos elementos. Esquecíamos a realidade, esquecíamos a política!
>
> (...) se mesmo a burguesia não tinha oportunidades políticas dentro do sistema, o que poderia fazer a esquerda em tal contexto, sem base social, sem força e sem armas para representar os interesses do proletariado e dos camponeses? Desse modo, entramos no terreno da seita, da mitologia, da imaginação, do voluntarismo e, por conseqüência, do suicídio político e do isolamento... Vimos a China não como experiência histórica, mas como dogma. Pouco a pouco percebi nossa loucura.

Neste período, a Ação Popular aproximava-se ao Partido Comunista do Brasil, também de linha chinesa. Betinho não é integrado nesse processo, passa a considerar fundamental a preservação de sua vida e de outros companheiros.

> Sentia que o cerco apertava; eu podia cair a qualquer momento.

Em novembro de 1971 parte para o exílio, uma decisão tomada com um pequeno grupo de companheiros. A direção da AP só ratifica esta posição quando Betinho já estava a caminho do Chile. Sua chegada ao Chile é narrada como se estivesse saindo de uma mina, sem luz e ar puro. Durante dias sua sensação era de embriaguez com a liberdade. O Chile estava em pleno governo da Unidade Popular. Respirava-se política.

> O Chile consagrou meu retorno à normalidade, à realidade, a mim mesmo e à política, no sentido amplo do termo. Voltei a ser o Betinho, o Herbert de Souza, sociólogo de formação e de profissão.

Voltar à normalidade significava também encontrar um trabalho. Foi pesquisador da Flacso (Faculdade Latino-Americana de Ciências Sociais) e trabalhou na Odeplan (Oficina de Planejamento do governo do Chile) com Joan Garcéz, cientista político espanhol, assessor pessoal do presidente Allende. Era surreal sair da clandestinidade no Brasil para essa função, anteriormente ocupada por Darcy Ribeiro, que deixava o Chile para trabalhar no Peru, no governo Alvarado. Betinho estava fascinado em ver algumas de suas idéias, nascidas na intimidade de casa, serem anunciadas publicamente por Allende.

> Foram dois anos de curso intensivo em Ciências Políticas: a descoberta do que significavam, verdadeiramente, as massas populares, a luta de classes, os partidos, a relação entre economia e política, o peso da conjuntura, das decisões políticas etc. Eram 3 a 4 mil brasileiros que escapavam da ditadura e entravam na vida política do Chile, passavam a ser militantes do Partido Socialista (PS), do MAPO, do MIR (Movimento de Esquerda Revolucionário), do PC (Partido Comunista). O Chile era nossa pátria.

O Brasil ficava na convivência com a comunidade de exilados, nos comitês de luta contra a ditadura e nas denúncias das arbitrariedades cometidas pelos militares no poder.

> O Chile foi o contraponto dos anos anteriores. Ele me permitiu completar a crítica à Ação Popular e colocar um fim naquela relação esquizofrênica com o mundo... Entendia cada vez mais que a política é um processo e não uma lógica, e que participam deste processo diferentes pessoas, movimentos, grupos, atores sociais, de comum acordo ou não.

A tragédia do golpe de 1973 no Chile é acompanhada na prisão domiciliar, decretada pelos militares a toda população.

> O bombardeio do Palácio La Moneda, o assassinato de Allende, o silêncio das rádios, a invasão das ruas pelas tropas, os mortos durante a noite, a fuzilaria ininterrupta, o pânico, a queda de um movimento de milhões de pessoas... chocaram-me muito mais que o golpe de estado de 1964 no Brasil. Aquela grandiosa realidade reduzida a milhares de prisioneiros no Estádio Nacional de Santiago era a barbárie!
>
> O grande trauma foi ter que exilar-me do Chile, escapar de um golpe militar extremamente violento. O golpe brasileiro foi violento, mas muito mais seletivo, não pegou uma população como ocorreu no Chile, na Argentina e no Uruguai.

Exilado no Canadá, Betinho dedicou-se aos estudos e começou a colocar sua leitura em dia, interrompida por 10 anos de clandestinidade. Fez um doutorado e deu cursos de Ciências Políticas. Sobre esse tempo conta:

> Estudava cada vez mais sobre política e cada vez menos sobre economia. Comecei a ler toda uma série de autores que refletiam sobre o Estado, preparando-me para o que hoje me interessa: a democracia.

Eu vivi quatro anos no Canadá e nunca tive participação na vida política. Eu era estrangeiro com status de imigrante, mas não tinha como entrar no mundo deles.

O caminho de volta para o Brasil passava pelo México, onde Betinho, acreditando que a anistia ainda tardaria, presta um concurso para catedrático na Universidade Autônoma do México.

Eu passei mais de um ano no México e não tinha condição nenhuma de participar da política e se participasse era posto pra fora.

Mas o México era a possibilidade de reencontro com outros brasileiros exilados, a possibilidade de retomada das articulações políticas. Pelo México passaram vários intelectuais e políticos brasileiros. Este foi um tempo da convivência latino-americana: lá viviam chilenos, argentinos, uruguaios, bolivianos, nicaragüenses. Do México se acompanhava os processos das ditaduras em nossos países. A nacionalidade latino-americana era um fato e se sobrepunha à de nossos países distantes.

A volta por cima

Em setembro de 1979 é decretada a anistia política, bem antes do que Betinho previa, apesar das boas previsões passadas pelo seu irmão Henfil. Durante os anos de exílio Betinho tinha um sonho recorrente, sonhava que voltava e que a repressão e as perseguições continuavam e ele se perguntava: por que eu fui voltar? A volta sempre esteve em seu horizonte acompanhada de muito temor, pela certeza de que o esquema da ditadura não se desmonta por decreto.

Considerava que:

o processo de abertura é filho da esquerda também, com seus acertos e com seu erros, porque, quem manteve acesa a chama da luta contra a ditadura, pela democracia, foi a esquerda. (...) Este é um mérito que ninguém pode tirar. A ditadura não entregou a rapadura porque quis. Essa rapadura foi sendo tomada dela, aos pedaços.

O bêbado e o equilibrista, que cantava a volta do irmão do Henfil, tinha se transformado em hino da anistia. Betinho, como bom mineiro, quis ver primeiro se era verdade, antes de regressar de vez em dezembro de 1979. Se antes saíra de uma mina, agora a sensação era de saída de um túnel.

Não foi fácil voltar para o Brasil, encontrar um lugar ao sol; estava bem ocupado e ainda havia discriminação contra os exilados. A ditadura fechava tudo o que podia, mas não foi só a ditadura. Foi preciso tempo para o reencontro entre os que saíram e os que ficaram. As separações são rupturas, são cortes. O exílio é uma violência contra a pessoa, sua história. A volta é uma recostura complicada e às vezes dolorosa, leva tempo.

O período pós-anistia é marcado pelo surgimento e crescimento do trabalho das ONGs (organizações não-governamentais) atuantes na defesa dos direitos humanos, da saúde, da educação, da defesa dos direitos das crianças e adolescentes, da mulher e em outras áreas sociais agravadas por anos de ditadura.

A estratégia das ONGs privilegiava o contato direto com os movimentos sociais. Enquanto a sociedade civil se articulava e se mobilizava pela base, graças à ausência ou ao enfraquecimento da repressão, o Estado se impunha pelos meios de comunicação de massa.

Betinho já trazia em sua bagagem a idéia de criar um instituto de acompanhamento das políticas públicas, algo que não existia no Brasil. E assim, em 1981, foi criado o Ibase – Instituto Brasileiro de Análises Sociais e Econômicas – que, em um primeiro momento, tinha como objetivo, democratizar a informação que duas décadas de governos militares haviam transformado em privilégio exclusivo do poder dominante.

Pelo Ibase, Betinho percorreu novamente o país fazendo análises de conjuntura em sindicatos, associações de moradores, igrejas, universidades, associações de classe, falando de reforma agrária, democratização da informação, ética, Aids e outros temas políticos e sociais para trabalhadores, camponeses, estudantes. Ao mesmo tempo em que intervinha nos debates públicos na mídia e participava de articulações de fóruns e movimentos.

Conta:

Participei do Movimento pela Ética na Política, uma coalizão de cerca de 900 organizações a favor da destituição do presidente, acusado de corrupção. A princípio, ninguém acreditava em nossas chances de sucesso, nem o mundo político nem a mídia, pois Collor havia sido eleito por 35 milhões de votos. Nós nos contentávamos em afirmar que a corrupção era inadmissível. O *impeachment* é um marco histórico. Foi a demonstração concreta, incontornável, luminosa do que é capaz a cidadania. Estávamos surpresos com a reação da sociedade, com os novos fenômenos... Éramos, ao mesmo tempo, atores e espectadores. O que faríamos agora? E a idéia do *impeachment* da fome e da miséria no Brasil se impôs. A democracia não pode coexistir com a fome e a indigência.

E fundamentava:

Como a miséria é a síntese e o nó de um processo, desvendar e atacar a miséria é também um modo de refazer radicalmente o Brasil. É pegar o

Betinho: a trajetória do dogmatismo à democracia

Brasil pelo umbigo. A negação radical da miséria é um postulado de mudança radical de todas as relações e processos que geram a miséria. É uma interpelação a tudo e a todos, é um passar a limpo a história, a sociedade, o Estado e a economia. É virar o Brasil pelo avesso.

Ao esboçar para si um novo caminho de inserção no processo político brasileiro, Betinho sinalizava para a sociedade civil e para os cidadãos e cidadãs um papel até então não percebido, o de um ator fundamental no processo democrático. O caminho proposto e posições tomadas pública-mente confirmavam a atualização de suas idéias e que o caminho estava certo.

Analisava:

> A política no Brasil pertence ao reino do poder e do Estado. Ela existe fundamentalmente para servir à ordem dominante e aos senhores que a dominam. Virar a política pelo avesso entre nós é produzir a proposta de uma política democrática que supere tanto a ordem autoritária que nos oprime como as propostas liberais que nos iludem. É preciso dar um passo à frente, em direção a uma sociedade que tenha como princípios a igualdade, a diversidade, a participação, a solidariedade e a liberdade.

> Uma política democrática começa por afirmar a soberania do cidadão, de todos os cidadãos, e a subordinação do Estado aos objetivos livremente definidos pela cidadania...

> A política liberal parte do Estado para a sociedade. A política democrática parte da sociedade para o Estado. A política liberal reduz a participação política ao voto, definido no calendário eleitoral constitutivo do poder do Estado, e a representação à estrutura dos partidos. A democrática multiplica as ocasiões da participação pelo voto constitutivo do poder na sociedade e no Estado e cria inovadoras formas de representação, fortalecendo e democratizando os partidos.

E termino com uma síntese feita pelo próprio Betinho sobre sua trajetória:

> No que diz respeito ao meu engajamento na esquerda, evoluí de uma visão estreita e autoritária em seus métodos, muito dogmática, em direção a uma outra visão da política, afastando-me da esquerda clássica. A questão da democracia se tornou, cada vez mais, a preocupação central. Matizei e tornei relativo o papel dos partidos. Reforcei a importância da ética como fator de construção da política. Em meu espírito, apareceram outros princípios que qualifico de democráticos. Eles existem na realidade, mas não os encontro na teoria. Vejo a democracia como um processo infinito, interminável, mas concreto.

DE TRABALHO E LUTA À CIDADANIA E DEMOCRACIA: "AGGIORNAMENTO" DA ESQUERDA*

Manfred Nitsch

A Ação da Cidadania contra a Miséria e pela Vida, iniciada por Herbert da Souza, o Betinho, através da Campanha contra a Fome em 1993, teve continuidade na Campanha pelo Emprego e O Momento de Pensar o Brasil. "A fome unifica", este lema do início da campanha, de uma conotação fortemente humanista e não classista, foi justificado por Betinho como uma forma de evitar "fortes conflitos iniciais". As experiências com as campanhas contra a fome e pela cidadania, pela reforma agrária e por emprego levaram, segundo suas próprias palavras, a que a "democracia se tornasse uma questão central".[1] Ao formular uma síntese de sua vida, Betinho refere-se à ética como fator constitutivo da política e "outros princípios que considero democratizados" com uma surpreendente frase: "Eles existem na realidade, mas não os encontro na teoria".[2]

Isso parece indicar que a sua compreensão de Democracia não corresponde ao sentido mais amplo da palavra, de forma que uma simples consulta ao dicionário não nos ajudaria muito. Para entender o pensamento de Betinho é necessário levar em conta que ele diferencia claramente princípios democráticos de uma moral de luta anticapitalista compartilhada por ele no passado.

"Para mim a luta contra o capitalismo para acabar com a miséria tornou-se uma luta contra a miséria para conquistar a democracia".[3]

---

* Tradução para o português de Carlos Santos.
[1] Maria Nakano. "Betinho: A trajetória do dogmatismo à democracia". Neste livro.
[2] Ibidem.
[3] Herbert de Souza. "O pão nosso" (Unser Brot), in: Christopher Stehr. (Hg.): *Brasilien. Gesichter eines Landes. Ein Reisehandbuch*. St. Ottilien: Eos, 1994, p. 119-127. Gerald Leach. "Energy and Food Production", Guildford, Surrey: IPC Science and Technology Press, 1976; em alemão: "Energie und Nahrungsproduktion", in: Ernst-Günther Jentzsch (org.). *Energie und Ernährung in der Dritten Welt*, Bonn: Deutsche Welthungerhilfe, 1979, p. 32.

De trabalho e luta a cidadania e democracia

Na busca das bases teóricas para o conceito de democracia defendido por Betinho voltaremos nossa atenção para a história e a mudança de alguns conceitos essenciais para, a partir daí, verificarmos suas implicações para o futuro da estratégia política da esquerda – não somente no Brasil, como também na Europa.

As dificuldades semânticas iniciam-se a partir da interpretação do conceito-chave da Ação da Cidadania contra a Miséria e pela Vida: *cidadania:* derivada de cidadão no sentido do francês, *citoyen,* não é possível traduzir literalmente para o alemão. O *Bürger* alemão compreende o *citoyen* e o *bourgeois* simultaneamente. Já o conceito *societas civilis* sofreu, desde a Antiguidade passando pela Idade Média, pela *bürgerliche Gesellschaft* de Hegel e Marx até chegar na *sociedade civil* de nossos dias, consideráveis transformações em seu significado.[4] Traduzir Ação da Cidadania como "Aktion der vereinigten Bürger" ou mesmo "Aktion der bürgerlichen Gesellschaft" provocaria, portanto, irritação em intelectuais de esquerda, para os quais a *bürgerliche Gesellschaft* deriva do *bourgeois* e não do *citoyen.*[5] O conceito aponta para uma forma de organização social, a qual se baseia – segundo a perspectiva da esquerda tradicional – na exploração dos trabalhadores, sendo aceita somente a contragosto.

Neste sentido expressou-se um dos líderes do Partido Verde alemão, Ludger Volmer, em 1998, pouco antes de este partido passar a fazer parte da coalizão de governo, no qual ele ocupa o cargo de vice-ministro no Ministério de Relações Exteriores, quando critica que

> o partido de oposição anteriormente pequeno e radical se converte em gerente da bürgerliche Gesellschaft.[6]

A esquerda sempre oscilou entre reforma, revolução e utopia. Pelo menos desde os debates sobre o *revisionismo* de Eduard Bernstein no fim do século XIX e começo do XX, ela teve grande dificuldade de reconhecer e utilizar plenamente o potencial emancipatório da democracia nas

---

[4] Veja a obra clássica de Jean Cohen L. e Andrew Arato. *Civil Society and Political Theory*, Cambridge, Mass. – London: MIT Press, 1992, e também Wilfried Röhrich. *Sozialgeschichte politischer Ideen: Die bürgerliche Gesellschaft*, Reinbek: Rowohlt, 1979.

[5] Devido à falta de um conceito equivalente em português, o termo *bürgerliche Gesellschaft*, ou seja, a sociedade de *bourgeois* e *citoyen*, permanecerá neste texto no original (nota do tradutor).

[6] Ludger Volmer. "Globalisierung in grün. Sind die Grünen die Geschäftsführung der bürgerlichen Gesellschaft?", in: Michael Heinrich, e Dirk Messner. (Hg.). *Globalisierung und Perspektiven linker Politik. Festschrift für Elmar Altvater zum 60. Geburtstag*, Münster: Westfälisches Dampfboot, 1998, p. 265-274.

sociedades capitalistas. Tendo em vista longo e antigo debate sobre esta questão substantiva, parece-nos que vale a pena procurar as bases teóricas da concepção de *democracia e cidadania* de Betinho nos conceitos e disputas em torno da *bürgerliche Gesellschaft*.

Em razão das raízes católicas de Betinho, proponho também uma discussão do conceito *aggiornamento*. O Segundo Concílio Vaticano, entre 1962 e 1965, foi caracterizado por este conceito, trazido à tona pela modernização da Igreja. Com isto, a Igreja Católica se reconcilia com a democracia liberal e abandona o ideal da doutrina católica tradicional, o estado corporativo. Desde a derrota do *stato corporativo* de Mussolini e do nazi-facismo hitleriano, e o do posterior isolamento internacional dos regimes franquista na Espanha e salazarista em Portugal, tornara-se necessário para a Igreja Católica abandonar suas posições antiliberais. O que ocorreu, contudo, somente nos anos 60 por meio do *aggiornamento*. Naturalmente esse tipo de processo não sucede de forma linear e simultânea em todo o mundo. O que na Europa e na América do Norte toma a forma de uma abertura liberal impulsiona na América Latina não somente a democratização liberal, mas também a Teologia da Libertação, com uma orientação voltada mais para o marxismo do que para a economia social de mercado capitalista.

Quando jovem, Betinho foi um dos adeptos da Teologia da Libertação. Porém, ao voltar do exílio, o seu discurso acentua fortemente a defesa da *democracia* e da *cidadania*, para tanto *luta, trabalho e socialismo* desaparecem, ou são fortemente relevados a um segundo plano. Isto pode ser interpretado como um "acordo de paz" de Betinho com a *bürgerliche Gesellschaft* brasileira. O *bourgeois* deixa de ser ameaçado com uma *ditadura do proletariado*, porém os direitos de *citoyen* dos trabalhadores, pobres e excluídos, podem e devem ser reclamados, reivindicados e exigidos ainda com mais veemência, como também a solidariedade dos outros cidadãos para com eles. Betinho não deixa dúvida de que, dentro desta ordem, ele toma partido pelos fracos de forma ainda mais decisiva.

A grande repercussão na sociedade brasileira e o apoio dela para as campanhas iniciadas por Betinho confirmam esses argumentos, como também a crítica por parte de vários expoentes da esquerda, a qual acentua o perigo de um assistencialismo e a falta de uma intervenção a favor de reformas "estruturais" e profundas. Perante tais críticas Betinho argumenta que não abre mão de seu engajamento pela reforma agrária, pela renda mínima etc., quando acentua conceitos e temas não antagônicos como fome, miséria e emprego. Ao contrário, para ele tratar-se-ia de estimular a disposição da sociedade ante essas reformas e impulsionar a idéia da solidariedade entre todos os brasileiros. Nessa mesma época, o candidato e, posteriormente, presidente Collor de Melo, tentava convencer a população que, pela liberalização e abertura dos mercados, o Brasil tornar-se-ia um país de primeiro mundo. Em oposição a essa retórica Betinho propaga: "Ninguém deve passar fome no Natal" e "a fome unifica". Com essas palavras ele justifica um discurso não voltado para a luta de classes, mas extremamente crítico da situação vigente, pretendendo "evitar conflitos graves" e atingir círculos mais amplos do que a esquerda engajada.[7] Em um artigo na *Folha de S.Paulo* ele critica o "mito das soluções estruturais" e o fantasma de "eles" e "daqueles lá" contra os quais "nós" precisamos implementar ações solidárias, reformas e medidas necessárias para pôr fim à discriminação social.[8]

Neste aspecto, poderíamos relacionar Betinho com Antonio Gramsci, um dos fundadores do Partido Comunista Italiano. Em suas famosas *Cartas do cárcere*,[9] em pleno fascismo, Gramsci declarou a disputa pela hegemonia na sociedade capitalista como projeto prioritário da esquerda. Mesmo sem abrir mão da visão de uma revolução rumo a uma sociedade socialista, ele inicia, de fato, o processo de social-democratização do PCI. Em uma comparação histórica com a social-democracia alemã a sua posição equivale, ou é bastante próxima, ao Programa de Godesberg de 1959, pelo qual o SPD abandona o socialismo entendido como a socialização dos meios de produção e realiza a sua paz com a economia de mercado.

Voltar-se para a disputa de hegemonia no contexto da ordem dominante – seja esta hoje ainda muito mais favorável ao *bourgeois* do que ao *citoyen* – renunciando à luta de classes, será prosseguido, tudo indica, pelos herdeiros de Betinho. A última frase do editorial de Cândido Grzybowski na Revista do Ibase *Democracia Viva*, no qual ele comenta os 150 anos da publicação do *Manifesto Comunista*,[10] parece-me, neste sentido, bastante sintomática:

---

[7] Harrazim Dorritt e Sibelle Pedral. "A fome adquire rosto e move o Brasil comum", in: *Veja*, n. 52/1298, 29/12/1993, p. 87; Veja também Ferdinand Lucke,. Die "Campanha da Fome" 1992-94, in: Brasilien: Strohfeuer innerhalb der Wahlkampagne oder Vorstufe zu einer institutionalisierten Struktur? Diplomarbeit im Fachbereich Wirtschaftswissenschaft der Freien Universität Berlin, Berlin 1994

[8] Herbert de Souza (o "Betinho"). "A cidadania faz história", in: *Folha de S.Paulo*, 25/12/1993; Veja também Luiz Eduardo Soares. "O eclipse do sujeito na cultura política da periferia do capitalismo: a 'campanha contra a fome' como experimento radical", Rio de Janeiro: UERJ, 1998, Manuscrito (Veja-se especificamente aí a sua caracterização dessa campanha como sendo uma campanha sem inimigos).

[9] Antonio Gramsci. *Lettere dal carcere* (1965), Frankfurt: Fischer, 1972; Giuseppe Fiori. *Vita di Antonio Gramsci*, Rom-Bari 1966, Berlin: Rotbuch, 1979

[10] Cândido Grzybowski. "Editorial", in: *Democracia Viva*, Rio de Janeiro, n. 3, jul. 1998, p. 5-6.

Parafraseando o *Manifesto*: cidadãos do mundo inteiro, uni-vos!

Se procurarmos os fundamentos dos princípios democráticos que Betinho relaciona com cidadão, encontraremos, em primeira linha, a igualdade de todos perante a lei. Immanuel Kant formulou, de forma genial, pelo imperativo categórico, a base ética da *bürgerliche Gesellschaft*:

> Ajas exclusivamente e sempre segundo a máxima, a qual poderias desejar também que se torne numa lei geral.[11]

Com isto constitui-se uma norma que deslegitima tanto a parcialidade e a moral da luta como também as metáforas sociais organicistas e biológicas, privilégios de vanguarda e restos de uma *mission civilisatrice* do colonialismo externo e interno. Com a aceitação dessa norma, a direita renuncia aos seus privilégios aristocráticos, patrimoniais e patrício-burgueses; a esquerda perde seus ideais e utopias, que vão além da igualdade entre os cidadães, e seus líderes intelectuais, uma parcela significante de seu *status* de vanguarda. Em troca, o projeto político igualitário da esquerda passa a ter legitimidade e apelo amplo em todas as classes sociais da sociedade brasileira e no exterior.

A igualdade e não-discriminação perante a lei, a democracia, a liberdade de reunião, expressão e organização, o respeito aos direitos humanos individuais e coletivos e aos direitos sociais dos carentes não são de forma alguma regras óbvias da sociedade – e da sociedade brasileira ainda menos. Elas passam a ser reclamadas por Betinho como "Lei Geral", aqui e agora e não mais como um estágio intermediário para uma utopia, independentemente de como ela seja definida, a ser alcançada em um futuro distante. Com isto as normas universalistas declaradas pela *bürgerliche Gesellschaft* são tomadas ao pé da letra e transformadas em uma crítica radical às normas e práticas reais e atuais da sociedade. Para o discurso reacionário torna-se, com isto, difícil apresentar o *status quo*, dominante, como Cosmo ameaçado pelo Caos de uma "Ditadura do Proletariado" ou outros "fantasmas" (parafraseando o *Manifesto Comunista* mais uma vez).

A Lei Geral de Kant permite não somente a igualdade – segundo Bertholt Brecht – "daqueles que estão no escuro", como retira, principalmente os privilégios "daqueles que estão na luz". Aquilo que é básico para todos os *citoyens* torna-se a norma das disputas sociais. Algumas implicações dessa nova linha estratégia para a práxis serão apresentadas em seguida.

---

[11] Immanuel Kant. "Kritik der praktischen Vernunft (1788)", in: *Die drei Kritiken in ihrem Zusammenhang und dem Gesamtwerk*, Leipzig: Kröner, s.d. (por volta de 1935), p. 231

Antes gostaríamos, contudo, de abordar a mudança do conceito central de *trabalho* para *cidadania*, porque aqui é possível encontrar uma justificativa materialista para o *aggiornamento*. O trabalho humano sempre foi e é até nos nossos dias uma das mais importantes fontes de energia. A história do Brasil não pode ser entendida sem levar em consideração a importação de escravos africanos como fonte de energia.[12] E foi ainda a energia muscular humana que moveu os carrinhos-de-mão, com os quais, na Alemanha, as primeiras auto-estradas foram construídas na década de 1930. Com o advento da Revolução Industrial e a exploração das minas de carvão e fontes de petróleo reduziu-se continuadamente a utilização da energia humana nos últimos 200 anos; de forma bastante acelerada, nos últimos 70, até ela tornar-se obsoleta, pois economicamente não rentável. Calcula-se que uma pessoa, como fonte de energia, teria de trabalhar 6 mil horas para substituir um barril de petróleo com valor entre US$ 15 e US$ 25.[13] Para ganhar esses dólares, ela teria, portanto, de trabalhar durante cerca de dois anos, 60 horas por semana. Infelizmente – ou felizmente? – outras capacidades humanas também sofreram uma desvalorização semelhante, de tal forma, que o trabalho tornou-se uma base precária para a reivindicação de direitos e renda. Voltar-se para o cidadão como portador de direitos humanos individuais e sociais invioláveis representa, portanto, indubitavelmente, um progresso em direção a uma ordem social digna.

Na vida prática o cidadão econômico (*Wirtschaftsbürger*) no Brasil – na qualidade de consumidor, pequeno empresário ou trabalhador – já conseguiu se impor nos últimos anos e décadas. Outra é a situação do cidadão civil (*Staatsbürger*). No relacionamento com o Estado, o cidadão – como contribuinte, acusado ou acusador, beneficiário de subvenções etc. – depara-se com as características de uma pré-*bürgerliche Gesellschaft*, com todos os seus privilégios e discriminações, até hoje largamente aceitos como normais, como se formassem partes inerentes da economia. Porém, na sociedade moderna no sentido da *bürgerliche Gesellschaft*, as esferas políticas e econômicas estão claramente separadas; colecionar impostos e outorgar subvenções são ingerências da esfera político-administrativa na economia que obedecem à lógica política com sua autoridade compulsória, não à econômica que se caracteriza por relações voluntárias.

---

[12] Uwe Holtz. *Brasilien. Eine historisch-politische Landeskunde. Quellen und Anmerkungen*, Paderborn: Schöningh, 1981, p. 67.

[13] Gerald Leach. *Energy and Food Production*, Guildford, Surrey: IPC Science and Technology Press, 1976; versão alemã: *Energie und Nahrungsproduktion*, in: Ernst-Günther Jentzsch. (Hg.): *Energie und Ernährung in der Dritten Welt*, Bonn: Deutsche Welthungerhilfe, 1979, p. 32

Este não é somente um problema moral e político, mas também econômico. Eu afirmaria até que a reprodução do subdesenvolvimento econômico no Brasil baseia-se até hoje, mais do que pode parecer, no fato de que a direita – e também certos representantes da esquerda – não aceitam a Lei Geral de Kant como o princípio orientador de suas ações. Nos programas de fomento de pequenos proprietários e empreendedores pode ser observado um quadro semelhante. Para os "pequenos" e seus porta-vozes nas ONGs, universidades e administrações ainda é comum o princípio de que enquanto os "grandes" permanecem inadimplentes, tampouco os "pequenos" precisam pagar os seus empréstimos (caso eles tenham acesso a algum). Imposto deve ser pago primeiro pelos "grandes", antes que os "pequenos" sejam sujeitos ao dever de pagar impostos. Os sem-terra teriam um direito à terra de graça, enquanto os grandes controlem grandes parcelas de terra de forma ilegal e/ou não as utilizem de forma produtiva etc. Isso não quer dizer que o Estado não tenha o direito e até o dever de desapropriar terras mal exploradas, como previsto na Constituição brasileira, nem quer deslegitimar protestos e ações, quando as autoridades não cumprem com esse dever; mas a infração da Lei Geral por um não justifica a quebra da Lei por outro, nem a reivindicação de isenção do processo normal de compra e venda para obter a propriedade de algo.

Programas de fomento econômico apresentam problemas específicos nesse aspecto. Os atingidos por esses programas são normalmente definidos como "beneficiários", e as vantagens são muitas vezes verdadeiramente benéficas; mas se percebe que esses programas atingem somente a um pequeno grupo, não às maiorias a serem abrangidas por eles, de forma que não é a Lei Geral que determina o acesso, mas o "favor" de políticos e administradores. Os excluídos ficam à mercê do mercado "livre", muitas vezes monopolista e pouco propício à acumulação. Os "beneficiários", por outro lado, "pagam" pelo favor ao político ou administrador e não pelo crédito ao banco; o fundo é descapitalizado, restringindo ainda mais o acesso, até que um novo "fundo" ou "programa" seja criado, com as mesmas conseqüências antieconômicas, antidemocráticas e antiéticas.

Assim não é possível conceber uma Lei Geral, pois programas de crédito sem pagamento dos empréstimos, acesso à terra sem pagamento, contrabando, sonegação de impostos etc. são comportamentos que definitivamente não podem ser generalizados

O imperativo categórico de Kant, segundo o qual ninguém deve roubar, é portanto negligenciado de forma permanente enquanto os pequenos e seus porta-vozes intelectuais tenham como bandeira de luta: "Se os grandes roubam hoje 80%, então amanhã os pequenos devem exigir 20%, ou melhor, 50% do saque!" A grande contribuição de Betinho foi ter reconhecido que nessa forma de pirataria os pequenos em seu conjunto sempre perdem, porque os grandes possuem, quase por definição, os meios para elevar ainda mais a sua parte, para 90% e deixar para alguns porta-vozes dos pequenos somente 10% ou 5% enquanto a massa dos pequenos permanece excluída para sempre.

Uma reorientação dos novos movimentos sociais e dos grupos de interesse tradicionais para a cidadania, também na vida econômica e no complexo sistema estatal e para-estatal do fomento ao desenvolvimento, da previdência social e dos serviços sociais em geral é um processo bastante difícil. Princípios jurídicos, como a previsibilidade da ação administrativa, independência do judiciário e igualdade perante a lei, como também princípios do estado de bem-estar social ainda precisam no Brasil – e não somente nesse país – afirmarem-se ante o clientelismo e economia do favor. Pregar esses princípios também não é necessariamente convincente, pois sem uma segurança jurídica o "pequeno" talvez saia de fato melhor com o roubo de uma pequena prenda do que comportando-se segundo a Lei Geral de Kant. Entretanto, quando o esforço dos sujeitos econômicos concentram-se na tentativa de conquistar uma prenda e, simultaneamente, a lei do mais forte, o "jeitinho" e a astúcia são legitimados, o processo de acumulação simplesmente não acontece e os fracos continuam excluídos. A economia permanece subdesenvolvida, a exclusão social torna-se uma norma, a violência e a criminalidade passam a ser aceitas, em maior ou menor grau, como meios de convívio social.

Na realidade social e no sistema de valores do Brasil podem ser encontrados tanto os "princípios democráticos" de Betinho como seus adversários de esquerda e direita. Na direita, estão ainda presentes o ideal do *bon patron*, ao lado da visão racista, da *mission civilisatrice* das camadas "cultas" e da arrogância dos proprietários e autodenominados coronéis. Na esquerda, ou, pelo menos, em parte dela, ainda continua atrativa a identidade de vanguarda. Essas duas correntes autoritárias e elitistas tendem a complementar-se, enquanto os porta-vozes para os pobres e excluídos, como Betinho, têm grandes problemas em articular-se e lutar pela hegemonia cultural. Nessa luta, palavras e conceitos são armas decisivas, e parece que as duas correntes elitistas têm tido condições de ocupar terreno depois da morte do Betinho. Um avanço típico se pode constatar, quando ambas usam de forma pejorativa a palavra *neoliberalismo*. A esquerda utiliza esse termo no sentido de ultraliberalismo ou liberalismo manchesteriano do século passado, sem preocupações sociais, ou para criticar o clientelismo de uma direção política que se autodenomina "liberal". Para a direita, o igualitarismo de todas as formas de liberalismo é suspeito, ainda mais que nos EUA a palavra liberal designa até correntes de esquerda. Tornando o conceito *neoliberal* num xingamento, todas as diversas variantes e atributos do liberalismo, incluindo a liberdade de imprensa e reunião, correm o risco de tornarem-se desacreditadas. O resultado é a perda de terreno do estado de direito liberal e da *bürgerliche* democracia, quer dizer, da democracia dos cidadãos iguais, e a perda das primeiras conquistas ainda incipientes no caminho do estabelecimento de um estado de direito e de uma economia liberal e social de mercado, ante as correntes populistas e antidemocráticas de direita e esquerda na luta pela hegemonia cultural.

Resumindo, pode-se afirmar que, ao perseguir a busca de Betinho da justificação teórica para democracia e igualdade, chegamos a Kant e suas idéias iluministas, e também ao debate, antigo e contemporâneo, sobre a *societas civilis* como *bürgerliche Gesellschaft* e/ou *sociedade civil* com os seus fundamentos liberais, inclusive, portanto, seus aspectos burgueses. A linha de Betinho no final de sua vida era refutar tanto o medo da dominação burguesa como também a pretensão dos intelectuais de esquerda a um *status* de vanguarda. Ele tomou a democracia liberal e a economia de mercado ao pé da letra e engajou-se dentro dessa ordem capitalista por uma variante decididamente social e solidária e por um estado dos *citoyens*. Eu creio que isso não deve ser interpretado como uma traição aos ideais de progresso, mas sim como um posterior *aggiornamento*. Por tudo isso, o debate em torno da herança de Betinho continua sendo fascinante – não somente no Brasil.

A VIDA E A MORTE DE BETINHO. ENTRE O BRASIL SOLIDÁRIO E O BRASIL SOLITÁRIO

Emir Sader

>Há de haver no mundo certa quantidade de decoro,
>como há de haver certa quantidade de luz.
>Quando há muitos homens sem decorro,
>há sempre outros que têm em si
>o decoro de muitos homens.
>Estes são os que se rebelam com força terrível
>contra os que roubam aos povos sua liberdade,
>que é roubar-lhes seu decoro.
>Nesses homens vão milhares de homens,
>vai um povo inteiro,
>vai a dignidade humana...
>
>*José Martí*

>Quanto tempo faz que o Betinho morreu?
>Quando morreu, morreu?
>Morreu antes de morrer?
>Morreu de AIDS?
>Morreu de quê?
>Morreu?

A vida de Betinho: a apologia da militância política

De alguns personagens, se pode fazer biografia, como a história individualizada, com seus vaivéns mais ou menos interessantes. De outros – daqueles a que Hegel um pouco pomposamente chamava de "indivíduos cósmico-históricos" –, é impossível escrever a biografia, porque sua trajetória se confunde com a história da época.

Emir Sader

O Betinho é um desses casos, mesmo que ele fosse o primeiro a rir da caracterização de Hegel para si mesmo. Sua vida transcorre entre os anos até aqui mais importantes da história brasileira, de que ele foi protagonista, analista e crítico e, de alguma forma, vítima. Falar dessa trajetória é parte integrante do acerto de contas de uma geração com o seu passado, sentido em que deve ser tomado este breve texto.

Betinho participou da geração que aderiu à militância política ainda nos anos 50, militou ativamente ao longo da década seguinte no país, saiu para o exílio, onde esteve na década seguinte, retornando com a anistia (em 1979), para participar do processo de transição política da ditadura ao novo regime político, vivendo dentro deste suas contradições, incertezas, esperanças e limitações.

Pode-se distinguir três perfis políticos diferenciados de Betinho ao longo dessa trajetória: o de militante e dirigente da Ação Popular, o de participante – ainda que brevemente – na experiência de governo de João Goulart, já próximo de seu final, e o de dirigente de organizações não-governamentais – para resumir inicialmente uma atividade muito mais abrangente do que essa definição.

A geração do Betinho foi a primeira em que o Partido Comunista perdeu o monopólio da luta anticapitalista no Brasil. Até ali o Partido Comunista Brasileiro (PCB) ocupava o centro da luta socialista, tendo à sua direita o PTB – partido do getulismo – e à sua esquerda as distintas formas de crítica do stalinismo – de grupos trotskistas organizados à intelectualidade socialista crítica da URSS. Os primeiros anos da década de 60 viram surgir um complemento desse quadro, com a fundação da primeira cisão chinesa no mundo, com a fundação do Partido Comunista do Brasil, tendo ainda o PCB como referência, apesar de sua crítica a esse partido.

Esses anos viram também o surgimento do Nordeste brasileiro, assim como o grupo marxista Política Operária (POLOP) e a Ação Popular, organização cristã de esquerda, da qual Betinho participou desde sua fundação. As mobilizações populares durante o governo de João Goulart (1961-64) viram, pela primeira vez no Brasil, a generalização do fenômeno da militância política revolucionária em amplas camadas da população.

Betinho foi um dirigente do movimento estudantil e da AP, sendo um representante típico daqueles que, desde sua primeira juventude, aderiram à idéia mesma de *militância política*, que naquele momento vinha intrinsecamente associada a duas outras características: *militância revolucionária* e *militância partidária*. Era uma adesão voluntária, generosa, que, se tinha o caráter de "entregar a vida à revolução", não tinha o significado imediato tétrico associado à morte, como algumas interpretações simplistas posteriores atribuíram à resistência armada daquele período. Era a entrega da vida, no sentido de dedicar as melhores energias intelectuais e práticas à luta contra a exploração, a dominação e a alienação, inspirados – mesmo que em diversas interpretações – de Marx. Dos manuais de marxismo-leninismo a Henri Lefèbre e Lucien Goldman, de Jean-Yves Calvez a Erich Fromm, todas as boas portas pareciam conduzir à crítica radical do capitalismo e ao socialismo.

Não nos preocupava o destino individual, porque a certeza na vitória fazia com que os outros, senão nós mesmos, gozassem os frutos da nossa luta. Não se buscava nenhuma vantagem pessoal; ao contrário, se sacrificavam bens materiais, conforto e futuro profissional pela luta política da qual nem pensávamos em ser os grandes beneficiários, mas a totalidade do povo.

Foi o momento mais generoso de um número significativo de pessoas da geração que hoje representa uma parte da elite brasileira e que olha de diferentes maneiras para o seu passado. Isso foi perfeitamente enfocado num artigo de Francisco de Oliveira, chamado "Aves de arribação", quando o fim da ditadura abria caminhos para a ascensão individual daqueles que até ali estavam nas filas da oposição. Nesse artigo se constatava com que facilidade uma parte daquela intelectualidade – até ali opositora – se des-solidarizava com os destinos do povo brasileiro e buscava um lugar nas elites dominantes em processo de reconstituição. Se considerarmos o caráter conservador que assumiu a transição política originada da ditadura militar, podemos ter idéia da reinserção social desses elementos da intelectualidade brasileira, muitos dos quais transitaram e transitam pelos ministérios e outros postos, mais altos ou mais baixos dos escalões de poder.

Eles constituem um dos padrões de comportamento originários da geração dos anos 60: os que consideram sua militância como um "idealismo de juventude", utópico no sentido idealista do termo, um período que consideram com um sorriso piedoso nos lábios, acompanhado de uma crítica drástica ao seu radicalismo. Alguns nomes são óbvios, mas eles são apenas a ponta do *iceberg* de uma fração que sobreviveu à militância, se reciclou – de cabeça e de inserção social – e hoje constitui uma franja de quadros inseridos no mercado da alta esfera do consumo e/ou na elite executiva e política dirigente do país.

Seu passado não lhes pesa, porque romperam com ele, teórica e praticamente. Mesmo se, com essa ruptura, mudaram radicalmente sua relação com as classes populares. Mantêm amizade com colegas de militância ou não, mantêm ou não em suas bibliotecas os livros de Marx, contam histórias – reais ou não – de suas aventuras e desventuras de juventude, olham com superioridade para e desdenham dos que persistem naqueles ideais. Se têm o sentimento de mover-se, da mesma forma que antes, na direção do que acreditam ser o norte da história, agora o fazem com o economismo reciclado, sempre na direção da "modernidade", só que desta vez a serviço do grande capital financeiro.

Outros fizeram do exercício memorialístico seu exorcismo. Um olhar dos anos 70, com todo seu narcisismo, projetado sobre o passado, fez dessa ótica retrospectiva uma visão, uma lente que tirou todo o conteúdo político da década de 60. Teria sido apenas uma "aventura de liberdade individual", uma "incessante descoberta de outras dimensões da vida", sem que a guerra do Vietnã, o Che, a luta pelos direitos civis, as guerrilhas contra as ditaduras militares tivessem sido uma parte essencial da década. Reduzir os anos 60 a uma "revolução nos costumes" é uma condição para se dizer ainda identificado com seu passado. Essa operação ideológica é facilitada pela comemoração unânime da grande imprensa mundial dos 30 anos de 1968. Não fica bem claro contra quem se lutava, já que todos celebram as reivindicações libertárias daquela juventude destemida, no caso do Brasil, a começar pelo jornal *O Estado de São Paulo*. Para fazê-lo, tem de coincidir com a visão que tira o caráter político daquelas lutas, porque o resto pode ser assimilado.

Betinho teve uma trajetória diferente. No exílio, compartilhou do clima de derrota e de balanço, de solidariedade e de reiteração da disposição de dar continuidade à luta contra as injustiças, ainda que por outros meios. Depois da passagem por uma tentativa de fundação de um partido que retomasse o processo de reformas de antes de 1964, cortado pelo golpe militar, logo Betinho passou a personificar um outro enfoque da luta social e política.

É como se sua visão dos anos 60 tivesse sido outra: além de seu caráter indissociavelmente político, estava a ampliação do sentido da luta política. Não apenas no sentido vigente – o da ampliação das contradições sociais muito além do trabalho, para temas aqueles de gênero, de raça etc. Se trata de uma redefinição da mobilização social e moral na direção das transformações da sociedade.

Se o tema inicial da reinserção do Betinho no cenário político brasileiro foi o da *fome* e, com ele, o da *solidariedade*, logo se acrescentaram o da *terra* e o do *emprego*. Resgatava-se uma parte substancial do que o Brasil tinha como dívida histórica acumulada com a grande maioria de sua população, recicladas as formas de lutar por sua realização. Não por acaso as reivindicações do Betinho se encontravam com as do Movimento dos Sem Terra, esse movimento no qual os mais alijados da vida social e política brasileira começam a expressar seus direitos básicos.

A morte de Betinho: a apologia do sonho

O enterro do Betinho foi triste, não apenas pela perda, incomensurável. Foi também porque não se constituiu numa comoção nacional, como se poderia esperar. Era como se já estivessem adormecidos dentro de nós os sentimentos a que ele, melhor que ninguém, sabia apelar. É claro que ali estavam os órfãos mais queridos do Betinho – meninos de comunidades de periferia, senhoras pobres com seus filhos, homens de rua – gente para quem a ausência de Betinho não é apenas a de um grande amigo e protetor, mas significa também menos apoio, menos comida, mais fome, mais frio, mais solidão.

Nos tornávamos todos órfãos do Betinho. Já não dispúnhamos de quem apelasse pelo melhor de nós mesmos. O Betinho deixava de incomodar.

De incomodar as políticas econômicas – e seus responsáveis –, pela produção e reprodução em massa da miséria, da exclusão e do abandono. De incomodar aqueles que pretendem, com políticas sociais focalizadas e emergenciais, atacar o imenso estoque de pobreza acumulada e reproduzida no país pelas políticas das elites ao longo das décadas. De incomodar os que acham que "o Brasil não tem jeito", os que odeiam o país, que só se referem a ele como "o custo Brasil", o "atraso", o "caipirismo", a insistência em trilhar um caminho próprio.

Por que o Betinho incomodava tanto? Por que ele se havia transformado num personagem central do Brasil no final do século XX? O que em sua trajetória permitiu que ele ocupasse esse lugar? O que ele significou e significa para nós?

A cordialidade brasileira já foi analisada em prosa e verso. O próprio Chico Buarque já tematizou o Brasil como "o país da cordialidade perdida". Um país que, apenas saído da ditadura, teve seus problemas sociais agudizados, seus sentimentos egoístas aprofundados, aumentando o fracionamento social que tende a fazer parte da vida de cada um na luta individualizada pela sobrevivência. Como foi possível isso, ao mesmo tempo em que se constituía um consenso nacional jamais obtido antes em torno das eleições diretas e do *déficit social* como os problemas centrais do país?

A passagem da década de 80 para a de 90 representou ao mesmo tempo uma virada nas prioridades nacionais, tal como elas foram constituídas a partir do consenso fabricado no país. Do déficit social passou-se ao déficit fiscal, como aquele que seria o nó a ser cortado para resolver os pendentes problemas do país. Foi uma operação ideológica iniciada ainda no governo Sarney e consolidada no governo FHC. Sarney inaugurou a criminalização dos direitos no Brasil, ao afirmar que a Constituição de 1988 – chamada por Ulysses Guimarães de "constituição-cidadã" –

afirmava os direitos excessivos, tornando o Estado brasileiro ingovernável. Ao mesmo tempo, sua política econômica se autoproclamou de "feijão-com-arroz", isto é, uma forma pouco inspirada de tentar enraizar no Brasil a moda do "laissez-faire" do neoliberalismo. Fernando Collor encarnou esse projeto de forma mais acabada até ali, porém seu fracasso atrasou a concretização do novo consenso, retomado por FHC ainda em 1994, com seu plano de estabilização monetária, fundado no diagnóstico segundo o qual seria o déficit das finanças públicas a raiz de todos os males do país, que seriam debelados com a desregulamentação geral e irrestrita da economia.

Essa política representou o mais radical processo de destruição de direitos da história brasileira, jogando a maioria da população na economia informal, excluindo dos direitos elementares e assentando um golpe feroz nos mecanismos de solidariedade social. Ao mesmo tempo, o diagnóstico do governo criminaliza as reivindicações populares, enquanto privilegia as necessidades do capital financeiro. Se fosse necessário mais algum ato representativo do caráter desse governo, basta dizer que concede aos militares o aumento que nega aos professores.

Levada a cabo por um governo chefiado por um intelectual que até há pouco gozava de grande credibilidade pessoal, levou o país ou ao menos grande parte dos setores formadores de opinião e, com eles, a maioria da população a acreditar num diagnóstico no qual os problemas sociais eram fenômenos localizados, cuja resolução se daria como conseqüência mecânica do controle inflacionário. Convidava cada um a resolver seus próprios problemas, deixar ao mercado a devida "alocação de recursos", abandonar qualquer veleidade de transformação do mundo conforme os desejos e valores humanos, tornados impotentes diante de leis consideradas inelutáveis de um processo econômico mundial consolidado.

Um convite ao abandono dos sonhos, da utopia, da solidariedade. Uma condenação ao desemprego, ao abandono e à exclusão a milhões de pessoas. Um decreto de um mundo com fome, sem terra e sem emprego. O triunfo de um mundo contra o qual o Betinho elevou suas forças gigantescas, mas sucumbiu, num sábado de agosto.

Morreu o Betinho? A quanto tempo morreu? Morreu de quê? Morreu o Betinho? Morreram os valores que ele representa? Um Brasil à imagem e semelhança do Betinho é possível?

EXCURSO
Literatura e Cultura Brasileira na Alemanha:
passado, presente, futuro

OS ESTUDOS BRASILEIROS NA ALEMANHA

Dietrich Briesemeister

O conhecimento científico e a divulgação da literatura e cultura brasileiras nos países da língua alemã vêm espelhando fielmente as relações entre o Brasil e a Europa. Desde o início do século XIX, o Brasil vinha atraindo quase exclusivamente naturalistas, constituindo um paraíso para geólogos, botânicos, zoólogos, geógrafos, etnólogos e emigrantes. Por outro lado, a cultura brasileira, isto é, como dizia Stefan Zweig, "a participação individual do Brasil na cultura universal", apenas paulatinamente, e com muitas lacunas, defasagens e arbitrariedades começou a ser conhecida. Eis aqui um desequilíbrio na visão e percepção do Brasil que persiste até o tempo mais recente. Isso observa-se não só em relação àqueles conhecimentos que formam a chamada cultura geral, mas também no que se refere às várias ciências humanas, sobretudo no campo de filologia românica, com distorções decorrentes de enfoques valorativos eurocêntricos e critérios preconceituosos.

Conhecimento da língua – ensino

"Nos meios cultos da Alemanha, a língua portuguesa fica quase tão desconhecida como o pérsico ou o sânscrito", assinalava o famoso naturalista suíço Johann Jacob von Tschudi no relato de suas viagens ao Brasil e estadas ali entre 1838 e 1861. Ao modo de comparação polêmica, Curt Meyer-Clason afirmou ainda mais recentemente que o português é o chinês da Europa. Ambas as citações denunciam, à distância de mais de um século, a situação marginal e precária da língua portuguesa no âmbito intelectual centro-europeu. Não obstante o número muito elevado e ainda o aumento da população mundial dos países lusófonos em quatro continentes (por volta de 200 milhões na passagem do século), o ensino torna-se imperdoavelmente reduzido nas universidades alemãs. O português entra em competição com o espanhol como "terceira língua", ficando atrás em relação ao número de alunos. Convém assinalar pelo menos algumas tentativas exemplares e alentadoras como a Europa-Schule em Berlim com seu programa de educação bilíngüe a partir do jardim de infância, algum ginásio estadual, como em Dortmund e, sobretudo, a demanda e freqüência de cursos de português (brasileiro) nas Volkshochschulen (universidades populares, estabelecimentos municipais que oferecem cursos de formação pós-profissional). Tal interesse notável pode ser interpretado como indício que denuncia a falta de oferta respectiva no nível de ensino ginasial. O dilema de institucionalização continua ainda no âmbito universitário. Certo, há um bom número de universidades alemãs onde os estudantes têm a possibilidade de matricular-se em cursos de português na variante européia, mas são poucos os leitorados brasileiros, para já não falarmos de cátedras. Na terminologia das disciplinas científicas usa-se em alemão a denominação "Lusitanistik" (lusitanística), sabendo todos que ela abrange de forma ambígua tanto os estudos portugueses propriamente ditos, como também os domínios independentes brasileiro e afro-português. Na situação vigente de hoje nas univesidades, torna-se impossível conciliar as necessidades da diferenciação adequada com os critérios didáticos de aprendizagem e as relações histórico-culturais dos países do mundo lusófono. Já pode ser considerado como progresso o fato de aparecer nos frontispícios das (ainda poucas) traduções a menção específica "übersetzt aus dem brasilianischen Portugiesisch" (traduzido do português brasileiro), prova da crescente consciência e sensibilidade lingüística.

Sem dúvida, a especialização é absolutamente necessária, inevitável e urgente não só para garantir, em nível institucional, a qualidade da pesquisa científica, mas também para ajustar a formação profissional dos jovens universitários às exigências de hoje.

A respeito da chamada Lusitanistik ou Brasilianistik (termo usado cada vez mais para definir os objetos de investigação), a evolução institucional decorreu de forma surpreendente. Por um lado, o desenvolvimento inegável dos estudos sobre língua, literatura e cultura luso-brasileiras só era possível debaixo do teto comum protetor da "Romanística", dentro das notórias estruturas tradicionais das faculdades e seminários nas universidades alemãs. É bem singular e significativo neste sentido o empenho do famoso filólogo e bibliotecário austríaco Ferdinand Wolf. Foi o primeiro romanista da época fundacional da disciplina no início do século XIX que reconheceu existir no Brasil uma literatura autônoma. Fê-lo num livro escrito em francês para a "République des lettres", com dedicatória ao imperador do Brasil: *Le Brésil litteraire* (Berlim 1863). Depois do *Résumé de l'histoire litteraire du Portugal et du Brésil* (Paris, 1826) de Ferdinand Denis, constitui a obra pioneira de Wolf a primeira descrição exaustiva sobre as letras no Brasil até o momento presente. Tem como objetivo principal "faire apprécier en Europe la belle litterature du Brésil", a qual ainda constituía uma incógnita em meio a um intenso progresso em outras áreas do saber. Defende decididamente a individualidade da literatura brasileira, "malgré sa dépendance des lettres européenes". Discordava assim Wolf daqueles que pretendiam considerar a literatura brasileira apenas como um "apêndice insignificante" da literatura portuguesa, como um mero reflexo da literatura européia, adotando dessa forma uma postura progressista para o seu tempo. "C'est à bon droit qu'on peut parler maintenant d'une litterature brésilienne", não se lhe pode mais negar o lugar que lhe cabe de direito no "ensemble des littératures du monde civilisé". A despeito disso, Stefan Zweig teve de constatar ainda (ou novamente?) 80 anos mais tarde: "com impaciência característica das nações mantidas em dependência durante muito tempo, a literatura brasileira começa a penetrar na literatura universal (Weltliteratur)". Entretanto, desde aquela obra singular de Wolf, não se fez muito nos países de língua alemã a favor da pesquisa, da valorização e da divulgação da literatura brasileira. Pelo contrário, constata-se até uma tendência regressiva em comparação com o posicionamento avançado do erudito austríaco.

Apesar do crescente interesse alemão pelo Brasil, desde fins do século XIX, manifestado por uma grande variedade de publicações e de associações em prol das relações teuto-brasileiras, a cultura brasileira ficava excluída dessas tentativas de aproximação; o interesse pela América Latina em geral se concentrava em assuntos econômicos, relegando-se as suas manifestações culturais e literárias a segundo plano. A necessidade de focalizar os estudos regionais e, ao mesmo tempo, de diversificação interdisciplinar (lingüística, história da cultura etc.) tornou-se cada vez mais evidente e imperiosa.

Quando, um ano após a fundação da Associação Ibero-Americana de Hamburgo, integrou-se o Instituto Ibero-Americano à recém-fundada Universidade, os estudos brasileiros ("Brasil-Kunde", na terminologia de então) tiveram em Wilhelm Giese, por intermédio da revista *Ibérica*, uma luta incansável pela pesquisa do idioma, da literatura e cultura popular do Brasil. No entanto, na coletânea comemorativa *O Brasil e a Alemanha 1822-1922 – um livro dedicado às boas relações entre os dois países* (Berlim 1923), a literatura está totalmente ausente. No importante livro de Max Leopold Wagner, *Die spanisch-amerikanische Literatur in ihren Hauptströmungen* (Lípsia, Berlim 1924), a primeira história da literatura dedicada do hemisfério 60 anos após o manual de Wolf, omitiu-se simplesmente a literatura brasileira. Ainda nos anos 60 do século XX,

Dietrich Briesemeister

falava-se freqüentemente em "América Latina", mas quase sempre com referência exclusiva à América espanhola. Por exemplo, o livro de Michi Strausfeld, *Materialien zur lateinamerikanischen Literatur* (1976), só contém artigos dedicados a autores de língua espanhola.

O largo caminho da institucionalização

Quando se fundou em 1936 o Instituto de Estudos Portugueses e Brasileiros na Universidade de Berlim, as pesquisas passaram a ocupar lugar de destaque, porém numa perspectiva quase que exclusivamente nacional-socialista, dentro das conivências ideológicas existentes entre as ditaduras. A partir de 1945, após um trágico auto-isolamento de 12 anos, deu-se para um novo começo na Alemanha também nas universidades, não só destruídas, mas esvaziadas pela extirpação de disciplinas inteiras como sociologia, ciências políticas, história contemporânea, psicanálise e teoria econômica.

Mas anteriormente também a mentalidade e ideologia colonialista na Alemanha Imperial de1871 a 1918 muito pesavam sobre o tratamento do Brasil como se deprende da ordem temática de um livro de Moritz Lamberg, cujo título traduzido seria "Brasil, terra e gente sob ponto de vista ético, político e econômico e sua evolução" (*Brasilien, Land und Leute in ethischer, politischer und volkswirtschaftlicher Beziehung und entwicklung*, Leipzig, 1899). Na época, o Brasil gozava a fama de ser uma "república não civilizada", em condições "corruptas e decadentes". Como descendentes de uma raça efeminada e degenerada, os brasileiros seriam incapazes de explorar as riquezas de seu país por suas próprias forças. O cônsul, dr. Heinrich Schüler, que em 1912 fundou em Aachen, o primeiro Instituto Latino-americano da Alemanha, referia-se abertamente às expectativas expansionistas do país, e com seu livro *Brasil, terra do futuro* (*Brasilien, Land der Zukunft*, Berlin, Stuttgart, 1916), acolheu no título uma fórmula profética muito divulgada desde então, usada já por Hegel com referência à futura importância do continente americano, jovem, ainda, carente de história.

O Instituto Ibero-Americano, fundado oficialmente em 1930 pelo governo da Prússia, como entidade extra-universitária e centro de documentação e informação sobre a América Latina, Espanha e Portugal no marco de um projeto que previa estudos regionais em território prussiano, não ficou isento do impacto político após a tomada de poder de Hitler. Albergou-se ali uma exposição de amostras de produtos brasileiros para intensificar o comércio exterior com o regime de Getúlio Vargas a partir de 1937.

Os estudos brasileiros na Alemanha

Dos centros de pesquisa sobre o Brasil, criados antes de Segunda Guerra Mundial, ainda hoje seguem existindo três: o Instituto de Pesquisas sobre Ibero-América da Universidade de Hamburgo, o Instituto Ibero-Americano do Patrimônio Cultural Prussiano em Berlim, com a sua biblioteca de 800 mil volumes, e o Instituto Português e Brasileiro da Universidade de Colônia. Além disso, surgiram novos centros, como o Institut für Brasilienkunde, privado, mantido em Mettingen pelos Frades Menores Franciscanos, o Instituto Geográfico da Universidade de Tübingen, convertido, sob a égide do professor Gerd Kohlhopp, em um núcleo de investigações geográficas e ecológicas sobre o Brasil e o Centro Latino-americano, fundado na Universidade de Münster para servir de cúpula institucional, agrupando várias disciplinas científicas comprometidas particularmente no campo do Brasil. O Instituto Latino-americano da Universidade Livre, formado há mais de 25 anos como primeiro centro de estudos interdisciplinares sobre América Latina numa universidade alemã, só a partir de 1995 fica dotado de uma cátedra (única no país) de literatura e cultura brasileiras.

É uma característica da situação universitária na Alemanha termos um bom número de especialistas, por exemplo, de etnologia, economia, ciência política, sociologia, geografia, que, devido às tradições e estruturas acadêmicas, não se dedicam exclusivamente ao Brasil dentro da sua disciplina e instituição respectiva. Por isso são de lamentar também ausências e deficiências sérias, por exemplo, no domínio da história, arte, música, filosofia e história das idéias, falhas apenas remediáveis a curto prazo. Os brasilianistas ou brasiólogos alemães não dispõem de um grêmio científico profissonal próprio. Só existe uma Associação Alemã de Pesquisas sobre a América Latina (ADLAF), fundada há 30 anos, que reúne instituições e membros individuais dedicados à América Latina nas matérias mais diversas do saber. Ainda assim é significativo o desejo de criar uma plataforma de diálogo para coordenar a cooperação interdisciplinar no seio da ADLAF; a seção brasileira já organizou aí vários encontros e colóquios sobre temas brasileiros atuais.

Ao lado dos agrupamentos científicos convém mencionar a Sociedade Brasil-Alemanha, fundada há 30 anos pelo professor dr. Hermann Görgen, que publicou os *Cadernos Brasil-Alemanha* (*Deutsch-Brasilianische Hefte*). Hoje este órgão leva o título *Tópicos. Revista de economia, política e cultura*.

No campo das revistas científicas também não há publicação periódica unicamente reservada a temas brasileiros, que sempre são tratados no contexto regional ou disciplinar mais amplo (por exemplo, em *Iberoromania, Iberoamericana, Lusorama, Afrika, Asien, Portugal, Brasilien, Zeitschrift zu portugiesischsprachiger Welt*). Como filólogo, só me atreveria a falar sobre o panorama dos estudos literários e lingüísticos ou de cultura em

Dietrich Briesemeister

geral, sem fechar os olhos ante a situação de outras disciplinas. Numericamente o corpo docente ativo neste setor fica bastante reduzido. Apenas existem, que eu saiba, duas cátedras com plena dedicação à língua, literatura e cultura brasileiras em todo o território alemão e alguns poucos leitorados de português brasileiro. Por consegunite, contamos com poucos "brasilianistas" puros e exclusivos. A Associação Alemã de Lusitanistas reflete claramente esta situação: tem por volta de 160 sócios, todavia com a restrição de que nem todos/todas brasilianistas formam parte dela, nem sequer que todos os membros são brasilianistas declarados.

Em suas funções e tarefas docentes, a maioria dos brasilianistas alemães não se dedica exclusivamente à língua e literatura do Brasil, mas leva uma existência profissional, acadêmica, em certo modo esquizofrênica, rivalizante e paradoxal. Os estudos da língua e literatura portuguesa, desde que começaram a ser considerados dignos da universidade, formam parte integrante da Filologia Românica, tanto no que diz respeito à sistemática científica, como à institucionalização acadêmica e administrativa, no conjunto do "Seminário de Filologia Românica". Romanista era durante muito tempo a denominação genérica ou enciclopédica, sem distinção da especialidade regional e lingüística. Ainda mais: a designação "lusitanista" pode provocar certa confusão. Lusitano é relativo à Lusitânia e a seus habitantes antigos na época romana. A partir do Renascimento, a palavra erudita passa a significar tudo o que é pertencente ou relativo a Portugal e aos portugueses, mas em princípio não inclui o Brasil e os brasileiros. Já não será preciso insistir em que qualquer lusitanista alemão hoje está plenamente consciente das diferenças geográficas, políticas, lingüísticas, culturais etc., porém o vocabulário alemão não oferece um equivalente cômodo e compreensível da palavra "luso-brasileira" com os respectivos derivados.

Os neologismos Brasilianistik, Brasilianist são de formação recente em analogia a Hispanistik/ Hispanist; Italianistik/Italianist; Germanistik/ Germanist etc. Outro escolho para uma nítida percepção dos estudos brasileiros é a sua integração no quadro naturalmente convincente em certos aspectos da América Latina. A forma de falar em termos de literatura latino-americana faz desvanescerem as diferenças importantes ou essenciais numa suposta homogeneidade e unidade. O que impede quase insuperavelmente a independentização dos estudos brasileiros nas condições precárias do momento atual são as estruturas administrativas organizatórias vigentes da universidade alemã, tanto na sua tradição, como no âmbito das reformas anunciadas para o futuro próximo.

A situação resultante de tais condicionamentos segue sendo complicada. Não houve nenhuma contribuição da Romanística alemã de nível universitário ao conhecimento global da literatura latino-americana na primeira época do pós-guerra. Assim, faltava, no espaço cultural de língua alemã, uma sólida História da(s) Literatura(s) Latino-americana(s) que facilitasse a aproximação ao subcontinente no campo da criação literária. Tal tarefa ficou à mercê de autores fora das equipes universitárias, de periodistas e críticos ensaístas, com títulos como "Uma literatura logra afirmação internacional" (Gustav Faber), "Diálogo com a América Latina" e "Panorama de uma literatura do futuro" (Günter W. Lorenz). Somente no final da década de 60 foi publicado o manual de Rudolf Grossmann sobre história e problemas da literatura latino-americana (München, 1969), incluindo também a literatura brasileira. Observa-se portanto uma discrepância entre os caminhos seguidos pela ciência da literatura, a crítica literária a as publicações em geral sobre temas brasileiros. Numa fase decisiva da divulgação em versão alemã da literatura brasileira e latino-americana em geral, a pesquisa literária correspondente em países de língua alemã não acompanhou ainda as preferências do público leitor. A última história da literatura latino-americana, coordenada por Micahel Rössner, saiu em 1995. Naturalmente dedica também vários subcapítulos à literatura brasileira no contexto latino-americano, mas no mercado do livro alemão, depois como dantes, não há disponível uma história da literatura brasileira própria, enquanto abundam os manuais das literaturas "nacionais" francesa, inglesa, italiana etc., com os mais variados critérios com respeito ao volume, nível, época, gênero etc. É uma situação pouco satisfatória e surpreendente, embora seja importante e necessária a perspectiva comparatista no quadro latino-americano. Por outro lado, a falta lamentável de um manual de história tampouco deveria levar a supor que não se publiquem livros sobre língua e literatura brasileira na Alemanha.

    Este não é o lugar para apresentar a trajetória da recepção da literatura brasileira nos países de língua alemã no decurso do século XX. O processo adquiriu uma nova qualidade graças a eventos de grande repercussão e atratividade pública. O primeiro encontro germano-latino-americano de escritores em Berlim reuniu autores sob o mote "escritor na sociedade moderna". O segundo congresso teve lugar em 1964 no mesmo ano em que os militares tomaram o poder e se fundou a Associação Brasil-Alemanha no Rio de Janeiro. Novos encontros com escritores brasileiros só ocorreram em 1970 e 1974. A Feira Internacional do Livro dedicada à América Latina em 1976 marcou o início da comercialização eficaz da literatura latino-americana na Alemanha, mas só em 1994 esta famosa Feira foi consagrada ao Brasil como tema principal. No momento da abertura do regime militar o segundo festival das culturas do mundo realizou-se em Berlim com a participação de escritores como Jorge Amado, Ignácio de Loyola Brandão, Ferreira Gullar, Darcy Ribeiro, João Ubaldo

Dietrich Briesemeister

Ribeiro e Márcio Souza. Além de concertos e recitais, representações teatrais (por exemplo do grupo Macunaíma) e uma retrospectiva do cinema brasileiro, os especialistas discutiram sobre a literatura brasileira desde o Modernismo, problemas da tradução e a situação dos escritores. Nunca antes houve a possibilidade de (se) conhecer tão direta e maciçamente autores brasileiros recorrendo o país. Desde então multiplicaram-se as semanas culturais, recitais, colóquios e encontros com escritores brasileiros em Hamburgo, Colônia, Münster, Bielefeld, Berlim, Tübingen e outras cidades da Alemanha Ocidental. Destacados autores brasileiros mereceram o prêmio Goethe, como Antonio Callado, Autran Dourado e Rubem Fonseca. O Serviço Alemão de Intercâmbio Acadêmico convidou escritores como Ignácio de Loyola Brandão, João Ubaldo Ribeiro, João Antônio, Rubem Fonseca, a estadas em Berlim no quadro do seu programa artístico. A Casa das Culturas do Mundo organizou em Berlim, ao longo dos últimos anos, uma série notável de colóquios, discussões e outros eventos em torno do Brasil.

Em 1989, a Biblioteca da Universidade de Heidelberg mostrou, pela primeira vez na Alemanha, as jóias da coleção de livros raros brasileiros que possui a empresa Robert Bosch, Stuttgart, na Brasilien Bibliothek. Em Berlim houve várias exposições de arte. Finalmente aumentaram em número e qualidade as traduções de obras literárias graças ao empenho de tradutoras como Ray-Güde Mertin, Maralde Meier-Minnemann (premiada recentemente) e de casas editoras como a Suhrkamp e Dia. Um exemplo excepcional deste movimento iniciado há anos por Curt Meyer-Clason com o sucesso extraordinário da versão alemã do *Grande sertão: veredas*, de Guimarães Rosa, é a tradução de *Os sertões*, de Euclides da Cunha, por Berthold Zilly em 1994, lavor galardoado com o Prêmio Wieland. O repertório bibliográfico de obras brasileiras em tradução alemã compilado por Klaus Küpper (1994) presta o testemunho mais impressionante da difusão que alcançou a literatura do Brasil nos países de língua alemã.

No domínio universitário, os estudos brasileiros defendem uma posição respeitável apesar das limitações impostas. A lingüística, que durante muito tempo não ocupa um lugar comparável com a ciência literária, ultimamente teve um desenvolvimento digno de apreço. Basta reportar-se à publicação da volumosa gramática de Ebehardt Gärtner (1998), assim como a vários congressos sobre lingüística luso-brasileira organizados em Berlim, no Instituto Ibero-Americano com a numerosa participação de especialistas brasileiros. No entanto, nota-se sensivelmente a falta de dicionários atualizados, acolhendo em maior extensão o uso brasileiro.

No campo dos estudos literários, a primeira tese de livre-docência apresentada na Alemanha em 1971 com um tema brasileiro foi o trabalho de Dieter Woll sobre a evolução da obra narrativa de Machado de Assis.

Esse fato ilustra o atraso dos estudos especializados, em nível superior, referentes ao Brasil, em comparação, por exemplo, com a França e os Estados Unidos. Em 1969, Ronald Daus tinha defendido uma tese sobre o ciclo épico dos cangaceiros. Desde então, sobretudo nos anos 80 e 90, têm crescido esses estudos, embora o interesse maior se dirija para a literatura do século XX, sendo as literaturas colonial e do século XIX raramente trabalhadas.

O projeto de uma edição completa comentada dos *Sermões*, de Antonio Vieira, que o prof. dr. Hans Flasche em Hamburgo tomou a si, permanece inacabada e não chegou ao quinto volume. Digno de destaque são diversos artigos tanto sobre língua quanto sobre literatura, apresentados, sobretudo por pesquisadores das gerações mais jovens, em dois congressos promovidos pelo Instituto Ibero-americano de Berlim em 1990 e 1992, publicados na coleção Brasiliana (1993). A Biblioteca Luso-Brasileira, criada em 1996, deu prosseguimento a tais esforços.

Hoje não se pode mais dizer que a literatura latino-americana, especialmente, a brasileira, mas também o que poderíamos chamar de modo mais geral, os estudos brasileiros, em toda a sua amplitude, sejam raros nos países de língua alemã. Sabidamente, podem-se constatar lacunas, casualidades e desequilíbrios na recepção da literatura brasileira, bem como na ciência e na pesquisa. E, se é verdade que os alemães descobriram seu amor pela América Latina tardiamente, o desconhecimento e a indiferença com relação ao Brasil já foram definitivamente superados.

VINTE ANOS DE LITERATURA BRASILEIRA NA ALEMANHA: O ENCONTRO DE DOIS PAÍSES?

Ray-Güde Mertin

É uma história de encontros e desencontros. No princípio era o índio, o bom selvagem do primeiro romance brasileiro traduzido para o alemão, *O Guarani*, de José de Alencar, em 1872, que até o ano de 1914 teve cinco edições diferentes nessa língua.[1]

Na história da recepção duma literatura se manifestam as múltiplas facetas do imaginário de cada povo – e o índio na sua selva está muito presente, quando observamos as capas dos livros brasileiros lançados na Europa. É uma história de boas intenções e de mal-entendidos, dependendo do interesse maior ou menor de um país por outro, do estado de informação, dos contatos políticos e culturais, sendo estes, por fim, claramente destinados para o segundo ou terceiro plano quando se considera a importância das relações econômicas.

A informação sobre os países de além-mar parece dominada pelo "noticiário das catástrofes". Como se só existisse o dia-a-dia no contexto de seca–terremoto–inundação–acidente de avião ou, menos catastrófico, na altura do campeonato mundial de futebol.

A história da recepção de uma literatura é sobretudo a história da sua tradução, uma história, diga-se de passagem, cheia de acasos e atrasos, quando são considerados os títulos traduzidos para o alemão.

A recepção, por sua vez, é uma história dos seus interlocutores, transmissores, mediadores e tradutores e, finalmente também, em proporções cada vez maiores, uma história das modernas possibilidades de comunicação e de um mercado editorial cada vez mais impiedoso e cada vez mais "globalizado" (para não dizer norte-americanizado).

---

1 Klaus Küpper. *Bibliographie der brasiliannischen. Literatur; Prosa, Lyric, Essay und Drama in deutscher Übersetzung*, hrsg. von Klaus Küpper in Zusammenheit mit Ray-Güde Mertin, Frankfurt am Main: Verlag Teo Ferrer de Mesquita, 1994.

Vinte anos de literatura brasileira na Alemanha

Em artigos anteriores ilustrei com alguns exemplos os caminhos da literatura brasileira na Alemanha nos anos 80 e 90 – o percurso das obras na aceitação do público, apontando para os sucessos e fracassos, os altos e baixos no decorrer desses anos, para os fatores determinantes desta recepção (o papel das editoras, dos críticos, do público leitor) e para a imagem que a literatura traduzida transmite ou, melhor dizendo, para a imagem que os leitores têm do país de origem dessa literatura.[2]

Com a abertura política do final dos anos 70, início dos anos 80, o interesse pelas mudanças no Brasil cresceu. O engajamento de alguns grupos e editoras pelo Terceiro Mundo levara à publicação principalmente da literatura documentária de testemunho. Na década de 80, houve um número considerável de eventos com escritores que eram abordados acerca da sua literatura sob a ditadura militar e as perspectivas da sua profissão. "Não viajamos como porta-vozes do nosso país", disse um escritor, irritado com o fato de que sempre lhe faziam perguntas sobre a situação política e social do Brasil em vez de fazerem-lhe perguntas sobre a sua obra.

Depois que principalmente Jorge Amado e Machado de Assis foram traduzidos nos anos 50, além deles Érico Veríssimo, cuja obra *O tempo e o vento* alcançou a lendária cifra de 340 mil exemplares vendidos na tradução alemã; nos anos 60 Guimarães Rosa, Gilberto Freyre e João Cabral, mais Graciliano Ramos, Autran Dourado e Clarice Lispector; nas

---

[2] Ray-Güde Mertin. Erzälende Literatur aus drei Jahrzehnten; Schreiben als Beruf (in: Brasilien heute). "Lusotropikalisch": zur Rezeption brasilianischer Literatur in der deutschsprachigen Presse, in: *De orbis Hispani linguis litteris historia moribus*; Festschrfit für Dietrich Briesemeister zum 60. Geburtstag, hrsg vou Axel Schönberger und Klaus Zimmermann, Frankfurt am Main: Domus Editoria Europaea, 1994, p. 1817-1823; gekürzte Fassung des Vortrags "As armadilhas da resenha", Congresso Internacional de Lusitanistas, set. 1993, Hamburg-veröff. In Acta. Klaus Küpper reuniu, no trabalho citado, a literatura brasileira dos últimos 120 anos, traduzida para o alemão. Pense-se também em:

Gustav Siebenmann. "Die neuere Literatur Lateinamerikas und ihre Rezeption im deutschen Sprachraum", Berlin: Colloquium Verlag, 1972, p. 76;

Claudia Wiese. "Die hispanoamerikanischen Boom-Romane in Deutschland; literaturvermittlung, Buchmarkt und Rezeption", Frankfurt am Main: Vervuert, 1992.

Michael Rössner. "Post-Boom, noch immer Boom oder gar kein Boom": Gedanken zu den Problemen von Übersetzung und Vermarktung lateinamerikanischer Literatur im deutschen Sprachraum, in: Ludwig Schrader (Hrsg.). *Von Góngora bis Nicolás Guillén: spanische und lateinamerikanische Literatur in deutscher Übersetzung*. Erfahrungen und Perspektiven; Akten des internationales Kolloquiums, Düsseldorf vom 21/5/1992, Tübingen: Günter Narr, 1993 (Transfer; 5);

Dietrich Briesemeister. "Die Rezeption brasilianischer Literatur im deutschen Sprachraum (1964-1988)", in: Dietrich Briesemeister, Helmut Feldmann, Silviano Santiago (Hrsg.). *Brasilianische Literatur der Zeit der Militärherrschaft (1964-1984)*, Frankfurt am Main: Vervuert, 1992, p. 367-388.

duas décadas seguintes, o número de traduções aumentou, as informações sobre o Brasil tornaram-se mais detalhadas e o país ganhou – no contexto latino-americano – um contorno próprio.

Até então uma antologia de literatura latino-americana excluía, quase sempre, o Brasil. Dizer América Latina queria dizer a América espanhola. Em 1976, a Feira do Livro de Frankfurt era dedicada à América Latina, em 1982 se organizou o Festival Horizonte em Berlim, com uma presença já importante de escritores brasileiros. Que o Brasil estivesse, aos poucos, ganhando um contorno próprio dentro da literatura latino-americana não era tão fácil.

Com o famoso *boom* dos hispano-americanos, deveria ficar claro que o Brasil ocupa a metade do subcontinente sul-americano, e que a sua realidade na verdade são muitas realidades. "A senhora não teria algo tipo *Os cem anos de solidão*?" era uma pergunta freqüente dos editores na década de 80. Editores, críticos e leitores esperavam encontrar em cada livro novo da América Latina anos de solidão em variações. Nem só de realismo mágico vive a literatura latino-americana. A idéia amplamente difundida do *exótico* parecia comprovada com o realismo mágico de um García Márquez. Uma das tarefas, se se pode usar esta palavra, na divulgação da literatura brasileira, foi justamente a de contestar esta imagem, de advertir para o fato de que os escritores também tratam outras realidades, não somente as mágicas. Como, por exemplo, o cotidiano nas grandes cidades de crescimento incontrolável, um cotidiano muito parecido e/ou comparável com o nosso dia-a-dia, mas também um cotidiano dominado pelo caos e pela violência. Conseqüentemente, a literatura busca novos caminhos para a sua linguagem e sua técnica narrativa, enfim, é uma realidade muito mais complexa além da idéia de um exotismo tropical exuberante.[3]

Neste contexto seria interessante discutir os seguintes aspectos:

Quais os critérios que determinam a escolha ou recusa de um livro?
Como chegam os livros à mesa de um editor?
Quem os recomenda?
Quem serve de intermediário?
Os autores têm contato com os editores ou dependem de intermediários?
Quem são esses intermediários? Tradutores e agentes literários?

---

[3] Um conceito que ainda se mantém nas recensões em língua alemã, ver o já citado artigo "Lusotropikalisch"; a situação é semelhante nos países vizinhos.

Críticos de literatura? Colegas escritores do próprio país?

Hoje em dia a mediação de livros da América Latina – ou especialmente do Brasil – é menos casual do que antigamente?

Quem seleciona e recomenda?

Há um número crescente de conhecedores da literatura brasileira, e um número crescente de competentes tradutores literários cujo trabalho, essencial para o diálogo das literaturas, continua mal pago, e é raramente reconhecido na sua importância.

O agente literário é o medianeiro entre o autor e a editora, representa os interesses do autor, acompanha a evolução da sua obra, procura a editora mais apropriada (na escala entre cultura e comércio cada agência tem o seu caráter e as suas prioridades). Ele deveria ser o interlocutor crítico tanto do autor quanto do editor, sem criar expectativas falsas.[4]

A literatura proveniente da América Latina tem direito a ser considerada no mesmo nível que outras literaturas, não deveria ser lida somente como veículo de informação sobre o país. Não é preciso acentuar que uma obra literária transmite muitos elementos procedentes de outra cultura na ficção e desperta para outras formas de viver e de pensar. Porém, os preconceitos ou, digamos, os clichês, que influenciam o diálogo entre o autor traduzido e o seu leitor estrangeiro, são, ao que parece, difíceis de desaparecer da mente das pessoas.

> Explorar o exótico-regional como tema de um relato de aventuras significaria aderir ou ceder à expectativa de um determinado público que associa o texto literário à geografia, o autor à região em que nasceu, como se essa correspondência fosse não apenas necessária e sim também obrigatória. Isso é o que ocorre, de certa forma, com a literatura latino-americana. Muitos leitores estrangeiros alimentam a expectativa de encontrar na ficção latino-americana uma série de valores e intenções estéticas exaltados pela mídia internacional. Quando uma obra de um escritor não contém esses atributos pretensamente latino-americanos, ela corre o risco de ser marginalizada ou reconhecida tardiamente.[5]

---

[4] De meados da década de 80 até hoje apareceram muitas novas agências. Também na Alemanha a colaboração com agentes literários vem ganhando maior importância. A profissão do agente literário é hoje, graças à atenção crescente na mídia, mais conhecida do que há dez anos.

[5] Milton Hatoum. "Passagem para um certo Oriente", in: Guia das Artes, São Paulo, julho de 1992, p. 65.

O processo de decisão nas editoras

Aderir ou ceder à expectativa de um público que procura o exótico-tropicalista na obra de além-mar é o que ainda determina, em muitos casos, a escolha de uma obra para tradução. Um exemplo: Carlos Nascimento Silva – *A casa da Palma*. A editora achou o parecer interessante e decidiu a favor do livro embora, do ponto de vista do conhecedor da literatura brasileira contemporânea, o parecer contivesse inúmeros erros e categorizações erradas, até exóticas. Na maioria das editoras alemãs não há quem leia português. O livro é, então, lido e avaliado por um leitor/uma leitora que trabalha como *free-lancer* para a editora. Estes informes/relatórios/*readers reports* nem sempre dão uma idéia correta do livro proposto. E, quando é o caso, a editora responsável muitas vezes pede um segundo relatório de outra pessoa para tomar uma decisão a favor ou contra a publicação do livro em questão. Obviamente um livro escrito em inglês tem mais chances: dentro da própria editora várias pessoas podem ler o livro, formar uma opinião própria, e o jovem escritor americano desconhecido ganhará, ante o jovem holandês ou brasileiro. Desespero? Não, desânimo, muitas vezes, sim. É preciso uma boa dose de persistência...

Em 1996 quase 10 mil dos 72 mil títulos novos publicados eram traduções, os 43% das traduções correspondem a títulos de ficção e os 12,9% à literatura infanto-juvenil. Há uma tendência assustadora na estatística publicada anualmente pela Associação dos Editores e Livreiros na Alemanha.[6] Em cinco anos a porcentagem de obras traduzidas do inglês aumentou de 69% para 74,4% – não é difícil imaginar que esta evolução se dá à custa de outros idiomas. Há dez anos o escritor Márcio Souza disse, num debate na Alemanha, que o português era o chinês da Europa. Sim, estamos chegando aí, pois a porcentagem de obras traduzidas do português (incluindo todos os países de língua portuguesa) caiu de 0,5% nos últimos anos – um número mais ou menos constante – para 0,3% em 96 – a mesma porcentagem do chinês!

Por ocasião do país-tema Brasil da Feira do Livro de Frankfurt em 1994, algumas editoras alemãs reeditaram autores brasileiros ou publicaram títulos novos, entre eles *Tutaméia*, de João Guimarães Rosa, aliás o autor mais resenhado do país-tema, *As três Marias*, de Rachel de Queiroz, *As horas nuas*, de Lygia Fagundes Telles, *Breve história do espírito*, de Sérgio Sant'Anna, *Jóias de família*, de Zulmira Ribeiro Tavares, *Estorvo*, de Chico Buarque e outros...

---

6   Buch und Buchhandel in Zahlen, hrsg. Vom Börsenverein des deutschen Buchhandels, Frankfurt am Main.

Por outro lado não foram reeditadas as obras esgotadas de Graciliano Ramos, nem de Moacyr Scliar, nem de Rubem Fonseca. O prestígio interno dum autor nem sempre corresponde ao sucesso externo. A novidade é mais importante do que uma reedição.

A crítica literária

Revendo as resenhas publicadas nos últimos 15 a 20 anos, é fácil confirmar que os clichês estão fortemente arraigados dos dois lados. As próprias editoras contribuem para isso, com capas exóticas, textos de contracapa que descobrem parentescos dos mais absurdos com Fernando Pessoa, Guimarães Rosa ou García Márquez.

Que vitória, após tantos anos de combate aos clichês de que o Brasil seja somente sertão e favela, samba e mulata, encontrar uma resenha, publicada em outubro de 1994, com o título: *Nem sombra de Terceiro Mundo*, que se referia a Sérgio Sant'Anna, *Breve história do espírito* e a *Jóias de família* de Zulmira Ribeiro Tavares.[7]

As resenhas mostram, muitas vezes, um exotismo ingênuo ou uma condescendência altiva para com os escritores traduzidos. O que fazer? Seria desejável que as editoras investissem mais conscientemente contra os estereótipos predominantes. A maioria dos críticos alemães não fala português, infelizmente. Justiça seja feita, também há resenhas que tratam o livro como uma obra literária, livre de categorização sem espiar por um parentesco forçado com o realismo mágico ou supostos modelos europeus e ainda por cima o crítico assinale quem traduziu a obra.

Muitos destes livros que nos últimos vinte anos – freqüentemente por caminhos nada fáceis – chegaram às livrarias alemãs já estão esgotados. Em 1994, no ano do país-tema Brasil na Feira Internacional do Livro de Frankfurt, faltavam informações mais detalhadas sobre a literatura brasileira. Uma oportunidade singular que não se aproveitou. Mas as editoras alemãs cumpriram com sua tarefa, participaram do país-tema, lançaram algumas novidades – e depois? A maior parte dos livros recentemente traduzidos caiu no esquecimento.

---

[7] Conforme também: Quellenkatalog der Gesellschaft zur Förderung der Literatur aus Afrika, Asien und Lateinamerika, Frankfurt am Main, publicado a cada dois anos em versão retrabalhada. Das kosmische Ei, tradução de Frank Heibert; Familienschmuck, tradução de Maralde Meyer-Minnermann, Frankfurt am main: Suhrkamp Verlag, 1994.

Ray-Güde Mertin

O que fazer?

Para intensificar o intercâmbio seria importante continuar com as medidas de incentivo e apoio à tradução e dar maior publicidade aos prêmios literários do mundo lusófono.[8]

A meu ver, falta um programa eficiente de intercâmbio de bolsas e prêmios para tradutores. Foi devido à nossa sugestão, repetidas vezes apresentada ao comitê organizador, que o Brasil concedeu um prêmio de tradução em 1994, em Frankfurt. Diga-se de passagem que no ano do país-tema de Portugal, em 1997, apresentamos a mesma proposta que foi aceita pelos responsáveis em Lisboa. Infelizmente, até hoje os outros países-tema não seguiram esse exemplo.

Apoiar os multiplicadores, incentivar viagens de leituras e debates, convidar editoras alemãs e críticos literários de importantes jornais e revistas... seriam algumas sugestões.

Sabemos que as verbas para eventos culturais são cada vez mais escassas. A Alemanha está aprendendo a buscar os famosos *sponsors*, os patrocinadores de eventos culturais. O nosso problema: O livro não é um produto muito comercializável – é o *bastardo* entre os produtos patrocinados. Apoio financeiro para eventos esportivos? Sim. Uma exposição? Sim. Um concerto? Sim. Um escritor? Quem sabe o que ele vai dizer? Seria preciso enfrentar a sua literatura, seria preciso ler o que ele escreveu!

Não é só a falta de informação, de disposição dos editores, também é a evolução do mercado editorial.

Os representantes das editoras viajam, duas vezes por ano, para apresentar as novidades e a *backlist*. Suponhamos que um representante tem duas horas para 20 títulos... é fácil calcular quanto tempo teria para falar de cada lançamento. O comércio livreiro vê-se confrontado com a tarefa quase impraticável de se orientar neste número desproposidado de novos lançamentos para poder aconselhar os leitores interessados.

O livro transforma-se cada vez mais em mercadoria descartável, cada vez com mais rapidez é preciso ceder o lugar a um novo título. Não há tempo necessário para realmente apresentar um novo autor.

A publicidade só é dedicada a poucos títulos da editora – o restante que se imponha sem qualquer publicidade – no meio de 75 mil títulos novos (86 mil em 1998)! O vendável reina no mercado. Gestern gedruckt, heute gelesen, morgen vergessen... *Impresso ontem, lido hoje, esquecido amanhã...*

---

[8] Os prêmios Cervantes, Planeta ou Alfaguara têm muito mais repercussão na mídia.

Vinte anos de literatura brasileira na Alemanha

São cada vez mais raras as editoras que se empenham em publicar obras literárias mais difíceis – elas existem, mas com certas dificuldades, graças a uma boa dose de coragem e quase sempre na base de auto-exploração.

Temos o fenômeno Paulo Coelho – um belo exemplo de marketing. Durante anos um autor totalmente desconhecido, publicado por uma editora totalmente desconhecida, até que a prestigiada Diogenes conseguiu comprar os direitos das duas obras já publicadas... e começou o sucesso alquimista, também em língua alemã.[9]

Seria interessante analisar e comparar as posições bastante diversas dos escritores brasileiros que estiveram na Alemanha com uma bolsa: Ignácio de Loyola Brandão, sempre curioso, sempre viajando, à procura de temas e fenômenos para registrar, escreveu um livro sobre a sua estadia – *O verde violentou o muro*. João Antônio, infeliz na cidade de Berlim, sentiu-se completamente deslocado. João Ubaldo Ribeiro trazia Itaparica na cabeça e na alma, mas fez sucesso com as crônicas mensais no jornal *Frankfurter Rundschau*, mais tarde publicadas pela editora Suhrkamp.[10] Rubem Fonseca aproveitou os meses em Berlim para o seu próximo romance e em 1998 veio Fernando Bonassi, que escreveu "para perturbar o leitor". Chegou e registrou os primeiros dias em Berlim num texto que leva o título "Berlim está de sacanagem comigo".[11]

Somente foi possível apontar brevemente alguns aspectos da recepção da literatura brasileira entre nós. Para não terminar em maré negativa, cito uma resenha do já mencionado crítico Jörg Drews:

> Atualmente domina na nossa literatura um clima moderado. Por isso é um prazer e um alívio, que no texto de Raduan Nassar, *Um copo de cólera*, primeiro publicado em 1976, as palavras se cruzem num tiroteio verbal, chicoteando ofensas... São 70 páginas maravilhosamente fervilhantes, escandalosamente berrantes a serem sorvidas num só trago.[12]

Quem dera, se todas as resenhas fossem assim! Mas não há nada mais imprevisível do que a sorte de um livro.

---

[9] Não deixa de ser interessante que as obras anteriores do escritor tenham tido mais sucesso aqui do que as últimas.

[10] João Ubaldo Ribeiro: *Ein Brasilianer in Berlin*, übers. V. Ray-Güde Mertin, Frankfurt am Main: Suhrkamp Verlag, 1994.

[11] Fernando Bonassi. "Ich fühl mich von Berlin verarscht" heftige Liebeserklärung eines Brasilianers, Frankfurter Rundschau, 8/2/1997.

[12] Jörg Drews, Frankfurter Rundschau, 7/3/1992.

SOBRE OS AUTORES

ALBERT VON BRUNN: Formação em filologia românica nas Universidades de Basel, Zaragoza e Lisboa; Doutorado em 1982. Desde 1986 administrador do fundo português e brasileiro da Biblioteca Central de Zurique e colaborador permanente da revista *Orientierung*, da Cia. de Jesus (Zurique). Livros publicados: *Die seltsame Nation des Moacyr Scliar* (1990), *Die Expedition Callado* (1994), *Moderne brasilianische Literatur (1960-1990)* (1997), além de muitos artigos em revistas (entre outras, *Lusorama*, Frankfurt; *Noaj*, Jerusalém e *Tradterm*, São Paulo).

ANTONIO DIMAS: Mestrado e doutorado pela Universidade de São Paulo. Professor de Literatura Brasileira na FFLCH-USP desde 1969. Ex-Fulbright Visiting Researcher na University of Illinois, EUA, em 1974. Ex-bolsista da Fundação Gulbenkian em Lisboa, Portugal. Ex-professor visitante da Université de Rennes, França, em 1986-87. Ex-conselheiro e vice-diretor do IEB-USP. Ex-diretor acadêmico do US Department of Education Summer Seminar in Brazil. Livros publicados: *Rosa-Cruz* (1980), *Tempos eufóricos* (1983). Antologias: *Gregório de Matos* (1981), *Márcio Sousa* (1982), *Aníbal Machado* (1984), *Vossa insolência* (1996). É membro do grupo internacional de pesquisa em Literatura e História – Cliope.

ANTONIO FAUNDEZ: Formação em Filosofia pela Universidade de Concepción, Chile. Doutorado pela École de Hautes Études en Sciences Sociales. Diretor do Instituto para o Desenvolvimento da Educação dos Adultos (IDEA). Vários livros, entre os quais: *Cultura oral, cultura escrita y el proceso de alfabetización en São Tomé e Príncipe* (1984), com Paulo Freire, *Por uma pedagogia da pergunta* (1985), *Oralité et écriture en Afrique. Processus d'alphabétisation et de post-alphabétisation en São Tomé e Príncipe* (1986), *Oralidade e escrita* (1989), *A expansão da escrita na África e na América Latina* (1994), *Education, Developpement et*

Brasil, país do passado?

> *Cultura. Contradictions théoriques et pratiques* (1994). Vários artigos publicados em revistas européias e americanas, bem como no Oriente Médio.
>
> ARTURO GOUVEIA: Professor de Literatura Brasileira na Universidade Federal da Paraíba. Fez doutorado na Universidade de São Paulo em 1998 sobre os romances de Antonio Callado (especialmente *Quarup* e *Bar don Juan*) e a violência de Estado. Tem vários ensaios publicados em revistas e atas de Congressos Nacionais e Internacionais.
>
> BERNARDO KUCINSKI: Jornalista, com experiência profissional diversificada: BBC, *The Guardian*, Londres, *Veja, Gazeta Mercantil, Exame, Opinião, Movimento*, São Paulo. Professor associado da Universidade de São Paulo (ECA-1996), onde ministra as disciplinas de Jornalismo Econômico e Jornalismo e Política Internacional. Principais publicações: *Abertura, História de uma Crise* (1979), *Jornalistas e revolucionários: nos tempos da imprensa alternativa* (1991), *The privatization of the electricity sector in Brazil* (1995), *Carnival of the oppressed* (em colaboração com Sue Branford) (1995), *Jornalismo econômico* (1995), *The privatization of public services in Brazil* (1996).
>
> BERTHOLD ZILLY: Formação em literaturas alemã e neolatinas. Fez doutorado sobre Moliére na Universidade Livre de Berlim. Professor de língua portuguesa e literatura latino-americana na Universidade Livre de Berlim. Tradutor de *Os sertões*, de Euclides da Cunha, para o alemão. Foi professor visitante na USP, na Universidade Federal Rural do Rio de Janeiro e na Universidade Federal do Ceará. Tem vários artigos publicados em revistas e livros coletivos no Brasil e na Alemanha. Membro do grupo internacional de pesquisa em Literatura e História – Cliope.
>
> CARLOS AZEVEDO: Formação em sociologia pela Universidade Federal de Pernambuco. Especializou-se em sociologia da literatura. É ensaísta e ficcionista. Tem vários ensaios e contos publicados em revistas brasileiras e estrangeiras. Reside em Hamburgo e trabalhou até 1999 no Instituto de Estudos Latino-americanos da Universidade Livre de Berlim. *Saber com sabor*, ensaios sobre literatura brasileira (1996); *Tríade*, contos (1985), *Quimeras*, contos (1988), *Hamburgo blues*, crônicas (1994), *Os herdeiros do medo*, romance (1996), *Meu nome é ninguém*, romance picaresco (1997), *Os lobos de Manhattan não uivam ao amanhecer*, contos (1999).
>
> DAVID SCHIDLOWSKY: Nasceu em Detmold, na Alemanha, durante os estudos musicais de seus pais nesta cidade. De 1955 a 1968 viveu em Santiago do Chile. Em 1969 foi para Israel e lá viveu num Kibbutz até 1976. Após três anos em Tel-Aviv, mudou-se para a Alemanha, onde terminou, em 1990, seu mestrado em literatura e cultura latino-americana, com

uma tese sobre *A estranha nação de Rafael Mendes* de Moacyr Scliar, estudo publicado em 1996. Entre 1987 e 1994, filmou uma série de filmes documentários sobre diversos temas literários e musicais. Em 1998, terminou sua tese de doutorado sobre Pablo Neruda, intitulada "Las furias y las penas. Una biografía de Pablo Neruda, 1904-1943".

DIONY DURÁN: Professora doutora da Universidade de Havana, Cuba. Foi professora visitante na UFRJ e na USP. Atualmente é professora visitante na Universidade de Rostock, Alemanha. Autora de vários ensaios, publicados em revistas americanas e européias. Entre suas várias publicações, destaca-se um livro sobre o ensaio de Pedro Henríquez Ureña, *La flecha de anhelo* (Editora Santo Domingo, Cuba, 1992).

DIETRICH BRIESEMEISTER: Ex-diretor do Instituto Ibero-americano de Berlim. Professor Titular de Filologia Ibero-românica da Universidade Friederich Schiller de Jena, desde 1999. Foi professor da Universidade de Munique, Mogúncia e Berlim (Universidade Livre) entre 1968 e 1999. Editor da *Biblioteca Luso-Brasileira* (6 volumes, 1996-1998), co-editor do manual *Brasilien heute. Politik, Wirtschaft, Kultur* (1994). Co-editor (com Silviano Santiago e Helmut Feldman) da coletânea de estudos sobre *Brasilianische Literatur zur Zeit der Militärherrschaft (1964-1988)* (1992). Alguns artigos sobre temas luso-brasileiros: "Das jesuitische Schuldrama und die portugiesischen Entdeckungen". *La tragicomedia del Rey Dom Manoell (1619)*, in: Christoph Strosetzki. Manfred Tietz (eds.). *Einheit und Vielfalt der Iberomania*, Hamburgo, 1989, 309-324, Im Zeichen des Kreuzes. "Landnahme und Mission: Literatur in Brasilien – brasilianische Literatur", in: Joseph Stumpf. Ulrich Knefelkamp (eds.). *Brasiliana. Von Amazonenland zum Kaiserreich*, Heidelberg, 1989, 45-54; 116-130. "Comedias españolas del Siglo de Oro en el Brasil Colonial", in: *Bulletin Hispanique 92* (1990), 101-109. "Das deutsche Brasilienbild im 19. Und 20. Jahrhundert, in: Sigrid Bauschinger. Susan L. Cocalis (eds.). *"Neue Welt" – "Dritte Welt". Interkulturelle Beziehungen Deutschlands zu Lateinamerika und der Karibik*, Tübingen, 1994, 64-84. "Figure des Brasilians". Die politische Ikonographie des Festspiels zum Einzug König Heinrichs II von Frankreich und Katharinas von Medici in Romen (1550), em: *Festschrift für Martin Warnke* (1997).

DULCE WITHAKER. Socióloga. Doutora em Sociologia da Educação. Professora na Unesp-SP, atuando na graduação e pós-graduação. Tem vários artigos publicados no Brasil e no exterior.

EDGAR DE DECCA: Professor doutor em História Social pela Universidade de São Paulo, atualmente professor do Departamento de História da

Brasil, país do passado?

Unicamp – SP, onde dirige a linha de pesquisa "História, memória e historiografia". Atua também nas áreas de teoria e metodologia da História e de História Moderna e Contemporânea. Autor do livro *1930: O silêncio dos vencidos* e de inúmeros artigos publicados no Brasil e no exterior. Membro do grupo internacional de pesquisa em Literatura e História – Cliope.

EMIR SIMÃO SADER: Formado em Filosofia pela Universidade de São Paulo, onde também defendeu um mestrado em Filosofia Política e um doutorado em Ciência Política. Foi professor dessa mesma universidade, de Filosofia, Ciência Política e Sociologia até 1997, quando se aposentou e passou a coordenar o Programa de Estudos de América Latina e Caribe na Universidade do Estado do Rio de Janeiro (UERJ). É presidente da Associação Latino-americana de Sociologia (ALAS). Publicou entre outros livros: *Estado e Política em Marx, a transição no Brasil: da ditadura à democracia?; Democracia e Ditadura no Chile; O anjo torto: esquerda e direita no Brasil; O poder, cadê o poder?* e *Cartas a Che Guevara*.

ERHARD ENGLER: Professor doutor de Literaturas em língua portuguesa e brasileira na Universidade Humboldt, em Berlim. Tradutor de Machado de Assis e Jorge Amado. Fez tese de doutorado sobre Euclides da Cunha. Autor do manual de ensino do português brasileiro *Lehrbuch des brasilianischen Portugiesiesch*. Foi professor visitante na USP e nas Universidades Federais do Rio de Janeiro e Porto Alegre. Tem vários artigos publicados na Alemanha e no Brasil e um livro sobre Jorge Amado.

ETTORE FINAZZI-AGRÒ: Professor de Literatura Brasileira na Universidade La Sapienza, de Roma. Foi professor visitante na UFRJ, na UFMG e na Universidade Nova de Lisboa. Tem vários livros e artigos publicados dentro e fora da Itália. Entre eles, destacam-se os estudos sobre literatura do século XX (podem ser lembrados: "As palavras em jogo: Macunaíma, o herói sem nenhum caráter", edição crítica organizada por Telê Porto Ancona Lopez, 2ª ed., Unesco, Madrid-Paris (1996), "O poeta inoperante: uma leitura de Manuel Bandeira", in: Manuel Bandeira, *Libertinagem. Estrela da manhã*, edição crítica organizada por Giulia Lanciani, Unesco, Madrid-Paris (1988), "Apocalypsis H.G. Una lettura intertestuale della *Paixão segundo G.H.* e della *Dissipatio H.G.*" (Roma, 1984). Estudou também os mitos da Descoberta (*A Invenção da Ilha. Tópico literária e topologia imaginária na descoberta do Brasil*, Rio de Janeiro, 1993). É membro do grupo internacional de pesquisa em Literatura e História – Cliope e faz parte da Comissão Executiva da Associação Internacional de Lusitanistas.

Sobre os autores

FERNANDO BONASSI: Cineasta: dirigiu os filmes de curta-metragem *Os circuitos do olhar*, *Faça você mesmo*, *O amor materno* e *O trabalho dos homens*. Roteirista de vários filmes de curta e longa-metragem: *Os matadores*, *Castelo Rá Tim Bum*, *Sonhos tropicais* e de programas de TV: *Mundo da lua, Castelo Rá Tim Bum*. Escritor: *O amor em chamas*, contos (1989), *Cem histórias colhidas na rua*, contos (1996), *O amor é uma dor infeliz*, contos (1997), *Um céu de estrelas*, romance (1991), *Subúrbio* e *Crimes conjugais*, romance (1994), *Tá louco*, romance infanto-juvenil (1996), *Uma carta para Deus*, literatura infantil (1997). Bolsista do DAAD-Deutscher Akademischer Austauschdienst para escritores, Berlim, 1998.

FLAVIO AGUIAR: Professor de Literatura Brasileira da Faculdade de Filosofia, Letras e Ciências Humanas da Universidade de São Paulo, onde dirige o Centro Ángel Rama de Estudos Latino-Americanos. Como crítico publicou, entre outros livros, a antologia *Com palmos medida – terra, trabalho e conflito na literatura brasileira* (1999), pelas editoras Boitempo e Fundação Perseu Abramo, com textos selecionados de 63 autores sobre os problemas da ocupação da terra no Brasil de 1500 até hoje. Vem publicando uma Antologia do teatro brasileiro de 1838 a 2000, prevista para seis volumes, dos quais dois, referentes ao século XIX (*O teatro de inspiração romântica; A aventura realista e o teatro musicado*) já saíram, pela Editora Senac. Em 1984 ganhou o Prêmio Jabuti, na categoria Ensaio Literário, com o livro *A comédia nacional no teatro de José de Alencar*, publicado pela Editora Ática. Em 2000 ganhou novamente o Prêmio Jabuti, desta vez com o romance *Anita*, também publicado pela Boitempo.

FRANCISCO FOOT HARDMAN: Professor livre-docente na área de Literatura e Outras Produções Culturais do Departamento de Teoria Literária do Instituto de Estudos da Linguagem da Universidade Estadual de Campinas (IEL, Unicamp), onde coordena atualmente seu programa de pós-graduação. Foi professor do Departamento de Ciências Sociais da Universidade Federal da Paraíba (1980-87) e pesquisador associado na área de História Cultural do Instituto de Estudos Avançados da Universidade de São Paulo (1993-95). Foi Directeur d'Etudes Associé na Maison des Sciences de l'Homme (1995), ambos em Paris. Foi professor convidado do Departamento de Estudos Românicos da Università di Roma "La Sapienza" (1991) e professor visitante do LAI (Lateinamerika-Institut)/Universidade Livre de Berlim na primavera de 1995. É, desde 1995, membro do Editorial Board da revista internacional *Journal of Latin American Cultural Studies: Travessia*, editada pelo King's College de Londres. É autor de vários ensaios publicados no Brasil e no exterior e de vários livros, entre

Brasil, país do passado?

eles: *Nem Pátria, Nem Patrão!: vida operária e cultura anarquista no Brasil* (São Paulo, Brasiliense, 1983) e *Trem fantasma: a modernidade na selva* (São Paulo, Cia. das Letras, 1988)

HELGA DRESSEL: Formação em Literatura e Cultura da América Latina pela Universidade Livre de Berlim. Mestrado sobre a recepção do teatro alemão no Brasil, pela mesma Universidade onde, atualmente, vem fazendo doutorado sobre a obra de Viana Moog. Coordenação de colóquios de pesquisas sobre literatura e cultura ibero-americana. Vários artigos publicados. Tradução de um romance e diversos ensaios.

ILSE SCHIMPF-HERKEN: Doutora em Ciências da Educação, trabalhando atualmente na Universidade Livre de Berlim com temas de direitos humanos e teoria feminista. Estudiosa de Paulo Freire e co-fundadora da Associação Paulo Freire na Alemanha. Colabora com várias ONGs e agências estatais para a "educação da memória histórica" e "resolução de conflitos em sociedades em transformação (Chile, Argentina, Iugoslávia)".

INGRID SCHWAMBORN: Formação inicial, mestrado e doutorado em Bonn. Tese sobre "José Alencar e o tupi"; diversas estadias no Brasil (Fortaleza e Rio de Janeiro, 1968-1978; 1989-1995). Dá aulas de literatura brasileira em Colônia. Publicações diversas sobre literatura francesa, maghrebina e sobre Stefan Zweig no Brasil. Trabalhou com Sylvio Back no filme *Stefan Zweig – a morte em cena* (1995).

ISABEL LUSTOSA: É chefe da Pesquisa Histórica da Fundação Casa de Rui Barbosa. É mestre e doutora em ciência política pelo IUPERJ, onde defendeu a tese "Insultos Impressos – a guerra dos jornalistas na Independência" (1997). É também autora de *Histórias de presidentes – República no Catete* (Vozes/FCRB, 1989) e *Brasil pelo método confuso – humor e boemia em Mendes Fradique* (Bertrand Brasil, 1993). É autora dos livros infantis *O Chico e o avô do Chico* (Prêmio Carioquinha de Literatura, 1996) e *História dos escravos* (Cia. das Letrinhas, 1998). Tem se especializado na história da nossa imprensa, com ênfase na imprensa de humor e na caricatura, tendo já publicado diversos artigos sobre o tema.

LIGIA CHIAPPINI: Foi professora titular de Teoria Literária e Literatura Comparada na Universidade de São Paulo (1972-1997). Pertence ainda ao quadro dos orientadores de pós-graduação dessa Universidade. Foi professora visitante da Columbia University (1985-86) e da Université de Paris VIII; Vincennes (1991). Foi presidente do Centro Ángel Rama do qual é sócia-fundadora. Atualmente é professora titular de Literatura e Cultura Brasileiras no Instituto de Estudos Latino-americanos da Universidade Livre de Berlim. Tem vários artigos publicados em livros e revistas no Brasil e no exterior e vários livros, entre os quais destacam-se: *Regionalismo e Modernismo: o "Caso" gaúcho* (1978); *Quando a pátria viaja: uma leitura dos romances de Antonio Callado* (prêmio Casa de Las Américas, ensaio, 1983); *Invasão da Catedral: literatura e ensino em debate*; *No entretanto dos tempos: Literatura e História em João Simões Lopes Neto* (1988). É membro do grupo internacional de pesquisa em Literatura e História – Cliope.

MANFRED NITSCH: Economista. Professor titular na Universidade Livre de Berlim, com vários artigos publicados e coordenador de vários projetos de pesquisa de grande interesse para o Brasil, entre os quais sobre o pró-alcool, a previdência social, o desenvolvimento sustentável na Amazônia etc.

MARIA ÂNGELA D'INCAO: Professora titular de Sociologia, Unesp-SP. Com vários ensaios e livros publicados no Brasil e no exterior. Organizadora do livro *Dentro do texto, dentro da vida*, ensaios sobre Antonio Candido (São Paulo, Cia. das Letras, 1992).

MARIA NAKANO: Assistente Social e produtora audiovisual. Foi fundadora e membro do Latin American Research Unit no Canadá (1976-77), consultora na área de comunicação do governo de São Tomé e Príncipe (1977), consultora do CETA – Centro de Treinamento e Produção Audiovisual (1982-89), produtora executiva do Programa de Cidadania, veiculado pela Rede Educativa de Televisão (1994-95), produtora de documentários e ficções em vídeo. Atualmente coordena a área de comunicação do Ibase – Instituto Brasileiro de Análises Sociais e Econômicas.

MARIA STELLA BRESCIANI: Historiadora e doutora em História Social (FFLCH-USP), professora adjunta do Departamento de História do IFCH-Unicamp-SP. Coordena as Linhas de Pesquisa Jogos da Política e Cultura e Cidade (Pós-graduação) e o Centro Interdisciplinar de Estudos sobre a Cidade (CIEC). Autora de *Londres e Paris no século XIX. O espetáculo da pobreza* (Brasiliense, 8ª ed. 1996) e de vários artigos, publicados no Brasil e no exterior, entre os quais: "Rethinking the Free-Labor Market in Nineteenth-Century Brazil" (Racism and the Labour Market, eds. Linden e Lucassen, Peter Lang, 1995), "La rue: entre Histoire et Littérature" (org. Mattoso, Univ. Paris-Sorbonne, 1996); "História e Historiografia das Cidades" (org. Freitas, USF/Contexto, 1998); "Forjar a identidade brasileira nos anos 1920-1940" (org. Hardman, Unesp, 1998). É membro do grupo internacional de pesquisa em Literatura e História – Cliope.

Brasil, país do passado?

Ray-Güde Mertin: Professora doutora na Universidade Goethe, de Frankfurt/ Main. Doutorado sobre Ariano Suassuna na Universidade de Colônia. Grande divulgadora da literatura e da cultura brasileira, portuguesa e africana. Tradutora e agente literária. Traduziu, entre outros, Murilo Rubião, Clarice Lispector e José Saramago para o alemão.Várias publicações em revistas nacionais e estrangeiras, bem como em livros coletivos e atas de congressos.

Sandra Guardini T. Vasconcelos: Professora doutora da Faculdade de Filosofia, Letras e Ciências Humanas da Universidade de São Paulo, onde obteve os graus de mestrado e doutorado em Teoria Literária e Literatura Comparada. Tendo sempre se dedicado ao estudo da teoria da narrativa, nesse campo publicou vários artigos em periódicos nacionais e estrangeiros, entre eles vários sobre a obra de João Guimarães Rosa. Sobre esta, também o livro: *Puras misturas* (Hucitec, 1997). Nos últimos anos vem se dedicando a uma pesquisa sobre o romance inglês do século XVIII e o romance brasileiro do século XIX. Membro do grupo internacional de pesquisa em Literatura e História – Cliope.

Sandra Jatahy Pesavento: Professora titular do Departamento de História da Universidade Federal do Rio Grande do Sul. Doutora em História pela USP, três pós-doutoramentos em Paris, pesquisadora 1A do CNPq. Atualmente coordenadora do programa de pós-graduação em História da UFRGS e coordenadora geral do grupo internacional de pesquisa em Literatura e História – Cliope. Autora de múltiplos artigos e mais de 20 livros, entre os quais: *O imaginário da cidade*; *Exposições Universais: espetáculos da modernidade no século XIX*; *A burguesia gaúcha: dominação do capital e disciplina do trabalho*; *Emergência dos subalternos: trabalho livre e ordem burguesa*; *O cotidiano da República*; *Os pobres da cidade*.

Sedi Hirano: Sociólogo. Professor e chefe do Departamento de Sociologia da Faculdade de Filosofia, Letras e Ciências Humanas da Universidade de São Paulo. Foi coordenador do PROLAM (Programa de Pós-Graduação em América Latina). Publicou vários artigos em revistas nacionais e estrangeiras e livros, entre os quais se destaca *Capitalismo e Pré-Capitalismo no Brasil*.

Ulrich Fleischmann: Professor livre-docente na Universidade Livre de Berlim, especialista em Literaturas e Culturas do Caribe. Autor de vários ensaios em diversas línguas e países. Atualmente escrevendo um livro sobre a escravidão. Vem se dedicando, há muitos anos, à relação entre Literatura, Lingüística e Antropologia. Estudioso do idioma crioulo.

Sobre os autores

WIVIAN WELLER: Mestra em Ciências da Educação pela Universidade Livre de Berlim. Durante o mestrado trabalhou em programas de Educação de Adultos no Brasil e em El Salvador e defendeu tese sobre "Migração Urbana e Analfabetismo na Região Metropolitana de São Paulo". Atualmente trabalha como pesquisadora no Instituto de Sociologia da Educação da Universidade Livre de Berlim e em sua tese de doutorado sobre "A construção de identidades coletivas através do hip hop: uma análise comparativa entre rappers negros em São Paulo e rappers turco-alemães em Berlim".